Alexa Mohl
Auch ohne daß ein Prinz dich küßt

NLP
Kommunikationsmethoden & Lernstrategien
Wege zum Erfolg

Ein Lernbuch für Frauen

Alexa Mohl

Auch ohne daß ein Prinz dich küßt

NLP
Kommunikationsmethoden & Lernstrategien
Wege zum Erfolg

Ein Lernbuch für Frauen

Junfermann Verlag • Paderborn
1994

© Junfermannsche Verlagsbuchhandlung, Paderborn 1994

Satz: adrupa Paderborn

CIP-Titelaufnahme der Deutschen Bibliothek
Mohl, Alexa:
Auch ohne daß ein Prinz dich küßt: NLP – Kommunikationsmetho-
den & Lernstrategien. Wege zum Erfolg. Ein Lernbuch für Frauen /
Alexa Mohl. – Paderborn: Junfermann, 1994
   ISBN 3-87387-039-8
   NE: GT

ISBN 3-87387-039-8

Inhalt

Danksagung und Leitfaden durch das Buch

Dieses Buch ist ein Lernbuch. Es enthält Erfahrungen aus Frauenseminaren, in denen Kenntnisse, Verhaltensweisen und Vorgehensweisen vermittelt werden, die Frauen mit dem Wunsch nach einer beruflichen Selbstverwirklichung unterstützen können, schwierige Situationen in Büros und Betrieben erfolgreich zu bewältigen. Das Schwergewicht dieser Seminare liegt darauf, Frauen praktische kommunikative Fähigkeiten zu vermitteln, die es ihnen ermöglichen, sich in einer nach männlichen Normen strukturierten Welt gleichwohl in einer weiblichen Weise durchzusetzen. Ein zweites wichtiges Lernziel dieser Frauenseminare besteht darin, innere Hürden und Blockaden gegen spezifische Anforderungen der beruflichen Alltagspraxis und gegen eine erfolgreiche berufliche Laufbahn zu bewältigen.

In diesem Buch finden Sie die wichtigsten Themen im Zusammenhang mit der ökonomischen Emanzipation der Frau in einer Form dargestellt, die es Ihnen ermöglicht, sich die Inhalte selbst zu erarbeiten. Allerdings werden Sie dabei auf die Unterstützung eines anderen Menschen nicht verzichten können. Neue kommunikative Verhaltensweisen können, will man sie in die Lebenspraxis umsetzen, nicht nur zur Kenntnis genommen und reflektiert werden. Man muß sie einüben. Und dazu brauchen Sie eine Partnerin oder einen Partner. Die NLP-Lernstrategien werden zwar in einer Form vermittelt, die auf eine Aneignung ohne Unterstützung durch andere abzielt. Erfahrungen zeigen jedoch, daß auch solche Lernziele im Rahmen einer guten Beziehung sehr viel leichter erreicht werden können als durch einsame Bemühungen.

Einen weiteren Hinweis möchte ich Ihnen schon vor Beginn Ihrer Lektüre geben: Beim Einüben der Lernziele im Bereich Kommunikation wird Ihnen zu Beginn Ihres Lernprozesses ein künstlicher Charakter der Übungen auffallen. Lassen Sie sich von diesem Eindruck und einem Lernen nach „Schema F" und auch davon, daß Ihnen manches zunächst sehr schwierig vorkommt, nicht irritieren. Machen Sie sich klar, daß Sie beispielsweise auch Tennis spielen lernen, indem Sie zunächst z.B. eine Stunde nur Vorhand oder eine

Stunde nur die Rückhand üben. Kein wirkliches Tennisspiel wird je so ablaufen. Und was Ihr Selbstbewußtsein angesichts Ihrer Anfangsschwierigkeiten angeht, denken sie daran, wie es am Anfang für Sie war, als Sie Auto fahren lernten, als Sie an die Reihenfolge der einzelnen Fußbewegungen und Handgriffe zugleich denken und sie ausführen mußten. Heute machen Sie das alles automatisch, ohne daß sich Ihr Bewußtsein da hineinmischt. Auch Ihre Lernbemühungen im kommunikativen Bereich werden sehr schnell zu einer Meisterschaft führen, die dadurch gekennzeichnet ist, daß Sie es automatisch machen, wenn es angemessen ist.

Erfahrungen aus Frauenseminaren veranlassen mich noch zu einem weiteren Hinweis. Die Bemühungen von Frauen um Chancengleichheit und Emanzipation haben eine Geschichte und finden im gesellschaftlichen Zusammenhang statt. Deren Reflexion sind von den Bemühungen um Emanzipation, ihrer Form und ihren Entwicklungsmöglichkeiten nicht zu trennen. Die Unterschiede im Erleben und Verhalten von Männern und Frauen im Berufsleben, die Herausbildung dieser Unterschiede und die Möglichkeiten ihrer Überwindung werden auch in diesem Buch thematisiert. Diese theoretische Diskussion in der Einleitung ist aber keine Voraussetzung für die Aneignung der praktischen Methoden und Strategien. Wenn für Sie der praktische Lernprozeß im Vordergrund steht, können Sie den Nachvollzug der theoretischen Reflexionen auch übergehen und bei später auftauchendem Interesse darauf zurückkommen.

Die in diesem Buch vermittelten grundlegenden Kenntnisse, Methoden und Strategien verdanke ich einem eigenen Lernprozeß, den andere angeleitet haben. Wo ich diese nutze, zitiere ich die Urheber. Aber auch die Erfahrungen, die in diesem Buch verarbeitet wurden, sind nicht nur meine eigenen. Die Teilnehmerinnen meiner Seminare haben wesentlichen Anteil am Aufbau und an der Form, in der dieses Buch vorliegt. Besonderen Dank schulde ich vor allem den namentlich nicht genannten Frauen, die für die Demonstration der NLP-Lernstrategien meine Interviewpartnerinnen waren.

Einleitung

Frauen und Männer im Beruf

1. Unterschiede im Erleben und Verhalten von Männern und Frauen im Berufsleben

Uta K. hat ein pädagogisches und sprachwissenschaftliches Studium absolviert. Nach Abschluß ihrer Examina unterrichtete sie bei unterschiedlichen Bildungsträgern hauptsächlich Frauengruppen oder gemischte Klassen. Als Uta zum ersten Mal für ein Wirtschaftsunternehmen ein Seminar durchführte, an dem ausschließlich Männer teilnahmen, war sie völlig überrascht von dem ganz anderen sozialen Klima, das Männer durch ihre Auseinandersetzung mit dem Thema, durch ihr Verhalten in der Gruppe und ihren Umgang mit der Trainerin erzeugten. Ihr Erstaunen konzentrierte sich nach Abschluß des Seminars in dem Satz: „Männer sind andere Menschen!"

Männer und Frauen leben offensichtlich in unterschiedlichen Welten. Männer nehmen die Welt als hierarchisch geordnet wahr. Sie haben die Vertikale im Blickfeld und richten ihre Aufmerksamkeit gezielt darauf, wer oben und wer unten ist. Ihr Verhalten ist darauf ausgerichtet, in der gegebenen Rangordnung einen hohen Status zu gewinnen. Deshalb haben ihre sozialen Aktivitäten meistens asymmetrische Verhältnisse zur Folge. Sie stellen Beziehungen zwischen Mächtigen und Ohnmächtigen her und reproduzieren sie. Frauen leben in einer Welt, in der es um zwischenmenschliche Kontakte, Bindungen und Nähe geht. Frauen ist die horizontale Ebene wichtig. In ihrer Beziehung zu anderen Menschen geht es darum, ob jemand ihnen nahe ist oder eher fern steht. Ihre sozialen Aktivitäten haben damit zumeist symmetrische Verhältnisse zur Folge. Sie bemühen sich um Beziehungen zwischen Gleichen.

Solche Aussagen über Unterschiede zwischen den Geschlechtern sind nicht als allgemein gültige Aussagen zu verstehen, sondern im statistischen Sinne gemeint, wonach bestimmte Erscheinungen oder Verhaltensweisen bei einer Mehrzahl von Männern oder Frauen zu finden sind. Ergebnisse in diesem Sinne veröffentlichte die amerikanische Soziolinguistin Deborah Tannen in einem weitverbreiteten Buch, dem sie den Titel „Du kannst mich einfach nicht verstehen"[1] gab.

Die zwischenmenschlichen Zusammenhänge, in denen Männer und Frauen unterschiedliche Verhaltensweisen zeigen, sind in der Tat zahlreich. Einen Eindruck von diesen Unterschieden kann man am besten am Beispiel der wichtigsten Umgangsform vermitteln, mit der Menschen untereinander Verbindungen aufnehmen: der Sprache.[2]

Männer und Frauen sprechen eine unterschiedliche Sprache. Das beginnt damit, daß Frauen zu einer vorsichtigen Ausdrucksweise neigen und häufig Fragen stellen. Männer machen dagegen klare und eindeutige Aussagen, auch wenn sie den Gegenstand ihrer Äußerungen nicht besser kennen als Frauen. Fragen zu stellen lieben sie gar nicht. Wo Wissen mit Macht gleichgesetzt wird, erzeugt die Offenbarung von Nicht-Wissen offenbar Furcht, für machtlos gehalten zu werden.

Beide Geschlechter sprechen viel, aber sie tun das in ganz unterschiedlichen sozialen Zusammenhängen. Frauen reden viel in sozialen Situationen, die sie als private Situationen begreifen. Sie reden zuhause, mit Freundinnen oder in kleinen Gruppen. Frauen reden nicht gern in der Öffentlichkeit von Sitzungen, Konferenzen und Kongressen. Da halten sie sich lieber zurück. Männer dagegen reden viel in sozialen Situationen, die sie als Öffentlichkeit wahrnehmen, in der es um Statusdemonstration geht. Für die meisten Männer sind Gespräche in erster Linie ein Mittel zur Statusaushandlung in einer hierarchischen sozialen Ordnung. Zu diesem Zweck stellen Männer ihr Wissen und ihre Fähigkeiten zur Schau und glänzen mit sprachlichen Darbietungen wie Anekdoten, Witzen oder Informationen, um sich in den Mittelpunkt zu rücken. In privaten Situationen ruhen Männer sich von ihren Anstrengungen in der Öffentlichkeit aus. Für sie bedeutet ein gemütliches Zuhause, daß sie hemmungslos schweigen können.

Männer und Frauen verbinden mit einem Gespräch also ganz unterschiedliche Ziele: Männer spielen in der Unterhaltung ein Spiel nach dem Motto: „Habe ich gewonnen?" oder „Hast du Respekt vor mir?" Sie machen einen Wettkampf aus einem Gespräch. Frauen spielen mit Gesprächen das Spiel: „Magst Du mich?" Des-

14

halb verwandeln Männer häufig ein Gespräch in einen Vortrag, bei dem sie die Rolle des Dozenten übernehmen und den anderen in die Zuhörerrolle drängen, während Frauen zuhören, Fragen stellen, bestätigende Reaktionen zeigen und zustimmen. Wenn Frauen viel reden, fühlen sie sich mit der Zeit unwohl, ziehen sich zurück und bitten andere um ihre Meinung. Männer spielen ihr Wissen und ihren Sachverstand als Machtmittel aus, während Frauen ihr Sachwissen selten offen zeigen, ja häufig sogar herunterspielen. Prahlerei ist unter Frauen verpönt. Männer fordern andere heraus, stellen deren Beiträge in Frage, sabotieren sie, versuchen sie zu stoppen und sich selber ins Spiel zu bringen, während Frauen Experten akzeptieren und ihnen willig zuhören und sie unterstützen. In Männergruppen ist man nur zu gern bereit, anderen einen Streich zu spielen und sich auf Kosten anderer lustig zu machen. Auch das Erzählen von Witzen ist eine Form der Statusaushandlung: Wer andere zum Lachen bringt, hat für einen flüchtigen Moment Macht über sie.

Unterschiede zwischen Männern und Frauen zeigen sich nicht nur darin, wer von beiden mit welcher Sicherheit und in welchen Situationen wie lange und zu welchem Zweck redet. Männer und Frauen unterscheiden sich auch darin, worüber sie reden.

Frauen reden über persönliche Dinge und persönliche Erfahrungen. Das Erzählen von privaten Einzelheiten, Problemen und Geheimnissen ist für Frauen ein Zeichen von Freundschaft und ein Mittel, Freundschaften zu stiften. Das Interesse an und der Austausch relativ unbedeutender alltäglicher Kleinigkeiten ist ein Zeichen von Verbundenheit und Fürsorge. Sich Details zu merken zeugt von Interesse und schafft Nähe. Umgekehrt bedeutet es Ablehnung der Person, wenn Frauen kein Interesse an „Vertraulichkeiten" zeigen und solche Versuche als Aufdringlichkeit werten. Freundinnen gegenüber ist deshalb der Austausch von privaten Einzelheiten auch Verpflichtung. Eine wichtige Begebenheit aus dem privaten Leben einer Freundin nicht erfahren zu haben wird als Vertrauensentzug gedeutet. Gespräche, wie Männer sie führen, über Dinge, die Männer austauschen, ergeben für Frauen kein echtes oder gutes Gespräch.

Männer schätzen das Interesse von Frauen an privaten Details als „Klatsch" ein, auch wenn es in weiblichen Unterhaltungen nicht um Abwertung Dritter geht. Männer reden nicht über persönliche

Angelegenheiten oder Probleme. Sie diskutieren über technische Dinge, Geschäftliches, über den Aktienmarkt, über ein Fußballspiel oder über Einzelheiten aus der Politik. Ihrer Meinung nach sollten Gespräche dem Informationsaustausch dienen, sinnvoll und interessant sein. Reden über persönliche Erfahrungen, speziell über eigene Probleme, wird von einem Mann als Offenbarung von Schwächen erlebt, die ihn im Gespräch selbst zum Unterlegenen macht und darüber hinaus die Gefahr beinhaltet, daß solche Informationen weitergegeben werden können. Deshalb nehmen Männer es Partnerinnen übel, wenn sie mit ihren Freundinnen über ihre Beziehung reden. Es ist für sie ein Zeichen fehlender Loyalität oder ganz einfach ein Vertrauensbruch. Plaudern aus dem sogenannten „Nähkästchen" war daher schon immer verpönt. Zwar ist auch Frauen bewußt, daß ihre Offenheit ein Risiko bedeutet, verraten und verletzt zu werden. Aber da sie eher am Beziehungsgewinn interessiert sind als an Respekt und Status, nehmen sie dieses Risiko in Kauf.

Das unterschiedliche Gesprächsverhalten von Männern und Frauen führt in der Tat häufig dazu, daß beide Geschlechter einander nur schwer und manchmal auch gar nicht verstehen. Am einfachsten läßt sich dieser Zusammenhang darstellen an mehrdeutigen Botschaften. Solche Botschaften sind sprachliche Äußerungen, die in unterschiedlichen sozialen Situationen unterschiedlich gedeutet werden können, wie zum Beispiel: Anteil nehmen, raten, helfen, loben, beschützen und trösten.

Wenn Frauen anderen gegenüber beispielsweise Anteilnahme zeigen, ihnen helfen, sie trösten, ihnen raten, sie loben oder sie beschützen, wird das in der weiblichen Welt wahrgenommen als Ausdruck der Verbundenheit, der Demonstration von Zuneigung und Rücksichtnahme. Die gleichen Verhaltensweisen werden in der männlichen hierarchischen Welt, in der „oben sein" so wichtig ist, ganz anders begriffen: einem anderen seine Anteilnahme zu zeigen kann als Anspielung auf eine Schwäche erscheinen. Anderen zu helfen und sie zu trösten wirkt wie eine Demonstration von Überlegenheit und wird auch zumeist so empfunden. Und sollte eine Frau sich erdreisten, gegenüber einem Mann ein Schutzverhalten zu zeigen, würde er sich sofort wie ein kleines Kind behandelt fühlen.

Bei solchen unterschiedlichen Bedeutungen bleibt es aber nicht. Die Unterschiede gehen noch weiter. Eine Frau hat meistens keine Schwierigkeiten, Fragen zu stellen oder jemand anderen um Rat zu bitten. Im weiblichen Weltbild führt das ja dazu, daß die andere Frau auf der horizontalen Ebene sozial tätig werden und Verbundenheit demonstrieren kann. Ein Mann aber faßt Fragen stellen und um Rat bitten ganz anders auf: Wer Fragen stellt und um Rat bittet, demonstriert Nichtwissen und ist damit in einer vertikalen Hierarchie unten. Natürlich antworten Männer gern auf Fragen und geben gern Ratschläge, weil sie sich damit als oben stehend erweisen. Wenn jedoch eine Frau, arglos gegenüber der Gefahr, abgewertet zu werden, einem Mann Fragen stellt, trägt sie selber dazu bei, daß er sie als unterlegen wahrnimmt und seine höhere Position bestätigt sieht.

Manchmal führt die unterschiedliche Wahrnehmung mehrdeutiger Botschaften durch Männer und Frauen auch zu ganz systematischen Mißverständnissen: Wenn eine Frau äußert, daß sie ein Problem hat, wünscht sie sich zumeist Zuwendung oder die Äußerung von Verständnis oder ein einfühlsames Eingehen auf ihre Situation. Wenn Männer hören, daß jemand sagt, er habe ein Problem, dann gehen sie davon aus, daß von ihnen eine Lösung erwartet wird, die sie auch prompt anbieten. Frauen, die auf ihre Äußerung von Problemen eine Lösung angeboten bekommen, fühlen sich nicht verstanden und reagieren mit Enttäuschung. Männer, die sich redlich darum bemühen, anderen in Problemsituationen mit Rat und Tat zur Seite zu stehen und damit auf Enttäuschung und Ärger stoßen, fühlen sich aber auch mißverstanden und enttäuscht, daß ihr wohlgemeintes Verhalten so übel aufgenommen wird. Auf diese Weise verhalten sich beide wohlmeinend. Was dabei herauskommt, ist Frustration.

Daß Männer und Frauen das Verhalten des jeweils anderen nach den eigenen Maßstäben bewerten, ist jedoch noch in einer weiteren Hinsicht problematisch.

Wenn eine Frau sich mit einem Mann unterhält und bemüht ist, Gemeinsamkeiten herzustellen, jede Form von Angeberei zu vermeiden und zuzuhören, ist es leicht möglich, daß sie für ihn unterlegen, unsicher oder inkompetent wirkt. Denn durch die Statusbrille betrachtet kann der Versuch, Bindungen zu knüpfen und eine gute Beziehung herzustellen, leicht als Übernahme einer niedrigen Statusposition mißverstanden werden. Und viele Männer neigen zu dieser Ansicht. Dieses Mißverständnis kann sich aber auch umgekehrt herstellen: Wenn ein Mann mit einer Frau spricht und bemüht ist, sie zu unterhalten und dabei seinen Sachverstand einzubringen, ist es leicht möglich, daß sie für ihn angeberisch, dominant und diskriminierend wirkt.

Unterschiedliches Gesprächsverhalten ist nur ein Moment der Lebenspraxis, in dem Männer und Frauen sich unterscheiden. Auch im körpersprachlichen Selbstausdruck finden wir ähnlich tiefgreifende Unterschiede. Die Haltung und Bewegung von Männern ist raumgreifender als die von Frauen. Die Gesten von Männern weisen vom Körper weg. Frauen haben demgegenüber eine geschlossene Haltung, die Gesten sind zum Körper gerichtet. Frauen schauen andere häufiger an als Männer und gleichen ihren Gesichtsausdruck ihrem Gegenüber an. Sie stehen beim Sprechen auch näher beieinander und schauen sich direkter an als Männer. Selbst wenn Frauen in Testsituationen angewiesen werden, keine Zustimmung zu zeigen, lächeln und nicken sie häufiger als Männer. Frauen benutzen Körpersprache, um Kontakt herzustellen, Männer setzen Körpersprache ein, um Status und Machtfülle auszudrücken.

Über das sprachliche und körpersprachliche Kommunikationsverhalten hinaus machen sich im Berufsleben noch andere unterschiedliche Beziehungen von Männern und Frauen geltend. Frauen haben eine andere Beziehung zu ihren Fähigkeiten und zu ihrer Leistung. Sie setzen ihr Können und die Qualität ihrer Arbeit herab. Selbst wenn in Untersuchungen ihre Leistung identisch mit denen der betreffenden Männer ist, bewerten Frauen ihre Arbeit weniger günstig. Im Gegensatz zu den Männern betonen sie das Negative. Ihre Erfolge schreiben sie zumeist etwas anderem als ihrer Tüchtigkeit zu. Aber wenn sie versagen, dann lasten sie es automatisch ihrer Unfähigkeit an.

Ähnlich ist es mit ihrer Beziehung zum Geld. Während Männer Erfolg am Geld messen, sehen Frauen nur einen geringen Zusammenhang zwischen ihrer Arbeit und der Belohnung in Form von Geld. Frauen sind deshalb mit angemessenen Gehaltsforderungen sehr zurückhaltend. Sie geben leicht auf, wenn ihnen ihre Ansprüche verweigert werden. Ja, es kommt nicht selten vor, daß Frauen ihre eigene Benachteiligung überhaupt nicht bemerken.

Auch gegenüber Erfolg und Karriere haben Männer und Frauen eine unterschiedliche Einstellung. Männer stellen sich Karriere als eine Reihe aufeinanderfolgender Positionen auf einem Weg nach oben dar. Karriere zu machen ist für sie eine selbstverständliche Norm. „Karriere" hat demgegenüber für Frauen häufig eine negative Bedeutung. Wenn es ihnen um berufliches Fortkommen geht, verstehen sie das viel eher als eine individuelle Weiterentwicklung, als persönliches Wachstum, als Selbstverwirklichung oder einen Beitrag für andere. Wenn Frauen Karriere machen, ist das nicht selbstverständlich, und der Entschluß dazu kommt meist auch sehr spät.

Unterschiede zwischen Männern und Frauen sind an sich nicht problematisch. Schwierig wird es erst dann, wenn Männer und Frauen diese Unterschiede und ihre Bedeutung nicht kennen. Noch schwieriger wird es, wenn Männer und Frauen ihr unterschiedliches Verhalten wechselseitig durch die Brille des je eigenen Weltbildes wahrnehmen und interpretieren. Das Extrem ist jedoch, wenn eines der existierenden Weltbilder das in der Realität herrschende darstellt und als Bezugssystem auch für das Verhalten im anderen System gilt. Und das ist der Fall. Im Berufsleben unserer Gesellschaft gelten die männlichen Kriterien. Auf dem Hintergrund männlicher Kriterien sind Frauen unterlegen und reproduzieren durch ihr eigenes Verhalten die Fortdauer ihrer Unterlegenheit. Wir wollen das ändern, aber wie?

2. Die Herausbildung geschlechtsspezifischer Verhaltensweisen und Möglichkeiten ihrer Überwindung

Bislang gibt es im wesentlichen vier Erklärungen für die Ausbildung von Geschlechterunterschieden und ihre Fortdauer über Generationen.

a. Männlich und weiblich von Natur aus

Die erste Theorie ist eine biologische Theorie. Sie führt den Unterschied zwischen Männern und Frauen auf Natur zurück. Männer und Frauen haben einen Körper, dessen Bausteine, die Zellen, einen unterschiedlichen Chromosomensatz aufweisen. In den Zellen des männlichen Körpers finden wir neben 22 Chromosomenpaaren ein 23. Paar, das ein sogenanntes X-Chromosom und ein Y-Chromosom enthält. Frauenkörper haben in den Zellen neben den 22 Chromosomenpaaren ein 23. Paar, das aus zwei X-Chromosomen besteht. Im Unterschied zu den Körperzellen haben Keimzellen, aus denen neue Individuen hervorgehen, nur den halben Chromosomensatz. Aus ihren unterschiedlichen Körperzellen bringen Männer und Frauen unterschiedliche Keimzellen hervor. Frauen produzieren Eizellen, die neben den 22 Chromosomen immer ein X-Chromosom aufweisen. Männer produzieren Samenzellen, die neben den 22 Chromosomen entweder ein X- oder ein Y-Chromosom enthalten. Bei der Zeugung steuern Mutter und Vater zur Schöpfung des Kindes je einen Satz von Chromosomen bei, die sich jeweils zu Paaren zusammentun. Die Eizelle weist dabei immer ein X-Chromosom auf, die Samenzelle entweder ein X- oder ein Y-Chromosom. Kommen bei der Verschmelzung zwei X-Chromosomen zusammen, wird ein Mädchen geboren werden. Kommen ein X- und ein Y-Chromosom zusammen, entsteht ein Junge. Bei der Zeugung wird also das Geschlecht des Kindes festgelegt.

Bislang ging man davon aus, daß mit dem biologischen Geschlecht eines Kindes auch die Ausbildung der Geschlechtsorgane und das geschlechtsspezifische Verhalten festgelegt würde, das erwachsene Individuen bei der Werbung, Paarung und Fortpflanzung zeigen. Über die Herausbildung der primären Geschlechtsmerkmale, das Paarungsverhalten und das Verhalten bei der Erziehung von Nachwuchs hinaus war man der Auffassung, daß auch sekundäre Geschlechtseigenschaften mit dem biologischen Geschlecht festgelegt würden, wie zum Beispiel, daß Männer im Durchschnitt größer, kräftiger und auch aggressiver als Frauen seien.

Inzwischen hat die biologische Forschung neue Zusammenhänge über die Ausbildung geschlechtsspezifischer Verhaltensweisen herausgefunden.[3] Mit der genetischen Struktur des Embryos allein ist das spätere geschlechtsspezifische Verhalten noch nicht völlig vorgeprägt. Bevor Männer und Frauen sich in der Ausbildung von Verhaltensweisen unterschiedlich entwickeln, läuft noch eine andere Entwicklung ab, die die Herausbildung von Unterschieden steuert. In den ersten Wochen nach der Zeugung läuft im intrauterinen Stadium ein Prozeß ab, in dem das Gehirn des späteren Menschen einen weiblichen oder einen männlichen Charakter erhält.

Ungefähr bis zur der sechsten Woche ist der Embryo noch nicht als weiblich oder männlich zu erkennen. Erst dann entwickelt er Geschlechtsorgane. Der männliche Embryo entwickelt Hoden, der weibliche Eierstöcke. Wichtig für die entstehenden Unterschiede ist jetzt, was beim männlichen Baby vor sich geht. Während das Grundmuster der Entwicklung weiblich zu sein scheint, laufen ab der sechsten Woche beim männlichen Baby Umwandlungsprozesse ab, die zur Ausbildung eines männlichen Gehirns führen. Die männlichen Geschlechtsdrüsen, die sich in der sechsten Woche entwickeln, produzieren ihrerseits das männliche Hormon Testosteron. Dieses Hormon bewirkt Prozesse im Gehirn, als dessen Resultat ein Baby mit einem männlichen Gehirn auf die Welt kommt. Im weiblichen Gehirn vollziehen sich demgegenüber keine durch Testosteron bewirkten Umwandlungsprozesse. Das weibliche Gehirn entwickelt sich nach dem vorgegebenen Muster.

Ganz allgemein kann man sagen, daß das Gehirn des Mannes stärker spezialisiert ist. Zum Beispiel befindet sich beim Mann die

Kontrolle sprachlicher Fähigkeiten fast ausschließlich in der linken Seite des Gehirns, während die rechte Seite auf visuelle Fähigkeiten spezialisiert ist. Bei Frauen ist eine solche funktionelle Trennung weniger ausgebildet. Sowohl sprachliche als auch visuelle Prozesse finden in beiden Hirnhälften statt. Ebenso geht die Produktion von Gefühlen beim Mann nur in der rechten Seite des Gehirns vonstatten. Frauen erzeugen Gefühle in beiden Hälften. Typisch ist auch, daß die Brücke, die beide Hirnhälften miteinander verbindet, das corpus callosum, bei Frauen stärker ausgeprägt ist.

Männer und Frauen sind demnach verschieden, weil ihre Gehirne sich durch unterschiedliche Hormonbehandlung im intrauterinen Stadium unterschiedlich entwickeln. Dadurch nehmen die Gehirne von Männern und Frauen Informationen unterschiedlich auf und verarbeiten sie unterschiedlich.

Frauen reagieren empfindlicher auf sensorische Reize. Sie können besser hören. Sie haben ein weiteres Gesichtsfeld als Männer. Frauen haben einen den Männern überlegenen Tastsinn, reagieren schmerzempfindlicher und besitzen auch im Hinblick auf Geschmack und Geruch die größere Feinwahrnehmung. Darüber hinaus haben sie ein besseres Gedächtnis für Einzelheiten.

Frauen haben auch ausgeprägtere sprachliche Fähigkeiten. Mädchen sprechen früher, lesen früher und kommen auch mit der Grammatik und Rechtschreibung besser zurecht als Jungen. Auch für Fremdsprachen sind sie begabter.

Frauen haben eine Vorliebe für persönliche Beziehungen und legen viel Wert auf Kommunikation. Schon weibliche Säuglinge interessieren sich mehr für Menschen und Gesichter, während Jungen auch über tote Gegenstände glücklich sind.

Männer dagegen übertreffen Frauen in räumlichen Fähigkeiten. Sie haben eine bessere visuelle Vorstellungskraft, was sich im Umgang mit dreidimensionalen Objekten und dem Lesen von Landkarten zeigt. Männer denken abstrakt und lernen deshalb besser Mathematik als Frauen. Sie übertreffen diese auch in strategischem, überhaupt theoretischem und objektbezogenem Denken.

Daß Lebenszusammenhänge und Lebensprozesse, sowohl physische und psychische wie auch geistige, eine biologische Grundlage haben, ist gar nicht zu bezweifeln. Insofern löst der Hinweis auf die Biologie in der Diskussion um die Chancengleichheit von

Männern und Frauen im Berufsleben keine Einwände aus. Meistens jedoch bezieht sich der Hinweis auf die Biologie nicht auf existierende Unterschiede zwischen den Geschlechtern, sondern hebt ab auf die Begründung unterschiedlicher Rollenzuschreibungen und die Verteilung von Macht unter den Geschlechtern im gesellschaftlichen Zusammenhang: Wenn man zeigen kann, daß es die Biologie ist, die die Frauen in Küche und Kinderzimmer festhält, während ihre Männer die Spitzenpositionen in Wirtschaft und Politik einnehmen, dann ist es leicht, die Fortdauer der herrschenden Machtverteilung unwiderlegbar nachzuweisen. Denn unsere Biologie können wir nicht verändern. Der Kampf um Gleichstellung wird auf diesem Hintergrund zu einem Kampf gegen die Natur, zu einem unnatürlichen und damit auch vergeblichen Unterfangen.

Daß es gelegentlich ziemlich schwierig ist, biologische Unterschiede mit unterschiedlichen gesellschaftlichen Machtverhältnissen gleichzusetzen, kümmert Autoren solcher Schriften wie beispielsweise „Brainsex" von Anne Moir und David Jessel nur wenig. Wenn zum Beispiel die Spitzenpositionen in der Wissenschaft durchgängig von Männern besetzt sind, liegt das natürlich an deren größerer theoretischer Begabung. Wenn aber die Spitzenpositionen in Berufszweigen, die naturgemäß weibliche Stärken erfordern, auch von Männern besetzt sind, wie das zum Beispiel bei Chefärzten, Köchen von 5-Sterne-Restaurants oder Modeschöpfern der Fall ist, dann liegt das auch an der Natur, nämlich der angeborenen höheren Aggressivität der Männer. „Überall in der Arbeitswelt spiegeln die Unterschiede zwischen den Geschlechtern die Unterschiede in der Polung ihrer Hirne wider", so die Meinung der Autoren von „Brainsex".[4]

Dabei wäre der Frauenbewegung um Chancengleichheit im Berufsleben sehr gedient, wenn die geschlechtsspezifischen Unterschiede sich tatsächlich in der Verteilung der Geschlechter auf die entsprechenden Positionen in der Arbeitswelt niederschlagen würden. Für die Männer reserviert wären dann neben körperlich schweren Arbeiten und feindseligen Lebensäußerungen nur noch Positionen, die mathematische und räumliche Spitzenbegabungen erfordern. Das sind im wesentlichen Forschungs- und Entwicklungsjobs. Positionen im normalen Wirtschaftsleben, mit deren Ausübung wissenschaftliche, technische und organisatorische

Fähigkeiten verbunden sind, erfordern keine überlegene Körper-
kraft, keine höheren Aggressionen und keine mathematischen und
räumlichen Spitzenbegabungen, sondern Leistungen, zu denen
auch Frauen fähig sind. Für die Frauen reserviert wären dann
jedoch alle gesellschaftlichen Aufgaben, die sensorische Feinwahrnehmung, sensibles sprachliches Ausdrucksvermögen und einen
einfühlsamen und fördernden Umgang mit Menschen voraussetzen. Und das wären alle Führungspositionen.

Es geht hier aber nicht darum, mit einer möglichen naturgegebenen
Überlegenheit der Frau zu argumentieren. Ethnologische Studien
haben gezeigt, daß die Natur in der Gesellschaft gar nichts beweist.
Die Biologie der Geschlechter macht auch eine ganz andere Verteilung der Geschlechtscharaktere möglich. Es gibt Gesellschaften, in
denen sich die Frauen nach unserer Wahrnehmung männlich verhalten und die Männer typisch weibliche Verhaltensweisen zeigen.[5]

Die Biologie der Geschlechter als Rechtfertigung für existierende
gesellschaftliche Machtverhältnisse anzuführen, ist für die Verfechter des Status quo darüber hinaus riskant. Mit weiteren Forschun-
gen auf diesem Gebiet könnte sich – deutlicher als bislang – die
Überlegenheit der Frau herausstellen.

b. Die Wiege als Ort geschlechtsspezifischer Prägung

Wissenschaftliche Verteidiger gesellschaftlicher Ungleichheit haben
schon häufiger die Natur als Vorwand bemüht. Aber es gibt auch
subtilere Theorien über die Herausbildung unterschiedlicher Geschlechtscharaktere, die die gesellschaftlich vorgefundene Unterlegenheit der Frau wissenschaftlich zu beweisen geeignet sind. Der
Begründer der Psychoanalyse, Sigmund Freud, entwarf eine psychologische Theorie, die die Minderwertigkeit der Frau gegenüber
dem Manne logisch schlüssig darstellt. Viele von Freuds theoretischen Vorstellungen wurden seinerzeit heftig angefochten, so seine
Konzeption von der Rolle des Unbewußten im menschlichen Leben
und die Bedeutung der Sexualität für Neurosen. Seine Begründung
der weiblichen Minderwertigkeit jedoch hat nur die Frauen befremdet,
und das ziemlich spät. Noch heute geistert seine wissenschaftliche
Deutung dessen, was das Weib will, als geflügeltes Wort durch alle

Abhandlungen über Geschlechtsunterschiede: der berühmte „Penisneid"!

Weniger bekannt, überraschenderweise auch unter Frauen[6], ist dagegen eine andere psychoanalytische Theorie über die Herausbildung geschlechtsspezifischer Verhaltensweisen, die der französischen Psychoanalytikerin Christiane Olivier.[7] Für Olivier ist die Wiege der wesentliche Ort, an dem die typischen Unterschiede zwischen Frauen und Männern entstehen. Sie ist deshalb der Ort für die Ausprägung unterschiedlicher Geschlechtscharaktere, weil an der Wiege nur ein Elternteil zu finden ist, nämlich die Mutter. Die Mütter nehmen den ersten und den ganzen Platz bei ihrem Kind ein. Der Vater fehlt an der Wiege.[8]

Mit dieser exklusiven Position der Mutter an der Wiege wird nach Olivier festgeschrieben, daß die erste Liebesbeziehung jedes Menschen die Beziehung zu einer Frau ist und, darüber hinaus, daß die erste Beziehung, in der der Mensch sich als abhängig und unterlegen fühlt, auch die Beziehung zu einer Frau ist. Das von beiden Eltern gewünschte Kind wird durch seine Geburt in den Schoß der patriarchalischen Familie ausschließliches „Objekt der Mutter".[9]

Diese Tatsache hat Folgen, deren Bedeutung man sich nur klarmachen kann, wenn man zwei Zusammenhänge berücksichtigt: einen gesellschaftlichen und einen psychischen.

Der gesellschaftliche Zusammenhang besteht darin: Die Mutter hat bis in die jüngste Vergangenheit unserer Gesellschaft zumeist von Kindheit an wegen ihres weiblichen Geschlechts die Erfahrung von Minderwertigkeit gemacht. Mit ihrer Geburt als Tochter blieb der erwünschte Stammhalter aus. Ihre eigene Mutter hatte einen Sohn erwartet, weil einen Sohn zur Welt zu bringen ihr Ansehen gehoben hätte. Auch ihr Vater hatte einen männlichen Nachkommen gewünscht. Zudem war er, wenn überhaupt, nicht oft für die Tochter da. Er ging einem Beruf nach und war selten zu sehen und noch seltener zu sprechen. Daß sie weniger wert war als ihr Bruder, konnte sie an den unterschiedlichen Aufwendungen für Erziehung und Ausbildung ablesen. Später ging sie aus den Händen ihres Vaters über in die Hände ihres Mannes. Aber auch in dieser Beziehung blieb sie im Zustand von Abhängigkeit und Minderwertigkeit. Als Frau blieb ihr Wirkungskreis beschränkt auf den häuslichen Bereich, in dem ihr Mann ebenso selten präsent war wie vordem der Vater.

Der psychische Zusammenhang besteht darin: zwischen den Geschlechtern besteht eine erotische Anziehungskraft. Diese Anziehungskraft ist zwar in verschiedenen Altersklassen und wechselnden sozialen Zusammenhängen von unterschiedlicher Qualität und Intensität, aber sie besteht von der Wiege bis zur Bahre. Zwischen Menschen ist es nie gleichgültig, ob der andere gleichen Geschlechts ist oder dem anderen Geschlecht angehört.

Diese beiden Zusammenhänge machen sich geltend, wenn eine Frau Mutter wird. Die sozialen Erfahrungen von Abhängigkeit und Unterlegenheit prägen die Beziehung zu ihrem Kind ebenso wie die erotische Anziehungskraft, die bewirkt, daß ein Mensch unterschiedliche emotionale Beziehungen zu den Geschlechtern herstellt. Sie führt dazu, daß die Mutter ihren Sohn anders liebt als ihre Tochter, daß sie zu ihrem Sohn eine andere Beziehung herstellt als zu ihrer Tochter.

Die Frau, die einen Sohn hat, hält das Glück in ihren Händen. Und zwar ein Glück dreifacher Art: Wenn sie einen Sohn geboren hat, hat sie einem männlichen Wesen das Leben geschenkt und damit ihre eigene Reduktion auf die unterlegene Hälfte des menschlichen Geschlechts aufgehoben. In ihrem Sohn hat die Mutter die einzigartige Gelegenheit, sich selbst in männlicher Gestalt zu sehen und sich mit ihm als vollständig zu empfinden. Der Stolz von Müttern auf ihre Söhne zeigt häufig mit unübersehbarer Deutlichkeit das Gefühl der Frau für ihre soziale Aufwertung durch die Geburt eines Sohnes.

Aber das Glück ist noch anderer Art. Die Frau, die einen Sohn hat, hat ein männliches Wesen bei sich, das ihr zumindest eine Zeitlang ganz und gar gehört. Der Vater war nicht für sie da. Ihr Mann hält sich lieber fern vom häuslichen Leben in öffentlichen Bereichen der Gesellschaft auf, wo er seiner Arbeit und anderen wichtigen Betätigungen nachgeht. Ihr Sohn ist das einzige männliche Wesen, das ihr im Leben nahesteht, das sie uneingeschränkt bei sich hat.

Die Geburt eines Sohnes bedeutet für die Mutter aber nicht nur soziale Aufwertung und die Überwindung der Einsamkeit, sondern sie stellt auch eine Liebesbeziehung dar, die an Intimität und Zärtlichkeit ihresgleichen sucht. Der Sohn ist für die Mutter nicht nur der ersehnte Stammhalter und das gewünschte Kind, sondern Liebesobjekt. Ihre Zärtlichkeiten und Liebkosungen gelten nicht nur dem kleinen Menschen in der Wiege, sondern auch dem Körper eines Wesens, das dem anderen Geschlecht angehört. Die Psychologen verwenden für die erotische Bezogenheit der Mutter auf ihren Sohn durchaus Begriffe, die dem Bereich der menschlichen Sexualität entnommen sind. Bei manchen Müttern ist diese erotische Qualität der Anziehung auch wahrnehmbar in der Art und Weise, wie sie sich in einen Sohn „vernarrt" zeigen. Solche liebevolle Wertschätzung und zumeist auch kritiklose Überschätzung des Liebesobjekts kennzeichnet häufig auch „Verliebtheit", den Zustand eines Menschen, der seinen Liebespartner „anbetet". Christiane Olivier verwendet somit für diese Dimension der Beziehung zwischen Mutter und Sohn auch den Begriff „Begehren".

Ihre Tochter liebt eine Frau anders als ihren Sohn. Daß sie mit ihr nicht den Stammhalter zur Welt brachte, ist heute vielleicht nicht mehr so schwerwiegend wie noch vor fünfzig Jahren und wird deshalb die liebevolle Beziehung nicht schmälern. Allerdings füllt die Tochter nicht in gleicher Weise wie der Sohn für die Mutter den leeren Platz, den der abwesende Vater und der auswärts sich aufhaltende Mann hinterlassen. Das Gefühl des untrennbaren Einsseins, des symbiotischen Zusammengehörens, bildet die Mutter eher mit dem Sohn aus. Die geliebte Tochter erhält in den Augen der Mutter eher eine andere Bedeutung: Sie betrachtet sie nicht so sehr als ihr gehörig. Die Tochter als Kind gleichen Geschlechts stellt für die Mutter einen Wiederanfang des eigenen Lebens dar, für deren Zukunft sie all das als möglich entwirft, was im eigenen Leben fehlschlug oder unerreichbar blieb. Die geliebte Tochter ist für die Mutter eher eine Stellvertreterin, die den unbewußten Auftrag erhält, die unerfüllten Wünsche und unerreichten Ziele im mütterlichen Leben in ihrem Leben zu verwirklichen.

Von größerer Bedeutung als diese beiden Momente in der Mutter-Tochter-Beziehung ist für Olivier jedoch die Tatsache, daß die Mutter in der Tochter das eigene Geschlecht wahrnimmt. Ihrer Liebe zu dem kleinen Mädchen in der Wiege fehlt das, was Olivier das Begehren nennt. Das Mädchen wird als Kind geliebt, es wird aber als Mädchenkörper nicht begehrt: In den Augen der Mutter ist das kleine Mädchen niedlich, reizend, anmutig, artig und vieles mehr, nur nicht körperlich anziehend oder begehrenswert.[10]

Die Beziehung, die die Mutter zu ihrem Kleinkind hat, sei es der Sohn oder die Tochter, wird ihr nur ganz selten voll bewußt sein. Trotzdem kann man mit Sicherheit davon ausgehen, daß sie die Botschaften ihrer Liebe senden wird und daß ihr Kind diese Botschaften wahrnehmen wird. Ihre körperliche Nähe beim Stillen, beim Füttern und auf der Wickelkommode stellt über den Geruch, die Wärme, über den Ausdruck des Antlitzes und die Klangfarbe der Stimme die Atmosphäre her, die das Kind in sich aufnimmt. Wie die Botschaften da ausgetauscht werden, kann man als erwachsener Mensch zuweilen in einer intensiven Liebesbeziehung erfahren. Auch da können ohne Worte, sondern nur über die Sinne Botschaften gesendet und empfangen werden, derer wir uns sicherer sind als derer, die in Worten ausgedrückt werden: Ein Blick und der Klang einer Stimme, die Wärme der Nähe und der Duft, der von der Haut des anderen ausgeht, kann mehr sagen als tausend Worte.

Die Entwicklung des Sohnes nimmt ihres Ausgangspunkt darin, daß die Mutter sein erstes Liebesobjekt ist. Ob sie es will oder nicht, ob sie es weiß oder nicht, die Mutter ist die Quelle für seine Liebe und für seine Selbstliebe, für alle seine Gefühle und Lusterlebnisse. Sie lehrt ihn lieben mit allen Empfindungen und Zärtlichkeiten.[11] In dieser ersten Phase seiner Entwicklung erlebt der Knabe zumeist eine vollkommene Liebesbeziehung.

Seine Probleme tauchen auf, wenn diese Phase der Mutter-Kind-Symbiose vorübergeht und mit der Beherrschung der Muskulatur des Bewegungsapparats die Selbstbehauptung des Kindes auf dem Entwicklungsprogramm steht. Da die Mutter unbewußt Schwierigkeiten hat, auf das einzige männliche Wesen zu verzichten, das sie je besessen hat, beginnt hier ein Kampf: Sie möchte festhalten, er leistet Widerstand gegen die Vereinnahmung durch sie.

Man könnte sagen: Dieser Widerstand ebenso wie der Kampf gegen das weibliche Begehren wird es sein, was das spätere Verhalten des Mannes prägt, wenn er die Sehnsucht der Frau nach Nähe als einengende Macht erfährt. Mit der Mutter beginnt der längste und subtilste aller Kämpfe des Mannes gegen das weibliche Begehren, gegen die Liebe der Frau, die er als Falle oder Gefängnis erlebt und flieht. Hier, mit seiner Mutter, beginnt der Junge nach Olivier den ödipalen Krieg der Geschlechter. „Aus der Furcht vor der Mutter führt ein direkter Weg zur Herrschaft über die Frau."[12] Das vorrangige Ziel des männlichen Kampfes wird es sein, die Frau weit von sich wegzuhalten, sie festzubinden und festzuhalten an den einzig und allein für sie vorgesehenen Orten, in der Familie, bei der Erziehung, im Haus, während er das Haus verläßt, um im öffentlichen Bereich der Gesellschaft seinen Aktivitäten nachzugehen.

Der Widerstand und der Kampf in dieser von den Psychologen sogenannten „analen" Periode drehen sich um die Reinlichkeitserziehung. Und obwohl Mütter sich einem Jungen gegenüber viel duldsamer zeigen als gegenüber einem Mädchen, lösen ihre Forderungen bei ihm Ängste aus. Er fühlt sich verfolgt und bedroht. Er will nicht hergeben, was sie von ihm fordert, er widersetzt sich, er lehnt ab und verzögert. Die Psychologie erklärt dieses Verhalten damit, daß der Knabe in dieser Phase nicht klar zwischen seinen Ausscheidungen und seinem Geschlechtsteil unterscheidet. „Weil er irgendwie spürt, daß es sein Geschlecht als Junge ist, das die Mutter so besonders an ihn bindet, glaubt er, sie wolle mit seinen Ausscheidungen auch sein Geschlechtsteil. Er glaubt, daß sie es ihm rauben, es ihm amputieren will, daß sie ihm seine Potenz als Junge stehlen will ..."[13]

Man könnte resümieren: diese Verwechslung ist es, was die Frau in der Phantasie des Mannes zu einer Gefahr für seine Männlichkeit macht: unbewußt wird von der Frau Kastration befürchtet. Hier beginnt deshalb nach Olivier auch der Krieg gegen die Frau, hier wird die Frauenfeindlichkeit geboren[14], das Mißtrauen des Mannes gegenüber der Frau, sein Schweigen, die Angst vor der weiblichen Herrschaft, die im späteren Leben des Mannes Panik vor jeder symbiotischen Beziehung zu einer Frau auslösen wird.

Typisch ist auch, daß der kleine Junge in der Analphase Krieg spielt. Er ist aggressiv geworden, zunächst gegen seine Mutter, dann gegenüber allen Menschen. Er verschafft sich Waffen und Soldaten, er erfindet sich Feinde und Freunde, und er stellt sich Siege vor. Er will sich unbedingt als der Stärkste erweisen, stärker als sie und dann stärker als alle. Was er nämlich will, ist, seine Mutter zu überwinden, sie und ihre Kontrolle.[15]

Man könnte resümieren: hier entsteht das männliche Weltbild mit oben und unten, mit dem Kampf um eine hohe Position, mit

Überlegenen und Unterlegenen, mit Siegern und Verlierern, der Kampf um Unabhängigkeit und Macht. Zumindest hat der Mann in seinem langen Widerstand gegen die Mutter gelernt, sich vor unzumutbaren Forderungen und äußeren Angriffen zu schützen. Er wird in Zukunft der hartnäckige Verteidiger seiner Rechte sein, der Kämpfer um seinen Besitz und der Verfechter seiner Freiheit.

Allerdings ist der Kampf zwischen Mutter und Sohn nicht die ganze Wahrheit. Den Krieg gegen die vereinnahmende Mutter zu gewinnen ist gefährlich. Der Sohn riskiert dabei, diejenige zu verlieren, die er liebt. In dieser Periode der Entwicklung des Knaben entsteht deshalb nicht nur Feindlichkeit. Das ist nur die eine Dimension der Beziehung. Auch die Liebe ist noch da und existiert weiter in der Ambivalenz des Mannes gegenüber der Frau.

Aber diese Liebe des Jungen zur Mutter muß verborgen werden. Sie darf nicht mehr ausgedrückt werden, um keine Schwäche zu zeigen, die die andere ausnutzen könnte. Der Junge zeigt nicht nur seine Zärtlichkeit nicht mehr, er spricht auch nicht mehr über seine Gefühle. Er verdrängt sie. Er lernt nicht, so Olivier, die Worte zusammenzusetzen, die einen liebevollen Satz ergeben.[16] Man könnte sagen, hier wird die von Frauen so häufig beklagte Gefühlskälte des Mannes geboren, sein Schweigen in der Liebesbeziehung zur Frau. Die Sprache, die der Sohn sich, später als die Tochter, aneignet, ist nicht dazu da, einen Abstand zu überbrücken. Im Gegenteil: die Sprache, die der Sohn sich aneignet, drückt den Abstand aus, der gegenüber dem anderen gewahrt werden soll. Die männliche Sprache ist meistens bar von Gefühlen. Wenn der Mann spricht, hält er sich an sehr allgemeine Dinge, die mit ihm persönlich nichts zu tun haben. Alles das, was Empfindungen auslösen könnte, spricht er nicht an. Seine Rede geht über das, was abstrakt und logisch ist. Olivier nennt das Schweigen des Mannes in Gefühlsdingen eine „Sprachsperre", die erwachsen ist aus dem Kampf um die Unabhängigkeit von der vereinnahmenden mütterlichen Liebe. Der Mann versagt sich die Trauer und das Weinen um die mit dem Gewinn seiner Freiheit verlorene Zärtlichkeit. Im Widerstand gegen die Liebe der Mutter lernt er die Härte.[17]

Mit der Geschichte von Mutter und Sohn beginnt somit ein Teufelskreis: Eine Frau, von ihrem Mann auf Distanz gehalten, bindet sich an ihren Sohn und bereitet in ihm die Distanz vor, die er zu der anderen, späteren Frau entwickeln wird. Nach der Geburt ausschließlich in die Hände der Mutter gegeben, entsteht für den Mann die zärtlichste aller Lieben, gefolgt vom längsten aller Kriege. Er entrinnt ihm, gezeichnet von Mißtrauen, Schweigen und Frauenfeindlichkeit. Eine Frau legt somit den Keim der Frauenfeindlichkeit für die andere.[18]

Die Probleme des kleinen Mädchens mit seiner Mutter tauchen viel früher auf als die des kleinen Jungen. Es ist die erste Entwicklungsperiode, die von der Psychologie sogenannte orale Phase, in der das Mädchen in Bedürfniskonflikte mit der Mutter gerät. Und der Gegenstand dieses Konflikts ist nicht die Reinlichkeitserziehung, sondern die Ernährung. Schwierigkeiten beim Füttern tauchen bei Mädchen schon im ersten Lebensmonat auf.

Die Dauer der Mahlzeiten ist bei Mädchen kürzer als bei Jungen. Mädchen werden auch im allgemeinen schneller entwöhnt als Jungen. Schon im Alter von 12 Monaten hören Mädchen durchschnittlich auf, am Schnuller zu saugen. Man könnte sagen, daß die Mutter das Mädchen gegenüber dem Jungen benachteiligt. Aber diese Tatsachen wertet Christiane Olivier nicht als Ursachen der oralen Schwierigkeiten in der Beziehung von Müttern und Töchtern. Olivier glaubt vielmehr, daß die Pflege der Tochter im Gegensatz zur Betreuung des Sohnes deshalb mangelhaft ist, weil der mütterlichen Liebe zur Tochter das Begehren fehlt, die erotisch gefärbte Freude an der physischen Existenz dieses kleinen Wesens: „Womit füllt sich das kleine Mädchen psychisch, wenn es das Fläschchen von einer Frau gereicht bekommt, die ihm gegenüber kein Begehren empfindet, da ja beide das gleiche Geschlecht haben?"[19] Magersucht, Bulimie, Erbrechen, alle diese besonders bei Frauen anzutreffenden Symptome weisen auf eine konflikthafte Beziehung des Mädchens bei der Nahrungsaufnahme hin. Es scheint, daß Frauen – weil von der Mutter schlecht geliebt, da nicht begehrt – Lieben und Nähren durcheinanderbringen.

Das Drama des kleinen Mädchens besteht darin, daß sein erstes Liebesobjekt eben auch die Mutter ist. Denn die Sprache der Mutterliebe hört sich für die Tochter anders an als für den Sohn. Die Botschaft für sie lautet eher: „Du sollst es besser machen, als ich es gekonnt habe!" Die Botschaft: „Du bist hinreißend, weil Du mein bist!" könnte ihr nur der Vater senden. Aber der Vater fehlt an der

Wiege. Ein genügendes Liebesobjekt könnte die Tochter nur für den Vater sein.

Das Mädchen ahnt, daß es etwas mit ihrem Körper zu tun hat, daß es so ungenügend geliebt wird. Man könnte sagen, hier wird die Entfremdung der Frau von ihrem Körper angelegt: Fast jede Frau findet, daß etwas an ihrem Körper nicht richtig ist oder anderen nicht gefällt. Das Mädchen, später die Frau, ist nie zufrieden mit dem, was sie hat, mit dem was sie ist, sie wünscht sich immer einen anderen Körper als den ihren.

Zu dem fehlenden libidinösen Bezug der Mutter zur Tochter kommt hinzu, daß der Körper des kleinen Mädchens mit niemandes Körper vergleichbar ist. Er ist nicht männlich, aber er ist auch nicht weiblich. Er hat keine Brüste, keine Taille, keine Hüften und keine Schamhaare. Er ist flach wie die asexuellen Puppen. Ihm gegenüber ist der Körper der Mutter ungleich besser ausgestattet. Das „Mädchen errät, daß nur die (erwachsene) Frau als Geschlechtswesen anerkannt wird. Also spielt es Frau. Es ahmt die Kunstgriffe nach: den Lippenstift, die Absätze, die Handtasche. Das kleine Mädchen verkleidet sich als Frau, so, wie die Frau sich später verkleiden wird in eine andere Frau als die, die sie wirklich ist."[20]

Man könnte sagen, hier wird der Neid und die Eifersucht unter Frauen angelegt: Frauen vertrauen anderen Frauen nicht, wenn es um ihre Anerkennung geht. Der niederschmetternde Vergleich mit dem Körper der Mutter bewirkt, daß sie später „auf jeden anderen Busen eifersüchtig sein werden, der besser geformt ist als der eigene".[21] Frauen mogeln, um als Frauen akzeptiert zu werden. Daß sie Frauen sind, reicht nicht aus. Sie müssen sich in anderer Weise als Frauen beweisen. Es muß immer noch etwas hinzukommen, häufig Dinge, die mit dem Geschlecht überhaupt nichts zu tun haben.

Daß zwischen Mutter und Tochter nicht die gleiche symbiotische Beziehung besteht wie zwischen Mutter und Sohn, zeigt sich in der Tatsache, daß das Mädchen sehr viel früher spricht als der Junge. Das Mädchen hat einen Grund, früh zu sprechen. Mit der Sprache erwirbt das Mädchen ein Mittel, um den Abstand zu überwinden, der zwischen ihm und der Mutter liegt. Der Junge, eingetaucht in das libidinöse Behagen einer symbiotischen Beziehung, braucht die Sprache nicht so früh. Er hat keine Einsamkeit zu überwinden wie das Mädchen. Die frühe Sprache beim Mädchen stellt nicht unbedingt eine glückliche Entwicklung dar: Sie zeigt, daß es sich allein fühlt, daß es niemanden bei sich in einer solchen Nähe hat, die Worte nicht braucht, um sich mitzuteilen und Antwort zu bekommen.

Man könnte sagen, daß in der Qualität der frühen Beziehung zur Mutter auch der wesentliche Unterschied angelegt wird, der das weibliche Kommunikationsverhalten im Gegensatz zum männlichen kennzeichnet. Den Frauen geht es im Leben nie um oben und unten, auch nicht um Kampf und Sieg. Frauen geht es um zwischenmenschliche Beziehungen, darum, wie nah und wie fern ihnen jemand steht. Frauen sprechen eine Sprache, mit der sie Verbindung herstellen und den als unerträglich empfundenen Abstand zum anderen aufzuheben bestrebt sind. Die weibliche Sprache überspringt die Leere, schafft Ähnlichkeiten und Zusammenhänge, baut Brücken und stellt Bindungen her. Frauen sprechen viel im privaten Bereich, sie teilen einander mit und nehmen Anteil, um in Kontakt zu sein.

Wenn man den Wert einer Theorie daran mißt, wie viele der beobachtbaren Phänomene sie erklärt, dann müßte die Theorie von Christiane Olivier allgemein überzeugen. Sie erklärt die Überlegenheit der Frau in der sinnlichen Wahrnehmung: Wer Liebe aktiv zu erwerben genötigt ist, schärft seine Wahrnehmung. Sie erklärt die überlegene sprachliche Begabung der Frau und ihr ausgeprägtes Bedürfnis nach zwischenmenschlichen Beziehungen. Diese Theorie erklärt auch die männliche Abwehr gegenüber Gefühlen, seine raumgreifenden Aktivitäten und seine Vorliebe für Objekte und deren Funktionieren. Sie erklärt die höhere männliche Aggressivität, seine Rivalität, seine geschärfte Wahrnehmung für die gesellschaftliche Vertikale, sein Streben nach Status und seine Lust an Kampf und Sieg. Diese Theorie erklärt, wie Frauen miteinander umgehen und wie Männer unter Männern agieren. Und: Sie erklärt die Beziehung zwischen Männern und Frauen in dieser Gesellschaft.

In seiner Beziehung zur Mutter bildet der Mann ein Ressentiment gegen die Frau aus. Seine Identität ist von der Weigerung gekennzeichnet, die Frau als gleichwertig anzuerkennen, während unter der Haut das Bewußtsein weiterschlummert, daß sie ihm nicht nur überlegen ist, sondern ihn bedroht. Die Frauen unten zu halten, ist für den Mann das einzige Mittel, um über die Mutter zu siegen: über die erste Frau seines Lebens, die Macht über ihn hatte. Die Identität der Frau ist dagegen vom Verlangen gekennzeichnet, dem in ihrem Leben so lange abwesenden Mann zu begegnen. Die Frau sucht damit allerdings die Anerkennung dessen, der ihr die Anerkennung nicht geben kann, ohne selbst in Gefahr zu geraten. In dem Bedürfnis, dem männlichen Begehren zu begegnen, wird sie zur Sklavin unter dem Gesetz des Mannes, mißtrauisch gegenüber anderen Frauen. Die Frau, die die Liebe des Mannes sucht, wird auf die Liebe desjenigen stoßen, der endgültig entschieden hat, daß sie nie wieder herrschen wird. Die mit der Mutter erlebte Geschichte ruft sowohl die Eifersucht unter Frauen bei der Eroberung des Mannes als auch die Frauenfeindlichkeit des Mannes hervor.

Hier schließt sich also der Teufelskreis, in dem die in ihrer Kindheit nicht begehrte Frau im Erwachsenenalter dem Begehren und der Anerkennung des Mannes nachjagt. In der Erinnerung an die nicht geglückte Abrechnung mit der Mutter nutzt der Mann, in die Stellung des Herrn versetzt, seine Macht, um mit der Frau abzurechnen. Es sind die Mütter, die die zukünftigen Frauenfeinde zurichten, unter denen ihre Töchter leiden werden.[22]

c. Der berühmte Ödipuskomplex

Wenn man nach dem Beitrag der Psychoanalyse zur Herausbildung unterschiedlicher Geschlechtscharaktere fragt, wird man immer noch selten den Namen von Christiane Olivier hören. Psychoanalyse und vor allem psychoanalytische Theorie der Geschlechter ist verbunden mit dem Namen von Sigmund Freud.[23]

Auch Freud war der Auffassung, daß die Beziehungen innerhalb der bürgerlichen Kleinfamilie im frühen Kindesalter die psychische Differenzierung der Geschlechter bewirken. Allerdings nimmt er einen sehr viel späteren Zeitpunkt für die Herausbildung unterschiedlicher Geschlechtscharaktere an als Olivier. Erst in der sogenannten phallischen Phase, dem dritten bis fünften Lebensjahr, vollzieht sich seiner Meinung nach diese Entwicklung. Und ihr Angelpunkt ist nicht ein im wesentlichen unbewußter Anteil der Mutterliebe. Nach Freud ist es der anatomische Geschlechtsunterschied[24], der für die unterschiedliche Organisation des Seelenlebens von Männern und

Frauen und das ihm entsprechende Verhalten verantwortlich ist. Im Ödipuskomplex des Jungen und im – von anderen Autoren sogenannten – „Elektrakomplex" des Mädchens bilden sich die psychischen Strukturen heraus, die männliche und weibliche Verhaltensweisen entstehen lassen.

Bis zum Eintritt dieser phallischen Phase nimmt Freud eine ähnliche Entwicklung bei beiden Geschlechtern an. Die Mutter ist für beide das erste Liebesobjekt. Beim Knaben stellt sich jedoch mit Beginn der phallischen Phase eine ausgeprägte Rivalität gegenüber dem Vater her, der in seiner zärtlichen Beziehung zur Mutter als überflüssiger Störenfried erlebt wird. Diese Ödipus-Einstellung des Knaben, Liebe zur Mutter und Ablehnung des Vaters, geht nach Freud an der Kastrationsangst zugrunde. Zwar glaubt der Knabe der Drohung der Erwachsenen, als Strafe für Onanie könne man ihm das so hoch geschätzte Körperteil rauben, nicht sogleich. Doch die Erfahrung, daß es Menschen gibt, die diesen Teil nicht besitzen, macht den eigenen Penisverlust vorstellbar und damit die Drohung glaubhaft. Die durch diese Entdeckung entstandene Angst bewirkt nach Freud die Auflösung des Ödipuskomplexes. Der Knabe wendet sich von der Mutter ab, identifiziert sich mit dem Vater und übernimmt von diesem das geschlechtsspezifische Verhalten des Mannes.[25]

Anders das kleine Mädchen. Nach Freud entscheidet sich sein geschlechtliches Schicksal in einem Augenblick: „Sie hat es gesehen, weiß, daß sie es nicht hat, und will es haben."[26] Das ist die Geburt des Penisneides. Zwar kann das kleine Mädchen nach Freud anfangs hoffen, der mißliche Umstand werde sich beheben, oder es kann versuchen, seinen Mangel zu verleugnen. Die normale Entwicklung werde jedoch sein, die Mutter für die ungenügende sexuelle Ausstattung verantwortlich zu machen und die zärtliche Beziehung zu ihr zu lockern. Die Zuwendung zum Vater kommt dabei nach Freud durch eine Wunschverschiebung zustande: Das kleine Mädchen „gibt den Wunsch nach dem Penis auf, um den Wunsch nach einem Kinde an die Stelle zu setzen, und nimmt in dieser Absicht den Vater zum Liebesobjekt."[27] Obwohl auf die Mutter eifersüchtig, übernimmt die Tochter von ihr geschlechtsspezifische Verhaltensweisen. Um von seinem Vater geliebt zu werden, wird das Mädchen seiner Mutter ähnlich.

Aus der unterschiedlichen Geschichte von Mädchen und Knabe in der phallischen Phase leitet Freud außer der jeweiligen Identifikation mit dem gleichgeschlechtlichen Elternteil noch einige weitere geschlechtsspezifische Charaktereigenschaften ab. So soll der Knabe ein stärkeres Über-Ich, d.h. Gewissen aufbauen als das Mädchen, weil er sonst die traumatische Ablösung von seiner Mutter nicht würde verarbeiten können. Da das Mädchen langsamer aus dem ödipalen Verhältnis herauswachse, bilde es ein schwächeres Gewissen aus, was sich darin zeige, daß Frauen gefühlsabhängiger blieben, weniger zu sublimieren in der Lage seien, weniger Rechtsgefühl entwickelten und eine geringere Neigung entwickelten, sich unter die großen Notwendigkeiten des Lebens zu unterwerfen.[28] Außerdem bewirke die Abwendung von der Mutter und die Hinwendung zum Vater einen Passivitätsschub, aus dem sich der größere weibliche Narzißmus ergebe.[29] Der ehemalige Penisneid lebe in der größeren Neigung des Weibes zur Eifersucht fort[30], während die weibliche Eitelkeit entstehe, um die eigenen sexuellen Reize aufzuwerten.[31] Außerdem sei die erwachsene Frau psychisch rigider als der erwachsene Mann.[32]

Freuds Theorie über die Herausbildung der Geschlechtscharaktere kann man für kurios halten. Ihre heutige Bedeutung ist sicher nur noch theoriegeschichtlicher Art. Immerhin zeugt die Vorstellung vom Penisneid als Motor weiblicher Entwicklung von Phantasie. Aber er ist eine männliche Phantasie, und diese trägt den Charakter der wesentlichen Einstellungen, die der Knabe nach Olivier im Kampf um seine Selbstbehauptung gegen die Mutterbindung erwirbt. Die sozial vorgefundene Minderwertigkeit der Frau wird hier logisch begründet.

d. Geschlechtsspezifische Verhaltensweisen als Resultat sozialen Lernens

Neben dem biologistischen und den beiden psychoanalytischen Ansätzen gibt es eine vierte sozialpsychologische Erklärung über die Entstehung unterschiedlicher Geschlechtscharaktere. Mädchen und Jungen lernen geschlechtsspezifische Verhaltensweisen von ihren Eltern.[33] Entweder wirken diese durch Bestrafung und Belohnung direkt auf das Verhalten ihrer Kinder ein, oder die Kinder übernehmen von sich aus die entsprechenden Verhaltensweisen von ihren Eltern.

Es ist ganz allgemein bekannt, daß Eltern Jungen und Mädchen unterschiedlich behandeln. Das beginnt bei den Babyfarben hellblau und rosa, setzt sich in unterschiedlicher Haartracht, geschlechtsspezifischem Spielzeug und unterschiedlicher Lektüre fort. Im Kleinkindalter erfahren Söhne mehr und rauheren Körperkontakt, mit Mädchen wird mehr geredet. Jungen werden häufiger und härter bestraft, aber auch häufiger positiv beachtet als Mädchen. Auf Söhne wird ein größerer Leistungsdruck ausgeübt als auf Töchter.

Allerdings ist nicht immer klar, was Ursache und was Wirkung darstellt. Zum Beispiel ist nicht in jedem Falle sicher, daß die unterschiedlichen Umgangsformen mit Mädchen und Jungen die Ursache sind, die den Aufbau geschlechtsspezifischer Verhaltensweisen bewirken. Jungen werden beispielsweise deshalb mehr und härter bestraft, weil sie durch ihren Ungehorsam oder ihre Aggressivität dazu Anlaß geben. Sie sind also schon aggressiv, und das nicht als Resultat solcher Erziehungmaßnahmen. Außerdem wirkt dieses Mehr an Strafe scheinbar nicht wie eine Strafe, sondern wie eine Belohnung. Jungen geben ihre höhere Aggressivität als Resultat auf die entsprechenden Erziehungmaßnahmen nicht auf.

Offensichtlich sind auch die Kinder selber aktiv bei der Herausbildung unterschiedlicher Verhaltensweisen. Über Identifikation und Imitation erwerben sie geschlechtsspezifische Verhaltensweisen. Dabei haben Forscher mehrere Möglichkeiten entdeckt. Kinder übernehmen im wesentlichen Verhaltensweisen von Menschen, die sie lieben, um ihnen ähnlich zu sein. Sie übernehmen aber auch Verhaltensweisen von Menschen, die sie fürchten, um diese Furcht zu überwinden. Bei der Übernahme solcher Verhaltensweisen können aber auch noch andere Faktoren eine Rolle spielen, wie zum Beispiel Macht oder Ähnlichkeit. Danach werden Kinder häufig Personen nachahmen, die entweder als stark wahrgenommen oder als der eigenen Person ähnlich empfunden werden. Die Annahme dieser Art von Lernen läßt jedoch eine wichtige Frage offen: Wenn es diese vielen verschiedenen Formen von Identifikation und Imitation gibt, über die Mädchen und Knaben geschlechtsspezifische Verhaltensweisen erwerben können, wie kommt es dann zustande, daß das Mädchen die weiblichen, der Knabe die männlichen Verhaltensweisen übernimmt? Wenn es die Liebe ist, müßten sich beide, Mädchen wie Junge, an der Mutter orientieren. Wenn es die Macht ist, müßten beide den Vater nachahmen. Wenn es die Furcht ist, ist es wahrscheinlich wieder ein Geschlecht, an dem gelernt wird. Allein die Annahme der Ähnlichkeit als Motiv für die Imitation könnte die Übernahme geschlechtsspezifischer Verhaltensweisen erklären. Aber auch diese Annahme hat einen Pferdefuß. Die Tendenz von Kindern zur Nachahmung gleichgeschlechtlicher Vorbilder ist zwar nachgewiesen worden, aber man hat sie nicht bei Kleinkindern feststellen können, sondern erst ab dem 5. Lebensjahr, in dem Kinder schon wesentliche geschlechtstypische Verhaltensweisen zeigen. Außerdem müßten sich nach dieser Annahme über die geschlechtsspezifischen Verhaltensweisen hinaus größere Ähnlichkeiten zwischen Eltern und gleichgeschlechtlichen Kindern ergeben. Und dafür hat man empirisch keine Belege gefunden.

Um zu erklären, weshalb Kinder in der Tat gleichgeschlechtliche Personen imitieren und darüber die Geschlechtsrolle erwerben, gibt es unter den sozialpsychologischen Theorien der Geschlechtscharaktere eine weitere Annahme: Bevor Kinder über Identifikation und Imitation geschlechtsspezifische Verhaltensweisen übernehmen, entwickeln sie im Zusammenhang mit kognitiven Reifungsschritten eine geistige Vorstellung von der eigenen Geschlechtsidentität. Im dritten Lebensjahr beginnen Kinder, sich selbst als Junge oder Mädchen wahrzunehmen. Im fünften Lebensjahr hat sich diese Fähigkeit der Unterscheidung so stabilisiert, daß auch andere Personen richtig ihrem Geschlecht zugeordnet werden können. Wenn diese Selbstwahrnehmung als Junge oder Mädchen einmal ausgebildet ist, kommt es über die spontane positive Bewertung des eigenen Geschlechts zu einer positiven Wertschätzung aller mit diesem Geschlecht verbundenen Eigenschaften und Aktivitäten. Jungen übernehmen männliches Verhalten und Mädchen weibliches Verhalten danach nicht deshalb, weil die Übernahme der entsprechenden Verhaltensweisen von den Erwachsenen belohnt würde, sondern sie tun das, weil sie die entsprechenden Verhaltensweisen schätzen, und sie schätzen sie, weil diese als zu ihrem Geschlecht gehörig wahrgenommen werden.

Die Ausbildung geschlechtsspezifischer Verhaltensweisen ist offensichtlich Resultat eines sehr komplexen Entwicklungsprozesses, zu dessen Erklärung keiner der dargestellten Erklärungsansätze sozialen Lernens allein ausreicht. Auch die Annahme einer kognitiven Voraussetzung für den Aufbau einer Geschlechtsidentität über Identifikation und Imitation ist nicht ganz stimmig. Zeigen Kinder doch geschlechtstypische Spielinteressen, bevor sie eine solche kognitive Identität ausgebildet haben.

e. Jungenspiele – Mädchenspiele

Welche Wurzeln die unterschiedlichen Geschlechtsidentitäten auch haben mögen, spätestens mit Erreichen des Schulalters werden diese Identitäten manifest. Im Spielverhalten von Kindergruppen kann man aufzeigen, daß die geschlechtsspezifische Prägung schon stattgefunden hat. Jungenspiele und Mädchenspiele weisen große Unterschiede auf. Vor allem die für das spätere Berufsleben so bedeutsamen unterschiedlichen Weltbilder von Männern und Frauen kommen bereits in der geschlechtsspezifischen Kommunikation von Kindern und unterschiedlichem Spielverhalten zum Ausdruck.

Jungen spielen eher in großen Gruppen, die hierarchisch strukturiert sind. Ihre Gruppen haben einen Anführer, der den anderen sagt, was zu tun ist und wie es zu tun ist, und der sich weigert, Vorschläge anderer Jungen zu akzeptieren. Durch die Erteilung von Anweisungen und ihre Durchsetzung wird Status ausgehandelt. Eine andere Form der Statusgewinnung ist, daß die Jungen sich in den Mittelpunkt stellen, indem sie Geschichten und Witze erzählen und die Geschichten und Witze der anderen lächerlich machen oder in Frage stellen. Bei den Spielen der Jungen gibt es Gewinner und Verlierer und ausgeklügelte Regelwerke, die häufig zum Gegenstand von Auseinandersetzungen werden. Und Jungen prahlen oft mit ihren Fähigkeiten und streiten, wer der beste ist.

Mädchen dagegen spielen in kleinen Gruppen oder zu zweit. Im Mittelpunkt des sozialen Lebens eines Mädchens steht die beste Freundin, der Geheimnisse und Gefühle anvertraut werden. Innerhalb der Gruppe ist Intimität von zentraler Bedeutung: Unterschiede bemessen sich nach dem Grad relativer Nähe. Bei ihren häufigsten

Spielen, wie z.B. Seilspringen und „Himmel und Hölle", kommen alle einmal an die Reihe. Viele der Aktivitäten, wie z.B. Mutter und Kind spielen, haben keine Gewinner oder Verlierer. Obwohl einige Mädchen sicher geschickter und kompetenter sind als andere, wird erwartet, daß sie nicht mit ihren Fähigkeiten prahlen oder zeigen, daß sie sich für besser halten als die anderen. Mädchen geben keine Befehle. Sie drücken ihre Vorlieben mit Vorschlägen aus, und die Vorschläge werden wahrscheinlich aufgegriffen. Mädchen reißen sich nicht darum, im Mittelpunkt zu stehen. Es macht ihnen keinen Spaß. Mädchen greifen deshalb auch nicht direkt an. Und oft sitzen sie einfach nur zusammen und unterhalten sich. Mädchen sind nicht daran gewöhnt, offen um Statuspositionen zu konkurrieren. Ihnen liegt mehr daran, gemocht zu werden.

f. Was dieses Buch vermitteln will

Die Kritik bestehender gesellschaftlicher Verhältnisse und die Theorien über ihre Entstehungsbedingungen sind zumeist keine intellektuellen Spiele zum Vertreiben von Langeweile. Hinter der Beschäftigung mit den Entstehungs- und Reproduktionszusammenhängen von gesellschaftlichen Herrschafts- und Unterdrückungsverhältnissen steht zumeist die Bemühung, Ansatzpunkte für ihre Überwindung zu finden.

Der biologistische Ansatz bietet dabei für das Interesse von Frauen an der Überwindung der Geschlechtsrollendifferenzierung wohl keine Grundlage. Die Natur ist nicht zu verändern, jedenfalls nicht in ein paar Jahren. Deshalb eignet sich diese Theorie auch so besonders gut als Nachweis für die Unabänderlichkeit bestehender Verhältnisse. Als Untermauerung der geschlechtsspezifischen Rollenverteilung in der Gesellschaft könnte sich diese Theorie aber durchaus als Bumerang erweisen. Bei nicht wenigen Arten von Lebewesen hat die Natur den weiblichen Teil mit überlegenen Fähigkeiten ausgestattet, um die Reproduktion sicherzustellen. Die Hypothese, daß das auch bei den Menschen der Fall sein könnte, ist zumindest nicht abwegig. Es gibt durchaus bereits Stimmen, die eine solche Verteilung von naturgegebenen Fähigkeiten auch für die menschliche Gattung behaupten. Und die Forschung über die angeborenen Faktoren menschlicher Fähigkeiten ist noch nicht so weit, um ein fundiertes Urteil zu erlauben.

Auch die Theorie Freuds ist der Natur, nämlich der Biologie, verpflichtet. Gründet er seine Theorie der Geschlechtscharaktere doch auf den anatomischen „kleinen Unterschied", den niemand den Männern rauben will. Aber auch wenn unbewußte psychische Prozesse als Ursache für die Geschlechterdifferenzierung begriffen werden, bieten solche Auffassungen keine Ausblicke auf Wege, die leicht zu beschreiten wären. Aus der Theorie von Olivier kann man zwei Strategien für die Überwindung der gegebenen geschlechts-spezifischen Identität ableiten. Die erste besteht in dem Postulat: „Auch die Väter an die Wiege!" Wenn die Väter ihren Anteil an der Säuglings- und Kleinkindpflege übernehmen, wird der kleine Junge nicht mehr ausschließliches Objekt der Mutter werden. Er wird sich später nicht mehr gegen ihre Vereinnahmung wehren müssen und als erwachsener Mann nicht seine Angst vor der weiblichen Herrschaft auf jede emotionale Beziehung zu einer Frau übertragen. Das kleine Mädchen wird wie sein Bruder auch die Erfahrung einer intensiven Liebesbeziehung machen, wenn der Vater an der Wiege nicht mehr fehlt. Ihr Leben wird damit nicht mehr von einem Verlangen nach der Liebe eines Mannes gekennzeichnet sein, das geeignet ist, sie zur Sklavin unter dem Gesetz des Mannes zu machen. Allerdings: Die Väter werden sich nicht ins Kinderzimmer zwingen lassen, und ein Programm der Befreiung von gesellschaftlichen Zwängen kann sich nicht seinerseits auf einen Zwang gründen. Dagegenzuhalten wäre allerdings eine Tatsache, daß nämlich inzwischen viele Väter „spontan" ihre Vaterschaft praktisch positiv besetzen. Immer mehr Väter bereiten sich zusammen mit ihren Partnerinnen auf die Geburt vor, erleben die Geburt ihres Kindes mit und betrachten die Wiege und die Wickelkommode als einen Ort leidenschaftlicher Liebe.

Die zweite Strategie, die aus der Theorie Oliviers abgeleitet werden kann, ließe sich folgendermaßen begründen: Wenn es die Mütter sind, die die zukünftigen Frauenfeinde zurichten, unter denen ihre Töchter leiden werden, wäre es an den Frauen, dies zu verändern. Eine solche Forderung kann man zwar aufstellen, aber nicht in ein Programm umsetzen. Die Zusammenhänge und Prozesse, die Olivier zu ihrer Theorie verarbeitet, sind unbewußten Charakters.

Es gibt zwar Möglichkeiten, unbewußte Strukturen und Prozesse aufzudecken. Aber schon dieser Versuch, unbewußte Vorgänge bewußt zu machen, ist ein zeitraubendes und mühevolles Unterfangen, dem sich Menschen in unserer Gesellschaft nur dann unterziehen, wenn es um die Überwindung von persönlichen Problemen geht, die die Bewältigung des normalen Alltags nachhaltig belasten. Die Mütter auf die Couch legen zu wollen wäre eine absurde Forderung in einem Programm der Freiheit. Aber auch hier gibt es wieder eine Tatsache dagegenzuhalten: Mütter, die vor der Geburt ihrer Kinder durch gesellschaftliche Tätigkeit Gelegenheit hatten, ein Stück Selbstverwirklichung zu realisieren, und die eine Perspektive entwickeln, auch weiterhin vielfältige Dimensionen ihrer Persönlichkeit zu leben, müssen in der Beziehung zu ihren Kindern nichts kompensieren: in ihrem Sohn nicht den in ihrem Leben fehlenden Vater und Mann und in ihrer Tochter nicht die unerfüllt gebliebenen persönlichen Möglichkeiten.

Bleiben als letztes die Sozialisationstheorien der Geschlechterdifferenzierung. Sie gewähren am ehesten Ausblick auf Möglichkeiten der Veränderung. Und viele davon werden bewußt praktiziert. Eltern, denen die Chancengleichheit ihrer Kinder wichtig ist, versuchen, der traditionellen Erziehung entgegenzuwirken. Babyfarben werden ignoriert. Auch an ihrer Kleidung und Haartracht kann man kleine Jungen und Mädchen nicht mehr erkennen. Mit Konsequenz wird beiden Geschlechtern die ganze Bandbreite an Spielzeug und Lektüre angeboten. Manche Eltern versuchen sogar, in ihren Kindern typische Aktivitäten gerade des anderen Geschlechts zu fördern. Aber diese Einflußnahme hat auch ihre Grenzen. Diese findet sich einmal dort, wo elterlichen Erziehungsmaßnahmen unbewußte Einstellungen und Verhaltensweisen zugrundeliegen. Zum andern stößt ein bewußtes geschlechtsneutrales Erziehungsprogramm dort auf unüberwindbare Grenzen, wo die Kinder bei der Herausbildung unterschiedlicher Verhaltensweisen selber aktiv werden und über Identifikation und Imitation Rollenverhalten übernehmen. Hier stellt sich wieder das alte Problem bewußter gesellschaftlicher Reformen durch Erziehung, daß nämlich die Erzieher vorher selber erst erzogen werden müssen, um den zu Erziehenden mit dem Modell eines neuen Menschen als Identifikationsobjekt und Orientierungsmaßstab dienen zu können.

Dazu fällt mir ein Zitat von Karl Marx ein, der 1845 in seinen „Thesen über Feuerbach" grundsätzliche Überlegungen über eine emanzipatorische Veränderung gesellschaftlicher Verhältnisse anstellte. In der dritten These über Feuerbach hielt er fest, was auch hier das Resultat der Diskussion über Veränderungsmöglichkeiten grundlegender gesellschaftlicher Verhältnisse darstellt: „Die materialistische Lehre von der Veränderung der Umstände und der Erziehung vergißt, daß die Umstände von den Menschen verändert und der Erzieher selbst erzogen werden muß." Und er kommt zu dem Resultat, daß ein solcher Veränderungsprozeß nur darin bestehen kann, daß die je existierenden Menschen im Hier und Jetzt ihres Lebens lernen müssen, anders zu leben und zu handeln. Wenn sie das tun, werden sie sich in diesem Tun zu anderen Menschen entwickeln, d.h., sie werden sich selbst verändern. Und indem sie anders handeln, ändern sie auch die Resultate ihres Handelns, nämlich die gesellschaftlichen Umstände, d.h. ihre Beziehungen zueinander. Marx formulierte diesen Zusammenhang folgendermaßen: „Das Zusammenfallen des Änderns der Umstände und der menschlichen Tätigkeit oder Selbstveränderung kann nur als revolutionäre Praxis gefaßt und rationell verstanden werden."[34]

Das Vorhaben von Frauen, die geschlechtsspezifische Rollendifferenzierung zu überwinden, als revolutionäre Praxis zu begreifen, wird vielen als überzogen erscheinen. Vor allem wäre es einfacher, Marx hätte statt „revolutionär" das Wort „emanzipatorisch" gewählt, um sein Konzept der gesellschaftlichen Freiheit von den historischen Ereignissen abgrenzen zu können, die in seinem Namen als „Revolutionen" veranstaltet wurden. Aber revolutionär im Sinne von umwälzend wird der Prozeß wohl sein, in dem Frauen Freiheit und Gleichheit in ihren Beziehungen zu Männern herstellen wollen, nur wird er nicht gewaltsam und nicht so spektakulär vonstatten gehen, wie man es mit diesem Wort verbindet. Es wird ein Prozeß sein, den jede Frau mit in Gang setzt, aufrechterhält, mit trägt und vorwärts treibt, die in ihrem Leben ihren eigenen Weg sucht, um sich selber zu verwirklichen. Soziale Beziehungen – und die Beziehungen zwischen den Geschlechtern sind soziale Beziehungen – werden immer von beiden Seiten hergestellt, aufrechterhalten und fortgesetzt. Ungleichheit, Überlegenheit, Macht und Herrschaft der einen Seite existieren nur dadurch, daß die andere

Seite das hinnimmt und sich entsprechend verhält. Wenn Frauen anfangen, anders zu handeln, verändern sie damit nicht nur sich selber, sondern auch die Verhältnisse, in denen sie zu anderen Menschen, und eben auch Männern, stehen.

Wenn man Frauen nach ihrer Einschätzung fragt, was bis heute im Kampf um die Gleichberechtigung erreicht werden konnte, wird man häufig Resignation feststellen. Das ist eigentlich verwunderlich. Wenn man sich bewußt macht, daß das Patriarchat Jahrtausende währte, schrumpfen die nahezu 200 Jahre seines Niedergangs zu einer kurzen Zeitspanne zusammen. Mit der französischen Revolution brachen die Säulen des Patriarchats ein: mit dem religiösen Fundament des Gottesgnadentums und dem absoluten Königtum wurde auch die Vormachtstellung des Vaters in der Familie in Frage gestellt. Die sich durchsetzende Freiheit, Gleichheit und Brüderlichkeit der Männer ließ nur noch das Geschlecht als letztes Unterscheidungsmerkmal innerhalb des Menschengeschlechts zurück. Nicht für lange. Ungefähr 150 Jahre gingen ins Land, bis allen Frauen in den westlichen Ländern die ihnen als menschlichen Wesen zustehenden Rechte zuerkannt wurden. Noch keine 30 Jahre sind vergangen, in denen die letzten Grundlagen des Patriarchats zusammenbrechen: Die Frauen übernehmen die Kontrolle über ihre eigene Fruchtbarkeit und ziehen den Schlußstrich unter die Jahrtausende alte geschlechtliche Arbeitsteilung zwischen häuslichen Aufgaben und wirtschaftlichen Tätigkeiten. Eigentlich ist es verwunderlich, wie gering der Widerstand ist, den die Männer dieser egalitären Entwicklung entgegensetzen. Wenn man die Klassenkämpfe und Völkerkriege in der Geschichte betrachtet, muß man feststellen, daß Herrschende sich noch nie so leicht von ihren „Untertanen" die Herrschaft haben aus der Hand nehmen lassen. Da haben ganz andere Auseinandersetzungen stattgefunden. Vielleicht liegt das daran, daß es in der Zukunft nicht mehr um die Herrschaft eines Geschlechts über das andere geht, oder daran, daß in den letzten gesellschaftlichen Bemühungen um eine Entwicklung der Menschheit zur Freiheit – auch – Liebe herrscht.

Dieses Buch will den gegenwärtigen Veränderungsprozeß in den Beziehungen zwischen den Geschlechtern unterstützen: die ökonomische Emanzipation der Frau. Es will persönliche Lernprozesse ermöglichen, die Frauen in beruflichen Zusammenhängen helfen, voranzukommen. Dabei geht es nicht so sehr um kognitive Lern-prozesse. Ich gehe davon aus, daß Frauen, die ihre Selbstentfaltung in beruflichen Zusammenhängen realisieren wollen, die für Frauen schwierigen Situationen, die inneren Hürden und äußeren Barrie-ren kennen, ihre Zusammenhänge durchschauen und ihre Bedeu-tung einschätzen können. Darüber gibt es mittlerweile ausreichend Literatur.[35] Dieses Buch will für typische schwierige Situationen, in die Frauen im Berufsleben kommen, konkrete Vorgehensweisen vermitteln, die mit einer hohen Wahrscheinlichkeit erfolgreich sind. Auch darüber gibt es bereits Anleitungen zur Selbstbehauptung für Frauen und Lehrbücher, die Frauen in diesem Sinne für sich nutzen können.[36] Was dieses Buch darüber hinaus leistet, ist die umfassen-de Darstellung und Systematik schwieriger beruflicher Situationen für Frauen und eine Didaktik, die eine leichte Aneignung der dar-gestellten Vorgehensweisen ermöglicht, vorausgesetzt, die Leserin-nen haben eine Partnerin bzw. einen Partner zum Lernen und Üben. Sie finden also in den beiden Abschnitten dieses Buches „Kommu-nikation in schwierigen Situationen" und „Identität in beruflichen Zusammenhängen" Kapitel, die sich jeweils mit einer für Frauen im Berufsleben schwierigen Situation befassen. Solche Situationen werden eingangs kurz skizziert, ihre Problematik wird diskutiert in Hinblick auf das Ziel, das Frauen in solchen Situationen haben. Bezogen auf ein solches Ziel werden dann zumeist sprachliche Vorgehensweisen vorgestellt, erklärt und in Übungsformaten zum Ausprobieren und Erlernen angeboten. Dieses Buch ist also ein Angebot, das persönliche Verhaltensrepertoire zu erweitern, wenn es Ihnen sinnvoll erscheint, das zu tun. Es ist kein Buch im Sinne einer Anleitung darüber, was zu tun sei.

Aber bei einem solchen Angebot zur Erweiterung Ihres persön-lichen Verhaltensrepertoires bleibt dieses Buch nicht stehen. Semi-narerfahrungen haben ergeben, daß Frauen sehr erfolgreich sind in der Erprobung und im Umsetzen von neuen Verhaltensweisen, die ihnen in schwierigen sozialen Situationen ein erfolgreiches Vorge-hen ermöglichen. Aber in manchen Fällen gelingt die Umsetzung nicht. Die Frauen wissen zwar, was sie in einer solchen Situation erreichen wollen, sie wissen auch, wie sie vorgehen müssen, um dieses Ziel zu erreichen, aber eine innere Barriere, häufig ein Gefühl von Scham, Schuld, Ärger oder Angst, hindert sie daran, das Richtige zu tun oder zu sagen. Dieses Buch will Frauen auch auf dieser zweiten Ebene des Lernens unterstützen. In jedem Kapitel dieses Buches, das eine typische schwierige berufliche Situation behandelt, werden Sie auch einen Abschnitt finden, der eine psychologische Lernmethode in Aktion darstellt. In diesem Abschnitt wird ein konkreter Fall eines typischen Problems von Frauen bearbeitet mit einer Methode, die Sie sich ebenso aneignen können wie die vorher vermittelten sprachlichen Vorgehensweisen: durch Üben mit einer Partnerin oder einem Partner oder allein. Die in Aktion vorgeführten Methoden finden Sie jeweils am Ende des Kapitels.

Kommunikation in schwierigen Situationen

Schwierige Situationen gibt es im Berufsleben nicht selten. In schwierige Situationen geraten Männer ebenso wie Frauen, Berufseinsteiger ebenso wie erfahrene Routiniers. Schwierige Situationen entstehen immer dann, wenn in der Kommunikation starke negative Gefühle auftauchen. Nun sind starke negative Gefühle an sich noch kein Problem. Schwierig wird es nur, wenn diese sich auf unser Verhalten auswirken. Und selbst das ist noch nicht das eigentliche Problem. Problematisch ist vielmehr, daß wir selten gelernt haben, mit starken negativen Gefühlen so umzugehen, daß sie in unserem Umgang mit anderen nicht auf ungewünschte Weise zum Ausdruck kommen.

Wenn wir unter dem Druck starker negativer Gefühle stehen, können wir über unsere persönlichen Fähigkeiten und Ressourcen nicht mehr uneingeschränkt verfügen. Im Extremfall können starke negative Gefühle, wie z. B. Angst, einen totalen Blackout bewirken, einen Zustand, in dem es gar keinen Zugang zu Ressourcen mehr gibt. Blackouts kommen jedoch selten vor. Aber schon leichtere Problemzustände führen dazu, daß wir nicht mehr so klar denken können. Die wichtigste und vorrangige Aufgabe in solchen Situationen besteht deshalb darin, jemanden, der gefühlsmäßig unter Druck steht, in einen normalen, emotional ausgeglichenen Zustand zu bringen. Wenn ich selber dabei die Person bin, die unter Druck steht, muß ich etwas tun, was mich in einen Zustand bringt, in dem ich wieder klar denken kann. Wenn jemand anders unter Druck steht, muß ich etwas tun, was dem anderen zu einem ausgeglichenen Zustand verhilft. Kommunikation ist in solchen Situationen also deshalb schwierig, weil die vorrangige Aufgabe dabei darin besteht, zunächst etwas zu tun, was den Betreffenden wieder in einen Zustand bringt, in dem er über seine Ressourcen verfügen, also auch die richtigen Entscheidungen treffen kann. Aber wie macht man das, jemanden aus einem Problemzustand in einen ausgeglichenen Zustand zu bringen, in dem eine sachlich richtige Entscheidung getroffen und das Richtige getan werden kann? Diese Frage wird später zu beantworten sein.

Unterschiede zwischen Männern und Frauen im Umgang mit solchen Situationen zeigen sich darin: Frauen haben Fähigkeiten ausgebildet, auf andere so einzuwirken, daß sie wieder in einen ausgeglichenen Zustand kommen. Für sich selber sorgen können sie nicht so gut. Männer haben eher gelernt, sich selber zu helfen. Aber sie können andere nur schwer unterstützen. Diese unterschiedlichen Fähigkeiten führen dazu, daß Frauen im Berufsleben die besseren Führungskräfte darstellen. Ihre Stärke in der Kommunikation liegt darin, daß sie persönliche Beziehungen herstellen können, die durch Vertrauen, Offenheit und Respekt gekennzeichnet sind, und innerhalb solcher Beziehungen im Sinne eines emotionalen Gleichgewichts unterstützend wirken können. Frauen sind deshalb gute Berater. Männer können sich selber oder eine Sache besser durchsetzen als Frauen. Ihre Stärke in der Kommunikation liegt darin, daß sie auf die Einhaltung von Abmachungen und Regeln besser dringen und der Logik von Zusammenhängen und Prozessen Geltung verschaffen können. Deshalb müssen Männer als Führungskräfte im Berufsleben lernen, soziale Kompetenzen zu entwickeln. Frauen müssen lernen, in schwierigen Situationen sich selber zu helfen, sich durchzusetzen und auch nach außen ein selbstsicheres Verhalten zu zeigen.

Frauen und Männer unterscheiden sich also darin, was für sie schwierige Situationen sind. Männer kommen mit solchen Situationen nicht gut zurecht, in denen es um ein einfühlsames Eingehen, um Beratung, Unterstützung und Förderung anderer geht. Frauen kommen in solchen Situationen in Schwierigkeiten, in denen von ihnen selber Verhaltensweisen gefordert werden, die eine gute Beziehung zu anderen belasten können. Und sie kommen in solchen Situationen nicht gut zurecht, in denen sie durch das Verhalten anderer selber gefühlsmäßig unter Druck geraten. Frauen haben deshalb Schwierigkeiten, wenn sie Forderungen stellen oder nein sagen müssen. Sie tun sich schwer damit, anderen kritische Rückmeldungen zu geben und Konflikte offen auszutragen. Auf der anderen Seite können sie nicht gut mit persönlichen Angriffen umgehen, auf Kritik mit Gelassenheit reagieren und Lob und Anerkennung annehmen.

I.
Forderungen stellen und nein sagen

Steffi P. und ihre Vorgesetzte arbeiten in einem großen Verlag. Im Laufe einer langjährigen Zusammenarbeit sind sie auch Freundinnen geworden. Was die Erledigung der Arbeit angeht, teilen sie schwesterlich. Seit einiger Zeit ist die Geschäftsführung dazu übergegangen, freiwerdende Stellen nur zögernd oder gar nicht wieder zu besetzen. Schon lange konnten Steffi und ihre Chefin nicht mehr pünktlich Feierabend machen. Als Steffi im Seminar von anderen Teilnehmerinnen gefragt wird, warum sie sich nicht gegen ihre Chefin zur Wehr setzen könne, antwortet sie, diese könne sich ja auch nicht wehren und sie könne sie doch nicht im Stich lassen.

Frau R. ist Kindergärtnerin und hat nur eine „gute" Freundin. Sie selbst ist unverheiratet. Ihre Freundin hat zwei kleine Kinder, die Frau R. häufig betreut. Auf die Frage, ob sie das immer gern tue, antwortet sie: „Nicht immer!" Aber sie könne es ihr nicht sagen.

Von Frauen in unserer Gesellschaft wird die Sorge für die Bedürfnisbefriedigung anderer erwartet. Frauen sorgen für die Kinder, und sie sorgen für den Mann. Und wenn man Frauen danach fragt, in welchen Situationen sie sich so richtig als Frau fühlen, werden sie fast immer soziale Situationen nennen. Frauen sind darauf geprägt, nicht nein sagen zu können, wenn einer Erwartungen an sie heranträgt. Dementsprechend fällt es ihnen auch schwer, Forderungen zu stellen, also von anderen zu verlangen, ihren Bedürfnissen gerecht zu werden.

Komplementär zu dieser altruistischen Einstellung der Frauen ist der Charakter kindlicher Liebe und häufig auch der männlicher Liebe strukturiert. In der von Michael Balint[1] beschriebenen primären Liebe des Kindes wird vorausgesetzt, daß nur das Kind Wünsche, Interessen und Bedürfnisse hat und daß das Objekt dieser egoistischen Zuneigung automatisch die gleichen Wünsche, Interessen und Erwartungen hegt. „Du hast keine anderen Bedürfnisse zu haben, als die meinen zu erfüllen", würde dieser Anspruch kindlicher Liebe an die Adresse der Mutter lauten. Auch unter Männern trifft man nicht selten auf eine ähnliche Form der Liebe, nach der die Frau nichts zu fordern, aber alles zu geben hat, und die Vermutung, daß es keine Liebe sein könne, wenn sie etwas dafür verlangte oder etwas davon hätte.

Wie weiblicher Altruismus sich herausbilden kann, hat Anna Freud[2] näher untersucht: Bei Frauen findet man häufig die Neigung, eigene Wünsche zu verdrängen, dafür aber anderen bei deren Wunschbefriedigung zu helfen. Anna Freud nennt das eine altruistische Abtretung von Triebwünschen. Über eine Identifikation mit solchen Ersatzpersonen der eigenen Wunschbefriedigung kommen sie selber zu einer Wunscherfüllung, der sogenannten partizipierenden Triebbefriedigung. Solche psychischen Prozesse scheinen früher häufig das Verhältnis der Frau zum Mann bestimmt zu haben: Selbst an einer beruflichen und gesellschaftlichen Karriere gehindert, verlangt die Frau in einer altruistischen Bindung von ihrem Mann, an ihrer Stelle zu studieren, einen bestimmten Beruf zu wählen, berühmt oder reich zu werden. Sein Erfolg entschädigt sie als die ihm zugehörige Frau weitgehend für den Verzicht auf die eigenen ehrgeizigen Wünsche. Auch Eltern treten nicht selten in altruistischer Form, aber egoistischer Absicht ihre eigenen Lebenspläne an das Kind ab, das den selber nicht erreichten sozialen Aufstieg zu verwirklichen hat.

Auch im Berufsleben ist bislang wohl eher weiblicher Altruismus als weiblicher Ehrgeiz zum Tragen gekommen. Frauen haben überwiegend soziale Berufe ausgeübt, in häuslichen Diensten, in der Gesundheitspflege und in der Erziehung. Neben Positionen in den unteren Rängen der sozialen Hierarchie waren Frauen vor allem in solchen Stellungen zu finden, in denen sie anderen zugearbeitet und sie unterstützt haben. Daß Frauen über mehr „Sozialkompetenz" verfügen als Männer, ist nicht nur im familiären, sondern auch im ökonomischen Bereich unserer Gesellschaft stets zum Vorteil anderer genutzt worden.

Diese höhere Sozialkompetenz ist derzeit ein Vorteil für Frauen, was Führungsfunktionen angeht. Von einer erfolgreichen Führungskraft werden heute überwiegend soziale Fähigkeiten, persönliche Authentizität, Empathie und eine emotionale Akzeptanz anderer erwartet. Frauen sind für solche Aufgaben besser vorbereitet als ihre männlichen Kollegen. Allerdings werden in gehobenen und in Führungspositionen nicht nur kooperative Einstellungen und soziale Umgangsformen benötigt, sondern auch Selbstbehauptung und Durchsetzungsvermögen. In Zukunft ist die Führungskraft erfolgreich, die neben guten analytischen Potenzen, aufgabenbezogenen und situativen Kompetenzen auch über die Fähigkeit verfügt, sich flexibel auf Menschen und Gruppen einzustellen. Eine gute Führungskraft muß in der Lage sein, die sachliche Aufgabe exakt zu bestimmen, die Situation klar zu durchschauen, die Mitarbeiter in ihrer Persönlichkeit zu kennen und Gruppenprozesse bewußt wahrzunehmen, um ihr Führungsverhalten den Umständen anpassen und die Umstände zielorientiert modifizieren zu können. Wenn Frauen beruflich erfolgreich sein wollen, müssen sie deshalb in erster Linie lernen, sich durchzusetzen.

Weibliches Bemühen, sich durchzusetzen, scheitert in der Praxis im wesentlichen an zwei Punkten. Der eine Punkt bezieht sich darauf: Frauen wissen, daß sie Durchsetzungsvermögen zeigen müssen. Sie wollen es auch. Aber sie kennen häufig keine Form des Durchsetzungsvermögens, die sie akzeptieren und sich zu eigen machen könnten. Frauen identifizieren Durchsetzungsvermögen häufig mit männlich und aggressiv und weigern sich, solche Formen des Umgangs mit Menschen zu übernehmen. Sie wissen nicht, wie sie sich erfolgreich durchsetzen können, ohne dabei aggressiv zu sein und den anderen zu verletzen.

Der zweite Punkt ist folgender: Selbst wenn Frauen wissen, wie sie sich erfolgreich durchsetzen können, haben sie Befürchtungen. Entweder haben sie negative Konsequenzen im Gefolge von Durchsetzungsverhalten erlebt und möchten mit solchen Resultaten nicht konfrontiert werden. Oder sie vermuten negative Konsequenzen und scheuen deshalb davor zurück. Sie trauen sich nicht, weil sie negative Gefühle als eigene Reaktion auf die vermutete Reaktion des anderen erwarten. Als Schutz vor solchen in der Vorstellung antizipierten negativen Gefühlen gehen sie das Risiko, sich durchzusetzen, nicht ein.

Sich durchsetzen zu lernen fordert von Frauen die Aneignung von zwei Fähigkeiten. Einmal müssen sie lernen, wie sie vorgehen können, um in einer Form zum Ziel zu kommen, die für sie akzeptabel ist. Zweitens: Wenn sie wissen, wie sie vorgehen können, müssen sie lernen, das in die Praxis umzusetzen, ohne daß negative Gefühle sie daran hindern.

1. Sprachliche Durchsetzungsmethoden

Ich möchte Sie zunächst mit einer sprachlichen Fertigkeit bekanntmachen, mit der Sie den ersten Schritt tun können, um eine selbstsichere und gelassene, aber konsequente Form des Durchsetzungsvermögens zu lernen.

Wichtig ist dabei, daß Sie am Anfang Ihrer Bemühungen und Übungen Situationen wählen, in denen Sie zumindest mit einer hohen Wahrscheinlichkeit auch erfolgreich sein können. Sie wissen, daß es kein Patentrezept für Erfolg im Umgang mit anderen Menschen gibt. Ob Sie in der Kommunikation mit anderen Ihr Ziel erreichen, hängt nicht von Ihnen allein, sondern auch von Ihrem Gegenüber ab, beispielsweise von dessen Macht und Willen, seiner Gefühlslage oder auch seinem rhetorischen Geschick. Deshalb kann Ihnen niemand einen absolut sicheren Hinweis geben, was Sie tun müssen, um Ihren Wünschen Gehör zu verschaffen, Ihre Bedürfnisse gegen den Widerstand anderer durchzusetzen, Ihre Interessen erfolgreich zu vertreten oder Ihre Rechte zur Geltung zu bringen. Aber es gibt Erfahrungen darüber, wie Menschen sich normalerweise verhalten. Und diese Erfahrungen können Sie Ihren Erwägungen zugrundelegen und darauf aufbauend mit einiger Wahrscheinlichkeit davon ausgehen, daß Sie erfolgreich sein werden.

Erfahrungsgemäß können Sie Forderungen immer dann erfolgreich durchsetzen, wenn diese legitim sind. Legitim sind Forderungen, auf deren Erfüllung Sie ein Recht haben. Ihr Gegenüber weiß, daß er Ihre Forderung erfüllen muß, wenn er auch nicht will, weil Sie letztendlich über Zwangsmittel verfügen oder solche gegen ihn erwirken können. Im öffentlichen Leben sind alle Forderungen legitim, auf deren Erfüllung Sie ein Recht besitzen, das entweder im Grundgesetz oder im Bürgerlichen Gesetzbuch verzeichnet ist. Wenn ein Verkäufer Ihnen faule Äpfel andreht, haben Sie beispielsweise ein Recht, Ihr Geld zurückzufordern. Wenn er es Ihnen nicht geben will, können Sie ihn anzeigen. Auch im Berufsleben gibt es legitime Forderungen. Mit der Unterzeichnung eines Arbeitsvertrages gehen Menschen Pflichten ein und erwerben Rechte. Die Aufgaben, die im Arbeitsvertrag oder in einer Stellenbeschreibung festgelegt sind, gehören zu den Pflichten, die erfüllt werden müssen. Somit hat beispielsweise eine Vorgesetzte das Recht, von ihrer Mitarbeiterin die Erledigung bestimmter Aufgaben zu verlangen. Wenn diese sich weigert, muß sie davon ausgehen, daß sie Gründe für die Auflösung des Arbeitsvertrages liefert.

In persönlichen Beziehungen geht es zumindest im normalen Alltag nicht um Dinge, die gesetzlich oder vertraglich geregelt sind, sondern um ein Handeln aus freiem Willen. Deshalb sind die meisten Forderungen, die Sie an andere haben, zwar sicher häufig legitim im Sinne von berechtigt, aber nicht in dem Sinne, daß Sie bei Zuwiderhandlung Zwangsmittel einsetzen könnten oder auch wollten. Wenn Ihr Partner Ihnen versprochen hat, die Spülmaschine zu reparieren, und dann keine Lust dazu hat, können Sie ihn nicht vor den Kadi zerren und würden es auch nicht wollen. Aber Sie können bei einem Versprechen erst mal davon ausgehen, daß der andere sich an sein Wort gebunden fühlt und dieses einklagen. Allerdings ist Ihr Erfolg dabei nicht mit Sicherheit vorhersagbar. Der andere kann zugeben, daß er etwas versprochen hat, dann aber darauf hinweisen, daß er sich in der mißliche Lage befindet, dieses Versprechen nicht einlösen zu können.

Wenn Sie lernen wollen, selbstsicher und gelassen Forderungen zu stellen, möchte ich Sie bitten, zunächst legitime Forderungen zu formulieren. Dabei geht es darum, folgende Form zu beachten. Die Forderungen sollen 1. ohne Umschweife, also direkt, 2. präzise und 3. in einer angemessenen Form, z. B. in der Ich-Form formuliert sein. Wenn Sie einer Kollegin vor zwei Monaten fünfhundert Mark geliehen haben, die Sie vierzehn Tage danach zurückgeben wollte, aber vergaß, dann sollten Sie sie nicht mit der folgenden Botschaft daran erinnern:

„Petra, es ist mir unangenehm, Dich daran zu erinnern. Aber ich bin leider im Augenblick selber in Schwierigkeiten und muß es Dir deshalb sagen. Du weißt doch, die fünfhundert Mark, die ich Dir geliehen habe, wann kannst Du mir was davon zurückgeben?"

Eine direkte und präzise Formulierung würde demgegenüber beispielsweise so lauten: „Ich habe Dir vor zwei Monaten fünfhundert Mark geliehen. Du hast dabei versprochen, sie mir vierzehn Tage später auf mein Konto zu überweisen. Das ist nicht geschehen. Ich möchte Dich jetzt bitten, mir die Summe am Montag zurückzugeben."

Welche Form Sie der Forderung geben, ob Sie sie mit Bestimmtheit oder freundlich oder auch als Bitte formulieren, hängt von der Situation und Beziehung zu Ihrem Gegenüber oder auch vom Umgangston ab, den Sie gewohnt sind oder für angemessen halten.

Im folgenden finden Sie einige Beispiele, an denen Sie Ihre eigenen Formulierungen orientieren können:

Frau zur Verkäuferin:
Die Orangen, die Sie mir verkauft haben, waren faul. Ich möchte mein Geld zurück!

Kollegin zur Kollegin:
Sie wissen, daß ich die Unterlagen von Ihnen am Freitag morgen benötige. Werden Sie bis dahin fertig sein?

Ehefrau zum Ehemann:
Du hast versprochen, die Fenster zu putzen. Ich möchte, daß Du das jetzt auch tust!

Mitarbeiterin zum Chef:
Sie haben mir in Aussicht gestellt, an der nächsten Weiterbildungsmaßnahme teilzunehmen. Ich möchte beim Kommunikationstraining im April mitmachen.

Tochter zur Mutter:
Wir sind übereingekommen, daß Du meinem Freund keine Moralpredigten mehr hältst. Bitte, laß das jetzt auch!

Formulieren Sie eigene Beispiele aus Ihrem Berufs- oder Privatleben:

_____

_____

_____

_____

_____

_____

Wenn Sie Ihre Forderungen niedergeschrieben haben, prüfen Sie sie daraufhin, ob Sie sie ohne Umschweife, präzise und in einem der Sache und Ihrem Gegenüber angemessenen Ton formuliert haben.

a. Schallplatte mit Sprung

Eine sprachliche Fertigkeit, mit der wir lernen können, uns konsequent durchzusetzen und dabei ruhig, gelassen und selbstsicher zu bleiben, ist von dem amerikanischen Psychologen Zev Wanderer[3] entwickelt worden. Es geht dabei darum, uns von unserem Gegenüber weder ablenken, manipulieren noch unter Druck setzen zu lassen. Das können wir erreichen, wenn wir uns darauf konzentrieren, beharrlich an unserem Ziel festzuhalten. Das heißt, wir ignorieren bewußt und konsequent die Einwände und Ausflüchte, Rechtfertigungen und Aufforderungen, Fragen und Erwartungen der Gegenseite und bleiben strikt bei dem, was wir fordern, sagen und erreichen wollen. Diese sprachliche Vorgehensweise heißt „Schallplatte mit Sprung".

Einen ersten Eindruck davon, wie „Schallplatte mit Sprung" funktioniert, können Sie am folgenden Gespräch an der Haustür gewinnen: Es stellt einen Dialog[4] dar zwischen einem Vertreter, der einen Kinderatlas verkaufen will, und Petra:

Dialog zwischen einem Vertreter und Petra:

Vertreter: Es ist doch sicher Ihr Wunsch, daß Ihre Kinder schneller lernen.

Petra: Sicher ist das mein Wunsch, aber ich bin an einem Kauf nicht interessiert.

Vertreter: Ihr Mann würde den Atlas bestimmt gern für seine Kinder haben.

Petra: Das kann sein, aber ich bin nicht interessiert.

Vertreter: Schrecklich heiß heute, könnte ich wohl reinkommen und einen Schluck Wasser trinken?

Petra: Ich verstehe Sie, aber ich bin nicht interessiert.

Vertreter: Heißt das, daß Sie mir nicht mal einen Schluck Wasser geben wollen?

Petra: Ich verstehe, was Sie wollen, aber ich bin nicht interessiert.

Vertreter: Sie verstehen eben nicht, sonst würden Sie diese Bücher für Ihre Kinder kaufen wollen.

Petra: Ich verstehe Ihren Unmut, aber ich bin wirklich nicht interessiert.

Vertreter: Sie sagen immer nur „ich verstehe". Können Sie nichts anderes sagen?

Petra: Das könnte ich, aber ich bin nicht interessiert.

Vertreter: Ich möchte nur eine Frage an Sie stellen. Wie alt sind ihre Kinder?

Petra: Ich verstehe Ihre Frage, aber ich bin nicht interessiert.

Vertreter: Sie wollen mir nicht mal sagen, wie alt Ihre Kinder sind?

Petra: Ich will Ihnen sagen, ich bin nicht interessiert.

Vertreter: Was, Sie wollen mir nicht eine einzige Frage beantworten?

Petra: Ich kann nur wiederholen: Ich bin nicht interessiert.

Vertreter: Wenn Sie nicht mit mir reden wollen, dann gehe ich eben. Glauben Sie, daß Ihre Nachbarin an dem Atlas interessiert sein könnte?

Petra: Ich verstehe Sie, aber ich bin nicht interessiert.

Manuel Smith, ein amerikanischer Psychologe, der diese Vorgehensweise nicht nur in Seminaren, sondern in einer Veröffentlichung auch einem breiteren Publikum bekannt macht, vermittelt diese Vorgehensweise in der konsequent stereotypen Form, die der Name dieser Vorgehensweise andeutet. Um unsere uns selbstverständliche Einstellung zu überwinden, jeden Einwand ernstzunehmen, auf jede Rechtfertigung zu reagieren, auf jede Frage zu antworten, also auf jede Reaktion inhaltlich einzugehen, rät Smith, die einmal formulierte Forderung schlicht zu wiederholen: „Tun Sie so, als ob Sie eine Schallplatte mit Sprung sind".[5] Ich habe in Seminaren die Erfahrung gemacht, daß die konsequent stereotype Form dieser sprachlichen Vorgehensweise die Teilnehmerinnen manchmal irritiert. Sie wollen sich nicht wie ein Papagei vorkommen. Diesem Bedürfnis kann man durchaus auch beim erstmaligen Üben Rechnung tragen. Aber Sie müssen dann sehr genau aufpassen. Denn Sie werden merken, daß Sie mit der Variierung Ihrer Forderung der Gegenseite Möglichkeiten bieten, Sie doch wieder über den Tisch zu ziehen.

Vielleicht können Sie Ihre Irritation angesichts einer stereotypen Vorgehensweise überwinden, wenn Sie sich klarmachen, daß es hierbei um einen ersten Schritt zum selbstsicheren Durchsetzungsvermögen handelt. Es geht erst mal darum, zu lernen, gelassen zu bleiben und sich von dem nicht abbringen zu lassen, was man selber will. Wenn Sie sich die Fähigkeit, Ihre Forderung im Zentrum Ihrer Aufmerksamkeit festzuhalten, sicher angeeignet haben, können Sie variieren.

Am besten können Sie neue sprachliche Vorgehensweisen lernen, wenn Sie sie zusammen mit Freundinnen, Partnern oder Familienangehörigen ausprobieren und einüben. Bewährt hat sich beim Üben neuer Verhaltensweisen die Kleingruppe aus drei Personen, wobei eine Person (A) übt, eine zweite Person (B) die Partnerrolle spielt und eine dritte (C) die Beobachtung übernimmt und genau darauf achtet, was sich beim Dialog abspielt, Rückmeldungen gibt und bei anfänglichem Mißlingen die Beteiligten unterstützt. Sie können aber auch zu zweit üben und dabei zur Kontrolle ein Tonband laufen lassen. Neue Verhaltensweisen im Umgang mit anderen Menschen im Alleingang sich anzueignen, ist schwierig, aber auch nicht unmöglich.

Wenn Sie einen Übungspartner oder eine Partnerin gefunden haben, gehen Sie am besten wie folgt vor: A wählt eine legitime Forderung aus ihrer Liste aus und klärt B als Spieler/in der Rolle des Adressaten über die näheren Umstände der Situation auf. Wichtig sind sachliche Zusammenhänge und vor allem Informationen darüber, wie der echte Adressat normalerweise reagiert.

Auch wenn Sie es mit Ihrer Spontaneität nur schwer vereinbaren können, ist es angezeigt, beim Üben zunächst nach „Schema F" vorzugehen. So eignen Sie sich am einfachsten die Struktur einer neuen Verhaltensweise an.

Ich möchte das Übungsschema an folgendem gut nachvollziehbaren Dialog deutlich machen: Anna und Klaus 'sind ein junges Ehepaar. Anna ist bereits berufstätig. Klaus steht im Examen. Als sie heirateten und die gemeinsame Wohnung bezogen, vereinbarten sie, die Hausarbeit zu teilen. Klaus war damit einverstanden, setzte aber seine Einwilligung nicht in die Tat um. Darüber gab es häufiger Streit. Nachdem Anna „Schallplatte mit Sprung" gelernt hatte, lief dieser streitende Dialog einmal auf folgende Weise ab:

Anna: „Ich möchte, daß Du im Haushalt hilfst!"

Klaus: „Aber ich bin doch gerade im Examen, da kann ich mich doch auf Hausarbeit nicht konzentrieren."

Anna: „Ich verstehe, daß Dir das gerade jetzt schwerfällt, aber ich möchte trotzdem, daß Du Dein Versprechen hältst und im Haushalt hilfst."

Klaus: „Aber Du willst doch auch, daß ich gute Noten bekomme!"

Anna: „Sicher will ich das, aber ich will auch, daß Du im Haushalt hilfst."

Klaus: „Mein Gott, Du weißt doch selber, wie lange ich brauche, bis ich die Wäsche sortiert habe. Du machst das in fünf Minuten, und ich soll mich eine halbe Stunde damit abquälen!"

Anna: „Du hast sicher recht, daß ich das alles schneller kann. Aber ich möchte trotzdem, daß Du Dein Versprechen einlöst und im Haushalt hilfst."

...

...

Klaus: „OK. Dann mache ich es halt."

Gehen Sie bitte beim Üben wie folgt vor:

Gesprächsschema „Schallplatte mit Sprung":

A stellt eine legitime Forderung

B leistet Widerstand

A beharrt auf der Forderung ruhig, freundlich, aber unbeirrt und bestimmt

B leistet Widerstand

A beharrt auf der Forderung

B leistet Widerstand
A beharrt auf der Forderung
B leistet Widerstand
A beharrt auf der Forderung

...
...

bis B zustimmt.

Beim Üben der Vorgehensweise „Schallplatte mit Sprung" im Rollenspiel können Sie die Erfahrung machen, daß es sehr viel einfacher ist, konsequent auf das konzentriert zu bleiben, was Sie in einer solchen Situation erreichen wollen. Sie brauchen sehr viel weniger Energie, wenn Sie den Einwänden, Fragen oder Ausflüchten der anderen Seite gar keine Aufmerksamkeit schenken, und es fällt Ihnen auch sehr viel leichter, gelassen und selbstsicher zu bleiben. Die Teilnehmerinnen von Seminaren, in denen diese sprachliche Fertigkeit vermittelt wird, reagierten häufig mit Überraschung darüber, daß sie gar nicht zornig, gereizt oder laut werden mußten, um sich mit Nachdruck zu äußern und diesen Nachdruck ihrem Gegenüber auch zu vermitteln. Wenn wir mit legitimen Forderungen keinen Erfolg haben, liegt das meistens daran, daß wir nach dem ersten „Nein" unseres Kontrahenten resigniert aufgeben. Oder aber wir müssen feststellen, daß unser Gegenüber mehr Ausflüchte vorzubringen in der Lage ist, als wir mit Gegenargumenten abwehren können. In einer solchen Situation zu wissen, daß wir unsere Forderung schlichtweg und mit Nachdruck nur zu wiederholen brauchen, schützt uns vor der sicheren Niederlage gegen einen gewitzten Drückeberger. „Schallplatte mit Sprung" schützt uns aber auch vor gewieften Manipulatoren, denen es mit rhetorischem Geschick gelingt, Nebenkriegsschauplätze zu eröffnen oder uns durch listige Fragen von unseren Belangen abzulenken. Vor allem aber kann man mit dieser rhetorischen Fertigkeit lernen, wie es sich anfühlt, wenn es uns gelingt, im Streitgespräch den eigenen Erwartungen, Bedürfnissen und Interessen zu entsprechen statt denen anderer.

„Schallplatte mit Sprung" ist eine sprachliche Vorgehensweise, mit der wir beharrlich legitime Forderungen stellen, illegitime Ansprüche an unsere Person zurückweisen und dabei gelassen und selbstsicher auftreten können. Wichtig ist jedoch auch, zu wissen, daß ein solches Vorgehen nicht in allen Situationen angezeigt ist. Immer dann, wenn wir auf die Entwicklung einer Situation keinen Einfluß haben, weil die andere Seite über Macht oder physische Überlegenheit verfügt, sollten wir mit Klugheit reagieren. Ein Vorgesetzter kann ein solches Verhalten beispielsweise als Insubordination auffassen und uns kraft seiner Position Schaden zufügen. Ein Polizist kann ein solches Verhalten sogar als Widerstand gegen die Staatsgewalt begreifen und dessen Ahndung bewirken. Solche Reaktionen machen noch eine andere Wirkung dieser sprachlichen Vorgehensweise deutlich. Da sie alle Äußerungen der anderen Seite weitgehend ignoriert, vermittelt sie dem anderen implizit die Botschaft, daß ich ihn nicht ernst nehme. Dieses Ignorieren bedeutet immer eine Kränkung des anderen und belastet unsere Beziehung zu ihm. Wenn ich das nicht will, muß ich anders vorgehen.

Wenn ich in einer Auseinandersetzung um eine legitime Forderung meine Beziehung zu meinem Kontrahenten nicht belasten will, darf ich seine Person und das, was er sagt, nicht ignorieren. Ich muß ihm im Gegenteil explizit signalisieren, daß ich ihn und das, was er sagt, ernst nehme.

b. Kontrollierter Dialog und Aktives Zuhören

Wenn wir uns die Situation, in der ich eine legitime Forderung stelle und mein Gegenüber Widerstand leistet, näher anschauen, dann werden wir feststellen, daß diese zumeist an sich schon problematisch ist, auch ohne daß ich mit „Schallplatte mit Sprung" vorgehe. Jemand, der Widerstand leistet, signalisiert mir, daß ihm meine Forderung nicht gefällt. Wenn diese Forderung auch noch legitim ist und er das weiß, wird seine Weigerung mit hoher Wahrscheinlichkeit auch nicht gerade mit angenehmen Gefühlen verbunden sein. Ich muß also in den meisten Fällen, in denen ich mit einer legitimen Forderung auf Widerstand stoße, davon ausgehen, daß ich mein Gegenüber unter Druck gesetzt habe.

Unter emotionalem Druck zu stehen, ist, wie eingangs schon festgestellt wurde, jedoch nicht gerade eine Garantie dafür, daß der andere einen kühlen Kopf bewahren und spontan wissen kann, was das richtige Verhalten in der Situation ist, und dieses auszuführen imstande ist. Im Gegenteil: Emotionaler Druck läßt seinen Adrenalinspiegel ansteigen, er gerät in Streß, und Streß beeinträchtigt klares Denken. Sie erinnern sich an die Zusammenhänge zwischen einem psycho-physiologischen Streß- oder Problemzustand und der reduzierten Fähigkeit, rational zu denken: Wenn wir gefühlsmäßig unter Druck geraten, verlieren wir in geringerem oder höherem Maße unseren klaren Überblick über die Situation und das sichere Wissen über das richtige Handeln. In der Psychologie wird ein solcher Zustand Problemphysiologie genannt.

Leider haben wir in unserem Erziehungs- und Ausbildungsprozeß nicht gelernt, Problemphysiologien zu erkennen und angemessen mit den betreffenden Menschen umzugehen. Zumeist ignorieren wir den Problemzustand, in dem sich unser Gegenüber befindet, und tun so, als könnten wir in unserer Kommunikation fortfahren wie bisher, nämlich mit einer sachlichen Erörterung, kontroversen Diskussion oder wie auch immer gearteten Auseinandersetzung. Vergessen wird dabei, daß mein Gegenüber gar nicht in der Lage ist, auf der Sachebene mit mir zu verhandeln, weil seine Gefühle ihn daran hindern, sich rational mit mir auseinanderzusetzen. Er hat in diesem Augenblick einen roten Kopf, der es ihm unmöglich macht, sachlichen Äußerungen, begründeten Forderungen oder rationalen Argumenten zugänglich zu sein. Meine Mitteilungen kommen nicht an, weil seine Gefühle den Weg zu seinem rationalen Potential versperren.

Vor allem in den meisten beruflichen Situationen wird dieser Zusammenhang ignoriert. Dabei stellt das Wissen darüber den Schlüssel für die erfolgreiche Kommunikation in schwierigen Situationen dar: Wenn ein Mensch in einem Problemzustand über seine wesentlichen Fähigkeiten nicht verfügt, dann besteht die soziale Aufgabe in dieser Situation zunächst darin, seinen Zustand dahingehend zu beeinflussen, daß ihm seine Ressourcen wieder voll verfügbar werden. Wenn ich mich in dieser Situation als die verantwortliche Person begreife, muß ich erst auf der Beziehungsebene dafür sorgen, daß mein Gegenüber in einen ausgeglichenen Zustand kommt, bevor ich auf der Sachebene fortfahren kann, meine Informationen zu senden, meine Einwände zur Geltung zu bringen oder meine Forderungen durchzusetzen. Ohne diesen Versuch bleibt mein Gegenüber bei seinem Widerstand und ist zu einer sachlichen Auseinandersetzung nicht fähig.

Das Komplizierte an solchen schwierigen sozialen Situationen besteht jedoch darin, daß wir alle in unserem Erziehungs- und Ausbildungssystem so gut wie keine Gelegenheit hatten, zu lernen, wie man bewirkt, daß jemand aus einem Problemzustand in einen ausgeglichenen Zustand wechselt. Wie kann ich es anstellen, auf mein Gegenüber solchermaßen Einfluß zu nehmen, daß sein emotionaler Druck nachläßt, daß er sich entspannt, um dann mit mir gemeinsam die anstehenden Sachverhalte zu regeln? Das ist die entscheidende Frage.

Wie man auf Menschen im Problemzustand einwirkt, um eine Entspannung zu erreichen, lernen Psychologen in der praktischen Ausbildung. Der Fachausdruck dafür kommt aus dem Amerikanischen und lautet „Pacing", zu deutsch „Spiegeln". Spiegeln kann ich auf körpersprachliche und auf sprachliche Art und Weise. Frauen haben sich, wie wissenschaftliche Untersuchungen zeigen, unbewußt vielfältige Formen des körpersprachlichen Spiegelns angeeignet. Sie gleichen im Gespräch mit anderen Menschen häufig ihre Körperhaltung, ihren Gesichtsausdruck und oftmals sogar ihre Stimmlage der ihres Gegenübers an. Das ist körpersprachliches Spiegeln. Ein angehender Therapeut lernt gezielt und mit Bewußtsein die Haltung des Klienten, seinen Atemrhythmus, seine Mimik und seinen stimmlichen Ausdruck zu spiegeln. Und er lernt sprachliche Möglichkeiten, seinem Gegenüber zu signalisieren, daß er bereit ist, sich ihm zuzuwenden, in seine Welt einzusteigen, an seinen inneren Vorgängen Anteil zu nehmen und „seine Sprache zu sprechen".

Die am leichtesten lernbaren Formen sprachlichen Spiegelns stammen von dem amerikanischen Psychologen Carl Rogers, der in Deutschland als Vater der Gesprächspsychotherapie bekannt wurde. Der nach Rogers ausgebildete Psychotherapeut zeigt im Gespräch ein einfühlsames Verstehen des anderen ohne Analyse oder Bewertung seines Verhaltens.[6] Die vielfältigen Formen sprachlichen Ausdrucks von Anteilnahme an den inneren Prozessen des Klienten hat ein Landsmann von Rogers, der Psychologe und Unternehmensberater Thomas Gordon, auf zwei Grundformen zurückgeführt, die sich leicht erlernen lassen und die nicht nur als sprachliches Handwerkszeug von Therapeuten geeignet sind, sondern zur Grundausbildung von Führungskräften im kooperativen Führungsstil gehören. Diese beiden sprachlichen Vorgehensweisen haben Namen bekommen: „Kontrollierter Dialog" und „Aktives Zuhören".

Diese beiden Vorgehensweisen sind immer dann von Nutzen, wenn im Gespräch eine Person gefühlsmäßig unter Druck steht und die andere die Verantwortung dafür übernimmt, eine Atmosphäre herzustellen, in der ersterer sich entspannen, Vertrauen gewinnen und sich öffnen kann, um anstehende Probleme zu benennen und nach Lösungen zu suchen. Sie sind also nicht nur wichtige Verhaltensweisen im Repertoire von Therapeuten, Beratern und Führungskräften, sondern wichtige soziale Verhaltensweisen auch für Eltern, Lehrer und Freunde, ja für Menschen ganz allgemein, die in sozialen Beziehungen Verantwortung für den anderen übernehmen wollen.

Um einem anderen dabei zu helfen, seinen gefühlsmäßigen Druck loszuwerden, gibt es also zwei Möglichkeiten. Stellen Sie sich vor, Beate und Leo leben in einer Partnerschaft, und beide arbeiten. Deshalb haben sie ausgemacht, auch die Hausarbeit zu teilen. Stellen Sie sich jetzt bitte folgende Situation vor: Beate kommt Freitag abends völlig erschöpft nach Hause und findet ihren Partner vor, wie er auf dem Sofa vor dem Fernsehapparat eine Sportsendung verfolgt. Daß er versprach, bereits Staub gesaugt zu haben, wenn sie nach Hause kommt, scheint er völlig vergessen zu haben.

Normalerweise würde der jetzt ablaufende Dialog aus folgenden Äußerungen bestehen: Beate ist enttäuscht und wütend und macht Leo Vorwürfe: „Verdammt nochmal, Du hast wieder mal nicht Staub gesaugt. Jetzt muß ich schon wieder die ganze Dreckarbeit machen, während Du Dich hier herumlümmelst!" Leo fühlt sich dadurch angegriffen und setzt sich zur Wehr: „Komm, meine Liebe, Du bist hier nicht die einzige, die gearbeitet hat! Ich werde mich doch noch erholen dürfen nach so einem Tag. Du weißt ganz genau, was ich heute morgen in den Gesprächen mit dem Chef hinter mich gebracht habe!" Jetzt wiederum fühlt Beate sich angegriffen, kontert entsprechend, provoziert damit wiederum Rechtfertigung und Gegenangriff bis ... ja, bis der Abend „gelaufen" ist.

Stellen Sie sich jetzt vor, Beate hätte im Laufe ihres Arbeitstages einige Male an Leos anstehende Gespräche mit dem Chef gedacht und wäre darauf gefaßt gewesen, zu Hause möglicherweise einen enttäuschten oder niedergeschlagenen Partner vorzufinden. Oder stellen Sie sich vor, ihr Arbeitstag wäre so erfolgreich verlaufen, daß sie, noch erfüllt von der Freude darüber, ihren Partner auf dem Sofa vorgefunden und sogleich Zeichen seiner Enttäuschung wahrgenommen hätte. Diese Beate wäre in der Lage gewesen, ihren Partner sofort auf dessen Gefühlsausdruck anzusprechen: „Du siehst ja ganz niedergeschlagen aus!" Das Gefühl, das sie Leo damit vermittelt, ist Anteilnahme. Leo wird sich verstanden und angenommen fühlen und veranlaßt, Beate über die Vorfälle zu berichten. „Ja, das stimmt", wird er sagen, „die Geschäftsleitung hat mein Budget um 25 % gekürzt. Ich kann jetzt drei von meinen Projekten nicht mehr durchführen." – „Drei Projekte haben sie Dir gestrichen", sagt Beate. „Genau", fährt Leo fort und berichtet weitere Einzelheiten.

Diese zweite Situation unterscheidet sich in mehreren Dimensionen von der ersten: Beate ist zu Beginn des Gesprächs nicht selber völlig erschöpft. Deshalb ist sie in der Lage, ihren Partner voll zu akzeptieren, obwohl sie ihn nicht bei der von ihr erwarteten Beschäftigung Staubsaugen antrifft. Sie nimmt sogleich seine gefühlsmäßige Verfaßtheit wahr und kann darauf eingehen. Sie reagiert also empathisch. Und sie ist in diesem Augenblick stimmig in ihrem Verhalten. Ihr Partner kann die Echtheit ihrer Äußerung wahrscheinlich an einem mimischen Ausdruck von Betroffenheit ablesen.

Akzeptanz, Empathie und Kongruenz lauten in der Psychologie die Fachausdrücke für die Fähigkeiten, die Beate in dieser Situation zum Ausdruck bringt. Und diese Fähigkeiten sind die Voraussetzung dafür, daß Beates sprachliche Vorgehensweisen die entsprechende Wirkung bei Leo auslösen. Zunächst geht Beate auf die gefühlsmäßige Verfaßtheit von Leo ein und spiegelt ihm diese mit den Worten zurück: „Du siehst ja ganz niedergeschlagen aus!" Sie erzeugt damit die von der Psychologie sogenannte Ja-Haltung: Leo fühlt sich verstanden und angenommen. Im weiteren Verlauf des sich entwickelnden Gesprächs geht Beate auch auf den sachlichen Inhalt dessen ein, was Leo ihr berichtet, und spiegelt ihm das sinngemäß zurück: „Drei Projekte haben sie Dir gestrichen." Auch damit erzeugt sie die Ja-Haltung: Leo hört an dem, was sie sagt, daß sie ihm genau zuhört, und darüber hinaus, daß das, was er ihr sagt, für sie wichtig ist. Wiederum fühlt er sich angenommen und ernst genommen.

Wenn ich den sachlichen Inhalt einer Botschaft meines Gesprächspartners sinngemäß wiederhole, nennt man das „Kontrollierten Dialog". Wenn ich das in einer Situation tue, in der mein Gesprächspartner eine Problemphysiologie zeigt, werde ich damit die sogenannte Ja-Haltung, d.h. einen Wechsel in seiner Physiologie, erzeugen.

Wenn ich den gefühlsmäßigen Inhalt einer körpersprachlichen oder sprachlichen Botschaft meines Gegenübers zurückmelde, nennt man das „Aktives Zuhören". Wenn ich das in einer Situation tue, in der mein Gegenüber eine Problemphysiologie zeigt, werde ich ebenfalls eine Ja-Haltung, d.h. einen Physiologiewechsel, bewirken. Diese Ja-Haltung wird im allgemeinen sogar stärker ausgeprägt sein, da ich meine Anteilnahme mit Aktivem Zuhören meinem Gegenüber deutlicher mache als mit Kontrolliertem Dialog: Ich melde etwas zurück, was dieser mit Worten gar nicht ausgedrückt hat.

Auf jemanden, der in einem Problemzustand ist, wirkt Kontrollierter Dialog und Aktives Zuhören entlastend. Er fühlt sich in dem, was er sagt, ernst- und als Person angenommen. Er wird Vertrauen fassen, sich öffnen und das Problem benennen können. Das Resultat dieses Prozesses wird sein, das Problem, den Konflikt oder was immer sich als Gegenstand der Kommunikation herausstellt, sachlich zu lösen.

Voraussetzung für die Wirkung dieser beiden sprachlichen Vorgehensweisen ist jedoch, daß ich als Person hinter dem stehe, was ich sprachlich ausdrücke. Nur dann kann ich für den anderen stimmig wirken. Wenn Beate in der ersten Situation, in der sie über die „Faulheit" ihres Partners empört war, versucht hätte, sich mit Aktivem Zuhören oder Kontrolliertem Dialog ihm gegenüber zu äußern, dann hätte sie beispielsweise einen ironischen, spöttischen oder zynischen Unterton gar nicht unterdrücken können.

Kontrollierten Dialog üben

Sie erinnern sich: Der Ausgangspunkt unserer Diskussion war die Vorgehensweise „Schallplatte mit Sprung". Wir hatten festgestellt, daß wir mit ihrer Hilfe beharrlich legitime Forderungen stellen, illegitime Ansprüche an unsere Person zurückweisen und dabei gelassen und selbstsicher auftreten können. Allerdings war auch klargeworden, daß diese Vorgehensweise nicht in allen Situationen dieser Art angezeigt ist, vor allem, weil sie die Beziehung zum anderen belasten kann. Da sie alle Äußerungen der anderen Seite weitgehend ignoriert, vermittelt sie dem anderen implizit die Botschaft, daß ich ihn nicht ernst nehme. Wenn ich in einer Auseinandersetzung um eine legitime Forderung meine Beziehung zu meinem Kontrahenten nicht belasten will, darf ich seine Person und das, was er sagt, nicht ignorieren. Ich muß ihm im Gegenteil explizit signalisieren, daß ich ihn und das, was er sagt, ernst nehme. Und diese Wirkung kann ich mit Kontrolliertem Dialog oder Aktivem Zuhören erzielen.

Wenn Sie sich Kontrollierten Dialog und Aktiv Zuhören als sprachliche Formen des Spiegelns aneignen wollen, besteht die einfachste Form des Lernens wiederum darin, in einer Kleingruppe von drei Personen Übungen durchzuführen, bevor Sie das in die Praxis umsetzen. Dabei sind immer A und B mit Üben beschäftigt, während C beobachtet, Wahrnehmungen zurückmeldet und unterstützt, wenn A und B „festsitzen".

Folgendes Beispiel soll Ihnen zunächst eine Vorstellung davon vermitteln, wie der Kontrollierte Dialog sich im Gespräch anhört. Beim ersten Üben dieser sprachlichen Vorgehensweise werden Sie selten Situationen simulieren können, in denen eine der beteiligten Personen wirklich unter gefühlsmäßigem Druck steht. Sie werden vielmehr Kontrollierten Dialog anwenden, wie er in normalen Gesprächen vorkommt als Vergewisserung, ob man auch richtig verstanden hat, was ein anderer sagte, oder als Anknüpfung an Teile aus der Äußerung des Vorredners oder aber auch als ein Vorgehen, das mir Zeit zum Überlegen meiner Erwiderung verschafft.

In dem folgenden Dialog unterhalten sich zwei Frauen über vergangene Zeiten.

A: Äußerung
„Wenn ich an meine Großmutter denke. Wie die geschuftet hat in ihrem Leben! Wäsche waschen per Hand! Kohleheizung im Herd und in den Öfen. Im Sommer die Schlacht um das Einmachen! Da bin ich froh, daß ich heute lebe!"

B: Kontrollierter Dialog
„Du bist der Ansicht, daß Deine Großmutter ohne Waschmaschine, Elektroherd und Supermarkt ganz schön hart arbeiten mußte."

A: Ja-Haltung
„Ja!"

B: Erwiderung
„Aber die viele Arbeit hat auch ihr Gutes gehabt. Deine Großmutter hatte keine Zeit für Depressionen!"

A: Kontrollierter Dialog
„Du meinst, meine Großmutter hatte deshalb keine Depressionen, weil sie keine Zeit zum Trübsalblasen hatte."

B: Ja-Haltung
„Ja, genau."

A: Erwiderung
„Da bin ich aber anderer Meinung. Für Depressionen braucht man keine Zeit. Die bekommen viele Frauen heute deshalb, weil die Doppelt- und Dreifachbelastung als berufstätige Ehefrau und Mutter sie überhaupt nicht mehr zur Besinnung kommen läßt!"

B: Kontrollierter Dialog
„Du glaubst, daß gerade die Überlastung der modernen Frauen Depressionen auslöst."

A: Ja-Haltung
„Ja."

B: Erwiderung
„Da bin ich nicht so sicher. Depressionen kriegt man viel eher dadurch, daß man abhängig ist und tun muß, was der Ehemann will. Frauen, die selbständig sind und ein paar eigene Träume verwirklichen können, werden nicht depressiv, auch wenn sie dafür schuften müssen!"

A: Kontrollierter Dialog
„Du meinst, wenn eine Frau unabhängig ist und ein Stück Selbstverwirklichung schafft, kriegt sie keine Depressionen."

B: Ja-Haltung
„Genau!"

Zuhören können ist eine wichtige Fähigkeit für erfolgreiche Gespräche, die nur selten angemessen eingesetzt wird. Hektik, Streß und Zeitmangel erzeugen oft einen solchen Druck, daß die nötige Ruhe und Konzentration auf das, was ein anderer sagt, nur schwer aufgebracht werden kann. Bei der folgenden Übung im Kontrollierten Dialog können Sie überprüfen, wie gut Sie zuhören können, und Sie können Ihre Fähigkeit im Zuhören steigern.

Gehen Sie beim Üben bitte zunächst so vor, daß Sie und Ihre Partnerin ein kontroverses Gesprächsthema suchen. Solche Themen können Sie im Bereich von Politik (Steuererhöhung), Umwelt (Geschwindigkeitsbegrenzungen auf den Autobahnen), Weltanschauungen (Patriarchat/Matriarchat), Religion (kirchliche Trauung, ja oder nein), Frauenfrage (Quotenregelung) finden. Dann gehen Sie so vor, daß A mit einer Äußerung beginnt. B hat dann die Aufgabe, zunächst mit Kontrolliertem Dialog zu reagieren, die Ja-Haltung von A abzuwarten, bevor sie eine Erwiderung formuliert. Danach hat A die Aufgabe, zunächst mit Kontrolliertem Dialog zu antworten, die Ja-Haltung von B abzuwarten, bevor sie auf B's Erwiderung eingeht, und so fort ...

Gesprächsschema Kontrollierter Dialog

A: bringt eine Äußerung vor
B: Kontrollierter Dialog
A: „Ja"
B: Erwiderung
A: Kontrollierter Dialog
B: „Ja"
A: Erwiderung
B: Kontrollierter Dialog
A: „Ja"

Gehen Sie beim Üben aber bitte nicht davon aus, daß Sie in Zukunft Gespräche auf diese Weise führen werden. Das oben stehenden Schema ist ein Übungsschema, mit dem Sie sich die Fähigkeit, mit Kontrolliertem Dialog zu reagieren, aneignen können. Sie werden merken, daß ein solches Vorgehen im Dialog künstlich wirkt. Aber das kann auch gar nicht anders sein: Wenn Sie sich neue

Fertigkeiten aneignen, werden Sie das immer in einer vom normalen Umgang abweichenden Form tun. Wenn Sie Tennis spielen
lernen, werden Sie auch systematisch eine Zeitlang ständig die
Vorhand üben, dann die Rückhand usw. Ihnen ist klar, daß Sie so
nie ein Tennis-Match spielen werden. Ebenso ist es beim Einüben
von Kontrolliertem Dialog und Aktivem Zuhören. Im Übungsdialog
werden Sie eine Zeitlang nur Kontrollierten Dialog oder Aktives
Zuhören ausführen. In einem echten Dialog werden Sie diese Vorgehensweisen nur hin und wieder zeigen, nämlich immer dann,
wenn sie Ihrem Gefühl nach angezeigt sind.

Wenn Sie Kontrollierten Dialog üben, werden Sie folgende Beob-
achtungen machen können: Im Gespräch die Aufmerksamkeit voll
dem anderen zuzuwenden, bedeutet hohe Konzentration. Die Ausführungen des Vorredners sinngemäß zu wiederholen, wird ab
einem bestimmten Informationsgehalt schwierig bis unmöglich,
weil das menschliche Gehirn in einem kurzen Zeitraum nur eine
geringe Anzahl an Informationen aufnehmen kann. Sie werden
vielleicht auch bemerken, daß es Ihnen deshalb schwerfällt, den
Kontrollierten Dialog auszuführen, weil Sie nach den ersten Worten
Ihrer Partnerin schon mit Ihrer eigenen Erwiderung beschäftigt sind
und gar nicht mehr richtig zuhören. Eine weitere mögliche Erkenntnis aus solchen Übungsdialogen ist, daß es Ihnen, nachdem
Sie Kontrollierten Dialog gemacht haben, schwerfällt, sich auf die
eigene Meinung zu besinnen. Nach einer konzentrierten Zuwendung der vollen Aufmerksamkeit auf das, was der andere sagt, ist
das Umschaltung auf die eigene Meinung kompliziert, zumal dann,
wenn ich diese Meinung im Vollzug des Sprechens erst bilden muß.
Dieser Zusammenhang sollte Ihnen gegenwärtig sein, wenn es für
Sie in kontroversen Auseinandersetzungen darauf ankommt, die
eigene Auffassung zur Geltung zu bringen oder das eigene Interesse
zu vertreten. Die Zuwendung zum anderen kann sich in bestimmten Situationen auch zu Ihrem Nachteil auswirken.

Aktiv Zuhören üben

Wenn Sie sich in einer schwierigen Situation Ihres beruflichen oder auch privaten Alltags mit Aktivem Zuhören auf den Gefühlsausdruck eines anderen Menschen beziehen wollen, ist es wichtig, über entsprechende Gefühlswörter zu verfügen, mit denen Sie der anderen Person zurückmelden können, welche Gefühle Sie wahrgenommen haben. Obwohl unser Wortschatz Hunderte von Gefühlswörtern umfaßt, benutzen wir nicht selten nur ein Dutzend, um uns im Gespräch über Gefühle auszutauschen. Versuchen Sie deshalb zunächst herauszufinden, wie viele Gefühlswörter Sie in fünf Minuten finden können. Suchen Sie dabei Umstandswörter, also Wörter, die den Satz vollenden: Ich fühle mich ... z. B. heiter, traurig, gelassen ...

_____   _____   _____

_____   _____   _____

_____   _____   _____

_____   _____   _____

_____   _____   _____

_____   _____   _____

_____   _____   _____

Folgende Beispiele können Ihnen zunächst eine Vorstellung davon vermitteln, wie Aktives Zuhören formuliert werden kann.

A:

„Mein Gott, eine Woche habe ich jetzt mit Zittern und Zagen auf das Ergebnis der Prüfung gewartet. Gott sei Dank habe ich ganz gut abgeschnitten!"

B:

„Du bist ganz erleichtert!"

A:

„Hoffentlich dreht der Chef den Müller wegen der verpatzten Verhandlung nicht durch die Mangel. Der war heute morgen schon völlig fertig. Und zuhause hat er auch noch Krach."

B:

„Du machst Dir Sorgen um ihn!"

A:

„Sie können sich gar nicht vorstellen, wie leer unser Haus plötzlich ist, seitdem die Kinder ausgezogen sind."

B:

Sie fühlen sich jetzt einsam in dem leeren Haus!"

Im folgenden Text haben Sie Gelegenheit, aus mehren alternativen Antworten diejenige herauszufinden, die dem Aktiven Zuhören entspricht.

1.
Wenn das Telefon heute vormittag noch einmal klingelt, fahre ich aus der Haut.
• Sei froh, daß Leben in der Bude ist und daß Du so beliebt bist.
• Du Arme, ich bewundere die Geduld, mit der Du auf diese ständigen Störungen reagierst. Ich weiß nicht, wie Du das aushältst.
• Du hast das Telefon wirklich satt.

2.
Mama, Du arbeitest zuviel. Wir haben überhaupt kein Vergnügen mehr.
• Was soll das heißen: Wir haben kein Vergnügen? Wir waren gestern abend im Kino, und wir gehen morgen eislaufen.
• Du bist ein bißchen enttäuscht über unser Leben in letzter Zeit.
• Warum lädst Du nicht Deine Freundin zum Spielen ein? Das würde Dir Spaß machen.

3.
Der Müller aus der Werbeabteilung ist schon wieder befördert worden, obwohl der erst ein Jahr dort gearbeitet hat.

- Ja, ja, Beziehungen müßte man haben!
- Du bist ja nur neidisch!
- Du findest es ungerecht, daß der so schnell befördert wird.
- Reg Dich nicht auf darüber!

4.

Wo ist hier bitte die Toilette?

- Ich weiß es leider auch nicht.
- Eine Treppe rauf. Zweite Tür links.
- Sie scheinen sich hier nicht auszukennen.
- Sie stehen ganz schön unter Druck.

5.

Ich habe dem Chef einige gute Ratschläge gemacht, aber er ist nicht darauf eingegangen.

- Das scheint Dich zu kränken.
- Ich weiß genau, wie Du Dich fühlst, Männer ignorieren alle Vorschläge, die von Frauen kommen.
- Warum hast Du ihm nicht gesagt, daß Du Dich darüber ärgerst?

6.

Viel mehr Leute sollten Organisationen wie amnesty international unterstützen.

- Was erwartest Du? Die meisten Menschen sind doch völlig unpolitisch.
- Du hältst deren Arbeit für sehr wichtig.
- Du hast sicher recht. Warum trittst Du nicht selber ein?

7.

Ich hätte nicht gedacht, daß die Prüfung so einfach sein würde!

- Du freust Dich über Deinen Erfolg.
- Sei nicht übermütig! Die nächste wird schwieriger!
- Komm, so einfach war sie nun wirklich nicht!

8.

Ich möchte heute abend nicht mitgehen. Ich brauche Erholung und will früh ins Bett.

- Du bist ganz schön überarbeitet in letzter Zeit.
- Sei doch ehrlich, Du hast keine Lust, mit uns auszugehen.

- Wenn Du nicht ständig in Kneipen rumhängen würdest, wärst Du heute abend nicht zu müde.

9.

Ich muß noch so viele Arbeiten für die Schule machen, daß ich nicht weiß, wie ich die nächste Woche überstehen soll.

- Ich verstehe Dich. Ich habe drei Prüfungen vor mir und muß diese Woche noch 20 Stunden jobben.
- Du stehst unter Druck.
- Mach Dir nichts draus. Das schaffst Du spielend.

10.

Du hast in diesem Brief einen ganzen Absatz vergessen!

- Reg Dich nicht auf! Das kann jedem passieren!
- Oh, das tut mir leid. Ich werde es sofort korrigieren.
- Wo, bitte?
- Dieser Fehler hat Dich geärgert.

Vielleicht ist Ihnen beim Durchlesen der Texte aufgefallen, daß Sie einige der Äußerungen, die Aktives Zuhören darstellen, so nicht formulieren, sondern mit anderen Worten ausdrücken würden. Ein solcher Eindruck hat immer seine Berechtigung. Menschen gehen nicht einheitlich mit Sprache um, besonders dann nicht, wenn es um Gefühle geht. Menschen unterscheiden sich, manchmal sogar sehr drastisch, darin, wie sie Situationen emotional wahrnehmen. Aber selbst wenn sie in bestimmten Situationen ähnliche Gefühle entwickeln, unterscheiden diese sich zumeist nach Färbung und Intensität. Und wenn Menschen sich dann über diese Gefühle äußern, werden sie unterschiedliche Wörter wählen oder sich darin unterscheiden, daß sie Gefühle nicht direkt benennen, sondern umschreiben oder bildlich darstellen. In den Übungstexten dieses Buches finden Sie immer eine mögliche Variante, wie man etwas sprachlich ausdrücken kann. Diese zu übernehmen wird Ihnen zuweilen „künstlich" vorkommen. Aber Sie müssen sich diese Ausdrucksweise auch nicht aneignen. In diesen Übungstexten geht es darum, daß Sie die jeweilige Vorgehensweise, hier das aktive Zuhören, kennenlernen. Wenn Ihnen diese Vorgehensweise durch

Übung geläufig geworden ist, werden Sie sie in Ihre eigenen Worte fassen und damit stimmig wirken können.

Wenn Sie diese kleinen Texte sorgfältig gelesen haben, wird Ihnen noch etwas anderes aufgefallen sein. Im vierten Beispiel werden Sie bemerkt haben, daß Sie in dieser Situation, in der eine Person Sie um eine Auskunft bittet, selber niemals mit aktivem Zuhören reagieren würden. Und damit haben Sie recht. Aktiv zuzuhören ist nicht in jeder Situation, in der eine Äußerung gefühlsbetont ist, angemessen.

Darüberhinaus wird Ihnen beim dritten Beispiel aufgefallen sein, daß es negativ bewertete Gefühlsreaktionen gibt, die mit Aktiv Zuhören zurückzumelden dem anderen keine Annahme, sondern eher Kritik signalisieren. Jemandem mitzuteilen, daß man ihn als neidisch wahrgenommen hat, gehört deshalb zu den kritischen Botschaften, nicht zu denen, die Akzeptanz signalisieren.

Bei den folgenden Beispielen haben Sie Gelegenheit, herauszufinden, wie die Person sich fühlt, die eine der folgenden Äußerungen macht:

1.

Hoffentlich geht dieses blöde Fest bald zu Ende. Wenn der Boß sich einfallen lassen sollte, noch eine Rede zu halten, schlaf ich ein.

2.

Was habe ich nicht alles getan, um diesen Laden hier auf Vordermann zu bringen. Und was hat es mir eingebracht? Ein paar lobende Worte vom gnädigen Herrn und zu Weihnachten ein Kochbuch.

3.

Ich habe das ganze Wochenende versucht, den Fehler in der Bilanz zu finden. Nichts ist dabei herausgekommen. Es ist wie verhext. Ich weiß wirklich nicht, was ich jetzt noch unternehmen soll.

4.

Jetzt muß ich diesen Bericht zum dritten Mal überarbeiten. Ich weiß wirklich nicht, wo ich dafür noch die Nerven hernehmen soll.

5.

Das Essen in der Kantine war heute hervorragend. Ich weiß gar nicht, wie die das geschafft haben, den Braten mal nicht anbrennen zu lassen.

6.

Hat der Müller, der Hornochse, doch wieder die Akten falsch abgelegt. Zwei Stunden habe ich danach gesucht. Dabei habe ich dem das schon dreimal gesagt. Aber der kapiert das nie!

7.

Und wenn ich jetzt noch die Beförderung bekomme, springe ich auf den Tisch und tanze Twist.

8.

Ihr habt den Karren in den Sand gesetzt. Und ich soll jetzt zum Chef gehen und meinen Kopf hinhalten. Das habt Ihr Euch fein ausgedacht.

9.

Also das muß ich mir nicht bieten lassen. Ich bin genauso qualifiziert wie die Kollegen. Aber ich muß immer die Hilfsarbeiten machen!

10.

Daß der Schmidt immer dreckige Witze loslassen muß, wenn hier Frauen durchkommen. Ich finde, irgend jemand sollte dem mal sagen, daß er das lassen soll.

Sind Sie hinsichtlich der Gefühle in den eben aufgeführten Beispielen zu dem gleichen Resultat gekommen?

1. gelangweilt
2. bitter, verdrossen
3. verzweifelt, hilflos
4. erschöpft, kaputt
5. verblüfft, überrascht
6. aufgebracht, empört
7. übermütig
8. vorgeschoben
9. gedemütigt, erniedrigt
10. angewidert

Folgende Liste von Gefühlswörtern soll Ihnen und Ihrer Partnerin die Möglichkeit geben, selbst Äußerungen zu formulieren, in denen bestimmte Gefühle zum Ausdruck kommen. Sie beide haben dann im Wechsel Gelegenheit, diese Gefühle wahrzunehmen und zu benennen.

Gefühlswörter

Ich fühle mich: erregt
angeregt, angestachelt, angetan, animiert, aufgeregt, aufgewühlt, belebt, begeistert, berauscht, berührt, betäubt, betört, bewegt, bezaubert, durchschaudert, entbrannt, entflammt, entzückt, ergriffen, erregt, erschüttert, fasziniert, gefangen, gefesselt, geladen, gepackt, gereizt, gerührt, hingerissen, hypnotisiert, inspiriert, mitgerissen, motiviert, überreizt, unternehmungslustig

Ich fühle mich: gelassen
abgebrüht, abgehärtet, abgeklärt, abgestumpft, teilnahmslos, apathisch, ausgeglichen, besänftigt, beschwichtigt, besonnen, betäubt, empfindungslos, entspannt, gefühllos, gedämpft, geduldig, gesetzt, gefaßt, geistesgegenwärtig, gleichgültig, gleichmütig, kühl, leidenschaftslos, nüchtern, ruhig, schläfrig, unbekümmert, unerschütterlich, ungerührt

Ich fühle mich: zufrieden
anspruchslos, befriedigt, behaglich, beschaulich, bescheiden, bestätigt, ergeben, friedvoll, geduldig, gelassen, gemütlich, genügsam, gottergeben, heiter, klaglos, still ergeben, vergnügt, wohlig, wunschlos

Ich fühle mich: froh
angeregt, angetan, animiert, aufgekratzt, aufgemuntert, aufgeräumt, aufgeschlossen, ausgelassen, befriedigt, beglückt, behaglich, belebt, berauscht, berückt, beschwingt, bestrickt, bezaubert, blendend, entzückt, erfreut, ergötzt, erheitert, fabelhaft, fantastisch, fidel, freudig, frisch, fröhlich, geschmeichelt, glücklich, glückselig, heiter, himmlisch, hingerissen, göttlich, königlich, kräftig, kregel, lebhaft, leicht, lustig, munter, prächtig, prima, pudelwohl, selig,

sorgenfrei, übermütig, unbeschwert, unbesorgt, ungebunden, ungezügelt, unwiderstehlich, verführt, vergnügt, wohlgemut, wunderbar, zufrieden

Ich fühle mich: unzufrieden
abgebrannt, abgekämpft, abscheulich, angeödet, ausgebrannt, ausgelaugt, benachteiligt, eingeschläfert, entsetzlich, enttäuscht, erbärmlich, furchtbar, gelangweilt, genervt, gräßlich, grauenhaft, lustlos, matt, mies, miserabel, mißgestimmt, mißgelaunt, mißmutig, mißvergnügt, müde, nüchtern, schauderhaft, scheußlich, schrecklich, schlaff, überflüssig, überfordert, übergangen, unbehaglich, unterfordert, unverstanden, unwohl, verdrossen, verkannt, verstimmt, widerlich, widerwärtig, zerfahren, zurückgesetzt

Ich fühle mich: traurig
allein gelassen, ängstlich, ärgerlich, armselig, bedauernswert, bedrückt, benachteiligt, beklagenswert, beklommen, bekümmert, besorgt, betroffen, betrübt, deprimiert, einsam, elend, erbärmlich, flau, freudlos, gedrückt, gefoltert, gekränkt, gelähmt, gerädert, hilflos, kläglich, kummervoll, mitgenommen, mißvergnügt, mutlos, niedergedrückt, niedergeschlagen, reizbar, schmerzerfüllt, schwermütig, traurig, trostlos, trübselig, übel, unangenehm berührt, unausgeglichen, unbefriedigt, unglücklich, unverstanden, unzufrieden, untröstlich, verbittert, verdrossen, verlassen, verloren, verzagt, verzweifelt, wund, zerrissen, zerschlagen

Ich fühle mich: getadelt
abgelehnt, angefahren, bedient, falsch behandelt, beleidigt, beschämt, dressiert, eingeschüchtert, entmannt, entrechtet, erniedrigt, gebrochen, gedämpft, gedemütigt, hochgenommen, kritisiert, mißverstanden, niedergeschmettert, respektlos behandelt, unnütz, untergebuttert, verachtet, verkannt, zerknirscht

Ich fühle mich: angegriffen
aufgebracht, aufgewühlt, ausgelacht, ausgebeutet, ausgenutzt, ausgepumpt, ausgetrickst, bedrängt, bedroht, bedrückt, beeinträchtigt, behelligt, belästigt, beleidigt, beschimpft, betrogen, blamiert, bloßgestellt, brüskiert, eingeschüchtert, erledigt, erpreßt, erzürnt, gedemütigt, gefoltert, gehetzt, gekränkt, geleimt, gemartert, ge-

peinigt, gepiesackt, geprügelt, gequält, geschädigt, geschlagen, geschlaucht, geschunden, geschurigelt, getriezt, gezwiebelt, herausgefordert, hintergangen, kujoniert, malträtiert, mißachtet, mißbraucht, mißhandelt, niedergedrückt, schikaniert, unterdrückt, verachtet, veralbert, verfolgt, vergewaltigt, verkohlt, verletzt, verleumdet, verschaukelt, verspottet, verwundet, übergangen, zermalmt, zermürbt

Ich fühle mich: abgestoßen
abgedrängt, abgeschlagen, angeekelt, angeödet, angewidert, genervt, gestört, gereizt, irritiert

Ich fühle mich: zornig
ärgerlich, aufgebracht, empört, entrüstet, erbittert, erbost, ergrimmt, erzürnt, fuchsteufelswild, fuchtig, gefuchst, geladen, gereizt, hochgebracht, irritiert, jähzornig, ungehalten, verstimmt, wild, wütend

Ich fühle mich: getröstet
aufgeheitert, aufgemuntert, belebt, beruhigt, besänftigt, beschwichtigt, erfrischt, erlöst, ermutigt, erleichtert, erquickt, gedämpft, geheilt, gestärkt, unterstützt, wiederhergestellt

Ich fühle mich: mutig
ahnungsvoll, angefeuert, angespornt, animiert, aufgemuntert, beherzt, dreist, entschlossen, ermutigt, erwartungsfroh, fest, frech, furchtlos, hoffnungsvoll, keck, kühn, optimistisch, schneidig, selbstsicher, standhaft, tapfer, tollkühn, tüchtig, unbesiegbar, unerschrocken, unerschütterlich, unternehmungslustig, unüberwindlich, unverzagt, verwegen, vertrauensselig, wacker, wagemutig, waghalsig, wohlgemut, zuversichtlich

Ich fühle mich: stolz
königlich, stattlich, würdevoll, würdig, überlegen, übermütig

Ich fühle mich: erschrocken
alarmiert, bange, befangen, bestürzt, betreten, beunruhigt, eingeschüchtert, entgeistert, entsetzt, erschrocken, erstarrt, fassungslos, furchtsam, gehetzt, gescheucht, kleinlaut, kleinmütig, kopflos,

mißtrauisch, mutlos, sprachlos, starr, terrorisiert, unruhig, verängstigt, verblüfft, verdattert, verscheucht, verstört, verwirrt, verzagt, zaghaft.

Eine weitere Möglichkeit, Aktives Zuhören zu üben, gleichzeitig jedoch auch die Wirkung dieser Vorgehensweise zu erfahren, besteht darin, daß Sie und Ihre Partnerin mit Bewußtsein ein Gespräch führen über ein Erlebnis oder ein Problem, in dem stärkere Gefühle eine Rolle spielen. Dabei kann es sich um ein Problem aus dem privaten Familienleben handeln, dem Freundeskreis oder aus dem Berufsleben. Es kann um ein Hobby gehen oder eine sonstige Freizeitbeschäftigung. Sie können aber auch ein politisches Thema anschneiden, wichtig ist nur, daß in dem, was Sie berichten, Gefühle deutlich zum Ausdruck kommen. Während A berichtet, sollte B von Zeit zu Zeit aktiv zuhören. Nach kurzer Zeit können Sie die Rollen wechseln: B erzählt, A hört aktiv zu.

Wenn Sie sich Aktives Zuhören als sprachliche Vorgehensweise aneignen wollen, können Sie viele Alltagssituationen dazu benutzen. Ich habe diese Form des Spiegelns zum ersten Mal bewußt einer Verkäuferin im Weihnachtsgeschäft eines großen Kaufhauses in Berlin gegenüber ausprobiert. „Sie sehen ganz schön abgehetzt aus!" Das Resultat war ein langer Bericht über unzählige Einzelheiten, die heute alle schief gelaufen waren. Am Schluß ihrer Erzählung atmete sie tief aus und lachte mich an. Dieses Beispiel wird sich mit hoher Wahrscheinlichkeit wiederholen, wenn Sie sich mit Aktivem Zuhören fremden Menschen als freundlich, aufgeschlossen und einfühlsam zeigen: Sie erzählen Ihnen, was sie auf dem Herzen haben. Und das ist manchmal ziemlich viel.

Ich habe mich an dieser Stelle deshalb so lange mit sprachlichen Formen des Spiegelns aufgehalten, weil diese Möglichkeiten einfühlsamer Annahme der Person eines anderen zum Grundrepertoire kommunikativer Verhaltensweisen in schwierigen sozialen Situationen gehören. Wann immer Sie es für angezeigt halten, ihrem Gegenüber im Gespräch zu signalisieren, daß Sie seine Beiträge für wichtig halten oder seiner Person zugewandt sind, können Sie diese Verhaltensweisen benutzen. In Problemsituationen erreichen Sie damit, daß Ihr Gesprächspartner von einem gefühlsmäßig angespannten Zustand in einen gelasseneren Zustand wechselt und sachlichen Äußerungen zugänglicher wird.

Darüber hinaus sind Kontrollierter Dialog und Aktives Zuhören gerade in solchen Situationen hilfreich, in denen es für Sie darum geht, legitime Forderungen durchzusetzen. In solchen Situationen zeigt sich nämlich, daß die meisten Formen, die Frauen gelernt haben, für das Wohlbefinden von anderen zu sorgen, auf die eigenen Kosten gehen: In einer solchen Situation dem anderen helfen zu wollen, könnte bedeuten, das eigene Interesse hintanzustellen. In einer solchen Situationen dem anderen rechtzugeben oder ihm zuzustimmen könnte bedeuten, die eigenen Position zu schwächen. Wie aber können Frauen sich als sozial erweisen und trotzdem die eigenen Belange nachdrücklich vertreten: Aktives Zuhören und Kontrollierter Dialog bieten Ihnen diese Möglichkeit. Mit diesen Formen des sprachlichen Spiegelns können Sie dem anderen zeigen, daß Sie ihn als Menschen ernst nehmen, ja sogar Verständnis für ihn haben (wenn Sie dieses Verständnis auch faktisch haben). Aber Sie können gleichzeitig mit konsequentem Nachdruck Ihre eigenen Interessen vertreten. Mit der Zuwendung zum anderen im Kontrollierten Dialog oder Aktiven Zuhören rücken Sie von Ihrem eigenen Standpunkt um keinen Millimeter ab, und Sie geben von Ihrem eigenen Interesse keinen Deut auf. Was Sie zeigen, ist Akzeptanz für den anderen. Was Sie bewirken, ist eine Atmosphäre von Vertrauen. Und wofür Sie sorgen, ist eine innere Verfassung des anderen, die Offenheit für eine sachliche Auseinandersetzung mit anstehenden Problemen ermöglicht. Auf dieser Ebene werden Sie Ihre Forderungen durchsetzen, wenn sie legitim sind, oder Erwartungen an Ihre Person zurückweisen, wenn sie unzumutbar sind, oder gemeinsam einen Kompromiß finden, wenn sich im anschließenden Austausch von sachlichen Informationen neue Aspekte ergeben, die diesen Kompromiß rechtfertigen.

Wenn Sie lernen wollen, konsequent Forderungen zu stellen oder nein zu sagen, ohne dabei die Äußerungen der Gegenseite zu ignorieren, können Sie dabei wieder folgendermaßen vorgehen. Sie bitten eine oder zwei Partnerinnen, solche Gesprächsformen mit Ihnen zusammen im Rollenspiel einzuüben, und gehen dann zunächst nach folgendem Schema vor:

1. A formuliert eine legitime Forderung.
2. B leistet Widerstand.
3. A bezieht sich entweder mit Kontrolliertem Dialog oder mit Aktivem Zuhören auf Bs Widerstand.
4. B nimmt die Ja-Haltung an.
5. A wiederholt die eigene Forderung.
6. B leistet Widerstand.
7. A nimmt den Widerstand mit Kontrolliertem Dialog oder Aktivem Zuhören an.
8. B nimmt die Ja-Haltung an.
9. A wiederholt.
...
...
bis B zustimmt.

Der Dialog zwischen Anna und Klaus in der Auseinandersetzung über die Teilung der Hausarbeit, den Sie bereits in der Version „Schallplatte mit Sprung" kennen, würde sich dann folgendermaßen anhören:

Anna: Ich möchte, daß Du im Haushalt hilfst!

Klaus: Aber ich bin doch gerade im Examen, da kann ich mich doch auf Hausarbeit nicht konzentrieren.

Anna: Dir fällt es schwer, Dich jetzt noch zusätzlich auf etwas anderes zu konzentrieren.

Klaus: Genau, acht Stunden büffeln reicht mir nämlich!

Anna: Kann ich verstehen. Aber Du wirst immer acht Stunden arbeiten, entweder im Studium oder im Beruf. Und ich möchte, daß Du jetzt Dein Versprechen einlöst und im Haushalt hilfst.

Klaus: Aber Du willst doch auch, daß ich gute Noten bekomme!

Anna: Du befürchtest, schlechter abzuschneiden, wenn Du außer Studieren auch noch was im Haushalt machst.

Klaus: Ja, das reißt mich immer ziemlich raus aus meinem Thema.

Anna: Das tut es sicher. Aber Du mußt dafür ja nicht Deine Studien unterbrechen. Du kannst es vorher tun oder nachher oder wenn Du sowieso eine Pause machen mußt.

Klaus: Mein Gott, Du weißt doch selber, wie lange ich brauche, bis ich die Wäsche sortiert habe. Du machst das in fünf Minuten, und ich soll mich eine halbe Stunde damit abquälen!

Anna: Dir leuchtet nicht ein, daß Du Arbeiten tun sollst, die ich viel schneller erledigen kann als Du.

Klaus: Stimmt genau, das verstößt gegen das Gesetz der komparativen Kosten.

Anna: Richtig, das Gesetz kenne ich auch. Aber ich wette, daß Du bei Deiner Intelligenz keine lange Entwicklungszeit brauchst, um die Produktivkraft meiner Arbeit einzuholen und zu überholen. Und ich möchte, daß Du jetzt, wie versprochen, damit beginnst und das nicht mehr auf die lange Bank schiebst.

Klaus: ...

Im folgenden finden Sie Situationen, die Sie für das Einüben einer solchen partnerschaftlichen Form, Forderungen zu stellen und nein zu sagen, benutzen können.

1.
Sie und Renate sind Kolleginnen. Renate bittet Sie, sie in Zukunft jeden Abend in Ihrem Auto nach Hause mitzunehmen. Sie wollen es nicht tun. Deshalb sagen Sie:

_____

2.
Gerade als Sie die Wohnung verlassen wollen, ruft Ihre Mutter an. Sie will Ihnen über ein Streitgespräch berichten, das sie mit Ihrem Vater hatte. Sie haben es eilig und möchten das Gespräch so schnell wie möglich beenden. Deshalb sagen Sie:

_____

3.
Sie stehen seit 10 Minuten in einer Schlange vor dem Käsestand eines Supermarktes. Eine Frau hat sich neben Sie gestellt, um die Angebote zu betrachten. Die Verkäuferin fragt: „Wer ist die

nächste?" Sie sind an der Reihe. Die Frau neben Ihnen antwortet: „Ich." Sie wenden sich zu ihr um und sagen:

_____

4.

Im Restaurant bestellen Sie Ihr Steak durchgebraten. Nachdem der Ober es gebracht hat, stellen Sie fest, daß es nur kurz gebraten und innen noch ganz blutig ist, was Sie nicht mögen. Sie rufen den Ober an Ihren Tisch und sagen:

_____

5.

In einer Schlange vor dem Kaffeeausschank in der Markthalle bittet ein Bekannter Sie, ihm den Vortritt zu lassen. Sie sagen ihm:

_____

6.

Bei einer Konferenz raucht Ihr Tischnachbar eine Zigarette nach der anderen. Ihre Augen tränen, und Sie fühlen sich sehr unbehaglich. Was sagen Sie ihm?

_____

7.

Sie haben sich auf einen geruhsamen Sonntag gefreut. Nach dem Frühstück rufen Ihre Eltern an und laden Sie ein, den Tag mit ihnen zu verbringen. Sie haben keine Lust dazu. Also sagen Sie:

_____

8.

Sie hören von einer Kollegin, daß in Ihrer Firma eine Stelle frei wird, die Sie gerne haben möchten. Sie beschließen, den Personalchef zu bitten, Sie dafür in Betracht zu ziehen. Proben Sie Ihr Auftreten!

_____

Weitere Beispiele finden Sie bei Bloom/Coburn/Pearlman.[8]

2. NLP-Lernmethoden

In einem Frauenseminar mit 15 Teilnehmerinnen überprüften wir im Anschluß an ein Rollenspiel die Gefühle, die Frauen entwickeln, wenn sie in Situationen kommen, in denen sie die Forderung einer anderen Person ablehnen möchten, es dann aber nicht tun. Alle, aber wirklich alle Teilnehmerinnen hatten solche Situationen im privaten oder im beruflichen Bereich erlebt. Einige von ihnen äußerten, sie nähmen solche Situationen hin wie ein soziales Naturgesetz, das man nicht ändern kann. Andere stellten theoretische Überlegungen an, um persönliche Schwierigkeiten als moralische Verpflichtung zu deuten. Allen jedoch war klar, daß es jenseits notwendigen, sinnvollen, wünschenswerten und liebevollen Tuns für andere viele Situationen gibt, in denen es nicht nur angemessen, sondern auch angezeigt ist, Forderungen zurückzuweisen und Bitten abzulehnen, also nein zu sagen. Keiner der Frauen fiel das leicht. Einige konnten gar nicht nein sagen und hatten deshalb häufig Anlaß, sich über den Tisch gezogen, ausgenutzt oder gar ausgebeutet zu fühlen oder sich darüber zu ärgern.

Solche Schwierigkeiten zu überwinden ist nicht einfach. Manuel Smith geht davon aus, daß die Erarbeitung einer angemessenen Form sprachlichen Vorgehens und dessen Übung in Rollenspielen und realen Zusammenhängen ein selbstsicheres Auftreten und auch eine entsprechende Gefühlsreaktion zur Folge hat. Ich habe die Erfahrung gemacht, daß solche Ziele auf der Verhaltens- und Gefühlsebene in dieser Form der Erarbeitung zumindest nicht in einem Seminar zu erreichen sind. Was können wir also tun, wenn wir wissen, wie wir angemessen vorgehen können, um unzumutbare Forderungen zurückzuweisen, aber innere Barrieren es uns unmöglich machen, dieses Wissen dann auch in die Praxis umzusetzen?

Die Antwort auf die Frage ist nicht so schwer zu geben. Sie lautet: NLP! In den siebziger und achtziger Jahren haben zwei amerikanische Wissenschaftler, Richard Bandler und John Grinder, die Arbeitsweise der drei erfolgreichsten zeitgenössischen Therapeuten untersucht, deren wirkungsvollste Vorgehensweisen im Umgang mit Menschen in Problemsituationen herausgefunden und unter dem Begriff „Neurolinguistisches Programmieren" als neues pädagogisches und therapeutisches Verfahren bekannt gemacht.[9] Die Begründer von NLP sind der Überzeugung, daß man mit NLP alles lernen könne, was nur ein Mensch auf diesem Globus an Fähigkeiten entwickelt hat: Man kann auf diese Weise unangemessene Verhaltensweisen verändern, ungewünschte Gefühlsreaktionen modifizieren und erfolgshemmende Überzeugungen überwinden. Nicht nein sagen zu können ist dabei ein Problem, für dessen Überwindung es mehrere Vorgehensweisen gibt, unter anderem ein Verfahren, das die NLP-Begründer „Sixstep-Reframing" nannten.

a. Frau S.: „Ich kann anderen Leuten nichts abschlagen."

Dieses Sixstep-Reframing ging ich mit Frau S. durch, die erhebliche Schwierigkeiten hatte, sich gegenüber den Wünschen und Bedürfnissen anderer abzugrenzen. Frau S. hatte an einem Seminar teilgenommen, in dem es um sprachliche Formen selbstbewußter Kommunikation in schwierigen Situationen ging. Und Frau S. wurde bei den Themen „Forderungen stellen" und „Nein sagen" klar, daß sie sich in Rollenspielen durchaus durchsetzen konnte. Aber sie war skeptisch, ob ihr das im beruflichen oder privaten Alltag auch gelingen würde. Frau S. kam häufig in Situationen, in denen jemand von ihr etwas wollte, was sie gern abgelehnt hätte, aber nicht fertigbrachte.

Auf der Suche nach den Gründen für dieses Verhalten vermutete Frau S., sie sei halt ein sehr gutmütiger Mensch. „Vielleicht habe ich auch ein bißchen die Veranlagung, daß ich anderen Leuten nichts abschlagen kann. Ich mache auch gern etwas für andere Leute. Nur wenn sich dann die Sachen häufen, verliere ich leicht den Überblick und weiß nicht mehr, wann es Zeit ist, mich zu wehren." Frau S. war der Meinung, für sie sei vor allem wichtig, überhaupt zu erkennen, wann sie eine Atempause brauche. Sie manövriere sich ganz häufig in Situationen hinein, wo sie dann dastehe und nicht mehr wisse, wo ihr der Kopf steht. „Da ist dann schon wieder etwas dazugekommen, weil ich es ja jedem recht machen will, ..." Das sei im Berufsleben genauso wie im Privatleben. Im Berufsleben begann es sie jedoch zunehmend zu stören, weil sie merkte, daß es sie in ihrem Fortkommen behinderte. „Ich verzettele mich in Routinearbeit und habe dann keine Zeit, mich zu engagieren, neue Aufgaben kennenzulernen, durchzuführen und auch die Verantwortung dafür zu übernehmen. So mache ich immer irgendwelche in Anführungsstrichen nichtssagenden Dinge, die mir vertraut sind, und konzentriere mich nicht darauf, weiterzukommen, sei es, irgendeinen neuen Bereich kennenzulernen oder vielleicht abends auch ein Buch zu lesen, sondern ich bleibe stehen, weil ich ja so gut eingedeckt bin mit irgendwelchen Sachen, die mir aufgetragen werden. Ich sage OK, mach ich, mach ich, aber letztendlich komme ich persönlich nicht weiter. Und das stört mich."

Auf meine Frage, ob das allgemein gelte, daß sie nicht nein sagen könne, wendet sie ein, daß sie es durchaus könnte, aber sie mache es nicht: „Letztendlich tue ich es nicht. Ich weiß nicht, woran es liegt. Vielleicht bin ich nicht konsequent. ... Ich sage vielleicht einmal nein, aber wenn der Betreffende dann wiederkommt und dann der nächste, dann hört das bei mir irgendwie auf. Und letztendlich bin ich dann nicht so konsequent, wie ich das möchte."

Auf meine Frage nach einem Beispiel schildert sie eine ihrer Einschätzung nach ganz banale Situation. „Ich komme zum Beispiel abends nach Hause und habe mir vorgenommen zu lernen. Ich bin vor einiger Zeit mit meinem Freund zusammengezogen, und das funktioniert auch ganz gut, auch mit der Arbeitsteilung. Aber dann ist es so: Ich habe mir vorgenommen zu lernen, und er hat etwas anderes vor. Dann überredet er mich, doch irgendwohin mitzukommen, oder irgendwas anderes zu machen oder vielleicht einfach nur Fernsehen zu gucken, Musik zu hören oder wegzugehen."

Auf meine Frage, was sie erreichen möchte, kommt als erste Reaktion: „Nein sagen, wenn es um für mich wichtige Dinge geht." Ob sie keine Nachteile befürchte, wenn sie das könne, frage ich. Daraufhin kommen weitere Überlegungen. Sie befürchtet, sie könnte Streit mit anderen bekommen. Außerdem könnte es ihr unangenehm sein. Solche Folgen will sie nicht, z. B. daß irgend jemand enttäuscht ist oder ärgerlich oder verständnislos reagiert. Solche

Situationen hat sie bisher nicht bewältigen können. Sie hat schon mal versucht, nein zu sagen, und dann dem Betreffenden erklärt, worum es für sie geht. Damit hat sie aber die Enttäuschungsreaktion des anderen nicht mildern können, sondern ist selber wieder umgefallen.

Ihr Ziel hat sich also konkretisiert. Sie will nein sagen lernen, wenn es um für sie wichtige Dinge geht, und sich dabei wohl fühlen. Dieses gute Gefühl ist für sie ein wesentlicher Punkt. Es ist für sie nicht OK, sich durchzusetzen und sich danach schlecht zu fühlen. Es geht ihr dabei offensichtlich um eine ziemlich komplexe Sache, die sie folgendermaßen erklärt: „Nein sagen hat Auswirkungen, zunächst auf andere Leute, denn die Leute wollen ja was und werden enttäuscht. Und davon, so sehe ich das jedenfalls, bin ich ja auch wieder abhängig, das wirkt also auf mich selbst zurück. Und das muß ja auch berücksichtigt werden. Eigentlich möchte ich das alles immer in einem ausgeglichenen Zustand haben."

Ich zog aus diesen Worten die Schlußfolgerung: „Also, wenn Sie nicht nein sagen, tun Sie damit auch etwas Gutes für sich selber, nämlich Sie stellen damit sicher, daß Ihre Umwelt nicht enttäuscht ist." Das bestätigte Frau S..

Mit dieser Bestätigung hatte sich in unserem Gespräch eine positive Absicht des Problemverhaltens herausgestellt. Für NLP-kundige Berater ist ein solches Resultat der Problemerörterung Hinweis dafür, das oben bereits genannte Vorgehen mit dem Namen Sixstep-Reframing einzusetzen.

Ein Sixstep-Reframing macht man immer dann, wenn sich beim Vorgespräch über das Problem ein sogenannter Sekundärgewinn herausstellt, d.h. wenn deutlich wird, daß das Problemverhalten nicht nur negative Folgen nach sich zieht, sondern auch einen positiven Nutzen, etwas Gutes für die betreffende Person bringt. Diese positive Absicht oder Funktion ist der Kern eines Problemlösungsprozesses in sechs Schritten. Man nimmt dabei folgenden psychologischen Zusammenhang an: Alle Verhaltensweisen, die wir irgendwann einmal gelernt haben, angemessene wie auch unangemessene, hatten mindestens zum Zeitpunkt des Lernens einen positiven Zweck in unserem Leben. Bei unangemessenen Verhaltensweisen haben sich die negativen Folgen erst später in den Vordergrund geschoben und damit das zuvor angemessene in ein unangemessenes, unsinniges oder schlicht störendes Verhalten verwandelt. Solche Verhaltensweisen können wir aber bearbeiten, wenn wir die urspüngliche positive Funktion kennen. Die Logik dieser Bearbeitung ist ganz einfach. Man geht davon aus, daß die positive Funktion für das Leben des Betreffenden von Bedeutung ist und daß es deshalb gilt, diese positive Funktion sicherzustellen. Eine solche Garantie für die Aufrechterhaltung des positiven Nutzens kann man dadurch herstellen, daß man andere Mittel und Wege sucht, die diese positive Funktion genauso gut oder sogar besser, leichter oder wirksamer erfüllen wie das Problemverhalten. Wenn solche Wege und Mittel gefunden werden, wird der Betreffende ein unangemessenes, ihn störendes oder ihn blockierendes Verhalten ohne große Schwierigkeiten aufgeben können.

Die Schwierigkeiten von Frau S. mit dem Neinsagen hatten also auch einen positiven Nutzen für sie. Sie vermied damit, andere zu enttäuschen. Mit dieser Formulierung der positiven Absicht war ich allerdings noch nicht ganz zufrieden. Allzuoft hatte ich die Erfahrung gemacht, daß diese Absicht, andere nicht zu enttäuschen, ihrerseits eine weitere positive Absicht hat, nämlich, deren Zuneigung zu bewahren oder ähnliches. Also fragte ich weiter: „Was tun Sie damit Gutes für sich, wenn Sie es nicht dahin kommen lassen, daß andere enttäuscht sind über Ihr Verhalten? Was bringt Ihnen das ein?" Diese Nachfrage führte dazu, daß Frau S. zu einer konkreteren Aussage kam: „Es geht vor allem auch darum, daß die Stimmung aufrechterhalten bleibt, daß sich niemand gereizt fühlt. Ich möchte erreichen, daß eine angenehme Atmosphäre erhalten bleibt, sei das im Privatleben oder aber auch bei der Arbeit."

Nach dieser Bestimmung der positiven Absicht des Problemverhaltens konnte ich die nächste wichtige Frage stellen: „Überlegen Sie bitte, wenn es Ihnen beim ‚Nicht-nein-sagen' im wesentlichen um die angenehme Atmosphäre geht, können Sie sich vorstellen, diese angenehme Atmosphäre auch auf anderen Wegen sicherzustellen, wenn diese Wege genau so sicher, leicht und wirkungsvoll sind wie dieses Verhalten, nicht nein zu sagen. Denn das wollen Sie ja eigentlich überwinden. Sie wollen ja öfter einmal nein sagen."

Frau S. fragte nach: „Sie meinen, eine positive Atmosphäre zu schaffen, ob ich das auch irgendwie anders erreichen kann?"

Ich bestätigte und erklärte etwas deutlicher, es ginge darum, ob sie bereit sei, andere Wege zu gehen, um eine positive Atmosphäre zu schaffen, wenn sie welche wüßte. Frau S. stimmte dem zu. Sie könne sich zwar noch nicht konkret vorstellen, welche Wege das sein können. Aber sie könne sich vorstellen, das auszuprobieren. Das würde sie sogar gerne tun. Nur sie wisse halt nicht, wie.

„Dann seien Sie jetzt einfach mal kreativ", forderte ich sie auf. „Sie haben ja eben gesagt, Sie sind ganz flexibel. Sie verfügen also über die Fähigkeit, mehrere Möglichkeiten zu sehen und sich auszudenken, wie man ein bestimmtes Ziel erreicht. Ihr Ziel ist, eine angenehme Atmosphäre sowohl im Privatleben als auch am Arbeitsplatz herzustellen. Wie kann man sonst noch eine angenehme Atmosphäre herstellen?"

Frau S. hatte oben zwar geäußert, daß sie keine anderen Wege wüßte, aber auf diese Frage zögerte sie nicht. Zwischen uns entwickelte sich der folgende Dialog:

Frau S.: Also für mich ist das erstmal Freundlichkeit.

A.M.: Aha, man kann freundlich sein.

Frau S.: Ja.

A.M.: Gibt es noch was?

Frau S.: Und was mir besonders Spaß macht, man kann witzig sein.

A.M.: Aaah, schön, witzig sein ist auch eine Möglichkeit. Wir brauchen aber noch etwas anderes. Was kann man noch tun, um eine angenehme Atmosphäre zu schaffen?

Frau S.: Ja, vielleicht kann ich das mal so ausdrücken, man kann andere Leute ernst nehmen und auf sie eingehen.

A.M.: Andere Leute ernst nehmen, man kann sogar auf sie eingehen.

Frau S.: Ja, die Leute und auch ihre Anliegen.

A.M.: Jetzt haben wir sogar schon vier Möglichkeiten. Was fällt Ihnen noch ein? Es gibt viele Möglichkeiten, im sozialen Zusammenhang so zu wirken, daß eine angenehme Atmosphäre entsteht. Was fällt Ihnen noch ein? Wir haben schon vier Möglichkeiten. Drei brauchen wir nur. Aber wenn Sie noch auf mehr kommen, ist das um so besser.

Frau S.: Durch Gestik, Mimik und Lächeln, zum Beispiel. Das ist sehr wichtig.

A.M.: Ja. Lächeln ist wahnsinnig wichtig. Wenn die Leute mit einem verbiesterten Gesicht herumlaufen, drückt das ganz schön auf die Stimmung. Damit haben wir schon fünf. Fällt Ihnen noch was ein?

In diesem Augenblick fiel Frau S. ein, daß sie die Möglichkeiten, die sie eben genannt hatte, manchmal schon einsetzte, ohne sich bisher darüber Rechenschaft abgelegt zu haben: „Das sind schon die Sachen, die ich vielleicht auch selber anwende, um solche Situationen zu schaffen, unabhängig davon, nicht nein sagen zu können. Wenn ich merke, daß die Atmosphäre vielleicht nicht so sehr angenehm ist, tu ich das und versuche, diese Sachen, die ich eben genannt habe, auszuprobieren."

Frau S. hatte fünf weitere Möglichkeiten gefunden, mit deren Hilfe sie eine angenehme Atmosphäre bewirken konnte. Unsere nächste Aufgabe bestand jetzt darin, diese Möglichkeiten zu prüfen, ob sie ihrerseits nicht auch nachteilige Folgen haben könnten oder ob aus irgendwelchen anderen Gründen Einwände gegen sie vorhanden waren. Um die erste Möglichkeit zu prüfen, stellte ich folgende Frage: „Spricht irgend etwas dagegen, daß Sie freundlich sind, um eine angenehme Atmosphäre herzustellen?"

Frau S. fiel dazu in der Tat etwas ein. Sie fand, daß Freundlichsein keine gute Möglichkeit darstellte, wenn sie dabei nicht ehrlich war. Sie empfand freundlich zu sein, wenn sie beispielsweise die Person nicht mochte, als eine scheinheilige Angelegenheit. Und sie wollte nicht heucheln. Allerdings war sie damit einverstanden, in solchen Fällen höflich zu sein: „Ich kann höflich sein, und das möchte ich eigentlich auch, auch wenn ich die Leute nicht mag oder deren Meinungen oder Äußerungen oder deren Verhalten nicht akzeptieren kann. Aber ich kann trotzdem, wenn ich diese Sachen nicht billige, immer noch höflich und nett zu denen sein." Dazu kam noch eine weitere Einschränkung des Programms „freundlich sein": „Wenn meine Stimmung nicht danach ist, dann kann ich auch nicht freundlich sein. Also wenn ich vielleicht sehr traurig bin oder sehr bedrückt oder sehr wütend, dann kann ich..." Sie zögerte und fuhr dann fort: „Also, ich kann dann freundlich sein, das finde ich eigentlich auch sehr gut, daß ich meine eigene Stimmung ein bißchen zurücknehmen kann. Ich bin nicht so ein Typ, der aufbraust und dann alle Leute anmacht, wenn es mir nicht gut geht. Ich meine das so, man merkt mir in solchen Situationen vielleicht doch meinen Gemütszustand an, auch wenn ich dann versuche, freundlich zu sein."

Die Einschränkungen, die Frau S. vorbrachte, waren also nicht sehr tiefgreifend. Ganz häufig würde es die Möglichkeit geben, freundlich zu sein. Wenn es dabei um Menschen ginge, die sie eigentlich nicht mochte, konnte sie immer noch nett und höflich sein. Und wenn sie selber traurig oder wütend wäre, würde man ihr das vielleicht anmerken.

Als nächstes prüfte ich die zweite Möglichkeit, nämlich witzig zu sein. „Witzig sein ist uneingeschränkt", teilte sie mir zu meiner Verblüffung mit. „Können Sie auch witzig sein, wenn Sie traurig sind?", fragte ich ungläubig. Sie bejahte. „Und Sie können auch witzig sein, wenn Sie die Leute nicht mögen. Dann geht witzig sein auch?" – „Ja, gerade dann", bestätigte sie. Und die Vorstellung schien ihr sehr viel Vergnügen zu bereiten.

„OK!" sagte ich und ging zu den nächsten Möglichkeiten über: „Und wie ist es, auf andere Leute und ihre Anliegen einzugehen, sie ernst zu nehmen, gibt es dagegen Einwände?" Sie bestätigte: „Ja, es kommt drauf an, wieviel Respekt ich vor der Person habe." Wenn Frau S. mit Leuten zu tun hatte, die sie nicht respektierte, konnte sie sie auch in solchen Situationen nicht ernst nehmen, wenn es ihr darum ging, eine angenehme Atmosphäre herzustellen. Bei den meisten Menschen würde diese Möglichkeit aber sehr gut funktionieren. Sie stellte fest, daß sie eigentlich sehr gerne auf andere Leute einging. Allerdings gab es noch eine weitere Einschränkung: Sie vermutete, Schwierigkeiten damit zu haben, wenn sie unter Streß stünde. Sie konnte diese Möglichkeit also auch nicht immer einsetzen. Wenn sie allerdings nicht unter Streß stehe, seien diese beiden Möglichkeiten sehr gut, weil es ihr sehr viel Spaß bereite, auf andere Menschen und deren Anliegen einzugehen. „Ich tue das gern", sagte sie.

Blieb als letzte Möglichkeit zu überprüfen, wie es mit „Lächeln" und „Gestik" funktionieren würde: „Körpersprache einsetzen, um eine angenehme Atmosphäre herzustellen, gibt es da Einschränkungen?" Hierzu fiel Frau S. ein, daß sie das wohl nicht könne, wenn es ihr persönlich nicht gut gehe.

Ich faßte zusammen, was unsere Überprüfung ihrer Möglichkeiten, eine angenehme Atmosphäre herzustellen, ergeben hatte: „Sie haben sehr viele Möglichkeiten gefunden. ‚Freundlich sein' können Sie nahezu immer, außer, wenn es um Menschen geht, die Sie nicht mögen. Dann können Sie aber höflich und nett sein. Und manchmal sind Sie traurig, dann können Sie auch nicht freundlich sein. ‚Witzig sein' können Sie immer. ‚Andere Leute und ihre Anliegen ernst nehmen', das ist eingeschränkt dadurch, daß es manche Menschen gibt, die Sie nicht respektieren. Aber es gibt viele Menschen, bei denen Sie das einsetzen können. ‚Auf andere Menschen eingehen' können Sie eigentlich auch uneingeschränkt, außer wenn Sie im Streß sind. Und ‚Lächeln und Gestik' ist abhängig davon, ob Sie nicht vielleicht gerade traurig und wütend sind, aber es ist auch etwas, was Sie ausprobieren können."

Daraufhin fragte ich sie: „Können Sie sich vorstellen, daß Sie eine Zeitlang einfach mal verstärkt diese Möglichkeiten ausprobieren?" Sie bestätigte, und ich fuhr fort: „Glauben Sie, daß es funktionieren wird und Sie besser nein sagen können in den Situationen, in denen es Ihnen wichtig ist?"

Sie vergewisserte sich daraufhin: „Sie meinen, ich soll das jetzt anstelle des Nichtneinsagens einsetzen?" Nachdem ich das bestätigt hatte, überlegte sie, daß sie diese Dinge ja schon sehr oft mache, aber bisher noch nicht in diesem Zusammenhang. Daraufhin schlug ich ihr vor, sich doch einfach einmal überraschen zu lassen.

Als ich Frau S. wiedersah, strahlte sie. Es habe geklappt, meinte sie. Und was sie so verwundert habe: Sie sei nach unserem Gespräch so motiviert gewesen. Das sei ganz überraschend.

b. Probleme lösen mit Sixstep-Reframing

Die meisten Menschen in unserer Gesellschaft haben es sich angewöhnt, nach den Entstehungszusammenhängen zu fragen, wenn sie Probleme haben, die sie gerne loswären. Ursachenforschung fördert zwar interessante Erkenntnisse über die eigene Person zutage, führt aber selten dazu, ein ungewünschtes Verhalten ändern zu können. Wenn Sie sich bei der Erörterung von persönlichen Problemen jedoch die Frage vorlegen, was Sie damit Gutes für sich tun, und eine Antwort darauf finden, haben Sie eine gute Chance, über die Erprobung neuer Wege das Problemverhalten überflüssig zu machen.

Sixstep-Reframing zeigt immer Wirkungen, wenn Sie Sekundärgewinne aufspüren. Es kann sich dabei um Problemverhalten handeln wie bei Frau S. Es funktioniert aber auch bei ungewünschten Gefühlen. Eine meiner Studentinnen mit Prüfungsangst fand heraus, daß diese Angst sie zur sorgfältigen Vorbereitung auf die Prüfung zwang. Nachdem sie andere Möglichkeiten gefunden hatte, eine sorgfältige Vorbereitung zu garantieren, ging diese Angst zurück.

Wenn Sie selber Schwierigkeiten haben, zum Beispiel nein zu sagen oder Forderungen zu stellen, oder andere problematische Verhaltensweisen bei sich entdecken, von denen Sie vermuten, daß sie für Sie auch eine positive Funktion erfüllen könnten, dann gehen Sie am einfachsten nach der folgenden Methode vor:

Im ersten Schritt versuchen Sie, das Problemverhalten möglichst genau zu bestimmen. Worum geht es dabei genau? Ist das, was Sie stört, vielleicht nur ein Teil des Problems? Oder gibt es noch etwas, was unter der Oberfläche des Problems verborgen ist, das aber das eigentliche Problem darstellt? Ist es etwas, was Sie immer stört, oder nur manchmal? Tritt es unter bestimmten Bedingungen auf, unter anderen jedoch nicht? Ist es vielleicht in bestimmten Situationen sogar angemessen?

Wenn Sie sich über das Problemverhalten klar sind, geht es darum, die positive Funktion zu finden, also herauszufinden, ob es einen Ihnen bisher verborgenen positiven Zweck gibt, den Sie, ohne es zu wissen, mit diesem Verhalten verfolgen. Nicht selten werden Sie bei diesem Schritt erleben, daß Sie sich zunächst überhaupt nicht vorstellen können, daß das Problemverhalten, bei dem doch zumeist die negativen Folgen wie beispielsweise Druck, Spannung oder Angst oder andere quälende Zustände im Vordergrund stehen, eine positive Funktion haben soll. Wenn Ihnen spontan keine positive Funktion bewußt wird, haben Sie aber noch die Möglichkeit, von sich selber abzusehen, ähnliche Verhaltensweisen bei anderen zu vergegenwärtigen und zu spekulieren, welche positive Funktion das bei ihnen haben könnte. Beim zweiten Sixstep-

Schritt ist aber noch ein weiterer Zusammenhang zu beachten. Es kann geschehen, daß Ihnen eine Absicht in den Sinn kommt, daß Sie diese jedoch negativ bewerten, wie zum Beispiel eine Frau aus meiner Beratungspraxis es tat, die auf die Frage nach dem Sekundärgewinn ihrer Frigidität spontan angab, sich damit an ihrem Mann rächen zu wollen. Nach der Logik des Sixstep kann man mit einer negativ bewerteten Funktion eines Problemverhaltens jedoch nicht weiterarbeiten. Denn wie das Beispiel dieser Frau deutlich macht, müßte man ja im weiteren Verlauf nach anderen Wegen suchen, wie sie sich sonst noch an ihrem Mann rächen könnte. Wenn Sie auf Ihre Frage nach dem Sekundärgewinn auf eine nicht akzeptable Funktion stoßen, dann fragen Sie einfach weiter: „Gibt es dafür einen positiven Zweck, den Sie damit (z. B. mit der Rache) verfolgen?" In diesem Beratungsgespräch wurde auf die weitere Frage auch eine positiv bewertete Absicht deutlich: Die Frau wollte ein Kind. Der Mann war nach Auskunft der Frau aus bestimmten behebbaren Gründen zeugungsunfähig und tat nichts, um seine Gesundheit wiederherzustellen. Die Frau wollte mit ihrer sexuellen Weigerung den Mann bewegen, etwas zur Wiederherstellung seiner Gesundheit zu unternehmen.

Wenn Sie eine positive, vom Bewußtsein akzeptierte Funktion des Problemverhaltens haben, dann prüfen Sie im dritten Schritt, ob Sie bereit sind, neue Wege zu gehen, wenn diese Wege für die Erreichung dieser positiven Absicht ebenso sicher, brauchbar und wirksam sind wie das Problemverhalten.

Wenn diese Bereitschaft vorhanden ist, machen Sie sich auf die Suche. Finden Sie drei neue Wege oder drei Möglichkeiten, mit denen Sie die positive Absicht ebenso sicher, leicht und wirksam erreichen können wie mit dem Problemverhalten. Wenn Ihnen dabei zunächst nichts einfällt, legen Sie sich die Frage vor, was denn jemand tun würde, den Sie in dieser Hinsicht für sehr kreativ halten und den Sie sehr schätzen.

Im fünften Schritt denken Sie darüber nach, ob es nicht vielleicht irgendwelche Einwände dagegen gibt, die neuen Wege auszuprobieren. Diesen Schritt sollten Sie sehr sorgfältig erarbeiten. Denn unberücksichtigte Vorbehalte sabotieren den Erfolg Ihres Bemühens. Sie probieren die neuen Wege vielleicht gar nicht aus. Wenn Ihnen Einwände bewußt werden, geht es darum, die Wege so zu bearbeiten und zu modifizieren, bis alle Einwände berücksichtigt sind und keine neuen mehr auftauchen.

Im letzten Schritt werden Sie sich darüber klar, ob Sie bereit sind, die neuen Wege auszuprobieren. Wenn diese Bereitschaft da ist, können Sie den Sixstep abschließen. Wenn Sie dazu nicht motiviert sind, gehen Sie zum vierten Schritt zurück und versuchen, noch weitere neue Wege zu finden, die Ihre positive Absicht sicherstellen, bis Sie Wege gefunden haben, für die es eine zweifelsfreie Bereitschaft zur Erprobung gibt.

c. Sixstep-Reframing, Vorgehensweise

1. Problemverhalten genau bestimmen

Machen Sie sich klar, worum es geht. Ist das, was Sie stört, vielleicht nur ein Teil des Problems? Oder gibt es noch etwas, was unter der Oberfläche des Problems verborgen ist, das aber das eigentliche Problem darstellt? Ist es etwas, was Sie immer stört oder stört es Sie nur manchmal? Tritt es unter bestimmten Bedingungen auf, unter anderen jedoch nicht? Ist es vielleicht in bestimmten Situationen sogar angemessen?

2. Positive Funktion erkennen

Überlegen Sie sich, ob es eine Ihnen bisher verborgene positive Absicht gibt, die Sie, ohne es zu wissen, mit diesem Verhalten verfolgen. Wenn Ihnen daraufhin nichts einfällt, denken Sie darüber nach, welche positive Absicht ein anderer Mensch mit einem solchen Verhalten verfolgen könnte. Wenn Ihnen auf diese Frage eine Absicht bewußt wird, die Sie negativ bewerten, dann fragen Sie weiter, bis Ihnen eine akzeptable Absicht einfällt.

3. Bereitschaft zu neuen Wegen zeigen

Machen Sie sich klar, ob Sie bereit sind, auch andere Wege zu gehen, um diese positive Absicht zu erreichen, wenn diese Wege ebenso gut, sicher und wirksam sind wie das Problemverhalten.

4. Neue Wege suchen

Finden Sie drei Wege oder Möglichkeiten, mit denen Sie Ihre positive Absicht ebenso gut, sicher und wirksam erreichen können wie mit dem Problemverhalten.

5. Evtl. Einwände überprüfen

Überlegen Sie, ob es irgendwelche Einwände gegen diese neuen Wege gibt! Wenn ja, dann verändern Sie diese Wege so lange, bis Ihnen keine Einwände mehr einfallen.

6. Verantwortung übernehmen

Finden Sie heraus, ob Sie bereit sind, diese Wege auszuprobieren, die Sie sich erarbeitet haben. Wenn diese Bereitschaft nicht besteht, gehen Sie zurück zu Schritt 5 oder Schritt 4. Wenn Sie motiviert sind, die neuen Wege zu gehen, können Sie Ihre Bemühungen beenden.

II.
Persönlichen Angriffen standhalten

Frau R. stand eines Morgens noch etwas unausgeschlafen am Kopierer, als ein Kollege vorbeikam, um sie zu fragen: „Na, heute morgen schon ein kleines Nümmerchen gemacht?" Frau R. war sprachlos. In ihrem unausgeschlafenen Zustand war sie viel zu überrascht und erschrocken, um eine Antwort zu finden. Auch Frau H. reagierte erstmal mit einem emotionalen Rattenkönig aus Schreck, Scham und Wut, bevor sie überhaupt einen Gedanken fassen konnte. Sie hatte sich nach einem Stapel Akten weit über den Tisch gebeugt, als ihr Vorgesetzter von hinten an sie herantrat, um sie in unzweideutiger Weise zu berühren.

Daß Männer im statistischen Durchschnitt aggressiver sind als Frauen, darüber sind sich wohl alle, Wissenschaftler wie Laien, Frauen wie auch Männer selber, einig. Männer gehen nicht nur mit Frauen aggressiv um, sondern auch untereinander. Schon in den Spielen von Jungen und männlichen Jugendlichen geht es darum, den Status auszuhandeln. Spielkameraden mit niedrigem Ansehen werden dabei durchaus unbedenklich herumgestoßen. Auch das Verhalten von erwachsenen Männern ist von ritualisierten Kämpfen durchzogen, wie an rauhen Sport- und Wettkampfspielen abzulesen ist. Aber auch Männerfreundschaften umfassen häufig einen großen Anteil an „freundschaftlichen" Aggressionen, über die man in Kontakt treten und Verbundenheit zeigen kann. Besonders im Berufsleben, in dem es um die knappen und deshalb um so begehrteren Güter wie Macht, Geld, Aufstieg und Ruhm geht, zeigen Männer ziemlich unbekümmert Kampfbereitschaft[1], in Verhaltensstrategien ebenso wie in Gesprächen. Aber Männer haben früh gelernt, mit der Aggression ihrer Geschlechtsgenossen zurechtzukommen. Konkurrenz, um sich zu behaupten, einen anderen auszustechen, ihn manchmal feindlich, ja bösartig zu bekämpfen, ist für Männer ein Spiel. Der im aggressiven Wettstreit heute Unterlegene tröstet sich mit der Vorstellung, es dem anderen demnächst mit gleicher Münze heimzuzahlen.[2]

Frauen haben in ihrer Sozialisation jedoch keine männlicher Aggressivität angemessenen Reaktionsweisen gelernt. Frauen haben im Gegenteil geschlechtsspezifisch korrespondierende Umgangsformen mit männlichen Angriffen gelernt wie Frieden zu stiften, zu beschwichtigen, zu besänftigen, auszugleichen, zu trösten, zu behüten und zu beschützen oder aber nachsichtig zu ertragen und schweigend sich zurückzuziehen. Das sind Verhaltensweisen, die im männlichen Weltbild hierarchischer Machtverteilung als unterlegenes Verhalten begriffen und von Frauen häufig auch so erlebt werden.

Die Einschränkung weiblichen Verhaltens auf solche als inferior wahrgenommenen Reaktionen schaden Frauen im Berufsleben. Außerdem: Die schweigende Hinnahme von männlichen Unverschämtheiten kann einer Frau lange nachgehen, sie wurmen und ihr Selbstwertgefühl untergraben.

Souveräne, eine gleichwertige und gleichrangige Position signalisierende Verhaltensweisen im Umgang mit persönlichen Angriffen zeigen Frauen selten. Deshalb sind verbal aggressive Männer gewohnt, von Frauen als Reaktion darauf Angst, mindestens Unsicherheit, Verlegenheit, Schweigen und Rückzug zu erwarten. Auf keinen Fall sind sie auf eine gelassene, ichstarke Selbstbehauptung gefaßt oder gar auf einen verbalen Schlagabtausch.

Persönliche Angriffe, denen Frauen im Berufsleben begegnen, beziehen sich auf berufliche Fähigkeiten („Dumme Kuh! Wozu haben Frauen bloß ihren Kopf?"), ihre äußere Erscheinung („daß die fette Unke sich in die Öffentlichkeit traut"), Gefühlsäußerungen („Heulsuse") und Verhaltensweisen („Klatschbase"). Verbale Aggressionen werden Frauen aber auch häufig in Form von sexistischen Angriffen angeboten („spinnerter Emanzenkram" – „zur Sache, Schätzchen"). Daß Frauen durch eigenes Verhalten solche Angriffe herausfordern, ihnen also auch durch angemessenes Verhalten vorbeugen könnten, ist ein Fehlschluß. Auch Kompetenz, Erfolg, Ausstattung mit Macht und Ansehen schützt Frauen nicht vor sexistischen Angriffen, wie Männerzitate aus dem Deutschen Bundestag belegen.[3]

1. Sprachliche Methoden

Auch berechtigte Kritik am Auftreten und Verhalten, an der Erscheinung und der Leistung von Frauen kann in Form von aggressiven Mitteilungen vorgebracht werden. Äußerungen berechtigter Kritik in aggressiver Form sind jedoch etwas qualitativ anderes als ungerechtfertigte persönliche Angriffe, so daß es sich anbietet, in der Reaktion darauf diesem Unterschied Rechnung zu tragen. Berechtigte Kritik in angemessener oder unangemessener Form und souveräne Möglichkeiten des Umgangs mit ihr ist deshalb Thema eines eigenen Kapitels. An dieser Stelle geht es um verbale Aggressionen, die Frauen nicht durch eigene Fehler oder eigenes Fehlverhalten herausgefordert haben. Es geht um Beleidigungen, willkürliche Angriffe oder manipulative Vorwürfe. Der Angreifer, der uns damit konfrontiert, bezieht nicht nur seinen Anlaß nicht aus unserem Verhalten, auch für seine Wut und deren Ausmaß sind wir nicht verantwortlich. Entweder haben andere Menschen seine Aggression erzeugt, und er benutzt uns als Sündenbock, um sie abzureagieren, oder er bezieht seinen Zorn auf uns aus zurückliegenden Erfahrungen mit uns, in denen er seine Gefühle nicht geäußert, sondern aufgestaut hat. Oder aber er macht uns verantwortlich für Frustrationen, für die er durch Unfähigkeit, selber für die Befriedigung der eigenen Bedürfnisse zu sorgen, verantwortlich ist. Viele aggressive Vorwürfe in engeren zwischenmenschlichen Beziehungen tragen diesen manipulativen Charakter[4], wie der in dieser Hinsicht leicht zu durchschauende Vorwurf eines Ehemannes, der am Wochenende gerne etwas zusammen mit seiner Frau unternommen hätte, dies aber nicht äußert und sich statt dessen am Sonntagabend beschwert: „Das ganze Wochenende hast Du nur mit Deinen Freundinnen herumgetratscht!"

Mit solchen willkürlichen oder manipulativen Angriffen auf unsere Person gelassen und selbstsicher umzugehen ist schon eine besondere Kunst. Zumeist sind wir nicht in der Lage, uns unbeeindruckt von persönlichen Angriffen zu zeigen. Entweder lassen wir uns einschüchtern oder zu entsprechenden Erwiderungen hinreißen.

Prüfen Sie selber zunächst, wie Sie normalerweise reagieren, wenn Sie mit verbalen Aggressionen konfrontiert werden. Was tun Sie oder was sagen Sie spontan in den drei folgenden Situationen:

Kollegin zur Kollegin:
„An Deiner Stelle würde ich den Mund nicht so weit aufreißen. Bei Deinen Leistungen kannst Du froh sein, daß Du noch hier bist!"

Meine Reaktion: _____

Vorgesetzter zur Mitarbeiterin:
„Für Sie würde ich in der Straßenbahn auch nicht aufstehen!"

Meine Reaktion: _____

Partner zur Partnerin:
„Kannst Du Dich nicht ein bißchen dezenter zurechtmachen. Du siehst mal wieder aus, als wärest Du ausgerutscht und in den Tuschkasten gefallen!"

Meine Reaktion: _____

Seminarerfahrungen zeigen, daß Frauen im wesentlichen drei unterschiedliche Verhaltensweisen auf persönliche Angriffe zeigen: Rückzug, Abwehr oder Gegenangriff.

Die häufigste Reaktion scheint zu sein, daß Frauen in solchen Situation schweigen und sich entfernen. Damit entziehen sie sich weiterer Aggressionen und nehmen dem Angreifer die Chance, weiterzumachen. Diese Reaktionsweise hat jedoch meistens die Wirkung, daß die Betreffenden sich hinterher ärgern, keine Form der Selbstbehauptung gezeigt, also unterlegen reagiert zu haben. Ohnmachtsgefühle bleiben übrig und wirken zuweilen noch ziemlich lange nach.

Da hat ein Verhalten, was zumindest Versuche der Selbstbehauptung zeigt, größere Chancen, einem nachträglichen Unterlegenheitsgefühl zu entgehen. In dieser Hinsicht sind Versuche, Angriffe und Vorwürfe inhaltlich richtigzustellen und zurechtzurücken, von Vorteil. Leider zeigen Erfahrungen mit Abwehrreaktionen in einer solchen Situation aber auch, daß Widerstand dem Angreifer erneut Angriffsfläche bietet, die er um so mehr ausnutzt, je größer das Ausmaß seiner aufgestauten Wut ist, die er abreagieren möchte.

Auch der Gegenangriff ist eine Vorgehensweise, die Frauen in solchen Situationen zeigen können und auch zeigen. Und es kann gute Gründe für eine solche Reaktion geben: Wie bei allen kommunikativen Verhaltensweisen kommt es bei der Beurteilung einer Reaktion darauf an, welches Ziel in einer solchen Situation erreicht werden soll. Wenn es für eine Frau in den oben angeführten Situationen beispielsweise darum geht, einer unverschämten Kollegin „den Mund zu stopfen" oder dem Vorgesetzten klarzumachen, daß sie sich „so etwas nicht bieten lassen will" oder ihrem Partner zu zeigen, daß sie sich in ihrer Erscheinung nach eigenen ästhetischen Maßstäben richtet, ist es wohlbegründet und auch gerechtfertigt, ebenso aggressiv oder ironisch zu reagieren, eine Retourkutsche zu fahren oder zum Gegenangriff überzugehen. Allerdings ist auch ein Gegenangriff selten geeignet, den Aggressionsfluß zu stoppen. Oft führt eine Retourkutsche zu einem Schlagabtausch, in dem beide sich gegenseitig steigern, bis sie zornig auseinanderlaufen oder einer als Verlierer den Platz räumt. Sieger wird zumeist der, der am wenigsten Hemmungen hat, aggressive Gefühle auszudrücken.

Alle drei Vorgehensweisen auf persönliche Angriffe haben also Nachteile. Entweder bleibt ein bohrendes Gefühl der Ohnmacht, oder wir können den Fluß der Aggressivität nicht stoppen, oder wir lassen uns auf einen Schlagabtausch ein, den wir entweder verlieren oder in dem wir einen Verlierer produzieren.

Günstig wäre es also, über eine Verhaltensweise zu verfügen, mit der wir 1. dafür sorgen können, daß es uns hinterher gut geht, mit der wir 2. bewirken können, daß der Aggressor seine Angriffe einstellt und mit der wir 3. einen Kampf verhindern können, in dem es einen Sieger und einen Verlierer gibt.

a. Nebeltaktik

In Frauenseminaren wird für solche Situationen eine Vorgehensweise vermittelt, die diese Bedingungen erfüllt. Sie ist bekannt unter
dem Begriff „Ölmanteltaktik" oder „Nebeltaktik". Der amerikanische Psychologe Manuel J. Smith, der diese verbale Fertigkeit zur
selbstsicheren Bewältigung manipulativer Kritik entwickelte, gab
ihr den Namen „Vernebelungstaktik", um deutlich zu machen, daß
es um eine Vorgehensweise geht, mit der ich einerseits Beharrungsvermögen zeige und andererseits bewirke, daß der Angreifer die
Orientierung verliert, weil er auf keinen Widerstand trifft. Auch der
Begriff „Ölmanteltaktik" macht deutlich, daß die angegriffene Person sowohl Beharrungsvermögen zeigt als auch den Angriffen keinen Widerstand bietet dadurch, daß sie sie an sich abgleiten läßt.
Mir wäre für diese sprachliche Fertigkeit der Name „Torerotaktik"
lieber, weil dieses Bild auch den wütenden Aggressor zeigt und die
gelassene und selbstsichere Eleganz eines ungleichen, aber dennoch
überlegenen Partners, der den Angreifer ins Leere laufen läßt.

Die „Nebeltaktik", als die sich diese sprachliche Vorgehensweise
inzwischen eingebürgert hat, besteht im wesentlichen darin, daß
eine willkürlich angegriffene Person sich auf den Inhalt des Angriffs
nicht einläßt und keinen Versuch unternimmt, das Gesagte zurechtzurücken, daß sie 2. nicht in Abwehrstellung geht und auch nicht
mit Gegenangriffen reagiert. Im Gegenteil, der nebeltaktische Umgang mit persönlichen Angriffen beginnt paradoxerweise mit einer
Äußerung formaler Bestätigung, wie z.B.: „Das stimmt", oder:
„Wahrscheinlich haben Sie recht", oder: „Was Du sagst, klingt
richtig", und ähnliche Äußerungen der Zustimmung.

Viele Menschen, die die Nebeltaktik kennenlernen, bemerken an
dieser Stelle innere Hemmungen, auf willkürliche und bösartige
Angriffe auf ihre Person auch noch mit einer Bestätigung zu reagieren.
Sie fürchten, damit in der Tat dem Angreifer recht zu geben und
sich selbst damit in eine unterlegene Position zu bringen. Die formale Zustimmung, mit der nebeltaktische Äußerungen beginnen,
bedeutet jedoch ebenso wenig das Eingeständnis einer Niederlage,
wie ein Torero eine unterlegene Position demonstriert, wenn er
einen wilden Stier durch ein rotes Tuch ins Leere laufen läßt. Denn
die Zustimmung in nebeltaktischen Äußerungen ist nur formal.

Worauf sich in nebeltaktischen Äußerungen die Zustimmung inhaltlich bezieht, bestimmt die angegriffene Person selber.

Es gibt bei der Nebeltaktik drei Möglichkeiten, wie man mit aggressiven Botschaften „übereinstimmen" kann. Die erste Möglichkeit besteht darin, die Zustimmung auf Teile der Botschaft zu beziehen, die der Wahrheit entsprechen.

An einem Beispiel, das ich dem Buch von Smith entnehme, kann man das deutlich machen. Stellen Sie sich eine Mutter vor, die sich auch ihrer erwachsenen Tochter gegenüber nicht zurücknehmen und darauf verzichten kann, ihr ihren eigenen Lebensstil aufzuzwingen. Diese Mutter versucht immer wieder, das Verhalten ihrer Tochter mit aggressiven Vorwürfen zu beeinflussen nach folgendem Muster: „Wenn Du Dich nächtelang herumtreibst, wirst Du bald wie eine Schlampe aussehen. Glaub doch ja nicht, daß Du dann noch einen Mann kriegst!"

Wenn die Tochter die obengenannte nebeltaktische Äußerung wählt, mit der sie ihre Zustimmung auf Teile der Botschaft bezieht, die der Wahrheit entsprechen, würde sie antworten: „Stimmt, Mutti, ich bin in letzter Zeit häufig spät nach Hause gekommen."

Die zweite Möglichkeit, mit der aggressiven Botschaft „übereinzustimmen", besteht darin, die Zustimmung auf Teile der Botschaft zu beziehen, die eine mögliche Wahrheit enthalten. Die Tochter würde dann sagen: „Wahrscheinlich hast Du recht. Wenn ich nicht so oft ausgehen würde, könnte ich länger schlafen und besser aussehen."

Die dritte Möglichkeit, mit aggressiven Botschaften „übereinzustimmen", besteht darin, die Zustimmung auf allgemein gültige Aussagen zu beziehen, die der Botschaft zugrundeliegen: Die Tochter würde dann sagen: „Was Du sagst, ist sicher richtig. Wenn man wenig schläft, schadet das dem Teint!"

Daß nebeltaktische Reaktionen in der Tat souveräne Äußerungen darstellen, ist manchmal nicht leicht zu demonstrieren. Der folgende Dialog zwischen einem Kollegen und Brigitte am Arbeitsplatz vermittelt Ihnen jedoch vielleicht ein Gefühl dafür, daß Brigitte in jeder Phase dieses Gesprächs nicht nur Gelassenheit, sondern auch unangreifbare Souveränität ausstrahlt:

Dialog zwischen Brigitte und einem Kollegen am Arbeitsplatz:

Kollege: Sie sehen mal wieder aus, als hätten Sie sich für einen großen Auftritt zurechtgemacht.

Brigitte: Stimmt, ich kleide mich immer so, daß ich für alle Auftritte vorbereitet bin.

Kollege: Dieser Ausschnitt, als ob Sie etwas Bestimmtes beabsichtigen.

Brigitte: Das ist richtig, ich verschaffe mir Luft. Es ist nämlich heiß.

Kollege: Und diese Frisur, als ob Sie damit in die Oper wollten.

Brigitte: Sie haben ganz recht. Auf eine elegante Frisur lege ich großen Wert.

Kollege: Sie geben wohl Ihr ganzes Geld für Äußerlichkeiten aus.

Brigitte: Das ist richtig. Für meine Kleidung verwende ich ziemlich viel Geld.

Kollege: Wenn jemand so viel Wert auf Äußerlichkeiten legt, kann er sonst nicht viel taugen.

Brigitte: Das stimmt sicher. Ich habe eine Menge Fehler.

Kollege: Fehler nennen Sie das! Abgründe in Ihrer Persönlichkeit sind das!

Brigitte: Da könnten Sie recht haben. Es gibt viele Seiten an mir, an denen ich arbeiten könnte.

Kollege: Ich bezweifle, daß Sie bei Ihrer Fixierung auf Äußerlichkeiten dazu in der Lage sind.

Brigitte: Das könnte stimmen. Arbeit an der eigenen Persönlichkeit und Extrovertiertheit gehen selten zusammen.

Kollege: Ich bezweifle, daß Sie fähig sind, gute Arbeit zu leisten.

Brigitte: Das kann stimmen. Ich könnte sicher meine Leistung steigern.

Kollege: Und dabei haben Sie wahrscheinlich nicht die leisesten Gewissensbisse!

Brigitte: Stimmt. Ich habe keine Schuldgefühle.

Kollege: Ich bin wahrscheinlich der einzige Mensch, der Ihnen solche Dinge sagen würde.

Brigitte: Da dürften Sie recht haben.

Dieser Dialog ist konstruiert. In Wirklichkeit würde er sehr viel schneller beendet sein, weil die angegriffene Person dem Angreifer kein Ziel, keine Resonanz und auch sonst nichts bietet, was den Angriffen Sinn und Anlaß gibt, damit fortzufahren. Im Rollenspiel kann man die Erfahrung machen, daß es selbst bei „besten Absichten", der Partnerin angemessene Übungschancen zu bieten, bei nebeltaktischen Reaktionen immer mühsamer wird, mit aggressiven Äußerungen fortzufahren. Der Angreifer fühlt, daß er sich mit seinem Verhalten selber in eine prekäre Position bringt. Damit läuft er sich tot.

Dieses Gefühl, das sich bei nebeltaktischer Bewältigung persönlicher Angriffe auf Seiten des Angreifers einstellt, ist für diesen keineswegs angenehm. Diesen Umstand zu bedenken ist sicher angezeigt, bevor Frauen diese Vorgehensweise in beruflichen Zusammenhängen anwenden, in denen ihr Gegenüber über mehr Macht verfügt als sie selber.

Wenn Ihnen die Nebeltaktik als mögliche Vorgehensweise bei der Bewältigung persönlicher Angriffe erscheint, die Sie sich aneignen wollen, ist es sinnvoll, zunächst herauszufinden, welche der drei Möglichkeiten, sich nebeltaktisch zu äußern, Ihnen am besten liegt oder die Sie am einfachsten in Ihr Verhaltensrepertoire integrieren können. Machen Sie deshalb folgende Übung, die Ihnen ein Gefühl darüber vermitteln kann, welche der drei Reaktionsweisen Ihnen leicht fällt oder am besten zu Ihnen paßt.

Kollegin zur Kollegin:
„An Deiner Stelle würde ich den Mund nicht so weit aufreißen. Sonst fliegst Du hier nämlich raus!"

Kollegin:
1. Zustimmung auf Teilwahrheit beziehen:

_____

_____

2. Zustimmung auf mögliche Teilwahrheit beziehen:

_____

_____

3. Zustimmung auf mögliche zugrundeliegende Wahrheit beziehen:

_____

_____

Kollege zur Kollegin:
„Wenn Du so dusselig bist und alles machst, was der Chef Dir sagt, packt er Dir immer mehr drauf!"

Kollegin:
1. Zustimmung auf Teilwahrheit beziehen:

_____

_____

2. Zustimmung auf mögliche Teilwahrheit beziehen:

_____

_____

3. Zustimmung auf mögliche zugrundeliegende Wahrheit beziehen:

_____

_____

Kollege zur Kollegin:
„Wenn Du es nicht lassen kannst, Deinen Hintern in knallenge Jeans zu zwängen, mußt Du Dich nicht wundern, wenn Dir einer draufhaut!"

Kollegin:

1. Zustimmung auf Teilwahrheit beziehen:

_____

_____

2. Zustimmung auf mögliche Teilwahrheit beziehen:

_____

_____

3. Zustimmung auf mögliche zugrundeliegende Wahrheit beziehen:

Bevor Sie sich entscheiden, diese Methode anzuwenden, sollten Sie sie mit einer Freundin, einem Partner oder irgendeinem Familienmitglied üben. Erklären Sie Ihrem Übungspartner oder Ihrer Partnerin, daß es dabei darum geht, aggressive negative Bemerkungen über Ihre Person zu machen, um es Ihnen zu ermöglichen, nebeltaktisch zu reagieren. Ihr Gegenüber wird das nicht selten schwierig finden, vor allem dann, wenn er oder sie zu den Menschen gehört, die aggressive Äußerungen zu kontrollieren gelernt haben. In diesem Falle kann Ihnen die Liste mit folgenden Beispielen behilflich sein.

Sobald Sie es hinkriegen, auf jede aggressive Äußerung eine zustimmende Redewendung auf die Lippen zu bekommen, haben Sie den Bogen raus. Sie können dann Ihrerseits Ihr Gegenüber zu nebeltaktischen Reaktionen befähigen, wenn das gewünscht wird. Vergessen Sie jedoch nicht, weitere Übungsdurchgänge zu vereinbaren, in denen Sie unverhofft mit solchen Äußerungen konfrontiert werden. Günstig für Ihren Lernerfolg ist darüber hinaus, wenn Ihr/e Partner/in es versteht, die Grenzen zwischen Spiel und Realität zu verwischen, so daß Sie auch lernen können, einen solchen Unsicherheitsfaktor zu bewältigen.

Verbale Aggressionen zum Einüben der Nebeltaktik:

Kleidung:
Sie haben sich heute ja besondere Mühe gegeben, so richtig schlampig auszusehen!
Ihr Rock sieht aus, als ob Sie damit im Bett waren!
Und Ihre Bluse war wohl schon lange nicht mehr in der Waschmaschine!
Schuhcreme sucht man wohl in Ihrem Haushalt vergeblich!

Erscheinung:
Ihr Kopf sieht aus, als wären Sie lange nicht mehr mit Shampoo in Berührung gekommen!
Und Ihre Haut macht den Eindruck, als wären Sie wasserscheu!
Ihre Fingernägel könnten Sie auch mal wieder schneiden!

Haltung:
Wie Sie dasitzen, würde einen Affen vor Neid erblassen lassen!
Ihr Lachen erzeugt eine Gänsehaut!
Und wenn Sie reden, könnte man meinen, Sie wollten ein Show abziehen!

Charakter:
Höflichkeit scheint für Sie ja ein Fremdwort zu sein!
Wenn Sie hier was zu sagen hätten, wäre die Firma bald pleite!
Wenn Dummheit weh täte, brüllten Sie wie am Spieß!
Sie können auch nur Stiere führen, die einen Ring durch die Nase tragen, Menschen führen können Sie nicht!
Sie sind wahrscheinlich lesbisch, so zickig, wie Sie sind!

Manuel Smith hat diese Vorgehensweise nicht nur entwickelt, um Menschen mit einer souverän wirkenden rhetorischen Fertigkeit auszustatten. Er ist auch der Überzeugung, daß man durch Einüben der Nebeltaktik auch eine Veränderung der gefühlsmäßigen Reaktion bewirken und eine selbstsichere innere Einstellung erwerben könne.[5] Er verfolgt mit der Vermittlung der Nebeltaktik also ein zusätzliches Ziel, nämlich gelassen mit Selbstzweifeln umgehen zu lernen.[6] Ich habe die Erfahrung gemacht, daß viele Seminarteilnehmerinnen diese Vorgehensweise schnell lernen und wirksam anwenden können. Einige jedoch können zwar in der Rollenspielsituation nebeltaktisch reagieren, lassen sich aber in der Realität immer wieder einschüchtern, weil der mißtrauische Gedanke: „Könnte der absurde Angriff nicht doch ein Körnchen Wahrheit enthalten?" die selbstsichere Reaktion blockiert. Und ich habe Frauen getroffen, denen die paradoxe Wirkung nebeltaktischer Zustimmung nicht einleuchten wollte. Sie lehnten Nebeltaktik insgesamt ab. Für Smith sind solche Einschätzungen der Ausdruck von Unsicherheit, die auch durch unwahre, ja sogar völlig absurde Angriffe auf die eigene Person ausgelöst wird[7]. Ich neige dazu, solche Formen mangelnden Selbstvertrauens nicht durch intensives Üben von Nebeltaktik, sondern mit NLP-Methoden zu bewältigen (siehe II.2). Und ich habe die Erfahrung gemacht, daß danach nebeltaktische Reaktionen spielend gelernt wurden.

b. Inhaltliches Reframing

Es gibt kein Kreativitätstraining und kaum ein Weiterbildungsseminar überhaupt, in dem nicht folgende Übung durchgeführt wird. Bitte versuchen Sie, solange Ihre Geduld es aushält, diese Aufgabe zu lösen. Wenn Sie dazu keine Lust mehr haben, schauen Sie sich die Lösung auf Seite 365 im Anhang an und lesen Sie dann weiter.

Das Neun-Punkte-Problem

Aufgabe, erster Teil:
Die folgenden jeweils 9 Punkte sind durch nicht mehr als 5 gerade Linien, ohne abzusetzen, zu verbinden. Jeder der vorgegebenen Punkte darf nur einmal berührt werden. Zurückfahren auf derselben Linie ist nicht gestattet.

```
· · ·    · · ·    · · ·    · · ·    · · ·
· · ·    · · ·    · · ·    · · ·    · · ·
· · ·    · · ·    · · ·    · · ·    · · ·

· · ·    · · ·    · · ·    · · ·    · · ·
· · ·    · · ·    · · ·    · · ·    · · ·
· · ·    · · ·    · · ·    · · ·    · · ·
```

Aufgabe, zweiter Teil:
Diese 9 Punkte sind durch nicht mehr als 4 gerade Linien, ohne abzusetzen, zu verbinden. Die Gesamtlinie ist also dreimal gebrochen. Jeder der vorgegebenen Punkte darf nur einmal berührt werden. Zurückfahren auf derselben Linie ist nicht gestattet.

111

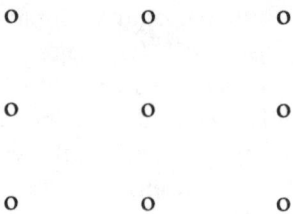

Im Seminar selber werden folgende Erfahrungen mit dieser Aufgabe gemacht: Für den ersten Teil gibt es, wie Sie auf Seite 365 nachschauen können, mehrere Lösungsmöglichkeiten, bei denen die Linien einen Rahmen, der durch die vier Eckpunkte der neun Punkte gekennzeichnet ist, nicht durchbrechen. Selten findet ein/e Seminarteilnehmer/in eine Lösung, bei der die Linien diesen Rahmen sprengen. Diese Erfahrung, die durch die Aufzeichnung der Lösungen an Tafeln oder Flipcharts visuell noch gefestigt wird, wird von den meisten Anwesenden spontan verallgemeinert. Diese Verallgemeinerung führt dazu, den zweiten Teil der Aufgabe nicht mehr lösen zu können, weil hierbei der Rahmen gesprengt werden muß, um zu einer Lösung zu kommen.

Diese Aufgabe taucht deshalb so häufig auch in Weiterbildungsseminaren auf, weil sie und ihre Lösung ein Sinnbild darstellen für das, was Menschen mit ihren Erfahrungen und Kenntnissen machen, die sie erworben haben: Sie verallgemeinern sie und schaffen damit einen eingegrenzten Bereich, jenseits dessen Grenzen nach anderen Möglichkeiten weder gesucht noch geforscht wird. Die experimentelle Psychologie nennt diesen inneren Vorgang die Ausbildung von Denk- und Vorstellungsgewohnheiten, die die Phantasie einschränken und die Kreativität blockieren. „Den Rahmen zu sprengen" wird mit dieser Übung als eine eindrucksvolle Maxime dargestellt, an die zu erinnern uns helfen kann, jenseits bekannter Vorgehensweisen neue und ungewöhnliche Lösungen zu suchen.

Den Rahmen zu sprengen ist aber auch über den Bereich kreativer Problemlösung und Ideenfindung hinaus eine sinnvolle Fähigkeit. Reframing ist in der praktischen Psychologie eine ganz wichtige Qualifikation und heißt nichts anderes als „den Rahmen sprengen" oder „umdeuten". Es geht dabei darum, etwas in einen anderen Rahmen zu stellen und ihm damit eine andere Bedeutung zu geben. Ein einfaches Beispiel für ein solches Reframing ist der bekannte Unterschied zwischen einem Pessimisten und einem Optimisten. Es geht beiden um eine Sache: ein halb mit Wasser gefülltes Glas. Für den Pessimisten ist das Glas schon halb leer. Für den Optimisten ist es noch halb voll. Reframings verändern nicht nur die Bedeutung einer Sache. Sie verändern auch die Gefühle, die ein Mensch mit dieser Sache verbindet, und das macht ihre psychologische Bedeutung aus. Einen Wechsel im Erleben zu bewirken, ist in therapeutischen Situationen von großer Bedeutung, häufig sogar Voraussetzung erfolgreicher Bemühungen, weil ohne einen solchen Wechsel negativ erlebte Persönlichkeitsmerkmale gar nicht bearbeitet werden könnten, sondern verdrängt oder abgespalten blieben. Auch in pädagogischen Zusammenhängen sind Reframings von Bedeutung, da sie über Anfangsversagen, Fehler und zeitweilige Mißerfolge und andere negative Erfahrungen hinweghelfen können.

Damit jedoch erschöpft sich die Wirkung und der Nutzen von Reframings keineswegs. Der Charakter des Umdeutens liegt auch sehr vielen Witzen zugrunde, wie ein Beispiel aus Peter Frankenfelds Sammlung belegt.

Bei diesem Beispiel geht es um verschiedene Reframings, die sich alle auf die Klage des Gastes an den Ober beziehen. Der Gast sagt:

„Herr Ober, hier ist eine Fliege in meiner Suppe", und erhält die Antwort:

„Nicht so laut, sonst wollen alle eine!"

„Wir haben kein DDT mehr in der Küche, darum ertränkt sie der Koch!"

„Na so was, die fressen aber auch jeden Dreck!"

„Meine Güte, nun gönnen Sie ihr doch das bißchen Suppe!"

„Oh, dann bekommen wir besseres Wetter!"

„Die ist gleich weg! Sehen Sie die Spinne da auf dem Tellerrand?"

Wie Sie merken, sind nicht alle Beispiele gleich witzig. Aber alle Beispiele stellen Reframings dar. Und Reframings zu finden kann man lernen. Mit der Fähigkeit, Reframings zu finden, sind Sie aber nicht nur gut ausgestattet, wenn es darum geht, in entspannten Situationen Heiterkeit auszulösen, sondern Sie sind auch dann gut ausgerüstet, wenn es darum geht, in schwierigen sozialen Situationen persönliche Angriffe humorvoll zu parieren.

Reframing kann man am leichtesten am Beispiel von Kontextreframing lernen. Beim Kontextreframing geht es um Klagen von der Form: „Ich bin zu X", das kann sein: Ich bin zu dick, zu feige, zu faul, zu unordentlich usw. Wenn Menschen so etwas vorbringen, sprechen sie nur einen Teil einer Erfahrung aus. Einen anderen Teil unterschlagen sie. Der Satz stellt nämlich einen Vergleich an, ohne den Maßstab zu nennen. Eigentlich müßte er lauten: „Ich bin zu X im Vergleich zu Y", z.B.: „Ich bin zu dick, um in Kleidergröße 42 hineinzupassen." Dieses Y wird nicht genannt, sondern so getan, als gelte „Ich bin zu X" immer und in jedem Zusammenhang. Diese ungerechtfertigte Verallgemeinerung wird durch ein Kontextreframing aufgehoben. Bei Kontextreframings geht es nun darum, einen Zusammenhang zu finden, in dem der beklagte Zustand etwas Hervorragendes, etwas Positives, zumindest etwas Annehmbares ist. Zum Beispiel kann jemand, der darüber klagt, er sei zu vorlaut, durch die Bemerkung: „Kluge Köpfe haben eine schnelle Zunge!" zu einem positiven Erleben dieser Eigenschaft veranlaßt werden, denn dieses Kontextreframing stellt den beklagten Inhalt in den Zusammenhang von allgemein positiv bewerteter Intelligenz.

Kontextreframing können Sie sehr gut zu zweit oder in kleinen Gruppen üben. Jede von Ihnen kann Klagen vorbringen in der Form: „Ich bin zu X!" Ihre Partner/innen haben dann die Aufgabe, sich zu überlegen, in welchem Zusammenhang der Inhalt der Klage eine positive, hervorragende oder gar einzigartige Sache darstellt. Wenn Sie einen solchen Zusammenhang gefunden haben, überlegen Sie sich, in welcher Form Sie Ihr Reframing vorbringen können. Nehmen Sie sich am Anfang Ihrer Übungen zunächst nur vor, überhaupt Reframings zu finden, ohne allzusehr darauf zu achten, ob Ihre Umdeutungsangebote eine durchschlagende Wirkung auf das Erleben der klagenden Person ausüben. Ob Ihr Reframing ankommt, hängt nicht allein vom Vorstellungswechsel ab, den Sie bewirken, sondern auch davon, ob die betreffende Person diesen Vorstellungswechsel akzeptiert.

Ich gebe Ihnen einige Beispiele:

Ich bin zu dick:
Du bist so liebenswert, von Dir kann es nicht genug geben.
Dann kann Dich nichts so schnell umblasen.

Ich bin zu feige:
Lieber feige als tot.
Leichtsinn ist kein Mut.

Ich bin zu blaß:
Vornehme Leute haben halt eine ätherische Blässe.

Ich bin zu laut:
Jeder Chor braucht eine Solistin.

Ich bin zu geizig:
Lieber geizig als arm.

Ich bin zu ungeschickt:
Sie haben heute aber erst zwei Gegenstände umgeworfen.

Ich bin zu faul:
Hektik ist nur die eigene Unsicherheit, Prioritäten zu setzen.
Dann brauchst Du keine Angst vor Streß zu haben.

Ich bin zu dumm:
Dann hast Du große Chancen, die dicksten Kartoffeln zu ernten.

Ich bin zu ungeduldig:
Ich möchte auch gerne schnell zum Höhepunkt kommen.

Ich bin zu jähzornig:
Dann bist Du jedenfalls sehr lebendig.

Ich bin zu aufbrausend:
Lieber spritzig als abgestanden.

Ich bin zu gefräßig:
Wie gut, daß Du Dir wenigstens auf diese Weise Lust verschaffen
kannst.

Ich bin zu vorlaut:
Kluge Köpfe haben eine schnelle Zunge.

Ich bin zu hibbelig:
Dann rostest Du nicht ein.

Mein Freund ist zu dünn:
Sei froh, andere Leute können ihr Glück gar nicht fassen.

Ich bin zu klein:
So kommt man überall durch!

Ich bin zu eitel:
Was kannst Du dafür, daß Du so schön bist!

Mit solchen Übungen im Kontextreframing können Sie sich einen Sinn für Bedeutungswechsel aneignen, der Sie befähigt, mißmutigen oder bedrückten Menschen Ihrer Umgebung zu helfen, wieder zu einem angenehmen Erleben zu kommen. Der Umgang mit Kontextreframings von Klagen kann in der Realität aber manchmal Schwierigkeiten machen, eben weil manche Reframings einen witzigen Charakter haben. Wenn Ihre Kommentare auf Klagen witzig ausfallen, kann das auch dazu führen, daß die betreffende Person sich von Ihnen nicht ernst genommen fühlt.

Um diesen witzigen Charakter von umdeutenden Kommentaren geht es bei Reaktionen auf persönliche Angriffe. Mit der Fähigkeit zu reframen, erwerben Sie ein sprachliches Mittel, um persönliche Angriffe humorvoll zu wenden.

Wenn Sie bereits über Reframings auf Klagen verfügen, können Sie überprüfen, ob so ein Reframing auch ankommt, wenn sie es als Abwehr von Beschimpfungen verwenden, die sich auf den gleichen Inhalt wie die Klagen beziehen.

Auf den Vorwurf: „Feigling" oder „fette Unke" kann man nämlich mit den gleichen Reframings reagieren wie auf Klagen der Form: „Ich bin zu feige" oder „Ich bin zu dick". „Lieber feige als tot" und „Mich kann nichts so schnell umblasen" sind Kommentare, die sowohl Klagen als auch Beschimpfungen umdeuten. Selbst wenn sie keinen Lacheffekt erzeugen, wirken sie wie nebeltaktische Äußerungen: Die angegriffene Person demonstriert Beharrungs-

vermögen und zeigt sich völlig unbeeindruckt von der ihr zuge-
dachten Aggression.

Im folgenden finden Sie einige Beispiele und eine ergänzungsfä-
hige Liste weiterer Beschimpfungen zum Üben:

Geizkragen:
Stimmt, ich spare für lausige Zeiten!

Faulpelz:
Dafür stimmt mein Blutdruck!

Dickwanst:
Lieber dick als doof!

Klugscheißer:
Richtig: Kluge Köpfe haben eine gute Verdauung!

Lügnerin:
Heuchlerin:
Schlampe:
Ziege:
Emanze:

Besonderes viel Spaß macht in Frauenseminaren die gemeinsame
Bemühung, Reframings auf sexistische Angriffe zu finden. Auf der
folgenden Seite finden Sie eine Liste von Männerzitaten aus der
Literatur[8] oder aus den Mitteilungen von Frauen aus dem konkreten Berufsalltag. Viele der Frauen in diesen Seminaren empfanden
es als wichtig, die eigenen beruflichen Erfahrungen auf sich wieder-
holende sexistische Äußerungen hin durchzumustern und dann
gemeinsam nach möglichen souveränen Reaktionen zu suchen. Die
Erfahrungen zeigen nämlich, daß sexistische Angriffe sich wie Stereotype häufig wiederholen. So wurde von einem Vorgesetzten
berichtet, der seine Mitarbeiterinnen bei jeder Abweichung von
Routinevorgängen mit der Äußerung konfrontierte: „Wozu haben
Frauen nur ihren Kopf!" Wenn von bestimmten sexistischen
Äußerungen erwartet werden kann, daß sie in bestimmten Situationen wiederkehren, können die Betreffenden sich darauf vorbereiten.

Versuchen Sie, am besten zusammen mit anderen, Reframings
auf folgende sexistische Äußerungen zu finden:

Küßchen, Küßchen!

Zur Sache, Schätzchen!

Mädchen, die reden, Hennen, die krähen, soll man beizeiten den Hals umdrehen!

An Ihnen nagt der Zahn der Zeit ganz schön!

Tragen Sie einen Büstenhalter?

Spinnerter Emanzenkram!

Sind Sie noch Jungfrau?

Wer will denn schon eine abgerackerte Karrierefrau?

Zerbrechen Sie sich mal nicht Ihren hübschen Kopf.

Diese emanzipierten Frauen sind doch alle so häßlich, daß sie keinen Mann abkriegen!

Meine Herren, Sie können ablegen, Frau Müller auch.

Guck Dir mal diesen Arsch an!

Na, Frollein, was macht denn Ihr Geschlechtsleben?

Mein Gott, hat die Haare an den Beinen, was muß die für eine Muschi haben!

Da kommt Puvogel, die ist noch nicht geschlechtsreif.

Die würde ich auch nicht von der Bettkante schubsen.

Wenn's nicht verboten wäre, würde ich auch Frauen vergewaltigen.

Einige Reframings für diese Äußerungen finden Sie im Anhang (Seite 366).

2. NLP-Lernmethoden

Nebeltaktik zu üben oder gemeinsam Reframings auf sexistische Äußerungen zu finden macht in einem Frauenseminar sehr viel Spaß. In der kleinen Gruppe sind die Teilnehmerinnen sehr kreativ. Die gegenseitigen „Beschimpfungskanonaden" und Brainstormings gehen häufig in Heiterkeitsausbrüche und schallendes Gelächter über. Nebeltaktische Äußerungen oder Reframings in wirklichen Alltagssituationen einsetzen zu können ist meines Erachtens jedoch eine weit schwierigere Angelegenheit. Auf Belästigungen, persönliche Angriffe und aggressive Beschimpfungen reagieren die meisten Frauen mit Erschrecken, Sprachlosigkeit und Angst. Sie lassen sich einschüchtern. Und bevor sie wieder zu sich gekommen sind, ist die Gelegenheit zu einer selbstsicheren Reaktion vorbei.

Es gibt im Berufsleben zahlreiche Situationen, in denen zum Beispiel Vorgesetzte, Verhandlungspartner oder auch Kunden glauben, sich Frauen gegenüber austoben zu dürfen. Smith ist der Meinung, daß auch in solchen Fällen die Verfügung über angemessene verbale Reaktionsmöglichkeiten die mangelnde Souveränität in solchen Situationen behebt. Dafür gibt es sicher Beispiele. Allerdings reicht die in einem Seminar zur Verfügung stehende Zeit zumeist nicht aus, sprachliche Fertigkeiten in emotionale Sicherheit zu verwandeln. Aber man kann anders vorgehen, um solche Ziele zu erreichen. Um starke negative Gefühle, die in solchen Situationen meist automatisch auftauchen, zu verändern, gibt es im NLP ein relativ einfaches Verfahren mit einer hohen Erfolgswahrscheinlichkeit, die sogenannte Phobietechnik.

In der Phobietechnik arbeitet NLP bewußt mit einer Vorgehensweise, die viele Menschen unbewußt einsetzen, um schmerzhafte Erfahrungen zu überwinden. In der Psychologie nennt man das Dissoziation im Gegensatz zu Assoziation. Assoziiert sind Sie, wenn Sie ein vergangenes Erlebnis so wiedererinnern, wie Sie es erlebt haben, nämlich mit allen Sinnen. Sie sehen in der Erinnerung das, was damals geschah, mit Ihren Augen, Sie hören mit Ihren Ohren, was es damals zu hören gab, und fühlen das Gefühl der Qualität und Intensität nach auch so, wie Sie es damals gefühlt haben. Wenn Sie solche Erlebnisse gefühlsmäßig verändern wollen, haben Sie die Möglichkeit, die Erfahrung dissoziiert wiederzuerinnern.

Dissoziiert sind Sie, wenn Sie ein vergangenes Erleben so wiedererinnern wie ein Zuschauer, der das, was geschah, wie auf einer Bühne sich abspielend wahrnimmt, mit Augen, die das Geschehen beispielsweise aus einem anderen Blickwinkel betrachten, mit Ohren, die alles, was es zu hören gab, aus größerer Distanz aufnehmen, und einem Körper, der dadurch, daß er in das Geschehen nicht einbezogen ist, gefühlsmäßig ganz anders reagieren kann, sowohl in der Intensität des Gefühls als auch qualitativ. In einen dissoziierten Zustand kann man einen Menschen ganz leicht hineinführen, indem man ihn bittet, sich das vergangene Erleben wie einen Film anzuschauen.

a. Frau Z.: „Der wollte Zoff machen."

Eine solche Dissoziation erarbeitete ich mit Frau Z. Frau Z. ist Abteilungsleiterin in einer kommunalen Behörde. Sie hatte an einem NLP-Seminar teilgenommen und kam später zu mir, um eine der wenigen Situationen bewältigen zu lernen, die ihr im Berufsleben immer wieder zu schaffen machten, nämlich mit aggressiven Leuten selbstsicher umzugehen. Frau Z. schilderte nach einem allgemeinen Bericht über ihre Schwierigkeit einen Fall, den sie erst kürzlich erlebt hatte: „Das war ein in unserer Stadt bekannter Mann, der jedes Mal, wenn er bei uns reinkam, schon rot angelaufen war und Zoff machen wollte. Meine Kollegen haben immer versucht, ihn zufrieden zu stellen. Das ging aber nicht. Dieser Mann war von sich selber absolut überzeugt, konnte aber die Bestimmungen, Verordnungen und Gesetze, die seinen Fall betrafen, überhaupt nicht begreifen und meinte, er sei mit seiner Auffassung und mit seiner Meinung immer im Recht. Das sind zuweilen solche Auswüchse gewesen, daß ich ein paar mal das Gefühl hatte, Du mußt ihn jetzt rauswerfen. Der war zum Beispiel auch überhaupt nicht zu bewegen, zum Gespräch in einen separaten Raum zu kommen. Er meinte immer, er müsse dieses ganze Theater vor allen Anwesenden aufführen. Problem dabei ist, wir sind eine fast reine Frauenabteilung.

Und scheinbar hat er wohl auch Probleme, mit Frauen umzugehen. Mein eigenes Problem dabei ist folgendes: Wenn ich solche Konfrontationen habe, kann ich eine Weile ganz ruhig sein, aber dann merke ich, wie ich innerlich auf 180 gehe. Meine Stimme wird spitzer, und ich versuche, mich mit Rechtfertigungen aus der Affäre zu ziehen. Und das paßt mir nicht. Ich möchte ihn im Grunde genommen da auf einen normalen Level runterkriegen. Aber ich weiß nicht, wie ich diesen Menschen anfassen soll. Das ist ein ganz typisches Beispiel." Als zweites Beispiel für eine Situation, die an ihrem Arbeitsplatz passieren kann, schilderte sie einen Fall, in dem ein Bürger sie regelrecht angegriffen, mit Tätlichkeiten gedroht hatte und sie vor den Kadi ziehen wollte. Den hatte sie hinausgeworfen: „Ich habe alle Türen aufgerissen und habe gesagt: raus ...!!!" Damit war sie erfolgreich, was sie auf meine Nachfrage auch bestätigte. Aber sie hatte sich hinterher ganz kläglich gefühlt: „Alle Leute, die vorne im Raum standen, haben mich mit großen Augen angesehen und konnten gar nicht begreifen, was dahintersteckt. Inzwischen kennen die mich etwas besser und wissen, daß ich normalerweise so nicht reagiere, daß also irgendwas vorausgegangen sein muß, was dazu geführt hat. Aber ich selber bin hinterher vollkommen erledigt. Die Kolleginnen sagen zwar immer noch: Mensch, das haben Sie aber toll gemacht. Man hat Ihnen das überhaupt nicht angemerkt. Aber ich selber habe das Gefühl, mich gucken alle Augenpaare an, alle beobachten mich, und ich mache für mein Gefühl keinen guten Abgang."

„Obwohl Sie eine andere Rückmeldung bekommen."

„Das stimmt, obwohl ich eine andere Rückmeldung bekomme. Aber die bekomme ich vielleicht deshalb, weil die Kolleginnen alle selber nicht wissen, wie sie mit solchen Fällen fertig werden sollen."

Diese Erfahrung wollte Frau Z. mit mir zusammen bearbeiten, weil sie davon ausgehen mußte, daß erstens die betreffende Person demnächst wieder auftauchen würde, und darüber hinaus, weil es an ihrem Arbeitsplatz immer wieder derartige Situationen geben würde, auf die sie besser vorbereitet sein wollte.

Ich vergewisserte mich noch mal, ob ich den Zusammenhang ihres Problems richtig erfaßt hatte: „Das heißt also, wenn diese Person zur Tür herein kommt, gehen bei Ihnen ..."

Frau Z: „... alle roten Lampen an."

„Und es ist auch so, daß Sie auf ganz bestimmte Leute, die sich irgendwann einmal so aufgeführt haben, ähnlich reagieren, so daß es so etwas wie eine Kette von Erfahrungen gibt, die bei Ihnen zumindest immer dann, wenn Sie erneut mit denen konfrontiert werden, dieselben Gefühle auslöst?" Frau Z. bestätigte das.

Damit hatte ich alle Informationen, um zu wissen, daß es in diesem Fall angemessen war, nach der Phobietechnik vorzugehen. Frau Z. kannte das Standard-Arrangement, mit dem man starke negative Gefühle bearbeitet, aus dem Seminar. Ich brauchte es in ihrer Erinnerung nur aufzufrischen. „Stellen Sie sich jetzt bitte vor, jemand hat die Szene mit der Filmkamera aufgenommen und Sie gehen in ein Kino und setzen sich dort auf einen Platz, den sie am liebsten haben. Wenn Sie Ihren Lieblingsplatz gefunden und eingenommen haben, möchte ich Sie bitten, aus Ihrem Körper herauszuschweben in den Projektionsraum. Sie gucken dort durch die kleine Klappe, sehen sich unten im Zuschauerraum sitzen, wie Sie sich gleich den Film anschauen werden." Diese Anweisung hört sich sehr geheimnisvoll an. Aber ich habe noch keinen Menschen getroffen, der sich ein solches Arrangement nicht vorstellen kann.

Man kann jetzt den Film ablaufen lassen und sich das Geschehen von außen und aus einer vor allem das Gefühl schützenden Distanz anschauen. Man kann sich dabei darauf verlassen, daß sich dieses in der Phantasie veränderte Erleben ebenfalls in unser Gedächtnis einprägen und dazu führen wird, diese vergangene Erfahrung in Zukunft mit einem anderen, zumindest weniger intensiven Gefühl wiederzuerinnern. In der Beratungssituation kann man jedoch zusätzlich das genaue Gefühl bestimmen, mit dem man diese Erfahrung wiedererinnern möchte. Dabei geht man folgendermaßen vor: Man wählt zunächst das Gefühl, mit dem man diese Erinnerung verbinden möchte. Dann sucht man nach einer vergangenen Erfahrung, einer Situation, in der man man dieses Gefühl intensiv erlebt hat, und vergegenwärtigt sich diese Erfahrung. Mit dem Bewußtsein dieser Erfahrung und dem Wissen, gefühlsmäßig so reagieren zu können, schaut man sich dann den Film an. Dabei verknüpft sich das gewünschte Gefühl mit der Erinnerung.

Frau Z. wünschte sich ein Gefühl von Ruhe und Sicherheit, das ihr dazu verhelfen würde, fest und entschlossen aufzutreten und sich ihrem jeweiligen Gesprächspartner gegenüber auch so zu äußern. Eine solche „Ressource" genannte Erfahrung eigenen Verhaltens hatte ich mit Frau Z. bereits erarbeitet, so daß es an dieser Stelle nur noch darauf ankam, diese Ressource über eine Erinnerung an diese Erfahrung zu mobilisieren.

Ich bat also Frau Z.: „Gehen Sie jetzt bitte in Ihrer Vorstellung in den Projektionsraum des Kinos. Wenn Sie durch die kleine Klappe schauen, sehen Sie sich da unten mitten im Kino sitzen in der Mitte einer mittleren Reihe, und auf die Leinwand schauen. Auf dieser Leinwand sehen Sie bereits ein Bild aus dem Film, und zwar eine Situation, direkt bevor das aufregende Geschehen losgeht. Und jetzt vergewissern Sie sich, daß Sie hier oben sitzen und daß das Geschehen der Vergangenheit angehört und jetzt als Film in weiter Entfernung von Ihnen abläuft. Vergewissern Sie sich, daß Sie über die Fähigkeit verfügen und in der Lage sind, sich ruhig und sicher zu fühlen, wenn ein Mensch vor Ihnen rumtobt, daß Sie in einer solchen Situation auch fest und entschieden auftreten können, daß Sie also den aggressiven Äußerungen gegenüber ruhig bleiben können, wie wenn eine Plexiglaswand dazwischen wäre. Die Erfahrung haben Sie ja schon gemacht. Und jetzt lassen Sie mal den Film ablaufen und schildern, was Sie da sehen."

Ich wiederholte diese Anweisung noch einmal, und als Frau Z. diesen Vorstellungsprozeß durchlaufen hatte, bat ich Sie, ihre interne Erfahrung mitzuteilen, um einen Einblick in die gerade ablaufende Phantasie zu bekommen. In der normalen NLP-Beratung wird dieser Schritt verdeckt gemacht. Der Berater erhält keine inhaltliche Auskunft über den internen Prozeß. Er kann aber an der Mimik ablesen, ob die betreffende Person beim Wiedererleben der Erfahrung in dissoziierter Form die gewünschten Gefühle aufrechterhalten kann. Daß dieser Durchgang erfolgreich war, können Sie an den sprachlichen Formulierungen feststellen, die die erfolgreiche Aufrechterhaltung der Dissoziation und der gewünschten Gefühle deutlich machen.

Frau Z.: „Der Mann kommt an den Schalter, und ich sehe schon, wie sein Blutdruck steigt: Er bekommt einen roten Kopf. Ich trete auf ihn zu und begrüße ihn erst mal ganz freundlich. Ich reagiere also nicht auf das, was ich an inneren Vorgängen bei ihm vermute, also tobende Gedanken und so ..., sondern versuche, ihn durch ruhige Worte abzulenken. Dann spreche ich das Thema an, um das es geht. Ich versuche, mich nicht aus der Ruhe bringen zu lassen. Obwohl er in seiner Argumentation bereits unflätige Worte benutzt, die mit der Realität nichts zu tun haben, weil er nicht weiß, was es da für gesetzliche Hintergründe gibt, bleibe ich ruhig. Und ich versuche, ihn an die Seite zu bitten. Er will nicht. Aber ich versuche es trotz alledem noch einmal. Der Schalterraum steht voll. Alle Leute beobachten mich. Ich werde langsam hektisch, obwohl ich das ja von weitem beobachte, was ich da unten mache. Aber ich weiß, daß ich mich ruhig und sicher fühlen kann. Ich beobachte das Ganze weiter, wie die Person da unten am Schalter mit Engelszungen auf ihn einredet. Da ich mich ja selber kenne, merke ich, wie sich die Stimme zuspitzt bei der Person dort unten. Das läßt mich jetzt eigentlich kalt, weil ich das ja von weiter weg beobachte. Das prallt ein bißchen von mir ab, wie die beiden da vorne wie Marionetten miteinander umgehen, ... ein Spiel, das die beiden miteinander spielen, wo ich merke, daß sie sich beide gegenseitig hochschaukeln ... dadurch, daß ich so weit weg bin, geht's mich nichts an. Ich lasse es geschehen, denke mir, daß ich in abwartender Haltung im Hintergrund ruhig bin."

Ich war begeistert von dieser Schilderung, die genau das dokumentierte, was durch einen solchen Prozeß intern geschieht. Aber die Phobietechnik war an diesem Punkt noch nicht zu Ende. Um sicherzustellen, daß auch die assoziierte Erinnerung sich mit den neuen Gefühlen von Ruhe und Sicherheit verbindet, wird ein weiterer Schritt durchlaufen. Dabei bittet man die betreffende Person, wieder mit Hilfe der Vorstellungskraft aus dem Projektionsraum herauszuschweben, sich mit der Person, die im Zuschauerraum sitzt, zu vereinigen, danach aufzustehen, aus der Reihe herauszutreten, nach vorne zu gehen, die paar Stufen zur Bühne hinaufzusteigen, um in den Film einzusteigen, der bei einem Bild kurz nach Ende des aufregenden Geschehens angehalten wurde, und dann diesen Film mit hoher Geschwindigkeit rückwärts ablaufen zu lassen, so daß alles zurückläuft, sowohl die Bilder als auch das, was es zu hören gibt.

Über diesen internen Vorgang ist ein Bericht nicht möglich, weil er viel zu schnell abläuft. Aber die Wirkung ist überprüfbar. Frau Z. kam mit lautem Lachen über die Komik, die die rückwärts ablaufenden schnellen Stimmen in ihr auslösten, aus dieser Phantasie heraus.

Aber auch damit waren wir mit dieser Vorgehensweise noch nicht am Ende. Man kann häufig erleben, daß Menschen sich in Beratungssitzungen Ergebnisse erarbeiten, die sie dann in der Realität nicht umsetzen können. Um diese Überbrückung in Alltagssituationen sicherer zu machen, folgt ein weiterer Schritt, der darin besteht, eine zukünftige Situation zu antizipieren, die ähnlich ablaufen wird wie die bearbeitete Problemsituation. Ich fragte Frau Z. also danach, ob dieser Mensch wiederkommen würde. „Er hätte schon längst da sein müssen", war ihre Antwort. Auf meine Nachfrage nach dem genauen Zeitpunkt seines wahrscheinlichen Wiederauftauches sagte sie: „Meistens kommt er freitags nachmittags zwischen drei und halb vier."

„OK, es ist freitags nachmittags zwischen drei und halb vier. Er kommt herein, hochrotes Gesicht, so! Wie läuft das jetzt ab?"

Frau Z.: „Ehe es überhaupt irgendwelche Diskussionen geben könnte, würde ich ihn gleich erst mal ins Nachbarzimmer lotsen, damit nicht alle Anwesenden mithören können. Ich denke mir, er würde das jetzt akzeptieren, weil ich schon zweimal sehr fest und sicher aufgetreten bin. Ich lasse mich durch sein Gebollere nicht aus der Ruhe bringen und versuche, mit festen Worten die Fakten darzulegen, ohne mich durch seine emotionalen Ausschreitungen beeinflussen zu lassen. Weil ich ja weiß, daß ich ruhig und sicher reagieren kann, wenn ich genau weiß, welche Fakten auf dem Tisch liegen, und daß man mir keinen Strick aus irgendwelchen Dingen drehen kann, kann ich ruhig und sicher reagieren. Die Gefühle, die von ihm zu mir rüberkommen, die lasse ich einfach vor meinem Herzen stehen. Ich denke mir, es könnte mal so sein."

„Ja, zumindest in Ihrer Vorstellung war es jetzt so."

Frau Z.: „Ja, so müßte es sein."

b. Probleme lösen mit der Phobietechnik

Die Phobietechnik ist eine Vorgehensweise, die dazu dient, starke negative Gefühle, wie Angst, zu bewältigen. Man kann auch versuchen, mit Hilfe der Phobietechnik negatives Erleben im Alleingang zu bearbeiten. Allerdings sollte man etwas Wichtiges dabei beachten. Wenn Sie allein mit starken negativen Gefühlen arbeiten, werden Sie nicht davor geschützt sein, bei der Arbeit diese Gefühle in ihrer vollen Intensität wiederzuerleben. Deshalb sollten Sie sich für die Arbeit mit starken negativen Gefühlen einen in NLP ausgebildeten Berater suchen oder eine Ausbildung in NLP machen. Negative Gefühle mittleren Ranges, die Sie beim Wiedererinnern „ertragen" können, lassen sich dagegen auch im eigenen Versuch sinnvoll bearbeiten. Was solche negativen Gefühle mittleren Ranges sind, läßt sich am besten bestimmen, wenn Sie sich eine Skala vorstellen von Null = „völlig gelassen" bis 100 = „Panik". Wenn Sie Ihr negatives Gefühl auf dieser Skala zwischen 50 und 60 ansiedeln, können Sie die Phobietechnik ausprobieren. Bleiben Sie aber den ganzen Prozeß über aufmerksam und gehen Sie behutsam vor. Wenn Sie die Phobietechnik ausprobieren wollen, durchlaufen Sie folgende Schritte:

Wenn Sie eine stark unangenehme Situation bearbeiten wollen, versuchen Sie, sich daran abstrakt zu erinnern, um zu verhindern, daß Sie deren emotionale Komponente mit der gleichen Intensität wiedererleben wie zum Zeitpunkt des Geschehens selber.

Überlegen Sie sich danach, mit welchem positiven Gefühl Sie die Erinnerung der unangenehmen Situation verbinden möchten.

Machen Sie sich klar, in welcher Situation Sie dieses positive Gefühl erlebt haben. Vergegenwärtigen Sie sich in allen Sinneskanälen, was das für eine Situation gewesen ist. Was sehen Sie in dieser Situation? Was hören Sie in dieser Situation? Machen Sie sich ganz besonders die dieser Situation angehörenden Gefühle wieder zugänglich. Und überprüfen Sie, ob es auch einen typischen Geruch oder Geschmack gibt, den Sie mit dieser Situation verbinden.

Stellen Sie sich jetzt vor, irgend jemand hätte die Problemsituation mit der Filmkamera aufgenommen und Sie nähmen sich vor, diesen Film anzusehen. Sie sitzen gemütlich im Zuschauerraum eines Kinos. Vielleicht gefällt es Ihnen auch, in den Projektionsraum zu schweben, sich von dort im Zuschauerraum sitzen zu sehen, wie Sie gleich den Film anschauen werden. Finden Sie das für Sie passende Arrangement.

Bevor der Film zu laufen beginnt, vergegenwärtigen Sie sich das positive Gefühl, das Sie mit der Erinnerung an das Geschehen verbinden wollen. Sie haben die Erfahrung gemacht, daß Sie gefühlsmäßig so reagieren können, und das Bewußtsein dieser Fähigkeit nehmen Sie mit in das Kino. Und jetzt stellen Sie sich vor, daß der Film zu laufen anfängt und Sie ihn sich anschauen. Sie sehen aus sicherer Entfernung sich selber mitten im Geschehen. Sie hören, auch aus sicherer Entfernung, was es dort zu hören gibt. Und Sie bemerken, daß Sie dieses Geschehen jetzt mit den gewünschten positiven Gefühlen anschauen können. Probieren Sie diesen Schritt so lange, bis es Ihnen gelingt, das Geschehen in voller Länge 1. als Film und 2. mit den gewünschten Gefühlen anzuschauen. Erst danach gehen Sie zum nächsten Schritt über.

Dieser Schritt besteht darin, die Dissoziation wieder aufzuheben. Wenn Sie sich in Ihrer Vorstellung im Projektionsraum befanden, so kommen Sie dort wieder heraus und vereinigen Sie sich mit der Person, die im Zuschauerraum sitzt. Stehen Sie wiederum in Ihrer Vorstellung danach von Ihrem Sitz auf, treten Sie aus der Reihe heraus, gehen nach vorne, steigen die Stufen zur Bühne hinauf und steigen wieder in den Film ein. Erleben Sie in Ihrer Vorstellung dann das Geschehen noch einmal, aber verbunden mit anderen Gefühlen.

Sie können das Geschehen bei diesem Schritt auf eine weitere Art und Weise verändern, indem sie es rückwärts ablaufen lassen. Wenn Sie das versuchen wollen, lassen Sie den Film, nachdem Sie ihn angeschaut haben, bei einem Bild kurz nach Ende des aufregenden Geschehens anhalten und steigen an dieser Stelle in das Geschehen ein. Wenn Sie auf diese Weise wieder im Geschehen drin sind, lassen Sie das Geschehen mit hoher Geschwindigkeit rückwärts ablaufen, so daß alles zurückläuft, sowohl das, was Sie sehen, als auch das, was es zu hören gibt.

Zum Abschluß Ihrer Arbeit stellen Sie sich eine zukünftige Situation vor, in der Sie mit einem ähnlichen angstauslösenden Geschehen konfrontiert sind. Stellen Sie sich dieses Erleben mit allen Sinnen vor und überprüfen, welche Gefühle es in Ihnen auslöst. Wenn Sie das Verfahren erfolgreich durchlaufen haben, dürfte das gefühlsmäßige Erleben eine mittlere Intensität nicht überschreiten.

c. Phobietechnik, die Schritte im einzelnen

1. Eine gefühlsmäßig unangenehme Situation identifizieren

Wenn Sie eine stark unangenehme Situation bearbeiten wollen, versuchen Sie, sich daran abstrakt zu erinnern, um zu verhindern, daß Sie deren emotionale Komponente mit der gleichen Intensität wiedererleben wie zum Zeitpunkt des Geschehens selber.

2. Eine Ressource für die Problemsituation finden

Überlegen Sie sich, mit welchem angenehmen Gefühl Sie die Erinnerung der unangenehmen Situation verbinden möchten.

3. Ressource vergegenwärtigen

Machen Sie sich klar, in welcher Situation Sie dieses positive Gefühl erlebt haben. Vergegenwärtigen Sie sich in allen Sinneskanälen, was das für eine Situation gewesen ist:
- was sehen Sie in dieser Situation?
- was hören Sie in dieser Situation?
- Machen Sie sich ganz besonders die dieser Situation angehörenden Gefühle bewußt.
- Überprüfen Sie, ob es auch einen typischen Geruch oder Geschmack gibt, den Sie mit dieser Situation verbinden.

4. Dissoziieren

Stellen Sie sich jetzt vor, irgend jemand hätte die Problemsituation mit der Filmkamera aufgenommen und Sie nähmen sich jetzt vor, diesen Film anzusehen. Sie sitzen gemütlich im Zuschauerraum eines Kinos. Vielleicht gefällt es Ihnen auch, in den Projektionsraum zu schweben, sich von dort im Zuschauerraum sitzen zu sehen, wie Sie gleich den Film anschauen werden. Finden Sie das für Sie passende Arrangement.

5. Film ab

Und jetzt fängt der Film an zu laufen, und Sie schauen ihn sich an.
- Sie sehen aus sicherer Entfernung sich selber mitten im Geschehen.
- Sie hören, auch aus sicherer Entfernung, was es dort zu hören gibt.
- Und Sie bemerken, daß Sie dieses Geschehen jetzt mit den gewünschten Gefühlen anschauen können.

Probieren Sie diesen Schritt so lange, bis es Ihnen gelingt, das Geschehen in voller Länge 1. als Film und 2. mit den gewünschten Gefühlen anzuschauen. Erst danach gehen Sie zum nächsten Schritt über.

6. Re-Assoziieren

Heben Sie jetzt die Dissoziationen auf. Wenn Sie sich in Ihrer Vorstellung im Projektionsraum befanden, so kommen Sie dort wieder heraus und vereinigen Sie sich mit der Person, die im Zuschauerraum sitzt. Stehen Sie danach von Ihrem Sitz auf, treten Sie aus der Reihe heraus, gehen nach vorne, steigen die Stufen zur Bühne hinauf und steigen wieder in den Film ein. Erleben Sie in Ihrer Vorstellung dann das Geschehen noch einmal, aber verbunden mit anderen Gefühlen.

7. Transfer in die Zukunft

Stellen Sie sich jetzt eine zukünftige Situation vor, in der Sie mit einem ähnlichen angstauslösenden Geschehen konfrontiert sind. Stellen Sie sich dieses Erleben mit allen Sinnen vor und überprüfen, welche Gefühle es in Ihnen auslöst. Wenn Sie das Verfahren erfolgreich durchlaufen haben, dürfte das gefühlsmäßige Erleben eine mittlere Intensität nicht überschreiten.

Mit der Phobietechnik kann man starke negative Gefühle in vielen Fällen völlig überwinden. Wenn das nicht so gut gelingt, ist es sinnvoll, sich die Frage zu stellen, ob starke emotionale Reaktionen in bestimmten Alltagssituationen nicht ihre Ursache in Erfahrungen haben, die sehr viel weiter zurückliegen, die vielleicht dem

Jugendalter oder sogar der Kindheit angehören. Wenn das der Fall ist, sind starke negative Gefühle wie zum Beispiel Angst nicht so leicht zu bewältigen. Für solche Fälle bietet es sich an, auch diese früheren Erfahrungen wieder zu vergegenwärtigen und in der demonstrierten Weise zu bearbeiten.

d. Frau G.: „Kinder kriegten halt Schläge."

In der Arbeit mit Frau G. beispielsweise stellte sich heraus, daß ihre Angst vor Aggressionen ihre Wurzel in Kindheitserlebnissen hatte. Frau G. wurde als Kind viel geschlagen. „Das war halt damals so", bemerkt sie dazu. „Kinder kriegten halt Schläge, wenn sie nicht gehorchten. Angst vor Aggressionen, würde ich sagen, das beruht auf Erziehung. Daß ich davor Angst habe, liegt daran, weil ich dem als Kind halt hilflos ausgeliefert war." Als ich sie nach einer bestimmten Erfahrung frage, fällt ihr ein, daß sie irgendwann als Kind ein sogenannter schlechter Esser war, was dem Vater Anlaß zu Prügelstrafen gab: Bei jeder Mahlzeit, sowohl mittags als auch abends, saß sie zwei Stunden vor ihrem Teller und kriegte nichts hinunter.

Frau G: „Ja, ich konnte es nicht runterkriegen, und ich war auch unheimlich dünn. Meine Eltern hatten immer Angst, weil ich etwas an der Lunge hatte. Ich glaube, die hatten auch Angst, daß ich sterben könnte. Aber ich konnte einfach nicht essen, ich habe wie ein Zappelphilipp davor gesessen, war hypernervös und habe auch wirklich an dem Tischtuch herumgezappelt und irgendwie hantiert und war einfach nicht fähig zu schlucken. Das ging nicht runter. Ich hatte Hamsterbacken, weil ich mir das immer in die Backen gesteckt habe. Das sind so Sachen gewesen, die meinen Vater extrem aggressiv gemacht haben. Ich glaube schon, daß es dieses Nichtessenkönnen war, was letztendlich seine Aggression hervorgerufen hat. Ich habe einfach nicht so gespurt, wie er sich das vorgestellt hatte. Dann gab es eben erst einmal eine Strafpredigt, und wenn das nicht funktioniert hat, dann gab es eben Schläge, so war es. Und ich glaube, ich habe einfach Angst gehabt, geschlagen zu werden, und deswegen konnte ich nicht essen, deswegen ging es dann überhaupt nicht mehr."

In diesen Worten wird der Zusammenhang deutlich, den Frau G. aus den Elementen ihrer Erfahrung macht. Die Aggression ihres Vaters hat eine Angst in ihr ausgelöst, die dazu geführt hat, ein Verhalten zu zeigen, das den Vater wiederum wütend machte. Ein Teufelskreis! Sie räumt zwar auf meine Nachfragen ein, daß des Vaters Absicht wohl nicht gewesen sei, ihr Angst einzujagen, sondern eher darauf aus war, ein folgsames Kind zu erziehen, „altdeutsche Zucht und Ordnung" zu etablieren und vielleicht auch Sorge für ihre Gesundheit zu tragen. Aber solche Überlegungen halfen ihr nicht, aus dem Teufelskreis herauszukommen.

Bei Frau G. versuchte ich, diese Kindheitserfahrung mit einer weiteren NLP-Methode zu bearbeiten, die die Bezeichnung „Change history" bekommen hat. Mit dieser Methode bearbeitet man vergangene negative Erlebnisse, indem man nicht die Form der Erinnerung, sondern ihren Inhalt verändert. Dazu benutzt man wiederum die Vorstellungskraft. Dieses Verfahren ist keine Erfindung der Psychologen. Sie lehnen sich vielmehr hierbei einem Vorgehen an, das viele Menschen, ohne es zu wissen, praktizieren. Überprüfen Sie mal, ob Sie das auch tun: Wenn es in irgendeiner Situation Ihres beruflichen Alltags nicht so gelaufen ist, wie Sie sich das gewünscht haben, dann läßt Ihnen das vermutlich keine Ruhe. Wenn Sie dann abends in Ihrem Bett liegen, lassen Sie die Ereignisse des Tages noch einmal vor Ihrem inneren Auge ablaufen. Das heißt, Sie spielen Ihre Erfahrungen in Ihrer Phantasie noch einmal durch. Unabgeschlossene, weil unbefriedigende Erfahrungen ändern Sie dann vermutlich ab. Sie fragen sich, was hätte ich an der oder der Stelle anderes tun oder sagen sollen, um zu bewirken, daß das Geschehen einen anderen Verlauf hätte nehmen können. Wenn Sie das in Ihrer Phantasie tatsächlich realitätsangemessen hinbekommen, dann haben Sie aus Ihrer negativen Erfahrung gelernt mit einer hohen Chance, daß Sie beim nächsten Mal, wenn Sie in eine solche Situation kommen, diese besser bewältigen können. Das „Change history" genannte NLP-Verfahren ist nichts anderes als solch ein alltägliches Vorgehen, nur bezieht es ganz bestimmte psychologische Zusammenhänge ein und überprüft die Wirkung systematisch.

Nachdem Frau G. ihr Kindheitserlebnis in allen wichtigen Dimensionen geschildert hatte, fragte ich Sie, ob es etwas gegeben haben könnte, was sie damals hätte tun oder sagen können, um in dieser Situation zu einem anderen Ergebnis zu kommen. Der Fachausdruck dafür, worauf meine Frage zielt, ist „Ressource": „Können Sie sich vorstellen, daß Sie damals eine Ressource hätten haben können, die Ihnen geholfen hätte, die Aggression Ihres Vaters anders zu verarbeiten?"

„Also damals mit Sicherheit nicht", antwortet sie.

„Das ist sicher richtig. Aber Sie haben später doch Ressourcen im Umgang mit ihrem Vater entwickelt?" Diese Frage bestätigt sie. Spätestens seit ihrem sechzehnten Lebensjahr war sie in der Lage, sich gegen den Vater zu wehren und auch gegen andere. Im Zusammenhang eines anderen Themas hatten wir nämlich eine Erfahrung ausgegraben, in der sie in einer nicht ungefährlichen Situation Aktivität und Mut gezeigt hatte. Sie war im Bus bestohlen worden, hatte das rechtzeitig bemerkt und war dann dem Dieb hinterhergelaufen, hatte ihn gepackt und ihm seine Beute wieder abgenommen. An diese Ressource erinnerte ich sie in diesem Augenblick:

„Können Sie sich noch einmal die Situation vergegenwärtigen, wie Sie den Dieb aus dem Bus gepackt haben. Wenn Sie jetzt Ihr Gesicht sehen könnten, dann wüßten Sie, das muß eine gute Ressource sein. Also die können Sie sich offensichtlich auch gut vergegenwärtigen."

Als sie das bestätigte, bat ich sie: „Stellen Sie sich einfach mal vor, eine Fee verspricht Ihnen damals als Kind, daß Sie Wünsche offen haben. Und Sie können diese Fähigkeit als Kind schon haben, die Sie erst in der Pubertät entwickelt, dann aber, als Sie zwanzig sind, so ausgearbeitet haben, daß man sagen kann, Sie sind mutig und aktiv in solchen Situationen, in denen Sie angegriffen werden. Die Fee verleiht also der kleinen Barbara diese Fähigkeit. Stellen Sie sich mal vor, wie diese Situation anders verlaufen wäre, wenn die kleine Barbara schon darüber verfügt hätte, was die große Barbara erst gelernt hat."

Frau G. reagiert skeptisch. Diese Ressource kann sie in diese Kindheitssituation offensichtlich nicht gut einbauen. Also hole ich noch mal weiter aus: „Was meinen Sie, könnten Sie denn für sich erreichen wollen in dieser Situation. Was könnte für Sie damals ein Ziel gewesen sein?" – „Bezogen auf das Essen?" fragte sie nach. – „Ja, bezogen auf das Essen in der Kindheitssituation."

In diesem Augenblick schweift sie ab. Ihr fällt ihr ein, daß es in solchen Situationen damals in ihrer Kindheit nicht nur das Essen allein gewesen sei. Sie wollte und konnte nicht essen, weil sie eigentlich satt war. Sie hatte häufig Süßigkeiten gegessen und mochte einfach nicht mehr. Dann fällt ihr jedoch ein, daß es auch nicht nur an den Süßigkeiten gelegen haben kann, weil man damals noch nicht so viele Süßigkeiten kaufen konnte wie heute. Allerdings werden ihr beim Aussprechen dieser Gedanken wieder die vollen Empfindungen bewußt, die sie damals hatte: „Wenn ich jetzt da reingehe in die Situation, wo ich da am Tisch gesessen habe, dann habe ich auch wirklich die Empfindungen, die ich damals hatte. Die fühle ich jetzt noch, dieses So-nervös-sein, daß man wirklich nichts schlucken kann, ... so eine Angst haben, es könnte irgendwas passieren, ... eben die Schläge..." Bei diesen reaktivierten Empfindungen kommen auch noch andere Erinnerungen hoch, nämlich, daß es bei ihrem Vater immer schnell gehen mußte: „... am besten, in fünf Minuten mit dem Essen fertig sein, so ungefähr. Mein Vater war der Auffassung, wer schnell ißt, der arbeitet auch schnell, und wer langsam ißt, der arbeitet auch langsam. Und ich bin eigentlich ein langsamer Typ. Ich bin kein schneller Typ, weder im Begreifen bin ich schnell, ich lerne auch nicht schnell. Ich muß mir das alles wirklich mehrmals vor Augen führen. Auch handwerklich bin nicht schnell. Und das ist vielleicht die Grundursache, daß ich meinem Vater immer zu langsam gewesen bin. Meine Mutter ist genauso. Die ist auch immer zu langsam gewesen."

Nach diesen Schilderungen teste ich den meine Fragen leitenden Gedanken nach einer wirksamen Ressource weiter aus: „OK, meinen Sie, für Sie wäre die Situation anders verlaufen, wenn Sie nicht hätten schnell sein müssen?" Das bestätigt sie. Ich frage daraufhin weiter nach: „Wenn Sie sich damals nach Ihrem eigenen Rhythmus hätten richten können, hätte das bedeutet, daß Sie fähig gewesen wären, sich gegen den Einfluß, der von Ihrem Vater ausgeht, abzuschirmen? Wenn Sie es geschafft hätten, sich mit dem Essen so zu verhalten, wie es sozusagen Ihr Tempo ist, hätten Sie sich dann vor Ihrem Vater schützen können? Prüfen Sie das mal. Stellen Sie sich vor, Sie sind Ihr eigener Regisseur und Sie spielen die Szene nochmal nach auf einer Bühne. Aber Sie lassen die Dinge jetzt so ablaufen, wie das für Sie OK ist. Also, es gibt Mittagessen, Vater kommt wieder rein, und von ihm strahlt aus, also es muß jetzt alles ganz schnell gehen. Sie lassen sich jetzt aber nicht beeinflussen, sondern bleiben ruhig und essen in Ihrem Tempo. Vater meckert dann zwar wieder, weil es ihm nicht schnell genug geht, aber trotzdem bleiben Sie ruhig und essen in Ihrem Tempo weiter. Sie haben ihre Hände auch ruhig liegen, nehmen Bissen für Bissen, so wie es gerade bei Ihnen reinrutschen mag." Während Frau G. intern nachvollzieht, was ich ihr sage, beginnt sie zu strahlen. „Aaaajaaa, das gefällt Ihnen ganz gut." Sie lacht laut und berichtet dann:

„Ja, so etwas mache ich manchmal. Heute mache ich das provozierend. Mein Mann ist nämlich auch so ein kleiner Hektiker." Sie lacht wieder. „Der kann da manchmal so drauf hereinfallen. Meinen Mann, den kann ich provozieren, dem kann ich dann zuprosten und sagen: Hmmmmm, das schmeckt aber lecker!!! Also das muß man sich auf der Zunge zergehen lassen."

Eine solche Strategie im Umgang mit Menschen, die sie antreiben wollten, hatte sie also bereits entwickelt. Und diese Strategie konnte sie benutzen, um sich eine Vorstellung davon zu machen, wie die Kindheitsszene mit ihrem Vater abgelaufen wäre, wenn sie sich damals nach Ihrem eigenen Rhythmus gerichtet hätte, ohne sich von ihrem Vater beeinflussen zu lassen. Sie brauchte sich nur diese Strategie zu vergegenwärtigen, wie sie sie bei Ihrem Mann einsetzte und könnte dann probieren, ob sie tatsächlich geeignet sein würde, den Einfluß Ihres Vaters auszublenden.

Auf meine Frage: „Was machen Sie denn in einer solchen Situation, wenn Ihr Mann Sie antreiben will?" erinnert sie sich: „Dann mache ich noch langsamer, proste ihm zu und sage zum Beispiel: Hmmmmm, das schmeckt aber lecker!!! Also das muß man sich auf der Zunge zergehen lassen. Und er antwortet dann, Du bist aber wieder frech!" Mit ihrem Mann hat sie ganz neue Erfahrungen gemacht: „Wir kennen uns schon so lange, und wir kennen uns auch so genau, daß ich da nie Angst hätte, zu weit zu gehen. Also ich gehe manchmal zu weit, und dann gibt es auch Streit, aber in einer solchen Situation kann ich ihn hervorragend provozieren, beziehungsweise er läßt sich dann auch gar nicht so provozieren, er sagt dann einfach, na, Du bist ganz schön frech, oder so."

Als ich sie bitte, mit dieser Ressource in die Kindheitssituation hineinzugehen und auszuprobieren, ob sie auch bei ihrem Vater funktionieren wird, kommen erst einmal Überlegungen, daß andere Leute sie so gar nicht kennen. Sie hat Erfahrungen gemacht, wenn es ihr im Bekanntenkreis manchmal rausgerutscht ist, daß die Leute da sehr überrascht, ja fast entsetzt waren. Ich frage nach, ob sie glaubt, es könnte negative Konsequenzen für sie haben, wenn sie die Fähigkeit zur Provokation auch auf solche Situationen ausdehnen würde. Beim Nachdenken darüber wird ihr klar, daß die Überraschung im Grunde nicht negativ gewesen, sondern eher mit Bewunderung verbunden war. Auch auf eine weitere Nachfrage, ob es sonst noch Einwände dagegen gäbe, mal zu provozieren in solchen Situationen, in denen jemand Ihren Rhythmus stören will, fallen ihr keine Bedenken mehr ein.

Es müßte funktionieren. Dafür habe ich äußerliche Anzeichen: Ihre Körperhaltung ist symmetrisch organisiert. Sie selber kennt dieses physiologische Anzeichen für lebenspraktisch ausgewogene, sogenannte „ökologische" Ziele aus dem Seminar und lacht, als ich sie darauf hinweise. Dann bitte ich sie: „Probieren sie es doch einfach mal mit dieser Kindheitssituation aus. Sie wissen, wie Sie das machen können, zu provozieren. Sie gehen jetzt in die Situation hinein, in der Sie als kleines Mädchen nicht essen wollen und können, und Ihr Vater versucht, Sie anzutreiben. Versuchen Sie dabei, diese Fähigkeit mitzunehmen. Und jetzt probieren Sie aus, ob Sie es jetzt hinkriegen, nämlich Ihren eigenen Rhythmus, ihr eigenes Tempo durchzuhalten, ohne sich von Ihrem Vater beeindrucken und beeinflussen zu lassen."

Es hat funktioniert.

e. Gefühle verändern mit Change history, Vorgehensweise

Wenn Sie eine negative gefühlsmäßige Reaktion verändern wollen, machen Sie sich bewußt, um welches Gefühl es sich handelt, wann diese gefühlsmäßige Reaktion auftritt, wo, mit wem, wie oft und unter welchen Bedingungen. Wenn das Erlebnisse aus der jüngeren Vergangenheit sind, können Sie diese mit der Phobietechnik formal verändern. Wenn Ihrer gefühlsmäßigen Reaktion auch Erlebnisse der ferneren Vergangenheit zugrunde liegen, können Sie diese Erfahrungen auch inhaltlich verändern.

Bevor Sie einen Veränderungsprozeß beginnen, überprüfen Sie, ob sich aus Ihrem Lernen auch negative Konsequenzen ergeben könnten. Stellen Sie sich deshalb die Frage, ob sich, wenn Sie gelernt haben werden, diese gefühlsmäßige Reaktion zu bewältigen, aus dieser Fähigkeit negative Konsequenzen ergeben könnten. Wenn ja, machen Sie sich klar, ob Sie an diesem Ziel weiterhin festhalten wollen und, wenn ja, wie Sie mit den negativen Konsequenzen umgehen werden.

Erst wenn Sie sicher sein können, daß Ihr Ziel keine ungewünschten Konsequenzen nach sich ziehen wird, suchen Sie sich aus den verschiedenen Problemsituationen ihrer Vergangenheit eine aus, an der Sie jetzt arbeiten möchten. Beachten Sie dabei jedoch wieder, daß die Problemsituation keine Reaktionen enthält, die über negative Gefühle mittleren Ranges hinausgehen. Mit starken negativen Gefühlen umzugehen, sollten Sie in einem geschützten Rahmen lernen, entweder bei einem NLP-Berater oder in einer Ausbildung in NLP.

Vergegenwärtigen Sie sich im nächsten Schritt die Problemsituation. Schauen Sie sich das Geschehen wie einen Film aus sicherer Entfernung an. Machen Sie sich dabei klar: Wo sind Sie in dieser Situation? Wie ist Ihre Körperhaltung dabei? Was haben Sie gesehen? Was haben Sie gehört? Die dazugehörigen Gefühle versuchen Sie draußen zu lassen.

Sorgen Sie im nächsten Schritt, daß Ihr Erleben frei ist vom gefühlsmäßigen Gehalt Ihrer Erinnerung. Sonst fällt Ihnen nämlich für die Bearbeitung der Situation nicht viel ein. Machen Sie sich klar, daß diese Erinnerung der Vergangenheit angehört. Konzentrieren Sie sich auf das Hier und Jetzt. Vielleicht stehen Sie auf und tun etwas, was Sie sicher ins Hier und Jetzt zurückholt.

Danach machen Sie sich auf die Suche nach Ressourcen. Legen Sie sich die Frage vor, was hätten Sie tun können, um mit dieser Situation besser fertig zu werden. Machen Sie sich klar, welche Eigenschaft, Fähigkeit oder Erfahrung hätte Sie unterstützen können, um mit der Situation besser fertig zu werden. Denken Sie auch darüber nach, ob Sie heute über Fähigkeiten, Eigenschaften oder Erfahrungen verfügen, mit denen Sie damals die Situation besser bewältigt hätten.

Wenn Sie eine solche Ressource gefunden haben, vergegenwärtigen Sie sich eine Situation, in der Sie diese Ressource schon mal erfolgreich eingesetzt haben. Gehen Sie diese Situation genau durch und lassen Sie das ihr angehörige Erleben in allen Sinneskanälen wieder präsent werden: Wo sind Sie in dieser Situation? Wie ist Ihre Körperhaltung? Was sehen Sie? Was hören Sie? Und was fühlen Sie?

Bevor Sie jetzt die Problemsituation nochmals wiederaufleben lassen, müssen Sie das vorherrschende Gefühl aus der Ressourcensituation voll verfügbar haben. Es muß in Ihnen sein wie eine Kraft, die Ihnen jetzt auch in der Problemsituation zur Verfügung steht, um diese zu verändern. Sie gehen also mit der in Ihnen lebendigen Ressource in die Problemsituation hinein und beginnen mit dem vollen Bewußtsein Ihrer Ressource, die Problemsituation so lange zu verändern, bis Sie ganz zufrieden sind. In Ihrer Vorstellung muß sich in Ihnen ein anderes Erleben, zumeist auch ein anderes Handeln Ihrerseits, also ein anderer Ablauf der Situation entwickeln. Wenn das nicht gelingt, haben Sie nichts erreicht.

Wenn Sie in Ihrer Phantasie mit Hilfe Ihrer Ressource jedoch die Situation verändern konnten, haben Sie noch die Aufgabe, dieses Ergebnis für die Zukunft zu sichern. Stellen Sie sich dazu eine zukünftige Situation vor, in der Sie in die gleiche Lage geraten. Und schauen Sie sich an, wie Sie sich dort verhalten. Wenn Ihr Verhalten in dieser antizipierten Situation wie gewünscht abläuft, können Sie davon ausgehen, daß Ihre Arbeit erfolgreich sein wird.

f. Change history, die Schritte im einzelnen

1. Problem bestimmen

Sie möchten eine gefühlsmäßige Reaktion in Ihrem Leben verändern, für die Sie Wurzeln in der Vergangenheit annehmen. Machen Sie sich klar, worum es dabei geht.

2. Ökologie-Check

Überprüfen Sie, ob es negative Konsequenzen geben wird, wenn Sie gelernt haben werden, diese gefühlsmäßige Reaktion zu bewältigen.

Wenn ja, machen Sie sich klar, wie Sie mit den Konsequenzen umgehen werden.

3. Problemsituation bestimmen

Suchen Sie sich aus den verschiedenen Problemsituationen eine aus, an der Sie jetzt arbeiten möchten.

4. Problemsituation vergegenwärtigen

Schauen Sie sich die Problemsituation wie einen Film an. Wo sind Sie in dieser Situation?
Wie ist Ihre Körperhaltung dabei?
Was sehen Sie?
Was hören Sie?
Vermeiden Sie, die dazugehörigen Gefühle wachzurufen.

5. Separator

Konzentrieren Sie sich einen Moment lang auf das Hier und Jetzt!

6. Ressource suchen

Überlegen Sie, was Sie hätten tun können, um mit dieser Situation besser fertig zu werden. Welche Eigenschaft, Fähigkeit oder Erfahrung hätte Ihnen geholfen, die Situation besser zu bewältigen. Prüfen Sie auch, ob Sie heute über Fähigkeiten, Eigenschaften oder Erfahrungen verfügen, mit denen Sie damals die Situation besser bewältigt hätten.

7. Ressource vergegenwärtigen

Vergegenwärtigen Sie sich eine Situation, in der Sie diese Ressource erfolgreich eingesetzt haben.
Wo sind Sie in dieser Situation?
Wie ist dabei Ihre Körperhaltung?
Was sehen Sie?
Was hören Sie?
Welche Gefühle haben Sie dabei?

8. Situation verändern

Vergegenwärtigen Sie sich Ihre Ressource und gehen Sie mit diesem Gefühl in die Problemsituation hinein. Versuchen Sie im Bewußtsein Ihrer Fähigkeiten die Problemsituation so lange zu verändern, bis Sie ganz zufrieden sind.

9. Future Pacing

Stellen Sie sich danach eine zukünftige Situation vor, in der Sie in die gleiche Lage geraten. Schauen Sie sich an, wie Sie sich dort verhalten.

III.
Kritik üben

Ingeborg B. ist die einzige Frau in einem der Universität angeschlos-
senen Institut. Die Hälfte der Mitarbeiter hat eine Planstelle, die
andere Hälfte befristete Verträge. Es ist üblich, daß auf eine freiwerdende Planstelle immer derjenige Mitarbeiter aus den befristeten
Arbeitsverhältnissen nachrückt, der am längsten da war. Zweimal
hat man Ingeborg B. bisher bei der Vergabe einer festen Stelle
übergangen mit dem Hinweis, sie sei ja verheiratet und abgesichert.
Inzwischen hat sie sich jedoch von ihrem Mann getrennt und unterhält einen arbeitslosen Lebenspartner und dessen Kind. Nun erfährt
sie, daß die kürzlich freigewordene Planstelle an einen unverheirateten Kollegen vergeben werden soll, der vier Jahre nach ihr eingestellt wurde. Ingeborg B. sucht auf diese Nachricht hin den Instituts-
leiter auf. Auf ihren Hinweis, daß nach dem üblichen Verfahren
doch jetzt wohl sie an der Reihe sei, teilt ihr Vorgesetzter ihr mit
Bedauern mit, daß die Entscheidung für den unverheirateten Kollegen schon gefallen sei, er wolle jedoch beim nächsten Mal an sie
denken. Ingeborg B. ist wütend und enttäuscht. Aber sie sagt nichts.

Anna S. arbeitet nach Ihrer Ausbildung vorübergehend als Lehrerin an einer Privatschule. Für ihren Unterricht an dieser Schule ist
sie gehalten, nach bestimmten pädagogischen Prinzipien vorzugehen, beispielsweise auf Fragen nicht zu antworten, sondern die
Schüler zur selbständigen Beantwortung ihrer Fragen anzuhalten.
Als sie gerade wieder einmal die Frage eines Schülers zurückweist,
betritt ein Kollege die Klasse und beantwortet die eben gestellte und
zurückgewiesene Frage und erzeugt damit den Eindruck, die zuständige Lehrerin sei dazu nicht fähig. Anna S. ist wütend, von
ihrem Kollegen in eine solche für sie als äußerst peinlich erlebte
Situation gebracht worden zu sein. Bei einem späteren Gespräch mit
dem Kollegen auf dem Flur kommt sie mit folgenden Worten auf
diese Situation zurück: „Übrigens, was ich Ihnen noch sagen wollte,
ich möchte nicht, daß Sie sich in meinen Unterricht einmischen."
Mit einer gestammelten Entschuldigung zieht der Kollege sich zurück. Diese Worte waren die letzten, die Anna S. und er miteinander

wechselten. Da sie einige Zeit später einen neuen Arbeitsplatz fand, kam Anna S. nie mehr dazu, die Störung in der Beziehung zu diesem Kollegen auszuräumen.

Es mag sein, daß Frauen mit einem geringeren Potential an Aggressivität ausgestattet sind als Männer. Das bedeutet nicht, daß Frauen sich mit unangenehmen Gefühlen wie Wut, Zorn und Ärger nicht herumschlagen müssen. Aggression gehört zur menschlichen Grundausstattung. Die Psychologie geht dabei davon aus, daß es mehrere Ursachen für die Entstehung von Aggression gibt. Die Psychoanalyse hält Aggression für einen ursprünglichen Trieb des Menschen, ähnlich wie Hunger, Durst und Sexualität. Vertreter anderer psychologischer Richtungen weisen darauf hin, daß Menschen aggressive Verhaltensweisen entwickeln, um sich selber zu behaupten, zu verteidigen oder um Ansehen, Reichtum oder Macht zu gewinnen. Im Berufsleben spielt wohl aber eine andere Ursache für die Entstehung von Aggression die wesentliche Rolle. Hier treten Aggressionen in erster Linie auf als Reaktion auf die Versagung wichtiger Wünsche und Bedürfnisse und die Vereitelung von wichtigen Zielen und Interessen.

Gerade das Berufsleben ist ein Bereich, in dem persönliche Bestrebungen häufig enttäuscht werden. Denn an die berufliche Arbeit knüpfen Menschen die unterschiedlichsten Bedürfnisse und Interessen. Nur in ganz seltenen Fällen geht es lediglich darum, den eigenen Lebensunterhalt zu verdienen. Ganz wichtig sind zum Beispiel soziale Kontakte, die man in der beruflichen Arbeit knüpfen kann. Viele Berufstätige streben auch primär den Gewinn von sozialem Status an. Bei allen wiederum kann man Anerkennung als ein ganz wichtiges Bedürfnis feststellen. Manche wollen in erster Linie aufsteigen. Vielen geht es um Sicherheit. Wieder andere suchen in der beruflichen Arbeit die Möglichkeit, sich durch anspruchsvolle Arbeit zu bewähren. Wenn solche Bestrebungen vereitelt, solche Erwartungen enttäuscht werden, entwickeln die Betroffenen aggressive Gefühle wie Wut, Zorn, Ärger, Haß oder Groll. Das gilt für Frauen ebenso wie für Männer.

Wenn Frauen dabei vielleicht tatsächlich ein geringeres Potential an negativen Emotionen entwickeln als Männer, bedeutet das noch lange nicht, daß sie es leichter haben, kritische Situationen zu bewältigen. Im Gegensatz zu Männern haben es Frauen sehr viel schwerer, ihre Aggression zu verarbeiten. Männer verfügen über sozial akzeptierte Ausdrucksformen von Aggression, die Frauen verwehrt werden. Während Männer sich deshalb im wesentlichen nicht so schwer tun, Zorn, Ärger oder auch Wut auszudrücken, können Frauen nur selten Aggressivität direkt zeigen.

Frauen dürfen nicht „böse sein". Es ist ihnen nicht erlaubt, aggressive Gefühle einfach auszutoben. Schon als Kind lernen sie unter Androhung von Strafe oder Liebesentzug, nicht zu streiten, Ärger und Zorn hinunterzuschlucken, Wut und Haß überhaupt zu verbergen. Wenn ein Mädchen, ob spontan oder um sich zu wehren, andere offen kränkt, sie verletzt, beleidigt oder gar körperliche Gewalt gegen sie anwendet, muß sie damit rechnen, daß niemand mit ihm etwas zu tun haben will.

Frauen bilden deshalb aus Angst vor den Folgen aggressiven Verhaltens häufiger als Männer bestimmte psychische Abwehrmechanismen aus, die die internen negativen Gefühlspotentiale daran hindern, nach außen zu gelangen. Sie verdrängen aggressive Impulse, oder sie wenden die negative Energie dieser Gefühle gegen die eigene Person. Dieser letztere psychische Abwehrmechanismus beinhaltet eine absurde Logik, ist aber im Alltagsleben häufig zu beobachten. Ein einprägsames Beispiel für diesen Mechanismus ist eine Person, die sich aus Wut über die von anderen vereitelten Bemühungen die eigenen Haare ausrauft.

Mädchen werden jedoch nicht nur dazu erzogen, sanft und freundlich zu sein, sie sorgen auch untereinander dafür, daß Aggression vermieden wird. So ist unter Mädchen selber der direkte Ausdruck von Aggressivität verpönt. Wenn eine Frau eine andere verletzen will, muß sie diese Absicht häufig hinter einer unschuldigen Fassade verstecken. Auf diese Weise können verwirrende Komplimente zustandekommen, wie zum Beispiel: „Dein neuer Partner ist hinreißend, nicht so langweilig wie Dein Verflossener." Oder: „Dein Auftritt war phantastisch, nicht so peinlich wie beim letzten Mal!" Auch Zitate eignen sich vorzüglich als unverdächtiges Transportmittel für weibliche Bosheit: „Peter hat gesagt, Dich würde er nicht mit der Beißzange anfassen." Und selten verfehlen Spekulationen über Beweggründe Dritter ihre unschuldig kränkende Wirkung: „Vielleicht hält er Dich nicht für kompetent ...!"

Frauen verstecken ihre Aggressionen, wenn sie sie überhaupt zum Ausdruck bringen, weil offen aggressive Frauen zusätzlich diskriminiert werden. Offen aggressive Frauen werden für unweiblich, liebesunfähig und unattraktiv gehalten. Sie gelten als Emanzen, die jedem auf die Nerven gehen, als hysterische Weiber, Drachen, Furien, Zimtziegen, Kneifzangen und Giftspritzen. Auch Frauen teilen nicht selten diese Diskriminierung aggressiver Geschlechtsgenossinnen. Eben weil es Frauen in zwischenmenschlichen Beziehungen, auch im Berufsleben, um Kommunikation und Kooperation von gleichwertigen Partnern geht, lehnen Frauen Aggression ab. Aggression gefährdet die Gemeinschaft. Deshalb fürchten Frauen sie.

Frauen erleben aber vor allem auch im Berufsleben Widerstände, Versagungen, Enttäuschungen, Vereitelung von Bedürfnissen und Diskriminierungen, die in ihnen Aggression erzeugen. Sie werden übersehen, nicht ernst genommen, übergangen, zurückgesetzt, hintangestellt, angegriffen und verletzt. Die Enttäuschung, die Wut, der Zorn, der Groll etc. sind also da. Auch keine noch so negative Einstellung diesem emotionalen Zustand gegenüber kann bewirken, daß er sich in Luft auflöst. Wie gehen Frauen im Alltag damit um?

Ich möchte Sie an dieser Stelle bitten, sich selber zu überprüfen, wie Sie sich in Situationen verhalten, in denen andere Sie nicht ernst nehmen, Sie übergehen, Ihre Interessen und Ziele durchkreuzen, Situationen, in denen das Verhalten anderer dazu führt, daß Sie eigene wichtige Absichten und Bedürfnisse nicht erfüllen oder wichtige Wünsche und Vorhaben nicht verwirklichen können. Eine andere Person bewirkt durch ihr Verhalten, daß Sie in Ihren Bestrebungen scheitern. Wie reagieren Sie?

1. Stellen Sie sich vor: Sie haben zwei Jahre hart gearbeitet, um Ihren Vorgesetzten davon zu überzeugen, daß Sie auch als Frau das Zeug dazu haben, stellvertretende Funktionen zu übernehmen. Heute nun hat man Ihnen offiziell mitgeteilt, daß Sie die Stelle als seine Stellvertreterin bekommen. Spontan lassen sie in Ihrer Abteilung eine Flasche Sekt springen. Beim Anstoßen sagt ein Kollege zu Ihnen: „Na, bei Ihren Reizen war das ja wohl nicht sehr schwer!" Wie reagieren Sie?

2. Nehmen Sie an: Ein Kollege und Sie müssen der Geschäftsführung ein gemeinsames Projekt, das Ihnen sehr wichtig ist, zur Entscheidung vorstellen. Bei der Präsentation dieses Projekts stellt sich heraus, daß Ihr Kollege die falschen Unterlagen dabei hat und darüber hinaus so schlecht vorbereitet ist, daß er in der Diskussion keine überzeugenden Vorstellungen entwickeln kann. Auch Ihre Beiträge können den negativen Eindruck seiner Ausführungen nicht mehr aufheben. Das Projekt wird abgelehnt. Wie reagieren Sie?

3. Stellen Sie sich vor: Eine Kollegin hat wieder einmal, ohne Sie zu informieren, Akten von Ihrem Schreibtisch genommen. Zwei Stunden haben Sie verzweifelt danach gesucht, bis eine Sekretärin Ihnen mitteilt, wo die Akten abgeblieben sind. Wie reagieren Sie?

4. Nehmen Sie an: Sie haben vor einigen Tagen im Vertrauen einer Kollegin eine private Geschichte erzählt. Heute kommen Sie an Ihren Arbeitsplatz und erfahren, daß Ihre Geschichte bereits im ganzen Betrieb umgeht. Wie reagieren Sie?

Seminarerfahrungen ergeben, daß Frauen sich in solchen Situationen ganz häufig als erstes die Frage stellen: Was habe ich selber falsch gemacht? Bezogen auf die erste Situation bringen sie die Überlegung vor, ob sie nicht vielleicht doch einiges zuviel an Charme oder Flirtverhalten gezeigt haben, was die Unterstellung des Kollegen rechtfertigen könnte. Auch in der zweiten Situation stellen sie häufig ein unannehmbares Verhalten nicht ausschließlich beim Kollegen fest, sondern machen sich selbst Vorwürfe, daß sie es versäumt haben zu überprüfen, ob der Kollege bei einer so wichtigen Entscheidung angemessen vorbereitet ist. Dieselbe Reaktion kann auch in der dritten Situation auftreten. Frauen vertreten häufig die Auffassung: Wenn ich weiß, welches Fehlverhalten andere zeigen, ist es an mir, dem vorzubeugen. Und wenn ich das nicht tue, bin ich selber schuld. Diese Einstellung kommt beim vierten Beispiel fast automatisch zum Vorschein: Es ist meine Schuld, wenn ich einer unzuverlässigen Person eine private Geschichte erzähle.

Wenn in den Reaktionen von Frauen auf unannehmbares Verhalten von anderen nicht eigene Mitverantwortung am Fehlverhalten im Vordergrund steht, sondern eine Kommunikation zustande kommt, in der das unannehmbare Verhalten des anderen angesprochen wird, zeigt sich ein anderes Charakteristikum weiblicher Kommunikation in schwierigen Situationen. Frauen neigen dazu, die kritische Botschaft möglichst so zu verpacken, daß der andere sich nicht angegriffen fühlen kann. Auf diese Weise kann es durchaus in der ersten Situation dazu kommen, daß die Frau Verständnis für die Reaktion des Kollegen zeigt und sich bei dem angreifenden Mann dafür entschuldigt, daß sie ihm Anlaß für unangenehme Gefühle gegeben hat. Auch die Eindeutigkeit, mit der in der zweiten Situation die Ursache für den Mißerfolg beim Partner lag, bringt eine Frau noch lange nicht dazu, diesen damit klar zu konfrontieren. Wenn sie überhaupt ihre Enttäuschung ausdrückt, dann typischerweise häufig in der Wir-Form: „Jetzt ist unser Projekt im Eimer, nur weil wir es nicht anständig verkaufen konnten!" Auch die dritte Situation kann eine Frau durchaus veranlassen, erst einmal freundliche Fragen zu stellen, um herauszufinden, wieso die Kollegin sich so verhalten hat, bevor sie darauf hinweist, welche Konsequenzen dieses Verhalten für sie hatte. Wenn Frauen so häufig eine klare kritische Rückmeldung vermeiden, ist der Grund dafür nicht immer, daß sie sich unbedingt freundlich äußern wollen, obwohl sie wütend sind. Viel häufiger vermeiden sie eine eindeutige Konfrontation deshalb, weil sie als Reaktion darauf Gegenangriffe befürchten, die sie selber verletzen könnten. Eine solche Erwartung ist es denn zumeist auch, was Frauen bezogen auf das vierte Beispiel veranlaßt, eine Aussprache über den Vorfall überhaupt zu vermeiden.

Solche Verhaltensweisen beinhalten, daß die erzeugten negativen Gefühle nicht ausgelebt, sondern aufgestaut werden. Aufgestaute Spannungen aber haben nachteilige Folgen. Die geringste solcher negativen Konsequenzen ist dabei noch die häufig auftretende Erscheinung, daß ärgerliche Gedanken den ganzen Tag nicht aus dem Kopf weichen wollen und nicht selten noch genügend energiegeladen sind, um auch die Nachtruhe zu stören. Aufgestaute Spannungen müssen sich aber nicht auf die Störung des emotionalen Gleichgewichts beschränken. Sie sind auch geeignet, das physische Gleichgewicht durcheinanderzubringen. Sie können „auf den Magen schlagen" oder „an die Nieren gehen". Psychosomatische Symptome können die Folge aufgestauter Aggression sein.

Wenn Frauen mit solchen Reaktionsweisen auf das, was der Volksmund „Ärger im Betrieb" nennt, zu Hause einen Partner haben, dem sie nach der Arbeit erst einmal alle unangenehmen Ereignisse des Tages erzählen können, sind sie noch glücklich dran. Häufig ist ein Gespräch, bei dem der andere wirklich zuhört, eine Möglichkeit, einen Strich unter den Tagesstreß zu ziehen. Wenn dieser Partner mit der Fähigkeit des Zuhörens fehlt, gibt es noch die Chance, aktiv Sport zu treiben. Anstrengende körperliche Bewegung baut Streß ab. Je höher die körperliche Anstrengung, desto mehr Spannungen werden abgebaut. Der Zorn verraucht beim Dauerlauf um den Block. Auch Holzhacken eignet sich vorzüglich zum Austoben von Wut. Nur, welche Frau hat schon einen Hackklotz vor dem Haus. Eine weitere Möglichkeit, Aggressionsstaus zu vermeiden, besteht in der Steigerung der eigenen Fähigkeit, Frustration zu ertragen. Die Psychologie nennt das die „Erhöhung der Frustrationstoleranz". Sie besteht darin, daß man lernt, auf die Versagung von Wünschen gelassen zu reagieren. Solche Lernziele können erreicht werden durch jede Art von Entspannungsübungen wie autogenes Training, Meditation, Yoga und andere.

Sinnvoller, als Aggression aufzustauen und nach dem Geschehen verbal oder nonverbal abzubauen, sinnvoller auch, als das eigene Toleranzvermögen, Enttäuschungen zu ertragen, zu steigern, ist jedoch ein anderes Vorgehen, nämlich Aggressionen, die durch das Verhalten anderer veranlaßt wurden, gar nicht erst aufzustauen, sondern sie in der Kommunikation direkt zu verarbeiten.

Männer können das im allgemeinen besser als Frauen. Männer können in solchen Situationen laut werden. Sie halten mit ihrer Einschätzung des Verhaltens ihres Gegenübers nicht hinter dem Berg. Sie sprechen aus, was ihnen nicht paßt. Ihnen ist in solchen Situationen auch egal, ob sie durch Vorgehensweisen wie inquisitorisch fragen, Urteile fällen, Vorträge halten, belehren oder befehlen den anderen herabsetzen, blamieren oder verletzen. Schließlich hat die andere Person durch ihr Verhalten ihnen geschadet. Wenn man die Inhalte solcher Botschaften, die in solchen Situationen gesendet werden, unter die Lupe nimmt, wird man Vorwürfe und Beschuldigungen feststellen können, Drohungen, Beschimpfungen, aber auch sarkastische Äußerungen und Bemerkungen, die geeignet sind, den anderen lächerlich zu machen. Seminarerfahrungen zeigen: Männer starten Gegenangriffe auf die Person des anderen, wenn dieser durch sein Verhalten die eigenen Intentionen durchkreuzt hat, und empfinden das als ganz legitim. Und sie nehmen dabei in Kauf, daß der andere sich dabei bloßgestellt, gedemütigt, getreten und erniedrigt fühlt. Jemandem die Meinung sagen, mit ihm Klartext reden, ihm gehörig Bescheid geben, die Leviten lesen, sich ihn kaufen, ihn auf den Topf setzen, ihm den Kopf waschen, ihm aufs Dach steigen, ihm den Marsch blasen und ihn auf Trab bringen sind nur einige Beispiele für unzählige positiv akzentuierte Redewendungen für verbale Vorgehensweisen in solchen Situationen, mit denen erzeugte Aggression in der direkten Kommunikation offen ausagiert wird.

Solche Äußerungen werden in der Kommunikation „Du-Botschaften"[1] genannt, weil sie lediglich (negative) Informationen über die Person des anderen zum Inhalt haben. Du-Botschaften haben den Vorteil, daß die im eigenen Innern hervorgerufenen negativen Gefühle sich nicht wie Igel im Bauch ausbreiten und stechen. Du-Botschaften haben aber auch erhebliche Nachteile: Sie erzeugen negative Gefühle von Scham oder Schuld beim anderen, und sie greifen das Selbstwertgefühl des anderen an. Solche Emotionen setzen zumeist Selbstschutzmechanismen in Gang. Es kommt zu einem Umschlagen der ausgelösten Gefühle in Ärger und zu einem Verhalten, bei dem Widerstand, Abwehr, Verteidigung oder Vergeltung im Vordergrund stehen. Das Ziel der Kommunikation, das in solchen Situationen erreicht werden soll, nämlich, daß der andere sein Fehlverhalten erkennt und Anstrengungen zur Veränderung unternimmt, wird in den allermeisten Fällen verfehlt. Dazu kommt, daß auch die Beziehung zwischen den beiden Kontrahenten belastet wird.

Auch Frauen senden Du-Botschaften, allerdings selten in den oben angeführten drastischen Formen. Eine bevorzugte Form, in denen Frauen Du-Botschaften senden, scheint zu sein, das Verhalten anderer negativ zu bewerten. Sätze, die Frauen in solchen Situationen formulieren, beginnen häufig mit den Worten: „Ich finde das nicht richtig, wie Du ...", oder: „Ich finde das unfair, wenn Du ...". Allerdings sind auch solche zahmeren Du-Botschaften der Mißbilligung geeignet, Gefühle von Unterlegenheit und Beschämung auszulösen und Verhaltensweisen von Rechtfertigung und

Widerstand zu provozieren. Sie erreichen also häufig weder das Ziel einer Verhaltensänderung noch das Ziel, die Beziehung nicht zu belasten.

Ich habe in Seminardiskussionen noch eine andere Art und Weise ausgemacht, wie Frauen sich in solchen Situationen verhalten. Und diese Vorgehensweise scheint auch nicht so selten vorzukommen. Es gibt inzwischen Frauen, die wie Männer in drastischen Du-Botschaften ihrem Ärger Luft machen können. Nur führt das offenbar nicht immer dazu, daß sie mit dem Verarbeiten des Ärgers in direkter und offener Form sich selber emotional Ruhe verschaffen. Im Gegenteil: Häufig stellen sich nach einem solchen Dialog, in dem die Botschaft gesendet und die Aufregung abreagiert wurde, Schuldgefühle ein: Frauen, die mit jemandem ein Hühnchen gerupft, ihm den Kopf zurechtgesetzt und auf die Finger geklopft haben, plagen sich hinterher wieder selber mit einem schlechten Gewissen herum.

1. Sprachliche Methoden

Die Überprüfung der häufigsten Vorgehensweisen zeigt, daß wir offensichtlich in unserem Verhaltensrepertoire nicht sehr gut dafür ausgestattet sind, die Kommunikation in solchen Situationen auf-rechtzuerhalten, ohne eine der beteiligten Personen dabei emotional zu belasten. Entweder verpassen wir dem anderen unangenehme Gefühle, oder wir behalten den Igel im eigenen Bauch. Aber auch die ganz fatale Vorgehensweise kann vorkommen: Beide Beteiligte verlassen zornig erregt und aufgebracht den Ort des Geschehens.

Eine sinnvolle Vorgehensweise in Situationen, in denen ein an-derer durch unannehmbares Verhalten meine Interessen verletzt, müßte folgenden Kriterien genügen.

1. Mein Vorgehen sollte bewirken, daß ich selber emotional ruhiger werde, um in der Lage zu sein, angemessen zu reagieren.

2. Meine Vorgehensweise sollte den anderen in seiner Person nicht angreifen. Sie sollte geeignet sein, seine Selbstachtung zu erhalten.

3. Meine Vorgehensweise sollte sicherstellen, daß die Beziehung zwischen mir und dem anderen nicht belastet wird.

4. Und sie sollte vermeiden, daß der andere automatisch in eine Reaktion des Widerstands, der Abwehr, der Rechtfertigung oder des Gegenangriffs verfällt. Sie sollte vielmehr eine wirkungsvolle Änderung seines Verhaltens unterstützen.

Bevor ich Ihnen eine Vorgehensweise vorstelle, die diesen vier Kriterien genügt, möchte ich Sie bitten, sich einen Augenblick zu besinnen, um sich eine eigene Situation zu vergegenwärtigen, in der das Verhalten eines anderen Menschen dazu geführt hat, daß Sie wichtige Wünsche und Bedürfnisse nicht erfüllen oder wichtige Vorhaben, Absichten, Interessen oder Ziele nicht verfolgen konn-ten. Notieren Sie sich stichwortartig eine solche Erfahrung: Eine andere Person hat durch ihr Verhalten bewirkt, daß Sie in Ihren

Bestrebungen scheiterten. Diese Situation kann aus der Gegenwart sein. Sie kann sich aber auch in der Vergangenheit abgespielt haben. Worum ging es dabei? Wer war diese Person? Was hat sie getan oder gesagt? Welche Folgen hatte dieses Verhalten für Sie? Wie haben Sie sich dabei gefühlt? Und wie haben Sie reagiert?

_____

_____

_____

_____

_____

_____

_____

_____

_____

Die Ich-Botschaft

Seit Thomas Gordon und Linda Adams mit Beginn der siebziger Jahre ihre „Konferenz"-Bücher[2] veröffentlichten, gehört die Ich-Botschaft zum Standard-Lernziel jedes guten Kommunikationsseminars. Und das mit Recht. Ich-Botschaften begründen, wo früher Du-Botschaften gesendet wurden, eine andere Kommunikationskultur. Ich-Botschaften ermöglichen, wo früher Hemmungen gegenüber kritischen Rückmeldungen in der Kommunikation vorherrschten, den Gewinn eines sicheren Selbstwertgefühls für den Sender und die Aufrechterhaltung eines ebensolchen Selbstwertgefühls auch für den Empfänger.

Thomas Gordon und Linda Adams haben mehrere Formen von Ich-Botschaften für unterschiedliche Situationen entwickelt. Für die Situation, um die es an dieser Stelle geht, ist die sogenannte dreiteilige Ich-Botschaft oder auch Konfrontations-Ich-Botschaft von Bedeutung. Sie ist angemessen in Situationen, in denen ein anderer durch sein Verhalten starke unangenehme Gefühle in mir auslöst, die geeignet sind, mir den klaren Überblick über die Situation zu nehmen.

Eine solche Situation ist beispielsweise folgende: Regina S. muß der Geschäftsführung einen Bericht vorlegen, für den sie statistische Unterlagen von einer Kollegin benötigt. Die Unterlagen, die sie von der Kollegin bekommt, sind aber unvollständig, und sie kommt deshalb in ihrem Bericht zu falschen Schlußfolgerungen. Auf einer Konferenz, auf der ihr Bericht zur Sprache kommt, macht ihr Vorgesetzter sie vor den versammelten Kollegen und der Geschäftsführung lächerlich. Regina S. fühlt sich blamiert. Nach der Konferenz sucht sie die Kollegin auf und sagt zu ihr: „Die Unterlagen, die Du mir für den Bericht gegeben hast, waren unvollständig. Deshalb bin ich zu falschen Ergebnissen gekommen. Der Chef hat mich eben deswegen vor versammelter Mannschaft bloßgestellt. Ich fühlte mich so blamiert, daß ich hätte im Boden versinken können."

Die dreiteilige Ich-Botschaft weist, wie schon der Name sagt, drei unterschiedliche Elemente auf, die in unterschiedlicher Reihenfolge zusammengesetzt werden können. Ich möchte Ihnen an dieser Stelle die Standardform vorführen. Dabei möchte ich Sie bitten, sich zunächst auf die Erläuterung dieser Vorgehensweise und der Erarbeitung einer beispielhaften Formulierung einzulassen, bevor Sie diese sprachliche Form einer eingehenden Prüfung unterziehen und sie mit anderen Reaktionsmöglichkeiten vergleichen.

Die Konfrontations-Ich-Botschaft beginnt damit, daß Sie als Senderin dieser Botschaft das unannehmbare Verhalten des anderen ohne Vorwurf beschreiben. Dieses Element der Ich-Botschaft beginnt mit einem „Du" oder „Sie", obwohl diese sprachliche Vorgehensweise Ich-Botschaft genannt wird. Das ist auch unumgänglich, denn Sie werden bei einer kritischen Rückmeldung, wie Sie sie auch immer formulieren, auf ein solches Element nicht verzichten können, weil es ja wesentlich darum geht, den anderen zu informieren, welches Verhalten für Sie unannehmbar ist. Sie kommen auf keinen Fall darum herum, diese inhaltliche Information zu vermitteln. Wenn Sie es vorziehen, den Inhalt möglichst freundlich zu verpacken, laufen Sie entweder Gefahr, sich ungenau zu äußern, was Nachfragen nach sich zieht, die Sie dann doch zu genauer Auskunft zwingen, oder Sie riskieren, daß der andere die Botschaft gar nicht auf sich bezieht. Diese Wirkung auf Ihr Gegenüber können Sie beispielsweise erzielen, wenn Sie sagen: „Der Chef hat mich gerade vor versammelter Mannschaft lächerlich gemacht, weil ich auf Grund der unvollständigen Unterlagen in meinem Bericht zu falschen Ergebnissen gekommen bin." Es ist überhaupt nicht unrealistisch, zu vermuten, daß der Kollegin dabei entgeht, daß sie gemeint ist. Und wenn sie es begreift, kann sie immerhin noch so tun, als wäre sie nicht gemeint. Und dann stehen Sie auch im Regen, allein mit Ihrem Zorn. Sie mögen noch so überzeugt sein, die andere wisse schon, was gemeint sei, und deshalb brauchten Sie es nur freundlich anzudeuten, sicher sein können Sie nicht. Aber wenn Ihre Einschätzung richtig ist und sie es wirklich weiß, was hindert Sie daran, es klar und offen zu formulieren? Seminarerfahrungen haben ergeben, daß das Motiv für freundliches Verpacken von kritischen Botschaften ganz häufig nicht Schutz des anderen vor unangenehmen Gefühlen darstellt, sondern Schutz der eigenen Person vor erwarteten negativen Reaktionen des anderen.

Wichtig bei diesem ersten Element der Ich-Botschaft ist auch, daß es das Verhalten des anderen ist, das Sie genau beschreiben, womit Sie vermeiden, den anderen als Person zu bewerten. Tests in Seminaren bestätigen immer wieder, daß wir die Neigung haben, Eigenschaften zu nennen, wenn wir nach Verhaltensweisen gefragt werden. Wir sagen uns, jemand ist „unpünktlich", wenn wir wahrgenommen haben, daß er in der letzten Woche dreimal zu spät gekommen ist. Wir stellen fest, jemand ist „unzuverlässig", wenn er uns ein- oder zweimal etwas versprach und es dann vergaß. Und wir merken uns, jemand ist „unehrlich", wenn wir beobachten konnten, daß er einmal wichtige Informationen zu seinem Vorteil zurückhielt. Und so verhalten wir uns auch in der Kommunikation. Wir packen Menschen in Schubladen. Was wir wirklich mit unseren Sinnen von anderen wahrnehmen, sind immer Verhaltensweisen. Unser Denken verarbeitet diese jedoch sogleich zu Eigenschaften, die wir der Person als ihr eigen zuschreiben. Wenn wir das mit positiv bewerteten Verhaltensweisen machen, ist das nicht problematisch. Wenn wir jedoch negative Verhaltensweisen einer Person als Eigenschaft zuschreiben, senden wir automatisch Du-Botschaften, die den anderen nicht motivieren, sein Verhalten zu ändern. Im Gegenteil: die Vorurteilsforschung hat ergeben, daß negative Überzeugungen Kräfte mobilisieren, die geeignet sind, sie wahr zu machen. Dieser self-fulfilling-prophecy-Mechanismus gilt nicht nur für Überzeugungen über die eigene Person, sondern auch bezogen auf das Denken über andere. Deshalb ist es wichtig, unsere Aufmerksamkeit zu schärfen, um unsere Wahrnehmungen nicht sogleich zu Eigenschaften zu verarbeiten. Wenn wir Ich-Botschaften senden wollen, müssen wir mit Bewußtsein wahrnehmen, was ein anderer tut oder sagt, es in dieser Form abspeichern und auch so kommunizieren. Das erfordert Umdenken, und die Erfahrung zeigt, daß ein solches Umdenken nicht ganz einfach ist. Aber der Gewinn für die Kommunikation macht ein solches Umdenken lohnend. Es macht für Ihr Gegenüber einen drastischen Unterschied, wenn Sie sagen: „Du hast in dem Gespräch am Montag eine wichtige Information zurückgehalten", statt: „Du warst unaufrichtig!"

Im Seminar kommt es bei der Vorstellung dieses ersten Elements der Ich-Botschaft ganz häufig zu Einwänden: Man könne doch wirklich nicht behaupten, das unannehmbare Verhalten des anderen ohne Vorwurf beschreiben zu können. Dieser Einwand ist richtig und falsch zugleich. Ich kann das Verhalten einer anderen Person wie eine Tatsache objektiv genau beschreiben und diese Beschreibung daraufhin kontrollieren, ob sie über eine nüchterne Darstellung des Sachverhalts hinaus keine Wertung enthält: „Du hast versprochen, mir das Geld zum Monatsende zurückzugeben, und Du hast es nicht getan." Das ist vom Sender aus betrachtet eine nüchterne Feststellung von Tatsachen. An der Kommunikation ist aber auch der Empfänger beteiligt, und dessen Ohr könnte hochsensibel darauf eingestellt sein, implizite Beziehungsbotschaften wahrzunehmen und darauf zu reagieren. Wenn wir unserem Urteil die Maxime zugrundelegen: „Die Bedeutung einer Botschaft ist ihre Wirkung", ist der Einwand berechtigt. Dann kann man ein unannehmbares Verhalten nicht darstellen, ohne Gefahr zu laufen, daß der Empfänger sie als Vorwurf hört. Aber zumindest kann man festhalten, daß eine sachliche Beschreibung des unannehmbaren Verhaltens eine sprachliche Form der Rückmeldung darstellt, die dem Empfänger den geringstmöglichen Anlaß gibt, sich angegriffen zu fühlen. Und darauf kommt es bei diesem Element der Ich-Botschaft an: klare Information, die der Form nach darauf abzielt, als Sachinformation gehört zu werden.

Das zweite Element der dreiteiligen Ich-Botschaft besteht darin, die spürbaren negativen Folgen, die durch das Verhalten des anderen für mich entstanden sind oder entstehen, wiederum sachlich konkret und ohne Vorwurf oder Drohung aufzuzeigen. In unserem Beispiel, die unvollständigen Unterlagen für den Bericht betreffend, lautete diese Botschaft: „Deshalb bin ich zu falschen Ergebnissen gekommen. Der Chef hat mich eben deswegen vor versammelter Mannschaft bloßgestellt."

Auch der zweite Teil der Ich-Botschaft sollte über die nüchterne Beschreibung von Tatsachen nicht hinausgehen, weder inhaltlich noch sprachlich, noch im Ton. Dieser Teil der Ich-Botschaft ist eine wirkliche Ich-Botschaft. Sie geben dem anderen darin eine Information über sich selber, die im Zusammenhang mit seinem Verhalten steht. Sie melden zurück, welche Folgen das unannehmbare Verhalten für Sie nach sich zieht. Worauf Sie dabei hinweisen, sind Nachteile und Kosten, die Sie zu tragen haben. Im Gefolge des angesprochenen Verhaltens können Sie Zeit verloren haben, Ihre Absichten können durchkreuzt, Ihre Interessen verletzt worden sein, Ihr Ansehen bei Dritten kann gelitten haben, und es kann Sie Zeit, Geld oder sonstigen Aufwand kosten, diese Nachteile wieder aufzuheben.

Mit diesem Element, in dem Sie „ich" sagen, kommt vom Sender, das heißt von Ihnen aus betrachtet, erst die kritische Tendenz dieser Botschaft zum Vorschein. Aber weil Sie „ich" sagen, erscheint der kritische Gehalt eben nicht als Vorwurf, sondern als sachliche Information, die geeignet ist, den Adressaten betroffen zu machen. Wir können in den meisten Fällen davon ausgehen, daß die Menschen, mit denen wir in Berührung kommen, weder boshaft noch rücksichtslos sind. Es ist ihnen zumeist nicht gleichgültig, wenn ihr Handeln negative Konsequenzen für andere hat.[3] Eine kritische Rückmeldung in dieser Form löst deshalb in vielen Fällen den Impuls der Wiedergutmachung aus. Ihr Gegenüber wird das Bedürfnis haben, Ihnen zu versichern, daß er diese Folgen für Sie nicht gewollt hat. Er wird sein Bedauern ausdrücken und Veränderungsabsichten signalisieren.

Es gibt noch einen weiteren Punkt im Zusammenhang dieses zweiten Elements der Ich-Botschaft anzumerken. Erfahrungen haben gezeigt, daß es bei ersten Versuchen im Formulieren von Ich-Botschaften Mühe macht, wirklich Folgen zu benennen, die „ich" zu tragen habe. Viele von uns haben noch gelernt, in mündlichen wie auch in schriftlichen Äußerungen des Wort „Ich" zu vermeiden. Ein Brief durfte nicht mit „Ich" anfangen. „Ich"–Menschen galten als Egoisten oder Narzißten, die nicht umhin können, stets sich selber in den Mittelpunkt zu stellen. Die Erziehung im Elternhaus wie auch in der Schule versuchte eine solche „Ich"–Bezogenheit auszutreiben. In vielen Anfänger-Formulierungen findet man die Spuren dieser Erziehung wieder in der Scheu, sich selbst ins Spiel zu bringen. Sie weisen dann schon lieber auf Konsequenzen hin, die der andere zu tragen hat, und landen damit wieder bei einer Du-Botschaft mit dem Charakter einer Warnung oder Drohung. Andere Anfänger-Versionen vermeiden das „ich" auf eine andere Weise. Sie heben entweder auf Partnerschaft (wir), Gemeinschaft (die Gruppe), dritte Personen (Dein Mitarbeiter) oder Einrichtungen (die Firma) ab. Auch solche Botschaften können geeignet sein, Betroffenheit auszulösen, bewirken sie aber häufig nicht. Meistens ist „wir" zu sagen gleichbedeutend mit dem Angebot einer Versteckmöglichkeit. Die „Gruppe" wird zumeist nicht als konkrete Person, also als eine zu vernachlässigende Größe, wahrgenommen, „Dritte" sind nicht anwesend, und Einrichtungen sind zu abstrakt, um eine solche Wirkung zu erzielen. „Ich" zu sagen, wenn es um die negativen Folgen geht, erzwingt eine Konfrontation von Angesicht zu Angesicht. Da auf Distanz zu gehen, fällt den meisten Menschen nicht so leicht.

Mit dem dritten Element der dreiteiligen Ich-Botschaft verfolge ich das Ziel, mir in dieser Situation selber zu helfen, emotional wieder in einen Zustand zu kommen, in dem ich klar denken und angemessen vorgehen kann. In unserem Beispiel lautete diese Botschaft: „Ich fühlte mich so blamiert, daß ich hätte im Boden versinken können." Auch dieser Teil besteht in einer Ich-Botschaft, in der ich Informationen lediglich über meine Person gebe. Das scheint paradox zu sein, daß ich mein durch das Verhalten anderer gestörtes emotionales Gleichgewicht wiederzugewinnen suche, indem ich etwas über mich aussage. Aber es stimmt: Ich sende eine Gefühlsbotschaft, in der ich dem anderen mitteile, welche unangenehmen Gefühle in mir entstanden sind, entweder als meine Reaktion auf sein Verhalten oder auf die Folgen, die daraus für mich entstanden sind. Ich spreche aus, wie ich mich fühle, und zwar demjenigen gegenüber, der diese Gefühle in mir ausgelöst hat. Das hat eine stärkere Wirkung, als wenn ich später meinem Partner oder meiner Freundin die Sache berichte und über meinen Zorn rede. Menschen früherer Kulturen gaben dem, was sie fürchteten, einen Namen und bannten damit ihre Furcht. Ein Gefühl zu benennen nimmt diesem Gefühl die Intensität, zwar nicht in demselben Ausmaß wie der körpersprachliche Gefühlsausdruck, aber immerhin so weit, daß das Nachlassen der Spannung bemerkbar wird. Diese Behauptung können Sie überprüfen.

Dieser dritte Teil der Konfrontations-Ich-Botschaft ist in Seminarzusammenhängen am schwierigsten zu vermitteln. Daß man seine Gefühle nicht preisgibt, scheint noch immer den Status einer absoluten Norm zu besitzen und als solche noch immer sehr weit verbreitet zu sein. Eine solche Überzeugung aufzugeben, kann nur das Resultat von konkreten Erfahrungen sein. Im Seminar und auch an dieser Stelle kann ich nur Gründe vorbringen und Sie bitten, diese zu überprüfen.

Meine Behauptung ist: Wenn Sie in sozialen Zusammenhängen, die die hier thematisierte Struktur aufweisen, eine Gefühlsbotschaft senden, wird dieses Vorgehen als Stärke wahrgenommen und seine Wirkung auf den anderen nicht verfehlen.

Das erste Argument hebt ab auf einen psychologischen Zusammenhang, den die meisten Menschen in ihrem Leben erfahren haben: Gefühle preiszugeben ist eine Fähigkeit, die nur der zu entwickeln in der Lage ist, der über innere Sicherheit und Stärke verfügt. Wenn Menschen unerschütterliche Überlegenheit zur Schau stellen, erwecken sie den Eindruck, den anderen etwas vormachen zu müssen, ihre nicht so großartigen Persönlichkeitsanteile hinter einer schützenden Fassade verstecken zu müssen, um die Achtung der Mitwelt nicht zu verlieren. Wenn Menschen zeigen, daß sie Enttäuschung, Ärger, Schmerz und Furcht empfinden, zeigen sie gleichzeitig damit, daß sie auch den Mut und die Kraft besitzen, damit in der Kommunikation umzugehen. Mit der Offenheit, sich als die Person zu zeigen, die man wirklich ist, auch in dem, worin man sich schwach und abhängig fühlt, zeigt man nicht nur, daß man ein Mensch ist, man löst mit dieser Aufrichtigkeit auch Vertrauen aus. Daß zu den eigenen „Schwächen" zu stehen Stärke darstellt, wird von der Umwelt auch so wahrgenommen.

Wenn man über Gefühlsausdruck spricht, wird häufig nicht unterschieden zwischen Gefühle zeigen und Gefühle benennen. Sie können heftige Enttäuschung ausdrücken, indem Sie weinen, und Sie können Ihre Enttäuschung ausdrücken, indem Sie sagen, daß Sie enttäuscht sind. Gefühle zu benennen ist etwas anderes als Gefühle zu zeigen. Wenn Sie Gefühle zeigen, stellen Sie sich dar als jemand, den ein Gefühl überwältigt. In dem Augenblick sind Sie abhängig von diesem Gefühl. Es gibt Menschen, die so viel innere Stärke ausgebildet haben, daß sie auch mit einer solchen Erfahrung selbstsicher umgehen können. Wenn Sie Gefühle benennen, sind Sie im Gegensatz zu der Situation, in der Sie Gefühle zeigen, dem Gefühl nicht subsumiert, sondern Sie stellen sich dar als jemand, der aktiv, mit Bewußtsein und Willen mitteilt, daß er ein Gefühl hat. Mit dieser sprachlichen Vorgehensweise agieren Sie auf der Metaebene, die nicht nur eine Distanz zu dem emotionalen Geschehen in Ihnen demonstriert, sondern eben auch ein persönliches Potential von Mut, der darin besteht, das Risiko von Offenheit einzugehen, und gleichzeitig Souveränität, die mögliche negative Reaktion gelassen hinzunehmen.

Wenn diese beiden Argumente Sie noch nicht überzeugen konnten, dann vielleicht das dritte: Wenn Sie in dem hier thematisierten Zusammenhang Gefühlsbotschaften senden, ist das der sinnvollste Umgang mit den Gefühlen, die in dem Augenblick in Ihnen aufkommen. Die in Ihnen durch das unannehmbare Verhalten des anderen erzeugten emotionalen Spannungen in einer Du-Botschaft zu verarbeiten, belastet das Selbstwertgefühl des anderen und Ihre Beziehung zu ihm. So vorzugehen lehnen die meisten Frauen entschieden ab. Die in Ihnen erzeugten negativen Gefühle herunterzuschlucken belastet Sie psychisch, und es belastet auch Ihre Position, weil andere denken können, daß man „so etwas" mit Ihnen machen kann. Ihre hervorgerufenen Gefühle zu benennen, entlastet Sie und zeigt Ihre innere Stärke und Fähigkeit, sich zu behaupten, ohne den anderen anzugreifen.

Und die Wirkung gerade einer Gefühlsbotschaft ist stark. Sie macht den anderen im stärkeren Maße betroffen als die Botschaft über die negativen Konsequenzen, die Sie zu tragen haben. Wenn Ihr Gegenüber kein boshafter oder rücksichtsloser Mensch ist, wird er sich angesprochen fühlen. Gefühlsbotschaften sind keine „Gefühlsduseleien". Auf Menschen mit sozialer Empathie und sozialem Verantwortungsbewußtsein üben sie eine drastische Wirkung aus.

Wichtig für die Wirkung ist jedoch, daß Ihre Gefühlsbotschaft stimmig ist. Stimmig ist eine solche Botschaft dann, wenn Sie die in der betreffenden Situation in Ihnen erzeugten Gefühle nach Qualität und Intensität angemessen benennen. Wenn Sie äußerst aufgebracht sind über die Frechheit eines anderen, können Sie nicht sagen, Sie seien enttäuscht. Wenn ein Vorgehen eines anderen Sie verletzt hat, können Sie ihm nicht zurückmelden, Sie seien überrascht. Und wenn Sie als Folge fremden Versagens, für das Sie gerade stehen müssen, vor Scham im Boden versinken möchten, können Sie nicht sagen, Sie seien betrübt. Menschen haben unbewußt eine feine Wahrnehmung für stimmiges Verhalten ausgebildet. Sie merken, wenn im nonverbalen und verbalen Gesamtausdruck einer Person etwas nicht stimmt.

Die Echtheit Ihrer Gefühlsbotschaft ist auch aus einem psychologischen Grund wichtig. Wenn Sie das in Ihnen ausgelöste Gefühl nicht nach Qualität und Intensität angemessen benennen, werden Sie feststellen, daß es Ihnen dann schwerfällt, die Ich-Botschaft vorwurfsfrei zu formulieren, d.h. über die Feststellung von Tatsachen nicht hinauszugehen. In unangenehmen Gefühlen steckt eine aggressive Energie, die die Tendenz besitzt, sich zu entladen. Wenn Sie diese Energie nicht in einer angemessenen Gefühlsbotschaft verarbeiten, werden unverarbeitete Reste sich in einem unbewußten Bestreben, den anderen zu treffen, geltend machen. Damit wird Ihnen wahrscheinlich wieder eine Du-Botschaft herausrutschen, oder Sie stellen hinterher fest, daß Sie noch einen Igel im Bauch haben.

Zur Echtheit Ihres Gefühlsausdrucks gehört noch ein weiterer Aspekt. Sie müssen dabei Ihre eigene Sprache sprechen, so wie Sie es normalerweise tun. Sie werden an dieser Stelle zunächst lernen, Ich-Botschaften nach „Schema F" zu formulieren, um sich die Struktur dieser sprachlichen Vorgehensweise anzueignen. Die stereotype Form, sich an Gefühlsbotschaften zu gewöhnen, besteht dabei in Sätzen, die mit den Worten: „Ich fühle mich ..." beginnen. Wenn Ich-Botschaften Ihnen geläufig geworden sind, werden Sie sicher sehr selten Gefühlsbotschaften in diese Form packen. Sie werden wahrscheinlich Metaphern benutzen, wie folgende:

- Mir platzt der Kragen.
- Ich könnte aus der Haut fahren.
- Mir dreht sich der Magen um.
- Ich hätte vor Scham im Boden versinken können.
- Ich hätte Zustände kriegen können.
- Ich könnte rasend werden.
- Ich könnte vor Wut aus dem Fenster springen.
- Das reißt mich vom Hocker.
- Ich könnte Gift und Galle spucken.
- Da kann ich nur noch die Ohren hängen lassen.
- Mir stehen die Haare zu Berge.

Ich habe die Erfahrung gemacht, daß im Bereich des Lernens auf der Verhaltensebene auch gute Argumente nicht immer ausreichen, um Menschen von der Wirkung einer Vorgehensweise zu überzeugen. Überzeugen kann letztlich nur die Erfahrung, daß die behauptete Wirkung tatsächlich eintritt. Nur kann man diese Erfahrung selten durch Beobachtung erwerben, weil Menschen, die in kritischen sozialen Situationen Ich-Botschaften senden, noch immer selten sind. Zumeist kommen Sie deshalb nicht darum herum, Ich-Botschaften selber auszuprobieren und ihre Wirkung zu überprüfen. Und das setzt voraus, sich diese Vorgehensweise erst einmal anzueignen.

Sie erinnern sich an die Beispiele, die ich Ihnen zu Beginn des Kapitels genannt habe, an denen Sie selber überprüfen konnten, wie Sie sich in solchen Situationen verhalten würden. Im ersten Beispiel hatte ein Kollege Ihnen unterstellt, eine Stellvertreterfunktion durch das Ausspielen Ihrer weiblichen Reize erkämpft zu haben. Im zweiten Beispiel hatte die Geschäftsführung ein Ihnen wichtiges Projekt abgelehnt, weil ein Kollege auf die Präsentation schlecht vorbereitet war. Das dritte bezog sich auf eine Kollegin, die, ohne Sie zu informieren, Akten von Ihrem Schreibtisch genommen hatte. Und im vierten ging es darum, daß eine andere Kollegin private Mitteilungen von Ihnen weitererzählt haben mußte.

Im folgenden haben Sie die Möglichkeit, zu diesen Beispielen Ich-Botschaften aus vorformulierten Teilen zusammenzusetzen. Ihre Aufgabe besteht darin, sich die verschiedenen Varianten durchzulesen und diejenige anzukreuzen, die den oben ausgeführten Kriterien entspricht: Unter den Varianten „Verhalten" kreuzen Sie diejenige an, die Ihrer Meinung nach das unannehmbare Verhalten des anderen ohne Vorwurf beschreibt. Unter den Varianten „Folgen" kreuzen Sie diejenige an, die nach Ihrer Auffassung die negativen Folgen, die ich zu tragen habe, ohne Vorwurf aufzeigt. Und unter den Varianten „Gefühle" kreuzen Sie diejenige an, die Ihres Erachtens die unangenehmen Gefühle, die in mir entstanden sind, ohne Vorwurf benennt.

Erstes Beispiel

Stellen Sie sich vor: Sie haben zwei Jahre hart gearbeitet, um Ihren Vorgesetzten davon zu überzeugen, daß Sie auch als Frau das Zeug dazu haben, stellvertretende Funktionen zu übernehmen. Heute nun hat man Ihnen offiziell mitgeteilt, daß Sie die Stelle als seine Stellvertreterin bekommen. Spontan lassen sie in Ihrer Abteilung eine Flasche Sekt springen. Beim Anstoßen sagt ein Kollege zu Ihnen: „Na, bei Ihren Reizen war das ja wohl nicht sehr schwer!" Wie reagieren Sie?

Botschaften, bezogen auf das erste Beispiel:

Verhalten:
a) Ihre Meinung über die Gründe meiner Beförderung behalten Sie gefälligst für sich ...
b) Sie sagen hier vor allen Leuten, mit meinen Reizen sei es nicht schwer gewesen, die Stellvertreterposition zu bekommen ...
c) Mit dem, was Sie sagen, unterstellen Sie mir, daß ich meine Beförderung mit unlauteren Mitteln angestrebt habe ...

Folgen:
a) ... damit belasten Sie meinen guten Ruf in der Firma ...
b) ... der Chef wird Ihnen aufs Dach steigen, wenn er das hört ...
c) ... ich werde mir merken, was Sie glauben sich hier herausnehmen zu können ...

Gefühle:
a) ... und das wird Ihnen nicht gut bekommen.
b) ... ich fühle mich verleumdet.
c) ... ich finde das nicht lustig.

Zweites Beispiel:

Nehmen Sie an: Ein Kollege und Sie müssen der Geschäftsführung ein gemeinsames Projekt, das Ihnen sehr wichtig ist, zur Entscheidung vorstellen. Bei der Präsentation dieses Projekts stellt sich heraus, daß Ihr Kollege die falschen Unterlagen dabei hat und darüber hinaus so schlecht vorbereitet ist, daß er in der Diskussion keine überzeugenden Vorstellungen entwickeln kann. Auch Ihre Beiträge können den negativen Eindruck seiner Ausführungen nicht mehr aufheben. Das Projekt wird abgelehnt. Wie reagieren Sie?

Botschaften, bezogen auf das zweite Beispiel:

Verhalten:
a) Du hast unser Projekt in einer Form vorgestellt, die die Geschäftsführung nicht überzeugt hat. Außerdem hattest Du die falschen Unterlagen dabei ...
b) Kannst Du mir sagen, warum Du nicht mal in der Lage bist, Dich auf eine Präsentation vor der Geschäftsführung anständig vorzubereiten ...
c) Das war das letzte Mal, daß ich mich auf Dich verlassen habe ...

Folgen:
a) ... in Zukunft werde ich meine Konsequenzen aus Deiner Schlamperei ziehen ...
b) ... ich habe ein halbes Jahr Arbeit in dieses Projekt gesteckt und mein Herz daran gehängt, und jetzt ist es abgelehnt worden ...
c) ... muß ich mich auch noch darum kümmern, daß Du Deine Sachen beieinander hast ...

Gefühle:

a) ... ich könnte heulen vor Wut.

b) ... was meinst Du eigentlich, wie ich mich fühle?

c) ... und das wird Dir nicht gefallen.

Drittes Beispiel:

Stellen Sie sich vor: Eine Kollegin hat wieder einmal, ohne Sie zu informieren, Akten von Ihrem Schreibtisch genommen. Zwei Stunden haben Sie verzweifelt danach gesucht, bis eine Sekretärin Ihnen mitteilt, wo die Akten abgeblieben sind. Wie reagieren Sie?

Botschaften, bezogen auf das dritte Beispiel:

Verhalten:

a) Sie können doch nicht einfach Akten von meinem Schreibtisch nehmen, ohne mich zu informieren ...

b) Sie haben Akten von meinem Schreibtisch genommen, ohne mich zu informieren ...

c) Was fällt Ihnen ein, Sachen von meinem Schreibtisch zu nehmen, ohne mich zu informieren ...

Folgen:

a) ... wenn das jeder machen würde, könnten wir hier einpacken ...

b) ... ich habe zwei Stunden verzweifelt danach gesucht ...

c) ... Sie sind doch sonst ein gewissenhafter Mensch ...

Gefühle:

a) ... und bin jetzt fürchterlich aufgebracht.

b) ... Sie werden noch mal Ihr blaues Wunder erleben.

c) ... Ich frage mich, was das soll.

Viertes Beispiel

Nehmen Sie an: Sie haben vor einigen Tagen im Vertrauen einer Kollegin etwas sehr Privates erzählt. Heute kommen Sie an Ihren Arbeitsplatz und erfahren, daß diese Informationen bereits im ganzen Betrieb bekannt sind. Wie reagieren Sie?

Botschaften, bezogen auf das vierte Beispiel:

Verhalten:
a) Du hast die Geschichte, die ich Dir vor einigen Tagen im Vertrauen berichtet habe, weitererzählt ...
b) Wie kommst Du eigentlich dazu, mich mit der Geschichte, die ich Dir im Vertrauen erzählt habe, vor allen Leuten bloßzustellen ...
c) Die Geschichte, die ich Dir vor einigen Tagen im Vertrauen erzählt habe, geht bereits im ganzen Betrieb um ...

Folgen:
a) ... das bedeutet für mich, daß ich kein Vertrauen mehr zu Dir haben kann ...
b) ... ich stehe jetzt vor allen Leuten wie ein Trottel da ...
c) ... damit hast Du es endgültig mit mir verdorben ...

Gefühle:
a) ... ich fühle mich verraten.
b) ... das verzeihe ich Dir nie.
c) ... und Du wirst Deinen Verrat noch zu spüren bekommen.

Überprüfen Sie Ihre Auswahl:
Beispiel 1: bab
Beispiel 2: aba
Beispiel 3: bba
Beispiel 4: aaa – Ihre Ich-Botschaft können Sie nur dann so (aaa) formulieren, wenn sie absolut sicher sind, diese Geschichte keinem anderen Menschen erzählt zu haben. Wenn Sie das nicht genau wissen, bietet sich eine Formulierung wie cba an, die der Kollegin nicht direkt unterstellt, die Informationen weitergegeben zu haben.

Wenn Ihnen anhand dieser Beispiele die Struktur der dreiteiligen Ich-Botschaft deutlich geworden ist, haben Sie die Möglichkeit, die im folgenden kurz beschriebenen Situationen als Anlaß zur Formulierung einer Ich-Botschaft zu nehmen:

Situation 1:

Ein Kollege fällt Ihnen auf einer Sitzung zum dritten Mal ins Wort. Wie würde Ihre dreiteilige Ich-Botschaft lauten?

Situation 2:

Auf dem Rückweg von einer längeren Dienstreise im Winter sind Sie hungrig und frieren, aber Sie freuen sich auf Ihren Partner. Zuhause angekommen stellen Sie fest, daß Ihr Partner nicht da ist und auch keine Notiz über seinen Verbleib hinterlassen hat. Die Wohnung ist ungeheizt und der Kühlschrank leer. Wie würde Ihre dreiteilige Ich-Botschaft lauten?

Situation 3:

Ihr Vorgesetzter hat Sie wegen einer geplatzten Verhandlung vor Ihren Mitarbeitern zur Rede gestellt. Wie würde Ihre dreiteilige Ich-Botschaft lauten?

Situation 4:

Sie haben einem Kollegen vor zwei Monaten Geld geliehen, das er innerhalb von vier Wochen zurückzugeben versprach. Inzwischen haben Sie eine größere Rechnung bekommen, die Sie nicht begleichen können, weil Ihnen der ausgeliehene Betrag fehlt. Wie würde Ihre dreiteilige Ich-Botschaft lauten?

Situation 5:

Obwohl Sie bereits unter Zeitdruck stehen, kommt Ihr Vorgesetzter in Ihr Büro und legt Ihnen die Unterlagen für eine weitere schwierige Aufgabe auf den Schreibtisch. Wie würde Ihre dreiteilige Ich-Botschaft lauten?

Situation 6:

Sie haben einem Kollegen für einen Campingaufenthalt Ihr Zelt ausgeliehen und bekommen es mit erheblichen Schäden zurück. Wie würde Ihre dreiteilige Ich-Botschaft lauten?

Situation 7:

Sie haben das Abendessen vorbereitet und den Tisch gedeckt. Ihr Partner kommt zur Tür herein, guckt in die Schüsseln und beschwert sich, daß nichts dabei ist, was er mag. Mit den Worten, er habe keine Lust zu essen, verschwindet er wieder. Wie würde Ihre dreiteilige Ich-Botschaft lauten?

Situation 8:

Sie haben mit Ihrem Partner ausgemacht, die Hausarbeit zu teilen, und erleben jetzt zum fünften Mal, daß er berufliche Termine auf den Freitagnachmittag legt, an dem Sie beide gemeinsam zu putzen verabredet haben. Wie würde Ihre dreiteilige Ich-Botschaft lauten?

Ihre eigene Situation: Sie haben zu Beginn dieses Abschnittes „Sprachliche Methoden" eine eigene Situation notiert, in der das Verhalten eines anderen Menschen dazu geführt hat, daß Sie wichtige Wünsche und Bedürfnisse nicht erfüllen oder wichtige Vorhaben, Absichten, Interessen oder Ziele nicht verfolgen konnten. Sie haben dabei festgehalten, worum es ging, wer diese Person war, was sie getan oder gesagt hat, welche Folgen dieses Verhalten für Sie hatte und wie Sie sich dabei gefühlt haben. Formulieren Sie jetzt für diese Situation eine entsprechende dreiteilige Ich-Botschaft.

Wenn Sie an diesem Punkt angelangt sind, überprüfen Sie nochmals, ob Ihre Formulierungsversuche den oben genannten Kriterien entsprechen: Haben Sie unter „Verhalten" wirklich das unannehmbare Verhalten des anderen ohne Vorwurf beschrieben? Haben Sie unter „Folgen" wiederum vorwurfsfrei die negativen Folgen aufgezeigt, die Sie (und niemand anderes) zu tragen haben? Und haben Sie unter „Gefühle" die unangenehmen Gefühle, die in Ihnen entstanden sind, ohne Vorwurf benannt?

Sie können jetzt dreiteilige Ich-Botschaften nach „Schema F" formulieren. Wenn Sie sich diese Struktur angeeignet haben, können Sie variieren je nach Situation, nach Ihrem jeweiligen Gegenüber, nach dem Ausmaß der in Ihnen erzeugten Gefühle und nach der Sprache, die in den jeweiligen Lebensbereichen, in denen Sie sich aufhalten, normalerweise gesprochen wird. Wenn für Sie die gefühlsmäßige Reaktion im Vordergrund steht, können Sie damit beginnen, um danach auf das unannehmbare Verhalten des anderen und dessen Konsequenzen für Sie hinzuweisen. Frauen beginnen eine dreiteilige Ich-Botschaft häufig mit der Gefühlsbotschaft. Männer neigen dazu, zuerst die Konsequenzen zu benennen, die sie als Folge des unannehmbaren Verhaltens zu tragen hatten. Beim Üben von Ich-Botschaften werden Sie darüber hinaus merken, daß es Situationen gibt, in denen Sie weniger drastisch reagieren möchten, zum Beispiel, wenn das Ausmaß Ihrer negativen Gefühle eine bestimmte kritische Grenze noch nicht überschritten hat. Dann wird es Ihnen ausreichen, sich in Ihrer kritischen Rückmeldung nur auf das unannehmbare Verhalten zu beziehen und auf die Konsequenzen für Sie hinzuweisen. Vielleicht schließen Sie einen Hinweis an oder eine Bitte, je nachdem, was Ihnen in der Situation angemessen erscheint. Dreiteilige Ich-Botschaften stellen drastische Konfrontationen dar, die Sie für solche Situationen reservieren werden.

Wenn Sie Ich-Botschaften formulieren können, sind Sie jedoch immer noch nicht hinreichend für die erfolgreiche Bewältigung solcher schwierigen Situationen ausgestattet. Die Ich-Botschaft ist nur der Beginn eines sich dann fortsetzenden Dialogs, mit dem Sie Reaktionen beim anderen auslösen, auf die Sie dann wiederum reagieren müssen.

Stellen Sie sich vor: Sie sitzen in Ihrem Büro und arbeiten hoch konzentriert, um sich für einen wichtigen Termin vorzubereiten. Sie haben nur noch eine Stunde Zeit. Ein Kollege kommt zum dritten Mal herein und fragt Sie, wo er den Vorgang XY suchen könnte. Sie sagen daraufhin: „Es ist das dritte Mal, daß Sie hereinkommen und mich nach dem Vorgang XY fragen. Ich kann mich nicht auf meine Vorbereitung für den Termin konzentrieren, den ich in einer Stunde habe. Ich gerate unter Druck, und das macht mich nervös." In vielen Fällen wird Ihr Kollege sich kurz entschuldigen und sich zurückziehen mit Worten wie: „Tut mir leid, ich wußte nicht, daß Sie nicht gestört werden wollen."

Eine solche Reaktion ist jedoch nicht immer zu erwarten. Eine Ich-Botschaft teilt dem Betreffenden deutlich mit, daß sein Verhalten unannehmbar, störend oder nachteilig für Sie ist. Das kann Ihr Gegenüber überraschen, ihn verlegen machen oder gar in eine Defensive drängen. Unangenehme Gefühle tauchen also jetzt in ihm auf, die er mit folgenden Worten zu bewältigen versuchen kann: „Verdammt nochmal! Irgend jemand muß mir doch sagen können, wo der verdammte Vorgang abgeblieben ist. Ich suche den doch auch nicht zum Vergnügen!"

Wenn Sie jetzt auf Ihrem Anliegen beharren, nicht gestört zu werden, laufen Sie Gefahr, den Ärger Ihres Kollegen zu verstärken. Selbst wenn Sie das mit einer zweiten Ich-Botschaft tun, werden Sie für Ihr Interesse kein Gehör finden, sondern weitere Unmutsäußerungen bewirken. Wenn nicht schon vorher mißmutige Gefühle Ihren Kollege bewegten, so hat sicher Ihre Ich-Botschaft Unmut provoziert. Wenn Sie dessen Äußerung nicht ernst nehmen, sondern dagegenhalten, steigert sich sein Ärger ebenso wie Ihrer. Die Situation eskaliert.

Die Situation muß aber nicht eskalieren, wenn Sie die Psychologie dieser Kommunikation berücksichtigen. Wenn Sie wahrnehmen, daß jemand anders unter Druck steht, können Sie bewirken, daß er wieder in einen ausgeglicheneren Zustand gelangt, in dem anstehende Probleme sachlich angegangen werden können. Sie können, nachdem Sie Ihre Ich-Botschaft gesendet und wahrgenommen haben, daß Ihr Gegenüber damit ein Problem bekommt, umschalten auf Kontrollierten Dialog oder Aktiv Zuhören. Damit signalisieren Sie ihm, daß Sie seine Reaktion ernst nehmen, mit der entsprechenden spannungsmindernden Wirkung. Überprüfen Sie den folgenden Dialog auf diese Wirkung hin:

Kollegin: Es ist das dritte Mal, daß Sie hereinkommen und mich nach dem Vorgang XY fragen. Ich kann mich nicht auf meine Vorbereitung für den Termin konzentrieren, den ich in einer Stunde habe. Ich gerate unter Druck, und das macht mich nervös.

Kollege: Verdammt nochmal! Irgend jemand muß mir doch sagen können, wo der verdammte Vorgang abgeblieben ist. Ich suche den doch auch nicht zum Vergnügen!

Kollegin: Den Vorgang zu finden ist sehr wichtig für Sie.

Kollege: Genau, wenn ich den bis heute abend nicht gefunden habe, kann ich die Info-Veranstaltung morgen abblasen.

Kollegin: OK. Die Info-Veranstaltung können Sie nicht platzen lassen.

Kollege: Stimmt!

Kollegin: Können wir uns um 17.00 Uhr treffen, um systematisch nach dem Vorgang zu suchen?

Kollege: Ja, das wäre gut. Tut mir leid, daß ich Sie gestört habe.

Kollegin: Ist schon in Ordnung.

Nach einer Ich-Botschaft, die dem anderen ein Problem verursacht hat, umzuschalten auf Kontrollierten Dialog oder Aktives Zuhören gehört jedoch zu den kommunikativen Fähigkeiten, die nicht ganz leicht gelernt werden. Es ist deshalb sinnvoll, diese kurze Sequenz: A sendet Ich-Botschaft, B leistet Widerstand, A schaltet um auf Kontrollierten Dialog (KD) oder Aktives Zuhören (AZ), gesondert zu üben. Dazu brauchen Sie eine Reihe von Ich-Botschaften, die Sie unten finden, und einen Partner oder eine Partnerin, der oder die sich bereit erklärt, Äußerungen des Widerstands auf Ihre Ich-Botschaften zu erfinden, die Sie dann entweder mit KD oder AZ anzunehmen die Aufgabe haben. Am einfachsten wird es Ihnen gelingen, den Prozeß des Umschaltens einzuüben, indem Sie nach dem Senden der Ich-Botschaft Ihre gesamte Aufmerksamkeit auf das richten, was B inhaltlich sagt, um es dann zu wiederholen. Damit haben Sie „den Bogen raus", können übergehen zur sinngemäßen Rückmeldung der Erwiderung von B und dann zum Aktiven Zuhören, wenn sich eine solche Rückmeldung anbietet. Das Umschalten von Ich-Botschaften auf KD oder AZ sollten Sie spielerisch beherrschen.

Ich-Botschaften

1.
Sie haben sich bis Freitag letzter Woche krankschreiben lassen. Ich habe angenommen, Sie kommen am Montag wieder, und habe deshalb auswärtige Termine vereinbart, die ich jetzt absagen mußte, weil am Montag eine neue Krankmeldung von Ihnen auf meinem Schreibtisch lag. Ich fühle mich im Stich gelassen.

2.
Wir haben vor einiger Zeit vereinbart, während der Arbeitszeit nur kurze Privatgespräche zu führen. Sie haben heute drei längere Privatgespräche geführt. Ich fühle mich nicht ernst genommen.

3.
Du hast heute während der Mittagspause Privateinkäufe erledigt. Ich konnte nicht zu Tisch gehen, weil sonst das Büro nicht besetzt gewesen wäre. Ich bin hungrig und fühle mich unkollegial behandelt.

4.
Zum dritten Mal in den letzten 14 Tagen hast Du Grünkohl gekocht, den ich nicht mag. Jetzt muß ich mit ansehen, wie ihr hier genüßlich speist, und bleibe selber hungrig. Ich fühle mich vernachlässigt.

5.
Du hast versprochen, gestern die Fotos vorbeizubringen, die wir schon längst an Heike zurückgeben wollten. Ich hatte Heike die Rückgabe schon angekündigt und mußte sie jetzt erneut vertrösten. Mir ist das peinlich.

6.
Seit einem Jahr ist unser Badezimmer eine Baustelle. Ich muß mir die Löcher in der Wand ansehen und kann nicht richtig putzen. Das stört mich ganz gewaltig.

7.
Es ist das dritte Mal, daß Sie mit ungewaschenen Haaren zum Dienst erscheinen. Der Chef hat mich schon gestern ermahnt, mehr

auf die Erscheinung meiner Mitarbeiter zu achten. Mir ist das sehr unangenehm.

8.

Du kannst Deine Brieftasche nicht finden und reißt mich deshalb aus dem Schlaf. Ich bin erst vor drei Stunden ins Bett gekommen und muß jetzt unausgeruht diesen schwierigen Tag überstehen. Ich fühle mich rücksichtslos behandelt.

9.

Ihr Lieferant wollte gestern um 15.00 Uhr den Kühlschrank vorbeibringen. Ich habe dafür extra freigenommen und drei Stunden vergeblich auf ihn gewartet. Ich fühle mich versetzt.

10.

Du hast Dir mein Fahrrad ausgeliehen und es mit plattem Reifen zurückgegeben. Ich muß es jetzt flicken und kann nicht rechtzeitig zum Vereinstreffen fahren. Das empört mich.

11.

Wir haben eine Regelung ausgemacht, daß jeder von uns Beratungen nur für seinen Bereich durchführt. Du hast Dich nicht daran gehalten und eine Kundin von mir falsch beraten. Ich bekomme jetzt Schwierigkeiten und muß meinen Kopf dafür hinhalten. Das bringt mich ganz schön auf die Palme.

12.

Wir waren um 8 Uhr am Flugsteig verabredet. Sie waren nicht da. Wir haben das Flugzeug verpaßt, und der Termin um 10 Uhr in Frankfurt platzt. Vermutlich werden wir jetzt den Vertrag nicht kriegen, von dem so viel abhängt. Wie soll ich das dem Chef sagen? Ich bin völlig ratlos.

13.

An der Konzeption, die Sie dem Chef vorgelegt haben, habe ich die überwiegende Arbeit getan. Sie haben sie als Ihre Leistung dargestellt und auch das Lob dafür eingesteckt. Meine Beteiligung daran ist dadurch unter den Tisch gefallen. Ich fühle mich übervorteilt.

14.

Sie haben eine Stellungnahme abgegeben, ohne mir Gelegenheit zu geben, meine Probleme offen darzulegen. Das kann ich jetzt nachträglich nicht mehr tun und muß die vorgegebene Lösung akzeptieren. Ich fühle mich übergangen.

Noch einige nachträgliche Anmerkungen:

Sie erinnern sich, daß man in den 50er Jahren Rabattmarken gesammelt und in ein Buch geklebt hat. So etwas machen wir häufig auch mit unserem Ärger: Wir ärgern uns über eine Sache, sagen aber nichts, sondern schlucken den Ärger hinunter. Dann kommt die nächste Sache, die uns ärgert. Daraufhin ist dieses Gefühl schon etwas stärker, weil ja der alte Ärger noch nicht abgegolten ist. Wenn das so weitergeht, steigt uns irgendwann das Blut in den Kopf, oder uns platzt der Kragen.

Das kann dann ziemlich unangenehm werden, wenn die den Tobsuchtsanfall auslösende Sache ziemlich belanglos ist, wie z. B. der berühmte Tropfen, der das Faß zum Überlaufen bringt. Unser Gegenüber kann dann ziemlich erstaunt sein, daß wir wegen so einer Geschichte in die Luft gehen. Wenn wir ihm dann noch aufzählen, was uns sonst noch alles nicht gepaßt hat an seinem Verhalten, können wir auch noch eine Retourkutsche bekommen. Es kann nämlich der Einwand kommen: „Warum hast Du nie etwas gesagt und haust mir jetzt alles auf einmal um die Ohren?" Sie wissen, daß er recht hat. Deshalb: Keine Rabattmarken kleben, sondern reagieren, und zwar mit einer Ich-Botschaft.

2. NLP-Lernmethoden

Die Vermittlung von Ich-Botschaften gehört in meinen Frauenseminaren zu den erfolgreichsten Bemühungen. Es ist zwar nicht ganz einfach, sich ihre sprachliche Struktur anzueignen. Aber sie sind relativ leicht umzusetzen. Frauen in Führungspositionen müssen häufig Kritik üben. Mit der Ich-Botschaft verfügen sie über eine Methode, ihre negativen Rückmeldungen klar zu formulieren, ohne den anderen in seiner Person zu verletzen, und sie sind gleichermaßen geschult, mit eventuellem Widerstand gelassen und einfühlsam umzugehen.

Dennoch kann es Frauen Mühe machen, sich in eine neue berufliche Position einzuleben, die mit der Aufgabe verbunden ist, andere zu kontrollieren und ihnen kritische Rückmeldungen zu geben. Und dabei reicht es dann häufig nicht aus, über die Formulierung von Ich-Botschaften zu verfügen. Immer wieder etwas tun zu müssen, was bei anderen negative Gefühle auslösen kann, daran können Frauen sich nur schwer gewöhnen. Gelassene Gefühle mit solchen Verhaltensweisen zu verbinden bleibt weiterhin schwierig. In solchen Fällen ist es wiederum sinnvoll, mit einer psychologischen Lernmethode des NLP vorzugehen, um solche Ziele zu erreichen.

a. Frau K.: „Du guckst jetzt einfach weg."

Mit Frau K. hatte ich Gelegenheit, ein Beratungsgespräch in diesem thematischen Zusammenhang zu führen. Diese Gesprächsform wird im NLP „Arbeiten mit Ressourcen auf der Situationsebene" genannt. Sie ist ähnlich aufgebaut wie das „Change history" aus dem letzten Kapitel. Das Gespräch mit Frau K. ist mit der Videokamera aufgezeichnet worden. Im „Zauberlehrling" finden Sie ein sprachlich leicht redigiertes Typoskript dieses Gesprächs.

Frau K. war damals Lehrerin an einer Weiterbildungseinrichtung und erst vor kurzem in die Position einer Studienleiterin aufgerückt. Mit dieser Position waren Aufsichtsfunktionen verbunden. Sie war zuständig für einen bestimmten Bereich der Organisation.

Der betraf die Sekretärin, die Lehrerkollegen und die Weiterbildungsteilnehmer.

Frau K: „Da passiert es immer wieder, daß einzelne Leute gegen die Spielregeln, die wir mal aufgestellt haben, verstoßen. Das heißt zum Beispiel, daß sie nicht rechtzeitig zum Unterricht kommen, zu früh aufhören oder daß entgegen der Regel im Klassenraum gegessen und getrunken wird oder daß die Raucher sich nicht genügend um ihr Rauchequipment kümmern. Das mag sich jetzt im einzelnen lächerlich anhören. Aber wenn das nicht vernünftig organisiert ist oder die Leute sich nicht an die Spielregeln halten, dann muß ich den Dreck wegmachen. Und daran habe ich natürlich kein Interesse. Das Problem ist, daß ich in der Regel nicht direkt auf die Leute zugehe, wenn so etwas passiert, und sage: „Hört zu! Das hatten wir nicht vereinbart, ich möchte, daß Sie das unterlassen!" Sondern ich denke mir dann erst einmal mein Teil.

Leider blieb es fast immer dabei, daß sich Frau K. ihren Teil dachte. Sie kam nicht dazu, es den anderen zu sagen. In unserem Gespräch wurde deutlich, daß sie in solchen Situationen versuchte, sich abzuwenden, so, als hätte sie das nicht wahrgenommen. Sie stand da nicht etwa aufgerichtet, sondern duckte sich ein Stück weit und machte sich klein. Sie versteckte sich dann ein bißchen. Sie hätte im Prinzip sofort etwas sagen müssen, denn sie war eigentlich die zuständige Person. Allerdings hatte sie kein Gefühl des Unwohlseins oder physische Streß, eher versuchte sie, etwas aus ihrer Wahrnehmung auszublenden, irgend etwas grau zu machen oder aus ihrem Sichtfeld rauszunehmen. Beim Erarbeiten der Problemsituation fiel ihr auch auf, daß dieses Verhalten für sie eigentlich untypisch war: „Normalerweise, wenn ich mit Menschen rede, gucke ich die auch direkt an. Ich kann auch normalerweise, wenn sich jetzt jemand mit mir messen will, Blicke aushalten. Damit habe ich kein Problem. Aber hier merke ich, da weiche ich dem aus, wie der Vogel Strauß: Wenn ich den nicht angucke, sieht der mich auch nicht."

Sowohl im körpersprachlichen Bereich als auch im Bereich ihrer visuellen Wahrnehmung ergaben sich also typische Unterschiede zu ihrem sonstigen Verhalten. In ihrer auditiven Wahrnehmung waren solche Unterschiede nur schwach ausgeprägt. Neben dem, was es in den jeweiligen örtlichen und sozialen Kontexten von außen zu hören gab, führte sie selber interne Monologe. Sie vernahm ihre innere Stimme wie einen Kommentator des Geschehens: „Das ist eigentlich nicht erlaubt!" und: „Jetzt müßtest Du eigentlich was sagen!" und: „Du guckst jetzt einfach weg", und: „Die müßten das doch eigentlich wissen", und: „Eigentlich geht es mir auf die Nerven, immer dasselbe Lied." Ihre Stimme klang dabei ein bißchen resigniert. Also nicht so: „Das nächste Mal sagst Du aber was", sondern: „Na ja, schon wieder!!!" Sie sagte das mit einer etwas langsameren, leiseren und auch tieferen Stimme, als wie sie sonst sprach. In diesem Zusammenhang fiel ihr auch ein, daß sie aufgrund ihrer Funktion schon bekannt war als „die Bissige". Die Betreffenden hatten durchaus schon wahrgenommen, daß sie für die Beachtung der Regeln zu sorgen hatte. Auf meine weitere Frage nach ihren Gefühlen gab sie an, ein bißchen ein schlechtes Gewissen zu haben, da sie ja die zuständige Person war, die sofort etwas sagen müßte.

Die Erarbeitung der Problemsituation hatte bei Frau K. die damit verbundenen Gefühle weitgehend wieder gegenwärtig gemacht, so daß es wichtig war, ihre Aufmerksamkeit wieder auf die gegenwärtige Situation zu konzentrieren, bevor wir genau erarbeiten würden, welchen Ablauf des Geschehens sie sich wünschte. Diesen in der herangezogenen Methode zweiten wichtigen Arbeitsschritt eröffnete ich mit der Frage: „Was möchten Sie in solchen Situationen erreichen? Was ist Ihr Ziel?"

Frau K.: „Mein Ziel ist: ... Eigentlich will ich sagen: ‚Hören Sie zu, hier steht eine Porzellantasse. So haben wir das nicht vereinbart. Bitte sorgen Sie dafür, daß die verschwindet, und benutzen Sie Pappbecher.'"

Allgemeiner formuliert, Frau K. wollte die Person, um die es da geht, direkt ansprechen und ihr sagen, daß das, was da nicht in Ordnung ist, geändert werden soll. Dieses Ziel muß Frau K. sich bei diesem Schritt ganz konkret bewußt machen. Und konkret bewußt machen bedeutet bei dieser Vorgehensweise, die Situation in der Vorstellungskraft so ablaufen zu lassen, wie sie später in der Realität erlebt werden soll, also in allen Sinneskanälen und mit einer realitätsgetreuen Intensität. Aus diesem Grunde werden im NLP immer sinnesspezifische Fragen gestellt: „Was siehst Du in der Situation? Was hörst Du? Was fühlst Du?" und manchmal auch: „Gibt es einen typischen Geruch oder Geschmack?" Bei der Zielerarbeitung ist es wichtig, das gewünschte Erleben in der Phantasie zu konstruieren wie ein echtes Erleben. Deshalb stellte ich Frau K. entsprechende Fragen, deren Beantwortung die Produktion solcher sinnesspezifischer Konstrukte voraussetzten: „Woran werden Sie erkennen, daß Sie Ihr Ziel erreicht haben?" Solche Fragen erzeugen die sinnesspezifische Zielvorstellung in mehreren Schritten. Zuerst wird gefragt: „Welche Körperhaltung nehmen Sie ein, wenn Sie Ihr Ziel erreicht haben? Was sehen Sie?" ... dann: „Was hören Sie, ... Was fühlen Sie, wenn Sie Ihr Ziel erreicht haben?"

Frau K. war klar, daß sie ihr Ziel nicht erreichen könnte, wenn sie sich abwendete und ganz klein machte. Sie wollte aufgerichtet sein und die Person ansehen. Dabei fiel ihr auch ein, daß sie vielleicht aufgeregt sein würde. Ihr Adrenalinspiegel könnte steigen. Vorher war sie nicht aufgeregt. Da war sie eher wütend oder resigniert. Wenn sie aber jemanden konfrontieren, also Kritik aussprechen würde, wie auch immer sie das verpackte, es würde demjenigen unangenehm sein. Sie wußte, daß sie mit Widerstand rechnen mußte, also einen erhöhten Adrenalinspiegel haben würde. Das war für sie aber in Ordnung. Das empfand sie nicht als negativ.

Auch im visuellen Bereich würde sich etwas anderes ergeben. Da würde jetzt alles klar sein, klar erkennbar, auch das, was ihr nicht gefiel. Und die Person, die die Regeln nicht eingehalten hatte, die würde sie direkt ansehen. Wenn sie ihr Ziel erreicht haben würde, liefe es auch im auditiven Bereich anders ab. Sie würde jetzt nicht mehr innere Gedanken haben und denen zuhören, sondern sprechen, und zwar laut sprechen: „Ich werde das so formulieren, daß die Person sich nicht persönlich angegriffen fühlt, also mit Ich-Botschaften. Ich werde das ruhig und gelassen aussprechen. Also, es nützt ja auch nichts, jetzt rumzutoben. Ja, meine Stimme hört sich etwas heller an als meine innere Stimme. Vielleicht kann ich es auch ein bißchen ironisch machen. Es muß ja nicht todernst sein. Also, ich werde mir da für bestimmte Situationen schon vorher ein paar Sätze überlegen, die zwar witzig sind, aber wo die Leute schon mitkriegen, das sollten sie jetzt besser unterlassen." Weitere Fragen ergaben, daß Frau K. in einer mittleren Lautstärke, aber so, daß sie gehört werden würde, und eher ruhig sprechen wollte. Danach testete ich nochmal, ob es auch wirklich für sie OK sein würde, wenn Sie dabei ein bißchen aufgeregt wäre. Das bestätigte sie: „Ja, wenn ich ein bißchen aufgeregt bin, dann habe ich es auch umgesetzt."

Ein ganz wichtiger Schritt beim Arbeiten mit Ressourcen auf der Situationsebene und im NLP überhaupt besteht darin, vor Veränderungsprozessen sicherzustellen, ob das erarbeitete Ziel nicht in anderen Lebensbereichen der betreffenden Person negative Konsequenzen haben könnte. Bei Frau K. ergaben sich durchaus solche Aspekte:

„Also, was ich mir schon vorstellen kann, ... daß ich mich damit nicht unbedingt beliebt mache. Es ist ja nun nicht so, daß ich immer weggucke. ... Und den Beinamen, die Bissige, habe ich mir damit schon eingefangen. Also, mir ist klar, daß die Gefahr besteht, mich unbeliebt zu machen."

Wenn beim Nachdenken über die Auswirkungen von Verhaltenszielen schwerwiegende negative Konsequenzen auftauchen, mußt das Ziel abgeändert, manchmal sogar fallengelassen werden. Häufig möchten die Betreffenden jedoch trotzdem an einem solchen Ziel festhalten. Darauf kann man sich einlassen, wenn es Möglichkeiten gibt, mit den mutmaßlichen Folgen angemessen umzugehen. Ich fragte deshalb Frau K: „Was könnten Sie tun, um solchen Folgen vorzubeugen?" Darauf hatte sie sogleich eine Antwort:

„Da habe ich vorhin schon drüber nachgedacht. Deshalb fällt mir auch sofort eine Antwort ein. Indem ich den Leuten klarmache, daß es einen Unterschied gibt zwischen Funktion und persönlicher Beziehung. Also, daß ich denen das einfach erkläre, daß ich nichts persönlich gegen sie habe. Aus Porzellantassen trinken, das können sie ja sonst Tag und Nacht machen. Nur ich bin eben qua Funktion dazu da, die Regeln einzuhalten. Irgend jemand muß das machen. Wenn ich ihnen das nicht sage, sagt es ihnen jemand anderes. Das ist jetzt also nicht auf der persönlichen Schiene, auf der Beziehungsebene."

Auf meine Frage, ob sie damit zurechtkommen würde, ist sie sicher, daß das bei vielen funktionieren würde, aber sie räumt ein, nicht zu wissen, ob das in allen Fällen gelingen könnte. Daraufhin frage ich sie, wie sie sonst noch für sich sorgen könne in Situationen, wo das nicht funktioniere.

Frau K: „Ja, wahrscheinlich würde ich erst einmal warten, ob das sich wieder einrenkt. Und wenn nicht, dann würde ich ein Gespräch führen. Also ich würde mich mit denen zusammensetzen und sagen, vielleicht wieder mit der Ich-Botschaft, was ist bei mir los, also wie ich mich dabei fühle und ob wir das nicht ausräumen können. Es passiert selten, wenn ich ernsthaft ein Gespräch mit Menschen habe, daß das nichts bewirkt. Das müßte aber dann so sein, daß es eine wirkliche Störung ist."

Diese Formulierungen klingen selbstsicher. Trotzdem frage ich nochmal nach, ob sie sich wirklich sicher ist. Dabei wird ihr klar, daß sie das nicht ganz genau weiß und daß sie das ausprobieren müsse: „Das ist jetzt noch in meiner Vorstellung. Aber bis jetzt habe ich mich noch nie jemandem gegenüber so kraß verhalten, daß der mir das langfristig übelgenommen hat. Ich habe es schon mal mit unserer Sekretärin erlebt, daß die mir gegenüber nicht besonders gut gelaunt war. Aber das hat mich nicht gestört. Eine ernste Störung wäre, wenn sie mich boykottiert zum Beispiel oder irgendwelche Intrigen gegen mich spinnt, dann hätte ich schon Schwierigkeiten. Aber das war bis jetzt noch nicht der Fall." Während ich noch etwas skeptisch bin, bleibt Frau K. der Meinung, daß sie damit leben könne, daß einige sie dann vielleicht nicht so mögen für den Moment. In der Regel habe sie auch die Erfahrung gemacht, daß ein Lehrer, der auch eine gewisse Stringenz habe, durchaus anerkannt sei, auch wenn die Teilnehmer einzelne Aktionen nicht mögen.

Für den Fall, daß ihre Einschätzung sich ändern könne, biete ich ihr daraufhin ein weiteres Gespräch an. Falls sich also solche negativen Konsequenzen wirklich ergäben, könne sie ja noch mal überprüfen, ob sie das Verhalten, was sie jetzt anstrebe, beibehalten wolle oder ob sie dann in solchen Situationen anders vorgehen wolle. Das müsse jetzt keine endgültige Sache sein.

Im nächsten Schritt geht es um die Erarbeitung von Ressourcen, also Möglichkeiten jeder Art, die geeignet sind, im Problemzusammenhang das Ziel zu erreichen. Diese Vorgehensweise arbeitet dabei nicht mit bereits gemachten Erfahrungen, die herangezogen werden, wie bei Frau G. im Umgang mit Aggressionen. Hierbei geht es um eine einfache Suche nach Wegen, Mitteln und sonstigen Möglichkeiten, die der betreffenden Person helfen könnten, ihr Ziel zu erreichen.

Auf meine Fragen, was sie tun könne, um im Problemkontext ihr Ziel zu erreichen, fällt Frau K. erst einmal gar nichts ein. Sie findet nichts für die Situation, in der sie sieht, daß wieder Regeln gebrochen werden und sie sich fragt, wie sie es schaffen könne, jetzt genau das Verhalten zu zeigen, das sie sich vorgenommen hat, nämlich die betreffende Person direkt anzusprechen. Sie kreist mit ihren Gedanken um etwas, was sie sagen könnte, als ihr einfällt, daß sie dann ja noch nichts tut. Ihr wird klar, sie muß zum Tun kommen. Es geht darum, etwas zu finden, was sie dazu bringt, dieses Tun, dieses Verhalten auch wirklich zu zeigen. Doch dann kommt ein Gedanke:

„Letztlich geht es für mich darum, mir das wirklich vorzunehmen. Ich bin da so ein bißchen lasch geworden. Ich muß mir sagen: ‚OK. Das ist letztlich Dein Job, und Du willst ja auch, daß es sich ändert, denn sonst habe ich ja im Endeffekt die Arbeit.'"

Nachdem eine erste Idee da ist, fließen auch weitere: Ihr fällt ein, daß sie nochmals mit ihrem Vorgesetzten sprechen könnte. Das könne sie inspirieren. Wenn der sage, daß das eingehalten werden müsse, dann bedeute das einen bestimmten Druck für sie. Danach fällt ihr ein, nochmals mit der Sekretärin und den Klassensprechern eine kleine interne Konferenz zu veranstalten, um die Spielregeln aufzufrischen. Danach stockt der Ideenfluß erneut.

Bisher hat Frau K. Möglichkeiten gefunden, die ihre Motivation stärken, aber noch keine Strategie, die ihr im Problemzusammenhang selbst hilft, zu dem gewünschten Verhalten zu kommen. Ich versuche ihr auf die Sprünge zu helfen, indem ich sie frage, wie sie sich normalerweise in einer Situation direkt motiviert: „Gibt es da in dieser Motivationsstrategie so etwas wie sich einen Schubs geben: Jetzt los! zum Beispiel?"

Das erste, was ihr daraufhin bewußt wird, ist: „Ja, was ich tun könnte, wäre vielleicht, einfach, daß ich mich aufrichte, also jetzt nicht versuche, der Situation aus dem Weg zu gehen, sondern mich dem zuwende und mich aufrichte." Als ich bereits dabei bin, nach der fünften Möglichkeit zu fragen, spinnt sie den alten Gedanken weiter: „Aufrichten und dem zuwenden! Genau. Ich hatte ja oft Gelegenheit, daß ich so im Vorbeigehen, so aus den Augenwinkeln, wenn ich was ganz anderes machen will, das eine oder andere sehe, und daß ich mir dann sage: ‚Stop!!!' ..."

Damit hat sie ein weiteres Element für eine effektive Motivation direkt in der Problemsituation gefunden. Sie sagt Stop, hält an, richtet sich auf und wendet sich dem zu.

Auf eine fünfte Möglichkeit kommt sie dann wieder sehr schnell. Meine Erinnerung an persönliche Motivationsmöglichkeiten hat ihr ihre Lieblingsmotivation ins Gedächtnis gerufen. Sie schlägt vor, sie könnte sich ja eine Belohnung aussetzen. Das ist eine Möglichkeit, über die sie sich außerordentlich freut.

Nach der Sammlung von möglichen Ressourcen, die in der Problemsituation zum Ziel führen könnten, folgt ein Test. Dieser Test ist sehr einfach. Die Betreffenden stellen sich vor, sie hätten die Ressource zur Verfügung, und gehen mit ihr in die Problemsituation hinein und lassen dort in ihrer Vorstellung die Dinge sich spontan entwickeln. Wenn sich als Reaktion auf ihre Verfügung über die Ressource Phantasien entwickeln, die dem Ziel näherkommen, kann man davon ausgehen, daß die Ressource wirksam ist. Von außen kann man die Wirkung der Ressource an der Mimik der betreffenden Person ablesen. Das hört sich jetzt vielleicht wieder etwas mysteriös an. Aber Menschen haben ein gutes Gefühl für das, was möglicherweise funktioniert, und auch dafür, wie gut es funktioniert, und dieses Gefühl drückt sich in der Mimik aus.

Ich bitte also Frau K. jetzt: „Gehen Sie mal davon aus, Sie haben es sich jetzt vorgenommen, Sie sagen es jetzt, und mit diesem Wissen, daß Sie es sich vorgenommen haben, gehen Sie jetzt in die Problemsituation hinein. Sie sehen, da haben Leute wieder irgendwelche Regeln gebrochen. Und jetzt überprüfen Sie mal: Sagen Sie es dann?"

Frau K: „Auf jeden Fall eher, als wenn ich es mir nicht vornehme. Ja, doch!"

„OK. Jetzt stellen Sie sich vor, Sie haben mit Ihrem Vorgesetzten geredet. Und der hat gesagt, darauf muß geachtet werden, sonst geht hier alles drunter und drüber."

Diese Ressource scheint besonders stark zu sein. Frau K.s Mimik drückt Begeisterung aus. Sie lacht laut und meint, ich hätte den Ton ihres Vorgesetzten besonders gut getroffen. Danach teste ich die Wirkung der kleinen internen Konferenz. Auch deren Wirkung ist nicht schwach. Frau K. meint, sie habe dann ja etwas, worauf sie sich in der Problemsituation beziehen kann. Denn sie kann den Betreffenden sagen: Hören Sie, letzte Woche war die Konferenz. Sie haben alle die Information und auch als Wiederauffrischung. Und sie kann in einem solchen Zusammenhang nicht als „die Böse" angesehen werden.

Auch die direkte Motivationsstrategie ist wirksam. Auf meine Bitte: „Gehen Sie in die Situation hinein. Und bevor Sie ausweichen, sagen Sie ‚Stop', richten sich auf und wenden sich demjenigen zu. Funktioniert das?" zögert sie zunächst und teilt mit, daß es beim Aufrichten gerade gehakt habe: „In dieser Situation, die ich gerade genommen habe, saßen die Teilnehmer. Und es entspricht mir nicht, daß ich dann aufgerichtet stehe und von oben heruntergucke. Ich würde dann eher auf die gleiche Höhe gehen. Ich würde mich ein Stück runterbeugen und sagen, so und so."

Nachdem sie das ausprobiert hat, merkt sie, daß sie dabei ein bißchen aufgeregt war. Ihr wurde klar, daß das für sie nicht ganz leicht sein würde. Ich erinnere sie daran, daß sie ja auch am Aufgeregtsein erkennen wollte, daß sie es tut.

Zum Schluß des Testens stellt sich heraus, daß auch die fünfte Ressource besonders gut funktioniert. Der Gedanke, daß sie eine Belohnung bekommt, wenn sie es geschafft hat, gefällt ihr außerordentlich gut. Sie lacht vor Vergnügen.

Die Ressourcen sind also alle wirksam. Die wirksamste dabei ist, mit ihrem Vorgesetzten zu reden. Das erscheint ihr auch logisch, weil es sie legitimiert, etwas zu tun, was ihr eigentlich vom Typ her nicht so behagt. Aber sie hat eben diese Funktion, und der Vorgesetzte hat es gesagt. Damit ist sie sich selbst gegenüber legitimiert, das braucht sie dann auch den Betreffenden gar nicht zu sagen.

Da alle Ressourcen wirksam und miteinander vereinbar sind, schicke ich sie im nächsten Schritt, der sogenannten Integration, mit allen Ressourcen in die Problemsituation:

„OK. Dann nehmen wir doch einmal alle zusammen und prüfen, wie die wirken, wenn wir alle beieinander haben. Sie gehen in die Problemsituation erstens mit dem Wissen, daß Sie es sich vorgenommen haben, Sie wollen jetzt. Dann haben Sie vorher mit Ihrem Vorgesetzten geredet, und der hat noch einmal klar gemacht, so nicht. Dann war eine kleine interne Konferenz, und Sie wissen, die Information ist an alle Beteiligten weitergegeben worden, daß die Regeln eingehalten werden müssen. Und außerdem wissen Sie, daß Sie eine Belohnung bekommen, wenn Sie es machen. Und jetzt, bevor Sie sich abwenden, sagen sie, ‚Stop', richten sich auf oder gehen auf die gleiche Höhe und wenden sich demjenigen zu. Funktioniert das?"

Es funktionierte gut. Frau K. kam aus ihrer Vorstellung zurück, atmete tief aus und sagt dabei: „Huuuh!!!" Sie war aufgeregt und wußte, jetzt ist es irgendwie ernst. Das nächste Mal wird es passieren.

Danach schickte ich sie in eine zukünftige Situation, in der sie ähnliche Vorfälle erwartete wie in der Problemsituation. Ich bat sie dabei, ihre gesammelten Ressourcen mitzunehmen und aufmerksam darauf zu achten, wie sich das da entwickelt.

Die Arbeit mit Frau K. brachte das erwünschte Resultat bereits am nächsten Montag. Statt Gespräche mit dem Vorgesetzten und eine kleine interne Konferenz abzuwarten, ging sie am frühen Morgen vor dem Unterricht mit der Sekretärin durch alle Klassen, um die Regeln aufzufrischen. Danach hat sie nie wieder über Schwierigkeiten mit kritischen Rückmeldungen geklagt.

Nicht immer sind Einzelgespräche so erfolgreich wie das mit Frau K. Die Problematik von Frau K. trat nur in einem einzelnen Bereich ihres Lebenszusammenhangs auf, sie war gut abgrenzbar, und Frau K. hatte gute Ressourcen. Das sind drei Voraussetzungen, die das Arbeiten mit NLP sehr begünstigen. Wenn solche Voraussetzungen nicht gegeben sind, dauert die Arbeit länger. Das ist vor allem dann der Fall, wenn eine bestimmte Problematik in fast allen Lebenszusammenhängen angesiedelt ist, sich bereits früh, beispielsweise schon in der Kindheit, entwickelt hat und mit anderen Problematiken wie ein Rattenkönig zusammenhängt. Wenn es dann keinen Lebensbereich gibt, in dem gute Erfahrungen gemacht, also auch gute Ressourcen entwickelt wurden, sind gute Erfolge in nur einer Sitzung schwer zu erreichen. Dann ist es wichtig, daß die Betreffenden sich NLP-Methoden zum Selbstmanagement aneignen und sie über einen längeren Zeitraum benutzen, um Schritt für Schritt wichtige Ziele zu erreichen. Dazu kann wiederum gehören, Jugend- und Kindheitssituationen zu bearbeiten. Denn häufig zeigt sich bei der Erarbeitung eines Problems im beruflichen Zusammenhang, daß dasselbe Problem bereits in der Herkunftsfamilie eine Rolle spielte. In Frauenseminaren wird häufig deutlich, daß es etwas im Verhältnis zur Mutter aufzuarbeiten gibt.

b. Frau U.: „... manchmal bin ich sogar so weit, daß ich mich nochmal entschuldige, daß ich überhaupt etwas gesagt habe."

Frau U. gehört zu den Frauen, denen es gleichermaßen schwerfällt, eigene Bedürfnisse zur Geltung zu bringen wie auch unannehmbares Verhalten anderer zurückzuweisen oder auch nur zu sagen, welche Gefühle solche Verhaltensweisen in ihr auslösen. Das tritt im beruflichen Kontext ebenso auf wie im privaten. Ganz besonders schwer fällt es Frau U., solche Verhaltensweisen gegenüber ihrer Mutter zu zeigen. Aus der Fülle ihrer negativen Erfahrungen auf diesem Gebiet wählten wir zur Bearbeitung ein Beispiel mit ihrer Mutter. Sie meinte dazu, daß dieses Beispiel nicht gerade dramatisch ausfalle, aber der Ablauf sei sehr typisch, und da es sich erst kürzlich abgespielt habe, sei es noch intensiv und gut erinnerbar.

Es ging um ihr Brautkleid. Frau U. wollte heiraten und war während eines Kuraufenthaltes ihrer Mutter mit einer Freundin losgefahren und hatte sich Brautkleider angeschaut und auch eins gefunden, das ihr gefiel. Aber sie hatte den Wunsch, es sich mit ihrer Mutter zusammen anzugucken, bevor sie es kaufte: „Ich habe sie dann angerufen und sie gefragt, wann sie mitkommen könne, weil die Verkäufer so ein Kleid nur eine bestimmte Zeit zurückhängen. Aber an dem Tag, an dem sie von ihrer Kur zurückkam, hat es ihr nicht gepaßt. Das habe ich verstanden. Aber der Freitag, an dem es dann noch möglich gewesen wäre, der hat ihr auch nicht gepaßt, weil da gerade mein Vater aus London wiederkommen sollte. Und das hat mich geärgert, weil es für mich wichtig war, zu wissen, ob sie nun mitgeht oder nicht. Denn die Leute machen ja auch Druck, daß man das nicht ewig zurückhängen könne. Und als meine Mutter nun nicht wollte, wie ich mir das vorgestellt hatte, da war ich eigentlich ziemlich sauer. Ich konnte das in dem Moment aber nicht sagen. Sie hat gefragt, verstehst Du das denn nicht? Ich habe gesagt, nein, verstehe ich nicht! Und damit war das Gespräch eigentlich gelaufen, abgeblockt. Hinterher habe ich mich sehr geärgert, weil ich mich in dem Moment..., ich fühlte mich nicht wichtig genommen."

„Sie fühlten sich nicht ernst genommen."

Frau U.: „Ja, und wir sind jetzt am Mittwoch noch einmal auf dieses Thema zurückgekommen. Mittlerweile hatte sich die Sache gut entwickelt. Meine Eltern sind beide mitgekommen, um sich das Brautkleid anzuschauen, und es war auch sehr schön. Und am Mittwoch habe ich dann am Telefon zu meiner Mutter gesagt, ich hätte das nicht besonders gut gefunden, wie das vorher gelaufen ist. Das war wieder mal typisch, daß ich dann zwar den Mut habe, die Kritik anzumelden. Aber dann kommt die übliche Resonanz, die mich dann wieder klein macht. Erstmal hat meine Mutter gesagt, sie verstehe die Kritik überhaupt nicht. Dann hat sie mir erzählt, was ich irgendwann mal falsch gemacht habe. Und das hat damit geendet, ja, daß ich mich zuhause unwohl gefühlt habe und sie erst nochmal anrufen mußte, um ihr zu sagen, was mir gut gefallen hat. Also, ich kann das dann nicht so stehen lassen. Wenn ich mich schon mal traue, etwas zu sagen, und das nicht nur in mich reinfresse, und wenn ich's dann mal sage, und mein Gegenüber reagiert dann nicht mit Verständnis, sondern reagiert sauer oder angegriffen, dann kann ich damit nicht umgehen. Ich kann das dann nicht hinnehmen und sagen, OK, damit muß der oder die jetzt fertig werden, sondern ich mache mir dann Gedanken. Und manchmal bin ich sogar so weit, daß ich mich nochmal entschuldige, daß ich überhaupt etwas gesagt habe."

Nach diesem Bericht vergewissere ich mich erst einmal, ob Frau U. ihre Gefühle abgeschüttelt hat und mit ihrer Aufmerksamkeit wieder in der Gegenwart ist oder sich immer noch ärgert. Es gehe jetzt wieder, sagt sie dazu. Die Voraussetzung, ein Zielverhalten zu erarbeiten, ist damit gegeben. Ich frage Frau U: „Wie würden Sie sich denn wünschen, daß so ein Gespräch abläuft? Was möchten Sie erreichen in dieser Situation? Und zwar nehmen wir, wenn Sie einverstanden sind, am besten die erste Situation, in der Sie Ihrer Mutter eigentlich sagen wollen, ich möchte, daß Du mitgehst."

Frau U: „Eigentlich möchte ich sagen, daß mir das sehr wichtig ist, daß sie das jetzt mit mir zusammen unternimmt. Und eigentlich möchte ich ihr auch sagen, daß ihr das, was sie als sehr wichtig empfindet, ja nicht entgeht, nämlich sich mit meinem Vater zu treffen, sondern daß das dadurch ja nur etwas aufgeschoben wird. Und ich möchte das eigentlich auf einer sachlichen Ebene sagen, also nicht gleich mit einem Tonfall, der sich unwirsch anhört."

Frau U. wollte ihrer Mutter vor allem die Bedeutung mitteilen, die das gemeinsame Auswählen des Brautkleides für sie hatte. Um eine sinnesspezifisch konkrete Vorstellung des gewünschten Zieles zu erarbeiten, ging ich mit Frau U. ganz systematisch vor. Zunächst bat ich sie, sich das ganze erst einmal als Film vorzustellen, in dem sie sich selber sieht, wie sie der Mutter gerade sagt, was sie ihr sagen möchte. Wir gingen dabei so vor, daß wir den Text, also die Formulierung ihrer Bitte und der kritischen Rückmeldung auf die Ablehnung der Mutter sorgfältig auswählten und daran feilten, um dann ihre Wirkung im Film zu überprüfen. Danach überprüften wir den Tonfall des Gesagten, die Körperhaltung und die Blickrichtung. Nachdem sie das als Film durchgespielt und geprüft hatte, fragte ich nach dem Gefühl, das sie sich dabei wünschte:

Frau U.: „Ich möchte mich dabei frei fühlen. Frei bedeutet für mich, daß ich, egal wie die Antwort ausfällt, damit gut umgehen kann. Und daß ich froh darüber bin, daß ich meine Wünsche artikuliert habe."

Ich bat Frau U. daraufhin, diese Filmszene jetzt assoziiert durchzuspielen, also in die Situation hineinzugehen, sie voll zu erleben und jetzt auch zu fühlen, wie sie abläuft:

„Spielen Sie das jetzt mal intern durch. Also Sie sitzen aufrecht, damit Sie gut durchatmen können, und auch der Bauch ist frei. Sie sehen Ihre Mutter direkt an. Und jetzt sagen Sie ihr das, was wir eben formuliert haben, und dabei haben Sie ein Gefühl von Freiheit: Sie fühlen sich frei, egal, was jetzt von ihr kommt, und Sie freuen sich darüber, daß Sie das gesagt haben."

Die Zielerarbeitung klappte gut. Also überprüfte ich, ob es vielleicht irgendwelche Nachteile geben könnte, die das neue Verhalten nach sich ziehen könnten: Frau U. sah keine negativen Konsequenzen, vor allem nicht, wenn die Form der Äußerungen angemessen sein würde. Ein Problem könnte allerdings sein, wie ihr Gegenüber mit der Kritik umgehen würde, aber das sei im wesentlichen deren Problem, wenn sie die richtige Form wählte. Für den Fall, daß der andere in seiner Gegenreaktion heftig werden würde, hatte sie auch Ideen für einen positiven Umgang damit. Sie würde ein Gespräch führen, entweder gleich oder später, in dem sie gemeinsam auf einen Nenner kommen, also Gegensätze oder Mißverständnisse ausräumen könnten.

Da sie bei dieser Überprüfung eine entspannte Haltung einnahm, ging ich mit ihr über zur Suche nach Ressourcen. Um dazu zu kommen, es ihrer Mutter auch tatsächlich zu sagen und nicht zu schweigen, fiel ihr ein, im Gespräch erst eine kurze Pause einzulegen, um ihre Gedanken zu sammeln. Dann kam ihr die Idee, solche Gespräche nicht übers Telefon, sondern persönlich zu führen. Wirksam sein könnte vielleicht auch, daß sie sich vorher klar wurde, wie wichtig es für sie ist. Dann kam sie darauf, es sich vorzunehmen. Und danach war Schluß. Meine Frage nach bereits existierenden Erfahrungen in anderen Zusammenhängen brachten trotz langen Grübelns nichts zutage.

Also testeten wir erst einmal die gefundenen Ressourcen. Sie waren alle nicht sehr wirksam. Die Pause zum Gedankensammeln könnte „vielleicht" etwas bringen. Das persönliche Gespräch war etwas wirksamer, aber auch schwach. Eine ähnliche Wirkung hatte die Vergegenwärtigung der Wichtigkeit ihres Anliegens. Auch der Vorsatz brachte nicht mehr. Alles ging, aber alles war nicht besonders stark. Also blieb uns nichts übrig als weiterzusuchen.

Diese Suche war nicht ganz einfach. Wir versuchten zunächst noch einmal genau herauszufinden, welche gefühlsmäßigen Komponenten sie für die erfolgreiche Bewältigung der Situation brauchte. Dabei wurde deutlich, sie brauchte ein bestimmtes Selbstgefühl, das zusammengesetzt war aus einem Gefühl für die Wichtigkeit ihres Anliegens, einem Gefühl für dessen Legitimität und einem Gefühl von Gelassenheit der möglichen Reaktion des anderen gegenüber. Damit hatten wir die gefühlsmäßigen Komponenten für die Suche nach einer Situation, in der sie eine solche Erfahrung bereits gemacht hatte. Auch diese Suche war zunächst schwierig, weil Frau U. nach Erfahrungen aus ihrem Privatleben grub und nicht auf die Idee kam, ihre Suche weiter auszudehnen. Nach mehreren Anstößen und Richtungswechseln hatte sie eine.

Ich bat Frau U., mir von der besagten Situation zu berichten. Ich hatte vor, die Erfahrung dieser Situation zu verankern, um ihr die Einbeziehung dieser Ressource in die Problemsituation zu erleichtern. „Ankern" gehört zu Vorgehensweisen, die im NLP häufig angewandt werden. Am einfachsten sind sogenannte kinästhetische Anker. Während mein Gegenüber eine Erfahrung vergegenwärtigt und mir davon berichtet, berühre ich sie oder ihn an einer neutralen Körperstelle.

Während Frau U. damit beginnt, ihre Erfahrungen aus dieser Situation mitzuteilen, lege ich meine Hand auf ihr Knie: „Ich habe mich einmal mit einer Kollegin zusammengesetzt, mit der wir in der Abteilung eigentlich immer Probleme hatten. Wir haben dieses Problem besprochen, und dabei habe ich ihr auch gesagt, was mir an ihrem Verhalten nicht gefällt, also wo ich ihr Verhalten nicht nachvollziehen kann und auch nicht in Ordnung finde. Aus diesem Gespräch sind wir beide sehr gut herausgegangen. Das heißt, wir sprechen heute noch über sehr viele Dinge, obwohl wir nicht mehr direkt zusammenarbeiten. Dieses Gespräch hat eine positive Wirkung gehabt."

Frau U. konnte also durchaus kritische Rückmeldungen geben und dabei eine positive Beziehung zum anderen aufrechterhalten. Sie hatte das wahrscheinlich nur in anderen Lebensbereichen so noch nie probiert. Um das zunächst in ihrer Vorstellung zu tun, forderte ich sie auf: „Gehen Sie jetzt bitte einmal in die Situation mit Ihrer Mutter. Aber nehmen Sie das Wissen mit, daß Sie selbstbewußt auftreten können, daß Sie jemandem etwas sagen können, was wichtig ist, und ihm kritische Rückmeldungen geben können, die auch legitim sind. Und daß Sie das können und es Ihnen egal ist, wie der andere darauf reagiert. Nehmen Sie jetzt also dieses Selbstbewußtsein mit und gehen Sie in das Gespräch mit Ihrer Mutter und lassen es ablaufen, so wie es sich jetzt in Ihrer Phantasie spontan entwickelt."

Während ich dies sagte, drückte ich den Anker. Frau U. durchlief in ihrer Vorstellung die Szene und kam mit einer Erfolgsmeldung zurück. Ein weiterer Durchlauf durch eine antizipierte Zukunftssituation klappte auch ohne Anker.

c. Probleme lösen auf der Situationsebene

Wenn Sie selber Probleme kennen, die in bestimmten Situationen immer wiederkehren und die Sie gerne überwinden würden, können Sie das nach der folgenden Vorgehensweise probieren. Vergegenwärtigen Sie sich im ersten Schritt die Problemsituation, die Sie bearbeiten möchten. Wenn es mehrere solcher Situationen gibt, die einander ähneln, wählen Sie für die Situationsbestimmung eine aus.

Wenn Sie diese Erinnerung in sich wieder wachgerufen haben, machen Sie sich bewußt, was das für eine Situation ist, wann das gewesen ist, wo Sie sich befinden, wer bei Ihnen ist. Vergegenwärtigen Sie sich dann, welche Körperhaltung Sie einnehmen und welche Körpergefühle zu dieser Situation gehören. Gehen Sie danach durch alle Sinneskanäle und machen sich bewußt, was es in dieser Situation zu sehen und zu hören gibt, welche Gefühle in dem Augenblick in Ihnen sind und ob es eventuell auch etwas Typisches zu riechen und zu schmecken gibt.

Sorgen Sie dann dafür, daß die Erinnerung, die Sie durch die Problembestimmung im ersten Schritt wachgerufen haben, Sie gefühlsmäßig nicht mehr beeinflußt. Das können Sie bewirken, indem Sie sich mit allen Sinnen auf die Gegenwart, das „Hier und Jetzt" orientieren, z.B. auf das Buch, das Sie gerade vor sich haben. Sie können sich erheben, ein paar Schritte im Raum umhergehen und aus dem Fenster schauen oder andere Dingen tun. Wichtig ist, von den Gefühlen der Problemsituation wegzukommen. Solange noch etwas von den negativen Gefühlen der Problemsituation, die Sie bearbeiten möchten, in Ihnen ist, wird es Ihnen schwerfallen, Ihr Ziel zu bestimmen und das Erleben Ihres gewünschten Verhaltens in allen Sinneskanälen vorwegzunehmen.

Sobald es Ihnen gelungen ist, mit allen Ihren Sinnen im sogenannten Hier und Jetzt zu sein, können Sie sich die Frage vorlegen, was Sie erreichen wollen, was Ihr Ziel in dieser Situation ist. Machen Sie sich dabei wieder bewußt, was das für eine Situation ist, wo Sie in dieser Situation sind, wer noch bei Ihnen ist und wie Sie sich verhalten wollen. Bedenken Sie dabei, daß 1. Ihr Ziel in Ihrem eigenen Kompetenzbereich liegen muß. Es darf nicht darum gehen, daß ein anderer sich verändert. Ihr Ziel darf 2. keine Negationen enthalten. Wenn es zum Beispiel darum geht, **keine Angst** mehr zu haben, müssen Sie Ihr Ziel „keine Angst" positiv umformulieren in „sich sicher fühlen" oder „ruhig sein" oder „souverän auftreten". 3. ist es darüber hinaus wichtig, Ihr gewünschtes Verhalten in der Situation so zu bestimmen, daß Sie am Verhalten selber und nicht erst an späteren Resultaten feststellen können, daß Sie Ihr Ziel erreichen. Wenn Sie das sichergestellt haben, lassen Sie in Ihrem Innern eine Phantasie entstehen, in der Sie das gewünschte Verhalten zeigen und in allen Sinneskanälen erleben. An dem, was Sie jetzt sehen, hören und fühlen, müssen Sie erkennen können, daß Sie Ihr Ziel erreicht haben. Eine solche sinnesspezifisch konkrete Vorwegnahme des gewünschten Verhaltens mit Hilfe Ihrer Vorstellungskraft wird Sie wirksam bei der realen Zielerreichung unterstützen.

Menschen neigen dazu, neue Verhaltensweisen spontan zu verallgemeinern, also auch auf Situationen zu übertragen, für die sie sie nicht unmittelbar erworben haben. Das kann günstig sein, manchmal ist es jedoch problematisch, wenn das Verhalten in der Übertragungssituation auch negative Folgen hat. Einer solchen unkontrollierten Übertragung können Sie vorbeugen, indem Sie sich im nächsten Schritt überlegen, in welchen drei Situationen Sie lieber das alte Verhalten beibehalten wollen.

Einen weiteren wichtigen Schritt zur Überprüfung der Angemessenheit des neuen Verhaltens stellt der sogenannte Ökologie-Check dar. Dabei wird überprüft, ob das neue Verhalten negative Konsequenzen haben könnte. Stellen Sie sich bitte vor, Sie verfügten bereits über das neue Verhalten, und fragen Sie sich, ob sich daraus negative Folgen ergeben könnten, entweder im Berufsleben oder auch im Privatleben. Wenn Ihnen solche eventuellen negativen Folgen bewußt werden, ist Ihre Aufgabe, Ihr Ziel so zu verändern, daß es solche negativen Folgen nicht mehr gibt oder Sie sichergestellt haben, daß es etwas gibt, womit Sie sich in solchen Fällen sonst noch helfen können. Überzeugen Sie sich vor jedem Veränderungsprozeß nach NLP, daß Ihre Ziele ökologisch sind, daß heißt, keine negativen Konsequenzen nach sich ziehen.

Wenn Sie den ökologischen Charakter Ihrer Zielsetzung überprüft haben, machen Sie sich zunächst auf die Suche nach sogenannten Ressourcen. Ressourcen sind alle Fähigkeiten und Erfahrungen, die Sie in Ihrem Leben erworben haben, alle Kenntnisse, Mittel und Wege, Eigenschaften, Verhaltensweisen und Reaktionsweisen, Hilfen und Unterstützung durch andere, kurz, alles, was Sie benutzen können, um Ihr Ziel zu erreichen. Lassen Sie sich viele Ressourcen einfallen. Beim Test werden Sie merken, daß nicht alle gleich geeignet sind. Je mehr Sie finden, desto größer in die Chance, eine gut wirksame zu haben.

Nach dem Suchprozeß testen Sie die Wirksamkeit der Ressourcen. Dieser Test ist ganz einfach. Sie benutzen dazu wieder Ihre Vorstellungskraft und vergegenwärtigen sich noch einmal die

Problemsituation und gehen in sie hinein. Aber Sie nehmen dabei eine der von Ihnen gefundenen Ressourcen mit und prüfen, ob sich daraus spontan ein anderer Ablauf des Geschehens ergibt. Auf diese Weise prüfen Sie die Wirksamkeit aller Ressourcen, die Sie gefunden haben. Sie werden dabei auch Ihre stärkste Ressource entdecken. Das ist diejenige, die Ihnen am besten hilft, Ihr Ziel zu erreichen. Mit dieser gehen Sie dann nochmals in die Problemsituation und erleben sie neu. Sie tun das so lange, bis Sie mit dem Resultat zufrieden sind.

Danach folgt der letzte Schritt. Er dient dazu, die Übertragung Ihres neuen Verhaltens auf Alltagssituationen, für die Sie es brauchen, zu erleichtern. Dieser Schritt wird im NLP „Future Pacing" genannt und besteht darin, daß man die nächste auf einen zukommende Problemsituation antizipiert und mit der gefundenen stärksten Ressource in seiner Vorstellungskraft in sie hineingeht, um sie zu durchleben. Wenn sich dieses Erleben von Ihrer Erfahrung in der ursprünglichen Problemsituation unterscheidet, können Sie davon ausgehen, einen Schritt weitergekommen zu sein.

d. Probleme lösen auf der Situationsebene, die Schritte im einzelnen

1. Problem bestimmen

Vergegenwärtigen Sie sich eine Situation in Ihrem Leben, wo die Dinge nicht so optimal gelaufen sind. Machen Sie sich klar, wo Sie in dieser Situation sind, wie Ihre Körperhaltung ist, was Sie sehen, was Sie hören und was Sie fühlen.

2. Separator

Konzentrieren Sie sich auf das Hier und Jetzt.

3. Ziel bestimmen

Machen Sie sich klar, was Sie erreichen wollen, was Ihr Ziel in dieser Situation ist. Ihre Zielbestimmung muß in Ihrem eigenen Kompetenzbereich liegen, sie muß positiv formuliert sein und einen kurzen Feedback-Bogen aufweisen. Lassen Sie in Ihrer Vorstellung eine Phantasie entstehen, die Ihr Ziel sinnesspezifisch konkret vorwegnimmt. Erleben Sie in allen Sinneskanälen, wie Sie Ihr Ziel erreichen, und machen Sie sich bewußt, woran Sie erkennen, daß Sie Ihr Ziel erreicht haben.

4. Situation eingrenzen

Überlegen Sie sich drei Situationen, in denen Sie lieber das alte Verhalten beibehalten wollen.

5. Ökologie-Check

Stellen Sie sich vor, Sie haben Ihr Ziel erreicht. Welche negativen Folgen könnten sich daraus ergeben im Privatleben oder im Berufsleben? Wenn Sie negative Folgen antizipieren, machen Sie sich klar, was Sie tun könnten, um solchen negativen Folgen vorzubeugen.

6. Ressourcen suchen

Machen Sie sich jetzt auf die Suche und finden Sie heraus, welche Erfahrungen, Kenntnisse, Fähigkeiten, Stärken, Mittel und Wege Ihnen zur Verfügung stehen, die Sie benutzen können, um im Problemzusammenhang Ihr Ziel zu erreichen.

7. Ressourcen testen und integrieren

Gehen Sie mit Ihren Ressourcen in die Problemsituation hinein und probieren Sie aus, welche Ihnen am besten hilft, Ihr Ziel zu erreichen. Wenn Sie auf diese Weise Ihre stärkste Ressource gefunden haben, gehen Sie damit nochmals in die Problemsituation und erleben Sie sie neu, bis Sie zufrieden sind.

8. In die Zukunft überbrücken

Antizipieren Sie eine zukünftige Situation, in der Sie ähnliche Probleme vorfinden werden. Gehen Sie mit Ihrer Ressource in die Situation hinein und durchleben Sie sie.

IV.
Kritik annehmen

Während meiner Studienzeit arbeitete ich mit einer Gruppe von Studierenden aus einer Wohngemeinschaft zusammen. Als ich während der Semesterferien einen Kommilitonen einmal fragte, ob er das Putzen seines Badezimmers so lange aufschieben wolle, bis seine Freundin aus den Ferien zurück sei und das übernehme, antwortete er mir mit dem Brustton von Überzeugung, er habe das Bad nicht schmutzig gemacht. Wenn er Dusche und Toilette benutze, hinterlasse er keinerlei Schmutz. Ich war sprachlos über diese Behauptung, denn nachweislich war er zu der Zeit der einzige Benutzer des Bades. Einige Tage später, nachdem er das Bad geputzt hatte, kam er selber auf dieses Gespräch zurück. Ich hatte dabei Gelegenheit, mich für meine Einmischung zu entschuldigen, aber ich hatte auch noch eine für mich wichtige Frage an ihn, nämlich: „Was bringt Dich dazu, etwas abzustreiten, was man Dir lückenlos beweisen kann? Du mußt das Bad schmutzig gemacht haben, denn nur Du hast es benutzt." Daraufhin antwortete er: „Ich muß das Recht haben, mich zu verteidigen!" Ich habe lange gebraucht, um diese Antwort zu verstehen. Diesem Kommilitonen hatte ich mit meiner kritischen Einmischung in sein Putzverhalten zu einem unangenehmen Gefühl verholfen. Demgegenüber bestand er auf seinem Recht auf angenehme Gefühle. Aber er hatte keine angemessenen Vorgehensweisen für eine solche Situation, mit der er zu einem angenehmen Gefühl kam. Statt zuzugeben, daß ich recht hatte, oder meine Einmischung gelassen zurückzuweisen, bestritt er beweisbare Tatsachen.

Kritik gelassen anzunehmen scheint eine Fähigkeit zu sein, die nicht nur Frauen, sondern beide Geschlechter gleichermaßen selten beherrschen. Es scheint auch keine bedeutsamen Unterschiede zu geben im Ausmaß und in der Häufigkeit, worin Männer und Frauen der Kritik ausgesetzt sind. Alle Menschen machen ganz offensichtlich von Zeit zu Zeit Fehler, die ihnen von Beteiligten ohne Ansehen der Person oder des Geschlechts „unter die Nase gerieben" werden, und Menschen „vertragen" auch ganz allgemein Kritik nicht besonders gut. Wenn wir uns von diesen Betrachtungen leiten ließen, könnten wir an dieser Stelle Ausführungen über das Thema „Umgang mit Kritik" übergehen. Aber es sollen in diesem Kapitel nicht ausschließlich Situationen behandelt werden, in denen Frauen nicht so gut zurechtkommen wie Männer, entweder wegen ihrer weiblichen Sozialisation oder als Folge der Tatsache, daß in den öffentlichen Lebensbereichen Männer die Spielregeln bestimmen. Mit Kritik souverän umgehen zu lernen ist ganz einfach deshalb ein sinnvolles Lernziel, weil es dazu befähigt, häufig auftretende und emotional nicht selten äußerst unangenehme Situationen zu vermeiden. Es lohnt sich, Kritik gelassen entgegennehmen zu können, wenn sie uns berechtigt erscheint, und sie ebenso gelassen und respektvoll zurückweisen zu können, wenn wir sie nicht für gerechtfertigt halten.

Wenn wir mit einer kritischen Rückmeldung konfrontiert werden, für die wir selber durch mangelhafte Leistung, Fehler oder ein unangemessenes Verhalten Anlaß gegeben haben, sollten wir uns dazu entschließen, diese Kritik anzunehmen. Diese Forderung betrachten die meisten Menschen als eine Selbstverständlichkeit, wenn auch manche nicht danach handeln. Dabei kommt es vielleicht relativ selten vor, daß berechtigte Kritik direkt abgestritten wird. Weniger selten sind aber Abwehrreaktionen, „Retourkutschen" oder Rechtfertigungen. Obwohl solche Verhaltensweisen zumeist aus Schutzmotiven heraus vorgebracht werden, bewirken sie häufig das Gegenteil von Schutz: Eine kontroverse Diskussion über mein Fehlverhalten kommt zustande, die die mir unangenehme Situation verlängert und die Kränkungen meines Selbstgefühls zumeist noch steigert. Auf jeden Fall muß ich nach einer solchen Reaktion „mehr" einstecken. Wenn wir dagegen eine berechtigte Kritik annehmen, geben wir dem Kritiker keinen Anlaß, noch etwas „nachzuschieben". Wenn es nach meiner Annahme der Kritik noch etwas zum Thema zu sagen gibt, dann sind das zumeist Überlegungen über den Umgang mit Konsequenzen.

Wichtiger als der Hinweis auf die Opportunität der Annahme von berechtigter Kritik ist jedoch eine andere grundsätzliche Überlegung. Fehler zuzugeben ist nicht gleichbedeutend mit einem Eingeständnis von Schuld oder Schwäche. Wenn wir einen Fehler gemacht haben, haben wir nichts Schlimmes oder Unmoralisches getan, um dessentwillen wir uns schämen oder schuldig fühlen müßten. Wir müssen uns als Person nicht unter unser Fehlverhalten subsumieren oder uns damit identifizieren. Wenn wir etwas übersehen oder falsch gemacht haben, sind wir nicht automatisch nachlässig oder unfähig. Ebenso wichtig, wie es für den Sender von Kritik ist, zwischen Verhalten und Person zu trennen, das, was jemand tut, diesem nicht als Eigenschaft anzuheften, ist es, auch als Empfänger von Kritik diesen Unterschied festzuhalten. Dafür gibt es auch auf einer sachlichen Ebene gute Argumente. Der zunächst einleuchtende Grund für einen gelassenen Umgang mit Fehlern ist, daß keiner davon frei ist. Darüber hinaus sind Fehler jedoch zuweilen ein ausdrücklicher Hinweis auf Qualitäten, nämlich auf Kreativität, Flexibilität und Innovation. Dieser Zusammenhang wird sogleich deutlich, wenn man ihn negativ formuliert: Wer allzuviel Gewicht darauf legt, Fehler zu vermeiden, wird eingefahrene Wege nicht verlassen, unbeweglich reagieren, nichts Neues probieren und die Zukunft nicht herausfordern. Das ist gut für Buchhalter, Revisoren und Qualitätskontrolleure, aber für die meisten anderen Aufgaben im Berufsleben nicht. Wenn Sie nicht gerade schweren Schaden angerichtet haben, ist es nicht nur annehmbar, sondern auch angebracht, Fehler schlicht und einfach als Tatsachen zu betrachten und entsprechend distanziert damit umzugehen.

Solche Argumente leuchten ein, bewirken jedoch selten die Entkoppelung von Leistungs- und Verhaltensmängeln auf der einen und automatischen Scham- und Schuldreaktionen auf der anderen Seite. Allzu eng sind häufig solche Gefühle mit der Wahrnehmung von persönlichem Fehlverhalten verschränkt. In vielen Menschen sind die alten Erziehungsmethoden im Umgang mit Fehlern – „Schämst Du Dich denn gar nicht?" – oder ungewünschtem Verhalten – „Willst Du nochmal so böse sein? Willst Du wieder lieb sein?" – noch so tief verankert, daß rationale Überlegungen deren prägende Wirkung nicht aufheben.

1. Sprachliche Methoden

Besser geeignet für das Erlernen einer selbstsicheren Bewältigung von Kritik ist dagegen nach Manuel Smith die praktische Erprobung bestimmter verbaler Fertigkeiten und die Erfahrung, daß man damit auch tatsächlich eine souveräne Wirkung erzielen kann.

a. Die Negativdarstellung

Stellen Sie sich vor, Sie haben gestern eine Informationsveranstaltung durchgeführt, bei der nicht alles glatt gelaufen ist. Heute treffen Sie einen Kollegen auf dem Flur, der Ihnen statt einer Begrüßung vorhält: „Na, die Info-Veranstaltung gestern haben Sie ja gründlich verpatzt!"

Um selbstbewußt mit zutreffender Kritik umzugehen, gibt es eine passive und eine aktive Methode. Die passive Methode ist die sogenannte Negativdarstellung. Sie besteht erstens aus einer formalen Bestätigung der Kritik etwa in der Form:

- Sie haben recht ...
- Ja, ich weiß ...
- Was Sie sagen, ist mir bewußt ...
- Das habe ich befürchtet ...
- Wie dumm von mir ...
- Das ist mir auch schon aufgefallen ...

An die formale Bestätigung schließt sich bei der Negativdarstellung noch eine Selbstenthüllung oder Selbstoffenbarung an, die die Rückmeldung des Kritikers inhaltlich bestätigt. Diese Selbstoffenbarung oder Selbstenthüllung ist immer eine Botschaft, die die Meinung der kritisierten Person über den angesprochenen Sachverhalt darstellt. Wenn Sie Ihrem Kritiker eine Selbstoffenbarung zurücksenden, äußern Sie damit Ihre Einschätzung der Sache. Zur Negativdarstellung gehört aber ausdrücklich keine Entschuldigung, obwohl Sie sich natürlich, wenn Sie das wollen und für angemessen halten, entschuldigen können.

Selbstenthüllungen – bezogen auf das obige Beispiel – könnten sich so anhören:

Formale Bestätigung:
„Was Sie sagen, ist mir bewußt, ..."

Selbstenthüllungen:
- „Ich habe mich nicht gerade von der besten Seite gezeigt."
- „Meine Ausführungen waren zu langatmig."
- „Ich war gestern besonders unkonzentriert."
- „Ich habe dabei einige Male den Faden verloren."
- „Ich konnte mich bei bestimmten Fragen nicht dazu zwingen, gelassen und höflich zu bleiben."

Wenn Sie folgende Beispiele durchlesen, können Sie ein Gefühl dafür bekommen, welche Wirkung eine Negativdarstellung erzielen kann, zunächst beim Kritiker und dann rückwirkend bei Ihnen selber.

Kritiker: Ihr Vortrag vor einer Woche war viel zu lang.

Jutta: Das ist mir auch schon klargeworden. Ich hätte mich viel kürzer fassen sollen.

Kritiker: Ihren Projektantrag haben Sie nicht besonders sorgfältig begründet.

Silke: Das habe ich befürchtet. Ich hatte zu wenig Zeit, um die Begründungen sorgfältig auszuformulieren.

Kritiker: In diesem Pullover siehst Du viel zu blaß aus.

Ursula: Ja, ich weiß, daß er mir nicht besonders gut steht.

Kritiker: Ihre Verhandlungen mit der Firma X sind nicht besonders gut gelaufen.

Ina: Sie haben recht. Ich bin dabei viel zu offensiv vorgegangen.

Kritiker: Die Software für den Computerkurs haben Sie viel zu teuer eingekauft.

Anne: Das ist mir inzwischen auch klargeworden. Ich habe nicht
genügend Angebote eingeholt.

Auch wenn eine kritische Rückmeldung zwar inhaltlich zutreffend, der Form nach jedoch unangemessen, z.B. aggressiv oder auch feindselig ist, kann eine gelassene Annahme Ihrerseits Souveränität demonstrieren, wie folgende Beispiele zeigen.

Kritiker: In diesem Kleid siehst Du aus wie eine Gouvernante.

Marina: Ja, das habe ich befürchtet. Diese neue Mode steht mir
einfach nicht.

Kritiker: Sie haben einen Ton am Leibe, als wenn Sie aus der Gosse
kämen.

Petra: Ja, ich weiß, daß das ein Fehler von mir ist. Immer wenn
ich mich aufrege, fange ich an zu schimpfen wie ein Rohrspatz.

Kritiker: So wie Sie essen, könnte man meinen, der Futterneid triebe
Sie an.

Marion: Da könnten Sie recht haben. Seit meiner Studienzeit kann
ich mich nur schwer wieder daran gewöhnen, nicht hastig
zu essen.

Kritiker: Sie sind immer so pünktlich, daß man meinen könnte, Sie
wüßten gar nicht, daß es Uhren gibt.

Annegret: Ja, ich weiß, mit der Zeit stehe ich ständig auf Kriegsfuß,
und das bringt mich oft in Schwierigkeiten.

Diese Beispiele zeigen, daß es auch vorteilhaft sein kann, eine der Form nach unangemessene Äußerung von Kritik gelassen anzunehmen. Manuel Smith empfiehlt diese sprachliche Fertigkeit auch für kritische Rückmeldungen, in denen neben einer sachlichen Information auch eine unangenehme Beziehungsbotschaft mitgeschickt wird. Eine solche Reaktionsweise auf beispielsweise feindselig geäußerte Kritik muß Ihnen aber nicht immer zusagen. Wenn Sie den Inhalt der kritischen Rückmeldung zwar akzeptieren, aber nicht gewillt sind, die Form der Mitteilung hinzunehmen, haben Sie immer noch die Möglichkeit, in Ihrer Reaktion auch zwei Botschaften zu senden. Eine, die die Sache annimmt, verbunden mit einer, die die Form kritisiert. Zum Beispiel so:

Kritiker: Sie haben einen Ton am Leibe, als wenn Sie aus der Gosse kämen.

Petra: Sie haben recht, immer wenn ich mich aufrege, fange ich an zu schimpfen wie ein Rohrspatz. Und das hört sich nicht gut an. Das ist mir bewußt. Aber ich habe ein Problem damit, wenn Sie mir das in einem solchen Ton zurückmelden und Vergleiche mit der Gosse anstellen. Das kränkt mich.

Mit einer Negativdarstellung können Sie also berechtigte Kritik, ob sie in einer sachlichen oder aggressiven Form gesendet wird, selbstsicher bewältigen, dabei eine souveränen Wirkung beim Kritiker erzielen und gleichzeitig Ihr inneres Gleichgewicht wahren. Bei kritischen Rückmeldungen jedoch, die in Form einer Ich-Botschaft gesendet werden, ist eine distanzierte Negativdarstellung nicht angezeigt. Wenn Ihnen jemand mit einem Hinweis auf unannehmbares Verhalten Ihrerseits zurückmeldet, daß er davon Nachteile zu tragen hat und darüber hinaus emotional unangenehm berührt wurde, können Sie sich nicht lediglich auf die Sachbotschaft beziehen und die Beziehungsbotschaften ignorieren. Wenn ein Besucher Ihnen sagt: „Sie haben mich bestellt und eine ganze Stunde warten lassen. Dabei ist mir wertvolle Arbeitszeit verloren gegangen. Ich fühle mich nicht ernst genommen", dann werden Sie wahrscheinlich kaum antworten wollen: „Das habe ich auch gerade festgestellt. Die Telefonate haben mich länger beansprucht, als ich gerechnet habe." Sie werden zumeist auf jeden Fall Ihr Bedauern ausdrücken wollen. Ähnlich werden Sie reagieren, wenn Sie jemandem Schaden zugefügt haben: Wenn Sie mit Ihrem Auto den Wagen Ihres Nachbarn angefahren haben, werden Sie es nicht für angebracht halten, zu sagen: „Wie ungeschickt von mir. Ich habe die Kurve nicht gekriegt!"[1]

199

b. Die Negativbefragung

Über die Negativdarstellung hinaus gibt es noch eine zusätzliche Möglichkeit, Kritik anzunehmen, mit der Sie zudem Ihre passive Rolle in dieser Situation überwinden können. Dabei beschränken Sie sich nämlich nicht nur darauf, die Kritik formal und inhaltlich zu bestätigen. Sie gehen darüber hinaus und machen Ihrerseits den Kritiker zu einer Quelle für Informationen, aus denen Sie persönlichen Nutzen ziehen. Diese aktive Methode der Bewältigung von Kritik ist die sogenannte negative Befragung oder Negativbefragung. Hierbei nehmen Sie die Kritik nicht nur an, sondern Sie fordern den Kritiker zur Fortsetzung seiner Kritik auf. Mit diesem Verhalten demonstrieren Sie, daß Kritik nicht automatisch negative Gefühle hervorrufen muß, sondern dazu beitragen kann, die Wirkung des eigenen Verhaltens zu überprüfen. Sie zeigen sich damit als souveräne Persönlichkeit, der die Wirkung ihres Handelns auf andere wichtig ist und die deshalb bereit ist, bei negativer Wirkung ihre Fehler zu korrigieren, ihre Leistung zu verbessern und Mängel zu überwinden.

Um dieses Ziel zu erreichen, reagieren Sie auf Kritik zunächst mit einer Negativdarstellung und bitten dann ruhig und gelassen um weitere Informationen über die Umstände, das Verhalten oder die Fehler, die Ihnen angelastet werden. In den meisten Fällen werden Sie in solchen Situationen um detailliertere Informationen bitten, die Ihnen eine genauere Einschätzung Ihres Verhaltens ermöglichen. Es kann aber auch zuweilen angebracht sein, zusätzliche kritische Rückmeldungen zu erbitten.

Hören Sie sich folgenden Dialog zwischen Lisa und ihrer Vorgesetzten an:

Vorgesetzte: Frau Meier, mit diesem Text bin in nicht einverstanden.
Lisa: Was genau meinen Sie?
Vorgesetzte: Ihre Ausführungen zu Teil A in diesem Angebot sind nicht detailliert genug.
Lisa: Ja, das stimmt, leider hatte ich keine ausreichenden Daten zur Verfügung. Gibt es noch andere Punkte, mit denen Sie nicht zufrieden sind?

Vorgesetzte: Ja. Teil C ist einerseits in unwesentlichen Punkten zu ausführlich, andererseits berücksichtigen Sie in wesentlichen Punkten nicht die Interessen unseres Kunden.

Lisa: Sie haben recht, Teil C ist in der Tat sehr umfangreich. Das ist mir auch schon aufgefallen. Welche Punkte halten Sie für unwesentlich? ...

Dieser Dialog mündet durch Lisas gelassene Annahme der Kritik und ihr interessiertes Nachfragen in ein sachlich informatives Gespräch über die bestmögliche sprachliche Form, in der ein bestimmtes Angebot für den Kunden X formuliert werden sollte. Lisa lernt dabei die genauen Kriterien kennen, nach denen ihre Vorgesetzte einen Angebotstext beurteilt. Darüber hinaus trägt ein solcher interessierter Umgang mit Kritik zur Stärkung der persönlichen Beziehung bei. Wenn Frauen Gelegenheit bekommen, ihr Wissen anderen zur Verfügung zu stellen, entwickeln sie mit dieser Möglichkeit, andere unterstützen zu können, zumeist ein Gefühl von Verbundenheit. Und auch Männer reagieren meistens auf eine solche Gelegenheit, ihr Wissen zeigen zu können, mit Wohlgefallen. Also ist eine solche Vorgehensweise auch auf der Beziehungsebene von Vorteil.

Aber auch dann, wenn die geäußerte Kritik Ausdruck einer Kommunikationsstörung darstellt, der Kritiker sie als Vehikel einer Abwertung Ihrer Person benutzt, ist eine Reaktion in der angegebenen Form von Vorteil. Wenn Sie auf eine vage formulierte Kritik genau nachfragen, muß der Kritiker „Farbe bekennen". Er muß genau benennen, worin seine Kritik besteht. Wenn er das nicht kann, muß er es offen zugeben. Wenn Sie in einem solchen Zusammenhang auch noch nach weiteren Punkten der Kritik fragen und es solche nicht gibt, dann haben Sie die kritische Botschaft nach Qualität und Ausmaß zurechtgerückt. Selbst wenn eine solche Reduktion der Kritik auf ihren realen Kern dem Kritiker nicht behagt, wird er sich in Zukunft vorsehen, Sie mit solchen Botschaften zu konfrontieren.

Wenn Sie also über eine gelassene Annahme von Kritik hinaus Interesse an Lernchancen haben oder die kritische Botschaft zurechtrücken wollen, können Sie an eine Negativdarstellung eine Negativbefragung anhängen. Wichtig ist in diesem Zusammenhang auch noch Folgendes: Die Negativbefragung sollte darauf abzielen, den Kritiker als Informationsquelle, aber nicht als richterliche Autorität anzusprechen: Wenn Sie Ihren Kritiker durch Ihre Fragestellung zu „objektiven" Urteilen oder Wertungen über Ihr Verhalten auffordern, befördern Sie ihn automatisch in eine überlegene Position. Fragen Sie also nicht: „Warum **ist es** unverschämt, eine solche Forderung zu stellen?" Bitten Sie den Kritiker vielmehr darum, seine „subjektiven" Wahrnehmungen, Empfindungen und Einschätzungen über Ihr Verhalten mitzuteilen: „Was findest Du so schlimm daran, daß ich mehr Geld verdienen möchte?" Auf diese Weise veranlassen Sie Ihren Kritiker, nicht wie ein unabhängiger Richter über Ihr Handeln zu urteilen, sondern seine persönliche Meinung zu sagen, die sich von anderen und auch von Ihrer eigenen unterscheiden kann.

Wenn Sie diese sprachliche Vorgehensweise zur Bewältigung von Kritik lernen wollen, ist es sinnvoll, sich zunächst die sprachliche Struktur anzueignen. In der folgenden Übung haben Sie Gelegenheit, auf kritische Äußerungen mit Negativdarstellung und Negativbefragung zu reagieren. Sie formulieren als erstes die Negativdarstellung, eine formale Bestätigung mit einer die Kritik inhaltlich bestätigenden Selbstenthüllung. Danach formulieren Sie eine Negativbefragung, mit der Sie den Kritiker zur Fortsetzung der Kritik entweder im Detail oder mit zusätzlichen Kritikpunkten auffordern. Achten Sie aber darauf, daß Sie den Kritiker bitten, seine subjektive Wahrnehmung, Empfindung oder Meinung mitzuteilen.

Kritik: Dein Kuchen ist ungenießbar!
Negativdarstellung: _____

_____

Negativbefragung: _____

_____

Kritik: Ihr Umsatz ist überdurchschnittlich zurückgegangen.
Negativdarstellung: _____

_____

Negativbefragung: _____

_____

Kritik: Deine Rede gestern war unerträglich langweilig.
Negativdarstellung: _____

_____

Negativbefragung: _____

_____

Kritik: Ihre Präsentation war ausgesprochen schlecht vorbereitet.
Negativdarstellung: _____

_____

Negativbefragung: _____

_____

Kritik: In Ihrem Bericht gibt es nicht eine Seite ohne Fehler.
Negativdarstellung: _____

_____

Negativbefragung: _____

_____

Kritik: Bei Ihrem Führungsstil können Sie doch nicht erwarten, daß
Ihre Mitarbeiter motiviert sind!
Negativdarstellung: _____

_____

Negativbefragung: _____

_____

Wenn Sie sich die Struktur dieser sprachlichen Vorgehensweisen
angeeignet haben, ist es wichtig, sie auch innerhalb einer Kommunikation zu üben. Dafür bietet sich ein Rollenspiel an mit einem
Partner oder einer Partnerin, die Ihnen durch die Sendung von
kritischen Botschaften die Möglichkeit gibt, mit diesen sprachlichen
Vorgehensweisen zu reagieren.

Eine solche Übung können Sie auf verschiedene Art und Weise
gestalten. Eine Möglichkeit besteht darin, daß Sie eigene Erfahrungen mit Kritik nach folgendem Schema durchspielen. Sie informieren Ihre/n Übungspartner/in B über die Situation, in der jemand

Ihnen gegenüber Kritik äußerte. Dann lassen Sie sich von B die Kritikbotschaft senden und reagieren mit Negativdarstellung und Negativbefragung, wenn Sie die Kritik annehmen und für sich nutzen wollen. Wenn diese Kritik für Sie inhaltlich nicht annehmbar ist, haben Sie die Möglichkeit, sie respektvoll zurückzuweisen. Dafür bietet sich ein rhetorisches Vorgehen an, das im ersten Kapitel unter dem Titel „Forderungen stellen und nein sagen" thematisiert wurde. Anstatt dem Kritiker sogleich Ihre abweichende Meinung von der Sache entgegenzuhalten, signalisieren Sie ihm zunächst, daß Sie seine Botschaft ernst nehmen. Dafür können Sie entweder den Kontrollierten Dialog oder das Aktive Zuhören einsetzen. Bevor Sie dann inhaltlich reagieren, warten Sie die Ja-Haltung ab. Meistens ist auch noch ein kurzer Hinweis angebracht, der dem Kritiker anzeigt, daß Sie seine Einschätzung nachvollziehen können. Beispiele können das vielleicht deutlicher machen:

Beispiel 1:

Kritiker: In Ihrer Informations-Veranstaltung gestern ging ja ziemlich viel durcheinander!

Annahme der Kritik: Ja, ich weiß, die einzelnen Beiträge waren nicht gut koordiniert. Ist Ihnen noch etwas anderes aufgefallen, was ich bei zukünftigen Info-Veranstaltungen berücksichtigen sollte?

Beispiel 2:

Kritiker: Die Info-Veranstaltung gestern haben Sie ja gründlich verpatzt!

Kontrollierter Dialog: Verstehe ich Sie richtig, Sie meinen, diese Veranstaltung sei ein Mißerfolg gewesen?

Kritiker: Ja, genau, dabei ging es doch drunter und drüber!

Zurückweisung der Kritik: Ich kann verstehen, daß Sie diesen Eindruck gewonnen haben, anfangs waren die Beiträge nicht besonders gut koordiniert. Aber wir haben so viele Anmeldungen bekommen, daß man von einem Mißerfolg wirklich nicht reden kann!

Die Gesprächsschemata sehen dabei folgendermaßen aus:

Annahme der Kritik:
B: Kritik
A: Negativdarstellung und Negativbefragung

Zurückweisung von Kritik:
B: Kritik
A: Kontrollierter Dialog oder Aktives Zuhören
B: Ja
A: (Äußerung von Verständnis) und Selbstenthüllung

Wenn Sie sich auf die Übung dieser sprachlichen Vorgehensweisen anhand eigener Beispiele nicht einlassen möchten, können Sie
auch spielerisch vorgehen. Unten finden Sie eine Liste von unangenehmen Persönlichkeitsmerkmalen, die Sie durchgehen, wobei Sie
Eigenschaften als Übungsmaterial ankreuzen können. Wichtig ist
bei diesem spielerischen Üben nur, daß Ihre Übungspartnerin sich
für die Vorwürfe, die sie Ihnen macht, einen situativen Kontext
ausdenkt. Sie haben dann die Möglichkeit, daraufhin einmal annehm-
mend und dann wieder ablehnend zu reagieren, um sich die sprachlichen Muster einzuprägen.

Unangenehme Persönlichkeitsmerkmale

hochnäsig	feige	wehleidig
gleichgültig	habgierig	gefräßig
lüstern	hektisch	übellaunig
griesgrämig	weibisch	jähzornig
rabiat	kitschig	unecht
geschmacklos	gewöhnlich	vulgär
bösartig	undankbar	unverschämt
eitel	angeberisch	arrogant
aufgeblasen	eingebildet	hochmütig
protzig	herablassend	aufdringlich
dreist	frech	überheblich
affig	aufgedonnert	geziert
wichtigtuerisch	autoritär	geschwollen

grausam	intolerant	unbarmherzig
unmenschlich	neidisch	unpünktlich
faul	rücksichtslos	geziert
schmutzig	zynisch	langweilig
geizig	grob	geschniegelt
herrschsüchtig	brutal	verkommen
rechthaberisch	aggressiv	häßlich
unsozial	linkisch	schmierig
selbstsüchtig	affektiert	widerlich
dumm	ungebildet	niederträchtig
verlogen	plump	krummbeinig
heuchlerisch	schlampig	kahlköpfig
gefühllos	taktlos	buckelig
kaltschnäuzig	unanständig	unförmig
hartherzig	ungewaschen	unansehnlich
betrügerisch	ungezogen	garstig
fett	primitiv	kleinlich
aufbrausend	exaltiert	fade
lieblos	lächerlich	lästig
roh	aufgedonnert	linkisch
schrullig	schlapp	maßlos
verschroben	gemein	obszön
albern	kümmerlich	triebhaft
blasiert	abscheulich	unsolide
anspruchsvoll	liederlich	wüst
wollüstig	steif	unbeherrscht
abgestumpft	mimosenhaft	borniert
frigide	pingelig	mittelmäßig
impotent	weinerlich	unbedarft
übergeschnappt	bekloppt	kindisch
überspannt	unzurechnungsfähig	pervers

Sie können diese sprachlichen Muster aber auch verwenden, um ein Desensibilisierungstraining mit Ihren wunden Punkten durchzuführen.

Wunde Punkte sind Schwachstellen in unserem Verteidigungsprogramm, an denen wir am verletzlichsten sind. Es fallen da meist nur ein paar Worte, und wir fühlen uns vollkommen am Boden zerstört, tief verletzt, oder wir brausen sofort auf. Es kann dabei um Bemerkungen gehen, die unser Gewicht, unsere Figur oder den Busen betreffen. Jemand kann Anspielungen machen, die sich auf unsere soziale Herkunft beziehen, unsere Ausbildung, Erziehung, unser Benehmen oder anderes. Es kann auch um unsere Fähigkeiten als Mutter, als Geliebte, als Intellektuelle oder Autofahrerin gehen. Und wunde Punkte können Eigenschaften sein, die man uns zuschreibt wie: egoistisch, arrogant, hart, dumm, aggressiv, geizig, faul, dick ... Was Ihr wunder Punkt ist, erkennen Sie an seiner Wirkung.

Wenn Sie zum Üben einer souveränen Bewältigung von Kritik den Umgang mit wunden Punkten wählen, sollten Sie sich aber zunächst gründlich vorbereiten und vorweg genau herausfinden und schriftlich festhalten, was Sie sagen wollen in der Situation, in der jemand Sie in dieser Hinsicht angreift. Überprüfen Sie genau, ob Ihre Formulierungen auch wirklich sitzen. Überprüfen Sie an Ihren emotionalen Reaktionen, ob die gefundene Formulierung Ihnen eine selbstsichere Äußerung in der entsprechenden Situation ermöglicht. Gehen Sie dabei in Ihrer Vorstellung in die Situation hinein, vergegenwärtigen Sie sich die Worte des Kritikers, stellen Sie sich daraufhin Ihre sprachliche Reaktion vor und testen Sie Ihre gefühlsmäßige Reaktion. Wenn Sie mit der Wirkung zufrieden sind, dann lassen Sie sich den Vorwurf von Ihrer Übungspartnerin machen, reagieren Sie sprachlich darauf und wiederholen das Ganze ein paar Mal, bis Ihr Blutdruck nicht mehr steigt.

2. NLP-Lernmethoden

Kritik annehmen gehört wie Kritik üben zu den Lernzielen, die in Frauenseminaren erfolgreich vermittelt und im beruflichen Alltag ohne große Schwierigkeiten umgesetzt werden können. Meistens reicht eine Erfahrung in der Realität aus, um diese Form des Umgangs mit Kritik zum festen Bestandteil des eigenen Verhaltensrepertoires zu machen. Wenn das nicht so leicht gelingt, muß man eine problematische Vorgeschichte annehmen, die nicht nur wunde Punkte hervorgebracht, sondern so etwas wie eine allergische Reaktion auf Kritik ausgelöst hat. In Gesprächen mit Frauen finde ich immer wieder Belege für Erziehungsmethoden, die ein Grundgefühl dafür hervorbringen, daß es immer möglich sein kann, sich schuldig gemacht oder blamiert zu haben. Ein solches Grundgefühl ist zuweilen das Resultat von elterlichen Strafaktionen ohne vorherige Erklärungen, worum es geht, also welches kindliche Verhalten aus welchen Gründen zu verurteilen ist. Damit wird als Reaktion auf Kritik meistens automatisch ein Schuld- oder Schamgefühl erzeugt, dann die Suche nach möglichen Gründen im eigenen Verhalten programmiert, bevor überhaupt versucht wird, sich eine genaue Vorstellung von den Informationen des Kritikers zu machen, diese mit eigenen Vorstellungen zu vergleichen und damit zu einer rationalen Einschätzung der Kritik zu kommen. Wenn Sie eine solche oder ähnliche Strategie im Umgang mit Kritik erworben haben, die Ihnen einen souveränen Umgang mit negativen Rückmeldungen erschwert, dann haben Sie wieder die Möglichkeit, mit NLP-Methoden zu lernen, auf eine wünschenswertere Weise mit Kritik umzugehen. Dafür gibt es mehrere Vorgehensweisen, die Sie bereits kennen. Sie können die Phobietechnik anwenden, um bei Kritik zu gelassenen Gefühlen zu kommen. Und Sie können sich mit einer Arbeit mit Ressourcen auf der Situationsebene oder einem Change history erwünschte Reaktionen erarbeiten. Im NLP gibt es darüber hinaus eine standardisierte Vorgehensweise, einen gelassenen Umgang mit Kritik zu lernen, die auch so genannt wird: „Umgang mit Kritik".

Der folgende Dialog zwischen meiner Interviewpartnerin und mir wird für Sie vielleicht schwierig nachzuvollziehen sein, weil er ein besonderes Arrangement widerspiegelt, das auch sprachlich zum Ausdruck kommt. Meine Interviewpartnerin lernt mit Kritik umzugehen in einer sogenannten dissoziierten Form, das heißt: nicht sie selber, die neben mir sitzt, spielt die verschiedenen Variationen durch, wie man gelassen auf Kritik reagieren kann, sondern sie sieht sich selber in einiger Entfernung das tun. Sie agiert dabei wie ein Regisseur, der Erinnerungen auf die Bühne ruft, in denen er selber eine zentrale Rolle spielt. Sie schaut sich diese Erinnerung an und verändert sie danach so lange, bis ihr der Ablauf des Geschehens auf der Bühne gefällt.

a. Ulrike H.: „... jetzt reicht's mir aber!"

Ulrike H. war nach der Teilnahme an einem Frauenseminar immer noch der Meinung, am Thema Kritik annehmen müsse sie noch arbeiten. Da ich an Material für mein „Frauenbuch" interessiert war, vereinbarten wir ein Gespräch.

Ulrike kannte die Vorgehensweise, nach der wir arbeiten wollten, bereits aus einem NLP-Buch, so daß ein längeres Vorgespräch nicht mehr nötig war. Ich begann damit, Ulrike für ihre Vorstellung das Arrangement zu erklären, das ihr eine Dissoziation ermöglichte: „Ich möchte Dich erstmal bitten, etwas auszuprobieren. Versuche mal herauszufinden, ob Du Dir vorstellen kannst, Dich selber in einer bestimmten Entfernung von Deiner jetzigen Position sitzen zu sehen, vielleicht dort drüben auf dem anderen Sofa. Und Du beobachtest Dich von hier aus, wie Du da sitzt."

Als sie bestätigte, daß ihr das leicht fiel, machte ich weiter: „Und Du kannst zwischen Dir und der Ulrike da drüben eine Plexiglaswand hochziehen. Diese Plexiglaswand hindert Dich nicht daran, zu hören, was da drüben gleich passiert. Und Du kannst auch sehr genau beobachten, was da drüben geschieht. Aber Du bist gefühlsmäßig geschützt. Du kannst die Plexiglaswand dicker machen, je nachdem, wieviel Schutz Du brauchst. Du kannst Dich dabei an Deinen Gefühlen orientieren. Du machst die Wand einfach dicker, wenn Du das brauchst. Und Du kannst auch die Ulrike da drüben einfach weiter wegschieben, so daß Geschehen in größerer Entfernung abläuft. Denn die Ulrike da drüben wird nämlich gleich einer Kritik ausgesetzt. Richte Dich mit diesen Elementen so ein, daß Du da zugucken kannst und zuhören kannst, ohne daß unangenehme Gefühle auftauchen. Probiere das mal aus."

Ulrike hatte keine Mühe, sich dieses Arrangement vorzustellen, weil sie das bereits beim Lesen des Textes ausprobiert hatte. Ich konnte fortfahren:

„Das geht also. OK, diese Person da drüben wird gleich kritisiert werden, denn da taucht ein Kritiker auf der anderen Seite auf und äußert eine Kritik dieser Ulrike gegenüber. Kannst Du jetzt mal erzählen, was Du hörst, was diese Person, diese Ulrike da drüben von ihrem Kritiker zu hören bekommt?"

Ulrike: „Genau, es war gestern. Wir sitzen in einer ziemlich kritischen Situation zusammen, und zwar die ganze Abteilung. Im großen und ganzen geht es darum, die Ziele für das nächste Jahr für jeden Mitarbeiter festzulegen. Das ist ein Abschlußgespräch. Und ein Mitarbeiter geht jetzt auf mich zu oder sagt zu mir: ‚Da werden einzelne Tätigkeiten unterschiedlich gewichtet.' Dazu muß ich sagen, das System ist noch so neu, daß es mir erst gelungen ist, meine eigenen Arbeiten zu gewichten und die von allen anderen Mitarbeitern nicht. Das habe ich auch deshalb nicht gemacht, weil vereinbart war, daß das der Abteilungsleiter tut. Das war aber offensichtlich nicht ganz klar mit dem abgesprochen. Und nun sitzt dieser eine Mitarbeiter da und fühlt sich deshalb besonders unwohl und sagt nun folgendes zu mir: ‚Sie können sich sicherlich vorstellen, daß ich nicht damit einverstanden bin, daß Sie einige Ihrer Arbeiten höher gewichten als 100 % und in meinen Arbeiten noch nichts dabei ist.' Das ist die Situation."

„Das sagt der ..."

„Ja, das sagt der. Und weil in diesem Gespräch sowieso vorher schon ziemlich viel andere Kritik geübt wurde und die Mitarbeiter dort nicht darauf eingegangen sind, – also teilweise habe ich Kritik geübt, und teilweise wurde an mir Kritik geübt –, bin ich da ziemlich wütend und sage, also ich platze so richtig aus mir raus und sage, jetzt reicht es mir aber, jetzt muß ich erst mal meinen Ärger loswerden. Als Vorgesetzte und als Führungskraft muß es auch mal erlaubt sein, was zu sagen."

Zu mir gerichtet fährt sie fort: „Für mein Gefühl war das gar nicht erforderlich, da herauszuplatzen. Wenn ich das nicht so nahe an mich herangelassen hätte, wäre das nicht nötig gewesen."

Ich vergewissere mich an dieser Stelle, ob sie sich dort drüben jenseits der Plexiglaswand sieht und hört: „OK, Du sagst eben gerade, nicht so nahe an Dich herankommen lassen. Bist Du noch immer da drüben ...?"

Ulrike: „Ja, ich sehe das jetzt, wie ich da auf dem Stuhl sitze und dann der Ärger aus mir rausplatzt."

„Gehe noch mal zu dem Punkt, wo der Kritiker Dir das sagt, und jetzt mache Dir mal eine genaue Vorstellung von dem, was der Kritiker Dir sagt."

Ulrike: „Er sagt mir ganz klipp und klar einen Sachverhalt. Das und das habe ich getan, und das findet er nicht richtig."

„OK so! Und jetzt mache Dir mal eine Vorstellung davon, wie Du die Sache siehst, und vergleiche die beiden Vorstellungen miteinander."

Auf ihre Nachfrage, von welcher Seite aus sie das machen soll, sage ich ihr, daß es darauf ankommt, daß sie, die hier neben mir sitzt, sich da drüben hinter der Plexiglaswand sieht, wie sich gerade eine Vorstellung von dem macht, was der Kritiker gesagt hat. Daraufhin fährt sie fort, zu berichten, was sie da drüben sieht: „Ja, das kommt bei mir an, und ich fühle mich in meiner Person gleich insgesamt kritisiert und sehe nicht mehr diesen einen Punkt, sondern ich sehe mich als Person angegriffen."

In dem, was Ulrike berichtet, wird deutlich, daß sie die Dissoziation nicht aufrechterhalten hat und auch noch keinen anderen Umgang mit Kritik ausprobiert hat. Deshalb bitte ich sie jetzt: „OK. Jetzt laß es mal anders ablaufen." Und weil ich vermute, daß es ihr noch immer schwerfällt, die Dissoziation aufrechtzuerhalten, biete ich ihr nochmals eine Veränderung des Arrangements an: „Vielleicht schiebst Du die Sache doch noch ein bißchen weiter weg. Denn die Gefühle kommen wieder in Dir hoch."

Sie bestätigt das, woraufhin ich sie bitte: „Stell Dir vor, das Geschehen ist noch ein bißchen weiter weg, und mache es auch etwas kleiner. Vielleicht nimmst Du auch die Farben raus. Und jetzt hörst Du wieder, was der Kritiker sagt: Kannst Du es so einrichten, daß da keine negativen Gefühle aufkommen, sondern daß Du gelassen bleibst?"

Jetzt schien es zu funktionieren. Ich konnte fortfahren: „Du bleibst hier gelassen und siehst drüben, wie die Ulrike da drüben auch gelassen bleibt und sich eine Vorstellung davon macht, was der Kritiker sagt. Sie hört es und macht sich eine Vorstellung davon. So! Als nächstes macht sie sich eine Vorstellung davon, wie sie die Sache sieht."

Ulrike: „Sie muß da erst einmal drüber nachdenken, das Problem hat sie so akut nämlich gar nicht gesehen. Sonst wäre sie da wahrscheinlich drauf eingegangen."

„OK: Laß sie sich jetzt mal eine Vorstellung davon machen, wie sie die Sache sieht, denn sie hat ja andere Informationen darüber als er und auch andere Bewertungen dieser Sache. Und laß Ulrike die jetzt mal miteinander vergleichen. Laß ihr vielleicht ruhig Zeit damit. So, und wenn sie das hat, entscheidet sie sich, wie sie jetzt auf ihren Kritiker reagieren will. Will diese Ulrike da die Kritik annehmen?"

Ulrike reagierte spontan: „Nö, erstmal nicht, das betrifft sie ja gar nicht!"

Ich kommentierte: „Die Ulrike da drüben ist zu der Entscheidung gekommen, das betrifft sie gar nicht. Dann laß sie jetzt eine Form finden, wie sie das diesem Kritiker zurückmeldet, und zwar eine angemessene Form, die den Kritiker nicht verletzt."

„Ja, sie sagt, daß die Dinge, die sie da gesehen hat, daß das noch einen Abstimmungsprozeß braucht."

Da ich im Augenblick Ulrikes Überlegungen inhaltlich nicht nachvollziehen kann, hole ich sie raus aus dem Prozeß und bitte sie, mir zu schildern, wie sie jetzt nach der Wahrnehmung des Vergleichs beider Vorstellungen die Situation einschätzt.

Ulrike: „Im Augenblick habe ich zwei Überlegungen. Ich bin fast am Überlegen, ob es in so einer wichtigen Sache nicht besser ist, erstmal zu sagen, daß das ein wichtiger Punkt ist, und sich nochmals Bedenkzeit auszubitten, um in Ruhe darüber nachzudenken und erst später darauf zu antworten, statt sofort wie aus der Pistole geschossen zu antworten. Die Dinge sind nämlich viel zu komplex. Man kann eigentlich nur ungerecht werden. Es ist vielleicht befriedigender, sofort eine Antwort zu bekommen, aber die kann dann auch nicht fundiert und korrekt sein."

Ich kann ihre Überlegungen jetzt besser nachvollziehen: „OK, also in dieser Situation sagt die Ulrike da drüben dem Kritiker: Schön, daß Sie das gesagt haben, aber darüber muß ich nun wirklich nochmal genauer nachdenken. Und wir kommen zu einem späteren Zeitpunkt darauf zurück. OK. Und die Ulrike da drüben will dann darüber nachdenken und danach mit ihm darüber reden. Prima."

Damit war ein Durchgang beendet. Da es jedoch noch mehrere Möglichkeiten gibt, nach einer Prüfung von kritischen Rückmeldungen zu reagieren, bat ich Ulrike um ein weiteres Beispiel: „Nimm jetzt mal eine andere Situation, in der die Ulrike da drüben Kritik zu hören bekommt, und schieb sie wieder so weit weg, daß Du es gut ertragen kannst."

Sie hatte sofort ein anderes Beispiel: „Ja, da ist heute etwas passiert, das zu demselben Thema gehört. Nur der Kritiker, an den ich jetzt denke, der packt das menschlich ganz anders an, so daß ich überhaupt keine Probleme habe, darauf zu antworten."

„Ja, wie sagt der das der Ulrike da drüben?"

„Der sagt, daß er persönlich auch Schwierigkeiten mit dieser Situation hatte, und er hat sich folgendes überlegt, was ich denn davon halte. Er kommt Ulrike also einen Schritt entgegen, indem er zeigt, er hat sich auch darüber Gedanken gemacht und er bietet ihr seine Ideen zum Überlegen an, ob das nicht eine Lösung ist oder ein Weg zu einer Lösung sein könnte. Das ist natürlich eine ganz andere Situation. Er sagt zwar auch, daß er das nicht richtig findet, aber er hat auch gleich einen Vorschlag, über den man jetzt gemeinsam diskutieren kann. Und das machen die beiden da dann auch."

Ulrikes zweites Beispiel war eine Kritik in einer Form, mit der sie bereits zu ihrer Zufriedenheit umgehen konnte. Ich wollte aber noch eine Situation, in der es für sie etwas zu lernen gab. Deshalb beharrte ich darauf: „Kannst Du Dir noch eine Situation ausdenken, wie die Ulrike da drüben Kritik bekommt?"

Sie hatte noch ein Beispiel: „Ja, das ist eine Situation vorher gewesen, als es um eine Terminvereinbarung ging. Ich hatte für ein Gespräch eine viel zu große Zeitspanne anberaumt. Und da wurde mir nun gleich morgens von der betreffenden Person gesagt, daß der Zeitraum viel zu lang bemessen sei. Da war ich natürlich sauer."

Damit ging ich mit ihr wieder ins Arrangement: „So! Aber die Ulrike da drüben ist nicht sauer, die hört vielmehr aufmerksam zu, daß der Kritiker sagt, der Zeitraum von zwei Stunden ist viel zu lang bemessen. Ulrike macht sich jetzt wieder eine Vorstellung davon, was er sagt, und vergleicht das jetzt mit ihren Informationen und den Schlußfolgerungen, die sie daraus gezogen hat, und kommt zu einer bestimmten Reaktion jetzt. Und wie reagiert jetzt Ulrike auf den Kritiker?"

Ulrike: „Ja, sie fragt ihn jetzt einfach, warum er der Meinung ist, daß zwei Stunden zuviel sind."

„Aha, also sie holt vom Kritiker neue Informationen ein und verarbeitet diese Informationen. Und kommt Ulrike da zu einer Entscheidung?"

Ulrike bestätigt. Auf meine weitere Frage, ob Ulrike diese Entscheidung dem Kritiker mitteilt, kommt eine weitere Bestätigung. Danach frage ich, ob das eine Veränderung des Verhaltens von Ulrike bedeutet. Auch das bestätigt sie mit Freude, auch darüber, daß sich hinterher herausstellte, daß sie recht hatte. Zum Abschluß des Prozesses faßte ich für sie die Ergebnisse nochmals zusammen: „OK. Jetzt guckst Du nochmal auf die Ulrike da drüben. Die hat da einige Versionen im Umgang mit Kritik durchgespielt: nämlich nicht gleich mit dem Gefühl zu reagieren. Das erste, was sie macht, wenn Kritik kommt, ist, genau zuzuhören und sich eine Vorstellung von dem zu machen, was der Kritiker meint. Das nächste, was sie da drüben macht, ist eine Vorstellung davon, welche Erfahrungen sie selber hat und wie sie die Sachen selber einschätzt. Sie vergleicht die beiden Vorstellungen miteinander und kommt dann zu einer Entscheidung, wie sie reagieren will. Das kann unterschiedlich sein, je nachdem. Sie kann entweder sagen, da brauche ich noch Aufschub, oder manchmal kann sie auch sagen, Du hast recht, und ich werde mein Verhalten ändern, oder sie kommt dazu, daß sie eigentlich recht hat. Sie verändert ihr Verhalten, wenn sie nicht recht hat, und sie sagt es dem Kritiker in einer angemessenen Form, wenn sie recht hat. Also diese Ulrike da drüben hat jetzt ein Verfahren gelernt, wie man mit Kritik umgehen kann."

Danach bitte ich Ulrike, das Vorstellungsarrangement wieder abzubauen. Das kommentiert sie mit den Worten: „Jetzt hole ich mich da aus der Pflanze erstmal raus!" Offensichtlich war sie beim Weiterwegschieben des Arrangements mit dem Mittelpunkt des Geschehens in mein Blumenfenster geraten.

Nach diesem Durchgang testete ich die Wirkung. Ich bat Ulrike, eine Situation zu finden, in der sie mit aller Wahrscheinlichkeit wieder mit Kritik konfrontiert werden würde, sich diese Situation genau vorzustellen, die Kritik laut werden zu lassen und jetzt aufmerksam wahrzunehmen, wie sich die Situation spontan entwickeln wird.

Ulrike: „Es wird so weiterlaufen, daß ich mir das anhöre, und wenn ich's nicht verstehe, nochmal zurückfrage, damit ich auch wirklich genau verstehe, was der Kritiker sagt. Was dann geschieht, hängt davon ab, ob es etwas ist, an das ich auch schon gedacht habe und worauf ich sofort eine Antwort habe, oder ob es sehr komplex ist. Dann sage ich das erstmal, daß das sehr komplex ist, und dann stelle ich vielleicht dem Kritiker anheim, eine Lösung vorzuschlagen. Vielleicht hat der ja eine Idee, wie er das anders machen will oder wie man den Lösungsvorschlag, den ich mache, abändern oder verbessern kann. Dann werde ich dem das sagen."

Für einen Testdurchgang haben sich diese Formulierungen von Ulrike gut angehört.

b. Kritik annehmen, Vorgehensweise

Wenn Sie bisher die Erfahrung gemacht haben, daß kritische Rückmeldungen automatisch unangenehme Gefühle in Ihnen hervorrufen und es für Sie wünschenswert erscheint, mit kritischen Rückmeldungen gelassen umzugehen, dann können Sie folgende Vorgehensweise ausprobieren.

Im folgenden Text bedeutet „Sie" (großgeschrieben) Sie selber als beobachtende Person, als Zuschauerin, „sie" (kleingeschrieben) und/oder mit dem Zusatz „hinter der Plexiglasscheibe" Sie selber als beobachtete Person auf der Bühne.

Versuchen Sie im ersten Schritt, einen dissoziierten Zustand herzustellen. Finden Sie dafür das für Sie bestmögliche Arrangement heraus. Bewährt hat sich dabei die Vorstellung einer Plexiglasscheibe zwischen Ihrer Person „auf der Bühne" und Ihnen als „Zuschauerin". Manchmal können aber auch bestimmte Abstände zwischen beiden ausreichend für die Herstellung und Aufrechterhaltung eines dissoziierten Zustandes sein.

Danach stellen Sie sich darauf ein, sich selber zu beobachten, während sie hinter der Plexiglasscheibe sich eine Vorstellung über die Worte des Kritikers macht. Sehen Sie, wie sie hinter der Plexiglasscheibe dabei so viele Informationen sammelt, bis sie genau weiß, was der Kritiker meint. Stellen Sie aufmerksam fest, wie sie hinter der Plexiglasscheibe fortfährt, Informationen zu sammeln, bis sie sich eine klare und genaue Repräsentation der Kritik in allen Sinneskanälen machen kann.

Danach geht es um die Bewertung der Kritik. Beobachten Sie genau, wie sie hinter der Plexiglasscheibe die Vorstellung der Kritik mit allen anderen Informationen vergleicht, die sie über die Situation hat, um herauszufinden, ob sie übereinstimmen oder nicht. Sie hinter der Plexiglasscheibe kann dabei die eigene Erinnerung des Ereignisses nochmal hochkommen lassen und vergleichen. Sie hinter der Plexiglasscheibe kann das Ereignis auch aus verschiedenen Blickwinkeln betrachten und vergleichen. Wenn die beiden Vorstellungen, die des Kritikers und die von ihr hinter der Plexiglasscheibe zusammenpassen, kann sie zu dem Schluß kommen, daß die Kritik zur Kenntnis zu nehmen für sie sehr nützlich ist. Wenn es nur wenig Übereinstimmung gibt, können Sie zurückgehen, um sie hinter der Plexiglasscheibe mehr Informationen sammeln zu lassen. Wenn es gar keine Übereinstimmung gibt, kann sie hinter der Plexiglasscheibe zu dem Schluß kommen, einfach anderer Meinung zu sein als der Kritiker.

Nach der Bewertung der Kritik soll sie hinter der Plexiglasscheibe sich entscheiden, was sie tun will. Sie (hinter der Plexiglasscheibe) kann sich z.B. bedanken, daß der Kritiker sie auf die Sache aufmerksam gemacht hat, und sich vornehmen, noch genauer darüber nachzudenken. Sie (hinter der Plexiglasscheibe) kann sich auch vornehmen, sich zu entschuldigen oder irgendeine Wiedergutmachung anzubieten. Bei fehlender Übereinstimmung kann sie einfach darauf hinweisen. Wenn die Kritik eine mögliche Interpretation ihres Verhaltens ist, kann sie hinter der Plexiglasscheibe zurückmelden, daß eine solche Interpretation von ihr nicht beabsichtigt wäre. Beobachten Sie sich selber hinter der Plexiglasscheibe, während sie die Reaktion, zu der sie sich entschlossen hat, ausführt.

Im Anschluß daran erwägen Sie eine Verhaltensänderung für die Zukunft. Fragen Sie die Person hinter der Plexiglasscheibe nach einer solchen Absicht und beobachten Sie bei Zustimmung genau, wie sie hinter der Plexiglasscheibe die Verhaltensänderung bestimmt und für eine zukünftige Situation erprobt.

Danach wiederholen Sie die bisher ausgeführten Schritte dieses Lernmusters für eine andere Kritiksituation, um dann von ihr hinter der Plexiglasscheibe zu erfragen, ob diese Methode, auf Kritik zu reagieren, gut genug sitzt, um sie jederzeit in der Zukunft bei kritischen Rückmeldungen automatisch anwenden zu können. Bei Nein haben Sie die Aufgabe, unverstandene Passagen herausfinden und erarbeiten.

Wenn Sie sich diese Methode, mit Kritik umzugehen, sicher angeeignet haben, heben Sie das Arrangement für die Dissoziation wieder auf. Lassen Sie die Plexiglaswand verschwinden und vereinen Sie sich als Zuschauerin wieder mit Ihrer Person als Beobachtete. Stellen Sie somit sicher, daß Sie den Lernprozeß mit einer Vorstellung des Einsseins abschließen.

Testen können Sie das Ergebnis dieses Lernprozesses, indem Sie nach der nächsten Konfrontation mit Kritik Ihre Reaktion überprüfen.

c. Kritik annehmen, die Schritte im einzelnen

(A = Ihr eigener Vorname)

1. Einen dissoziierten Zustand herstellen

Sehen Sie sich selbst da draußen vor sich. Diese A steht kurz davor, einen neuen Weg zu lernen, auf Kritik zu reagieren. Sie können A so weit entfernt sehen, wie Sie wollen, oder in schwarz-weiß, und Sie können eine Plexiglasbarriere vor sich aufstellen, wenn Ihnen das hilft, hier als Beobachterin zu bleiben. Wenn Sie damit Schwierigkeiten haben, tun Sie so, als ob Sie sich selbst da drüben sehen könnten. Bekommen Sie ein Gefühl dafür, daß Sie hinter einer Plexiglasscheibe sind.

2. Den Inhalt der Kritik dissoziiert repräsentieren

Beobachten Sie A, während sie sich eine Vorstellung darüber macht, was der Kritiker sagt. Bevor A die Kritik beurteilen kann, muß sie sie verstehen. Was meint der Kritiker? Deshalb muß A dort viele Informationen sammeln, bis sie genau weiß, was der Kritiker meint. Beobachten Sie hier, wie A dort fortfährt, Informationen zu sammeln, bis sie sich eine klare und genaue Vorstellung der Kritik in allen Sinneskanälen machen kann.

3. Die Kritik bewerten

Beobachten Sie A, während sie die Repräsentation der Kritik mit allen anderen Informationen vergleicht, die sie über die Situation hat, um herauszufinden, ob sie übereinstimmen oder nicht. A kann dabei die eigene Erinnerung des Ereignisses nochmal ablaufen lassen und vergleichen. A kann das Ereignis aus verschiedenen Blickwinkeln betrachten und vergleichen. Bei mangelhafter Übereinstimmung kann A weitere Informationen sammeln. Bei fehlender Übereinstimmung kann A zu dem Schluß kommen, einfach anderer Meinung zu sein als der Kritiker. Soweit die beiden Vorstellungen zusammenpassen, kann A dort drüben zu dem Schluß kommen, daß die Kritik zur Kenntnis zu nehmen sehr nützlich ist.

4. Für eine Reaktion entscheiden

Beobachten Sie A, während sie entscheidet, was sie tun will. A kann sich z.B. bedanken, daß der Kritiker sie auf die Sache aufmerksam gemacht hat, und sich vornehmen, noch genauer darüber nachzudenken. A kann sich auch vornehmen, sich zu entschuldigen oder irgendeine Wiedergutmachung anzubieten. Bei fehlender Übereinstimmung kann A einfach sagen: „Was Du sagst, entspricht nicht dem, was ich in Erinnerung habe." Wenn die Kritik eine mögliche Interpretation des Verhaltens von A ist, kann A dort drüben sagen: „Wie Du mein Verhalten verstanden hast, war nicht meine Absicht.

Ich wollte, ..." Beobachten Sie A dort drüben, während A die Reaktion, zu der sie sich entschlossen hat, ausführt.

5. Eine Verhaltensänderung für die Zukunft erwägen

Fragen Sie A danach: Willst Du die Information, die Du in dieser Kritik erhalten hast, benutzen, um Dich in Zukunft anders zu verhalten? Wenn ja, dann beobachten Sie, wie A das neue Verhalten auswählt und für eine zukünftige Situation erprobt.

6. Wiederholen

Beobachten Sie A da drüben in einer anderen Situation, in der sie gleich kritisiert werden wird ...
Wesentliche Elemente des Bewältigungsprozesses sind:
- Informationssammlung, um die Kritik genau zu verstehen
- Vergleich der Vorstellung des Kritikers mit der eigenen Vorstellung
- Entscheidung über eine Reaktion in der Situation
- Verwendung der Informationen für eine zukünftige Verhaltensänderung.

Fragen Sie A dort drüben, ob sie diese Methode, auf Kritik zu reagieren, gut genug versteht, um sie jederzeit in der Zukunft, wenn sie kritisiert wird, automatisch anwenden zu können.
Bei Nein finden Sie unverstandene Sequenzen heraus und bearbeiten Sie sie.

7. Re-Assoziieren

Machen Sie sich bewußt, daß Sie gerade einen neuen Weg gelernt haben, auf Kritik in einer nützlichen Art und Weise zu reagieren. Heben Sie danach das Arrangement für die Dissoziation auf. Finden Sie einen Weg, sich wieder zu vereinigen, so daß Sie als Zuschauerin und A hinter der Plexiglasscheibe wieder eine Person sind.

V.
Konflikte lösen

Doris und Klaus sind beide berufstätig, und beide brauchen ein Auto. Für Doris stellt ihr Auto einen Gebrauchsgegenstand dar. Klaus neigt dazu, mit seinem Vehikel auch seine Persönlichkeit auszudrücken. Doris fährt ein kleines Auto, Klaus ein teures. Und er hat auch das Bedürfnis, seine Persönlichkeit öfter mal neu auszudrücken. Doris kennt und fürchtet dieses Bedürfnis wegen seiner Auswirkungen auf den gemeinsamen Geldbeutel. Als wieder einmal die Zeit für eine Neubestimmung des männlichen Selbstbildes herangekommen war, setzt Doris den Gedanken in die Welt, als nächstes könne doch für sie ein neues Auto angeschafft werden. Ihr altes Auto könne man zudem einem anderen Familienmitglied für ein geringes Entgelt überlassen und damit auch noch eine gute Tat tun. Klaus ist begeistert, denn Autos verschenken tut er auch gerne. Doris ist froh, denn Klaus ist vom Kauf eines teuren Autos erst mal abgelenkt. Sie will zwar eigentlich kein neues Auto. Aber diese Regelung ist ihr zumindest lieber, weil billiger als die, die ihrer Meinung nach Klaus im Sinn hat. Ihr altes Auto wird dem besagten Familienmitglied überlassen. Ein neues kleines Auto wird für sie bestellt. Einen Tag, nachdem sie den Kaufvertrag unterschrieben hat, geht das Auto von Klaus kaputt. Er braucht ein neues ... Damit beginnt eine ziemlich lange Kette von Unannehmlichkeiten, sowohl für den gemeinschaftlichen Geldbeutel wie auch für die getrennten Gemüter von Doris und Klaus ... Aber eins hat Doris daraus gelernt: Sie wird nie mehr im Vorfeld eines von ihr antizipierten Konflikts einen vermeintlichen Kompromiß anbieten.

Im Zusammenleben und in der Zusammenarbeit von Menschen tauchen immer wieder Konflikte auf. Menschen haben verschiedene Bedürfnisse, Interessen und Einstellungen. Wenn sich Situationen ergeben, in denen sie in der Verwirklichung dieser unterschiedlichen Bedürfnisse, Interessen und Einstellungen in irgendeiner Weise voneinander abhängig sind, geraten sie in einen Konflikt. Solche Konflikte gehören zu den ganz normalen und häufig auftretenden Alltagserscheinungen, im Privatleben ebenso wie im Berufsleben.

Wenn auch das Auftauchen von Konflikten ein unvermeidliches Phänomen darstellt, ein gelassener Umgang mit Konflikten ist deshalb für viele Menschen durchaus nicht selbstverständlich. Viele Menschen bewerten Konflikte negativ, reagieren mit unangenehmen Gefühlen darauf und gehen ihnen nach Möglichkeit aus dem Wege. Vor allem Frauen sehen in Konflikten eine Bedrohung für Beziehungen, und trachten deshalb, sie um jeden Preis zu verhindern. Sie vermeiden deshalb Konflikte, und das nicht nur untereinander, sondern sie treten häufig auch in Auseinandersetzungen anderer als Vermittlerinnen und Friedensstifterinnen auf.

Daß Frauen Konflikten aus dem Wege gehen, bedeutet nicht, daß sie ihre Bedürfnisse und Interessen nicht durchsetzen und ihre Ziele nicht erreichen wollen. Aber sie wollen diese Bedürfnisse und Interessen nicht um den Preis eines Konflikts verwirklichen, der die Beziehung gefährden könnte. Wenn Frauen deshalb in einer möglicherweise konflikttrchtigen Kommunikation die Initiative ergreifen, formulieren sie schon im Vorfeld eines potentiellen Konflikts ihre Bedürfnisse und Anliegen an andere nicht als Forderungen, schon gar nicht als Anweisungen, sondern als Vorschläge, die die anderen annehmen können, die sie aber auch ablehnen oder mit Gegenvorschlägen beantworten können. Viele Frauen haben gelernt, selbst Bitten an andere Personen nur in einer solchen Form vorzubringen, die es diesen leicht macht, abzulehnen, ohne daß ihnen das unangenehm werden könnte. Wenn Frauen in einer solchen Situation in die Rolle der reagierenden Person geraten, also nicht von vornherein verhindern können, daß Konflikte entstehen, dann versuchen sie schon im Vorfeld der Auseinandersetzung Arrangements zu treffen, die die anstehende Konfrontation erledigen. Allerdings geschieht das zumeist auf eigene Kosten. Bei unverhofft auftauchenden Konflikten bieten Frauen spontan Kompromißvorschläge an, oder sie stecken ihre eigenen Interessen zurück. Das geht wiederum zu eigenen Lasten.

Überprüfen Sie selber an einem Beispiel, wie Sie normalerweise auf Konflikte reagieren. Stellen Sie sich vor, Sie haben Sonderurlaub genommen, um an der Hochzeit Ihrer besten Freundin teilnehmen zu können. Donnerstag wollen Sie fahren und freuen sich darauf. Dienstag vor Feierabend kommt Ihr Vorgesetzter in Ihr Büro und teilt Ihnen mit, daß er Sie am Donnerstag für die Vorbereitung einer Präsentation braucht, die am Freitag stattfinden soll.

Meine Reaktion: _____

_____

_____

Gesetzt den Fall, sie reagieren in dieser Situation nicht sogleich mit dem Angebot eines Kompromißvorschlages oder schreiben in Gedanken das Hochzeitsfest ab, sondern erinnern Ihren Vorgesetzten daran, daß Sie Donnerstag Sonderurlaub genommen haben, den er gegengezeichnet hat. Wie wird er auf eine solche Erinnerung reagieren, die deutlich macht, daß Sie beide in einen Interessenkonflikt geraten sind?

Männer haben überwiegend eine ganz andere Einstellung zu Konflikten als Frauen. Nur selten reagieren sie emotional mit unangenehmen Gefühlen auf das Auftauchen von Konflikten. Und sie gehen ihnen auch nicht intuitiv aus dem Weg, es sei denn, sie geraten in der beruflichen oder gesellschaftlichen Hierarchie mit Höhergestellten in eine solche Situation. Unter Gleichgestellten sind Männer dagegen ausgesprochen konfliktfreudig. Sie betrachten Konflikte als ein notwendiges Mittel der Statusaushandlung, das sie entweder bereitwillig in Kauf nehmen oder sogar suchen. Weil Männer in der sprachlichen Kommunikation Status aushandeln, zeigen sie auch ziemlich unbekümmert Verhaltensweisen, mit denen man Status gewinnt, sich aber auch Konflikte einhandelt, nämlich befehlen und Anordnungen geben, ohne diese zu begründen. Auch in Diskussionen fordern sie andere heraus, kämpfen mit ihnen, was für sie durchaus ein Zeichen von Respekt und Kontakt bedeutet.

Das Verhalten von Männern ist von ritualisierten Kämpfen durchzogen, wie es sich besonders deutlich bei rauhen Sport- und Wettkampfspielen zeigt. Jungen und Männer halten sogar Aggressionen für eine gute Möglichkeit, in Interaktion zu treten und Verbundenheit herzustellen, was sich auch im Umgang mit Mädchen und Frauen (Necken, an den Zöpfen ziehen) zeigt. Männerfreundschaften umfassen häufig einen großen Anteil freundschaftlicher Aggressionen, die Frauen leicht als echte Aggressionen mißverstehen.

Ihr Vorgesetzter wird auf Ihre Erinnerung an den Sonderurlaub, der Ihnen genehmigt wurde, emotional also wahrscheinlich nicht unter Druck geraten, sondern gelassen bleiben. Und er wird mit hoher Wahrscheinlichkeit das Verhalten zeigen, das Thomas Gordon in seinen Büchern über Konfliktlösung in den verschiedensten gesellschaftlichen Bereichen „Methode 1" genannt hat.[1] Methode 1 ist der Weg für die Lösung von Interessenkonflikten, mit dem in einem ungleichen Machtverhältnis derjenige gewinnt, der die größere Macht besitzt. Normalerweise wird diese Vorgehensweise bei der Lösung von Interessenkonflikten die autoritäre Methode der Konfliktlösung genannt. Gordon vermeidet den Begriff „autoritär", um dem möglichen Mißverständnis vorzubeugen, bei der Anwendung der autoritären Methode müsse ein Vorgesetzter auch ein autoritäres sprachliches oder körpersprachliches Gebaren an den Tag legen. Autoritäre Konfliktlösung meint in diesem Zusammenhang nicht, daß Ihr Vorgesetzter sich dabei aufführt wie ein Feldwebel auf dem Kasernenhof, sondern daß er entscheidet, ohne Sie in den Entscheidungsprozeß einzubeziehen. Vermutlich wird er es bedauern, daß er Ihr Interesse ignorieren muß, dieses Bedauern ausdrücken und es auch empfinden. Aber da die Präsentation für Ihre gemeinsame Arbeit und das Unternehmen so überaus wichtig ist, werden Sie zurückstecken müssen.

Daß Sie in einem Konflikt verlieren, können Sie im Einzelfall zumeist verkraften, ja vielleicht auch einsehen oder sogar befürworten. Wenn Methode 1 jedoch die Regel für die Lösung von Interessenkonflikten darstellt, also der gewöhnliche Konfliktlösungsstil in Ihrem Betrieb ist, wird Ihre Enttäuschung eine andere Qualität annehmen. Der autoritäre Konfliktlösungsstil ist immer noch in weiten Bereichen unseres gesellschaftlichen Lebenszusammenhangs vorherrschend. Im Elternhaus, in der Schule, im Berufsleben, beim Militär, in kirchlichen, politischen und anderen Institutionen und Organisationen entscheiden im Konfliktfall und überhaupt Autoritäten. Ungeachtet dieser Tatsache ist diese Methode aber nur in sehr seltenen Fällen von Vorteil. Das sind zumeist solche Situationen, in denen Entscheidungen schnell getroffen werden müssen oder gute Lösungen Fähigkeiten voraussetzen, über die nur die Autoritätsperson verfügt. Normalerweise zieht die autoritäre Methode der Konfliktlösung negative Konsequenzen nach sich, und zwar für beide Konfliktparteien.

Beim Verlierer erzeugt sie negative Gefühle, im besten Fall Enttäuschung, aber auch Ärger, Bitterkeit, Groll bis hin zu Feindseligkeit. Bei solchen unangenehmen Gefühlen bleibt es aber nicht. Ihre Verarbeitung zieht zumeist auch negative Verhaltensweisen nach sich. Verlierer in Konfliktsituationen sind nicht sehr motiviert für die aufgezwungene Lösung. Zumeist werden sie wenig kooperationsbereit sein und zu Widerstand neigen. Das sind aber nur die nächsten Folgen autoritärer Konfliktlösung. Wenn Menschen klarwird, daß sie in Konfliktfällen die Verliererrolle zugewiesen bekommen, werden sie Selbstschutzstrategien entwickeln. Sie können sich zusammentun gegen den Gewinner und offen rebellieren oder passiven Widerstand leisten. Sie können aber auch versuchen, ihre Interessen „hintenherum" mit List und Tücke durchzusetzen und dabei das beliebte Spiel, sich nicht erwischen zu lassen, zu spielen. Oder sie können Vergeltung planen und Rache üben. Selbst bei ungleichen Machtverhältnissen stellen sich immer wieder Situationen ein, in denen „Mächtigere" vom Wohlwollen der weniger Mächtigen abhängig sind. Andere nachteilige Spätfolgen von autoritärer Konfliktlösung sind Resignation und Anpassung. Wenn Menschen ihre persönlichen Interessen mißachtet finden und sich der Macht beugen, verlieren sie jede Bindung an die Sache, um die es in solchen kommunikativen Zusammenhängen immer geht. Desinteresse, Lustlosigkeit, Unselbständigkeit und Disziplinlosigkeit greifen um sich. Es gibt keine Kooperation und Rücksichtnahme mehr, Eigenverantwortung und Selbstkontrolle werden aufgegeben. Niemand ergreift die Initiative oder sucht nach kreativen Lösungen.

Machtanwendung in Konfliktsituationen wirkt sich fast immer destruktiv aus. Das gilt auch für den Gewinner. Der Gewinner bei der autoritären Konfliktlösung wird seines Sieges selten froh. Auch wenn die Verlierer ihre Gefühle nicht zeigen und keinen offenen Widerstand leisten, wird er fühlen, daß sein Verhalten ihm keine Achtung, Anerkennung oder Sympathie einbringt. Gewinner haben häufig sogar Schuldgefühle, oder sie fürchten die vielfältigen unangenehmen Reaktionen, die die Verlierer zeigen könnten. Wer Macht ausübt, ignoriert den freien Willen des anderen, den er zu seinem Verbündeten machen könnte. Damit verliert er Einfluß auf ihn und ist zur ständigen Kontrolle gezwungen. Druck von außen erzeugt darüber hinaus Gegendruck. Das mindert die Leistungen, die Menschen erbringen könnten, wären sie dazu persönlich motiviert.

Auch wenn keine unterschiedlichen Machtbefugnisse das Verhältnis von Konfliktpartnern verzerren, hat das Streben nach Sieg in diesem Kampf immer negative Auswirkungen. Siegen wollen erzeugt notwendigerweise Verlierer. Und Verlierer wollen keine Verlierer bleiben, sondern „die Scharte wieder auswetzen". Auf diese Weise reproduzieren siegorientierte Konfliktlöser immer wieder die Ausgangsverhältnisse ihrer Auseinandersetzung: Verlierer, unterlegene Positionen, Revanchen, erneute Kämpfe, neue Rangordnungen und autoritäre Hierarchien, ohne jede Chance, den Teufelskreis zu durchbrechen.

Frauen dagegen vermeiden solche Teufelskreise. Auch im Umgang mit Konflikten zeigen sie Vorgehensweisen, die Gemeinschaften aufrechterhalten und die Fortsetzung der Kooperation von Gleichen gewährleisten. Aber die Spielregeln im gesellschaftlichen Leben werden von Männern geschrieben. Wie unproduktiv diese in bestimmten Bereichen auch immer sein mögen, sie gelten, als Verhaltensnormen ebenso wie als Kriterien zur Beurteilung von Verhalten.

Auf dem Hintergrund des männlichen Weltbildes wird die weibliche Orientierung auf gute Beziehungen als Schwäche begriffen. Weibliche Konfliktvermeidungsstrategien und permissive Konfliktlösungen verbürgen zwar in weiblichen Lebenszusammenhängen die Fortdauer guter Beziehungen, aber in einer nach männlichen Regeln strukturierten Welt gewinnen sie eine andere Bedeutung und führen zumeist auch zu ganz anderen Ergebnissen. Altruismus ist in solchen Zusammenhängen keine Tugend, sondern eher Dummheit. Er erzeugt auch keine Bindung, sondern eher die Überlegenheit des anderen. Permissive Konfliktlösung unterscheidet sich beispielsweise im Berufsleben strukturell kaum von der autoritären Konfliktlösung. Beide Vorgehensweisen produzieren Gewinner und Verlierer, nur daß man hierbei selber zum Verlierer wird. Die Folgen permissiver Konfliktlösung fühlen sich dabei ebenso unangenehm an und setzen auch ähnlich unangenehme Verarbeitungsstrategien in Gang wie die autoritäre Konfliktlösungsmethode, die den jeweils anderen zum Verlierer macht. In Einzelfällen kann auch ein solches Vorgehen akzeptabel sein. Aber als Konfliktlösungsstil zieht es unweigerlich negative Konsequenzen nach sich. In hierarchisch strukturierten Lebensbereichen hinterläßt auch eine permissive Konfliktlösung ungute Gefühle, erzeugt Unmut und Abneigung gegenüber den Menschen, die man gewinnen läßt. Außerdem läuft man Gefahr, den Respekt bei den Gewinnern einzubüßen, die ein solches Verhalten als Schwäche und Inkompetenz auslegen können. Und auch den Gewinnern tut man in solchen Lebenszusammenhängen mit dieser Methode selten einen Gefallen. Soziale Kompetenzen wie Rücksicht und Kooperationsbereitschaft und auch persönliche Fähigkeiten wie Disziplin und Selbstkontrolle werden damit nicht gefördert.

Weibliche Konfliktvermeidungsstrategien als Regelmechanismen konfligierender Bedürfnisse, Interessen oder Ziele sind in einer nach männlichen Normen geregelten Welt ebenso wenig am Platz wie permissive Konfliktlösung. Konfliktvermeidungsstrategien funktionieren überhaupt nur, wenn alle in einem sozialen Zusammenhang agierenden Personen solche Vorgehensweisen zeigen. Schon ein einziger konfliktfreudiger Mitspieler in einem solchen Kontext macht entweder die anderen zu Verlierern oder zwingt ihnen offenes Abwehrverhalten und Vorgehensweisen der eigenen Interessenvertretung auf.

1. Sprachliche Vorgehensweisen

Männer und Frauen sind also grundsätzlich anderer Auffassung darüber, was Konflikte bedeuten, und sie gehen deshalb ganz anders mit ihnen um. Für Frauen, die sich in männlich geprägten Zusammenhängen durchsetzen wollen, ist es aber wichtig, zu wissen, welche Bedeutung ihr Konfliktverhalten in diesen Lebenszusammenhängen gewinnt und welche Folgen es dort nach sich zieht. Es geht hierbei wiederum nicht darum, um des Erfolges willen nach männlichem Muster umzulernen. Die meisten Frauen lehnen das entschieden ab. Man kann nämlich mit sehr guten Gründen auch die These vertreten, daß eine Umprägung beispielsweise des Berufslebens nach weiblichem Muster nicht nur wirtschaftlichen Erfolg, sondern auch mehr subjektives Wohlbefinden in Arbeitszusammenhängen produziert. Eine solche Umprägung kann aber nur Resultat eines langfristigen Prozesses sein. Hier und jetzt aber geht es darum, in den bestehenden gesellschaftlichen Zusammenhängen, in denen wir leben und arbeiten, herauszufinden, was unsere unmittelbaren Ziele sind, um uns Vorgehensweisen anzueignen, mit denen wir in den aktuellen Situationen hier und jetzt diese Ziele auch erreichen.

In der betriebswirtschaftlichen Managementforschung hat man herausgefunden, daß das Denken von Managern von einer Dichotomie beherrscht wird. Es sei entweder personen- oder aufgabenorientiert. Vor allen Dingen in Konfliktsituationen kommt diese Dichotomie zum Tragen. Ziele in Konfliktsituationen sind entweder auf der sachlichen oder auf der Beziehungsebene angesiedelt. Auf der Sachebene geht es darum, nach organisatorischen, ökonomischen oder anderen geltenden Kriterien eine gute Lösung zu finden, auf der Beziehungsebene darum, Gefühle nicht zu verletzen und die Beziehung nicht zu belasten. Wenn das Ziel der Konfliktlösung ausschließlich auf der Sachebene liegt, wird man häufig den Einsatz von Methode 1 (autoritäre Konfliktlösung) beobachten können, wenn das konfliktlösende Handeln die Aufrechterhaltung der Beziehung als vorrangiges Ziel anstrebt, wird man eher Methode 2 (permissive Konfliktlösung) in Aktion beobachten können. Das Ziel in Konfliktsituationen kann aber auch beide Ebenen, die sachliche wie auch die Beziehungsebene, berücksichtigen. Die Lösung müßte dann sowohl den geltenden sachlichen Kriterien genügen, wie auch geeignet sein, weder die Gefühle eines der beteiligten Konfliktpartner zu verletzen noch die Beziehung zwischen beiden zu belasten.

Die von Thomas Gordon sogenannte Methode III, die kooperative Methode der Konfliktlösung, ermöglicht in den meisten Fällen eine solche Lösung. Die kooperative Methode der Konfliktlösung ist eine Synthese aus den produktiven Anteilen der typischen Vorgehensweisen beider Geschlechter. Sie ist eine aktive, selbstbewußte und produktive Vorgehensweise, die eine gute Lösung im Blickfeld hat, und sie bewahrt gute Beziehungen zwischen den Konfliktpartnern. Darüber hinaus erzeugt sie auch eine Bindung beider Partner an die gefundene Lösung und garantiert somit eine motivierte und engagierte Durchführung.

Der erste Schritt der kooperativen Konfliktlösung: In ein partnerschaftliches Gespräch kommen

Der wichtigste, aber zumeist schwierigste Schritt bei einer kooperativen oder partnerschaftlichen Konfliktlösung ist die Eröffnung des Gesprächs, wenn der Konflikt bereits für beide Betroffenen sichtbar geworden ist, oder der weitere Gesprächsverlauf, unmittelbar nachdem der Konflikt aufgetaucht und bewußt geworden ist. Wesentlich ist dabei, daß der entstandene Konflikt benannt wird und die partnerschaftliche Einstellung und der beabsichtigte kooperative Umgang mit dem Konflikt sprachlich zum Ausdruck kommt.

Kommen wir zurück auf das Beispiel, an dem Sie oben überprüft haben, wie Sie normalerweise auf Konflikte reagieren: Sie haben für Donnerstag Sonderurlaub genommen, um an der Hochzeit Ihrer besten Freundin teilnehmen zu können. Dienstag vor Feierabend kommt Ihr Vorgesetzter in Ihr Büro und teilt Ihnen mit, daß er Sie am Donnerstag für die Vorbereitung einer Präsentation braucht, die am Freitag stattfinden soll. Sie erinnern daraufhin Ihren Vorgesetzten daran, daß Sie an dem Tage Sonderurlaub beantragt haben, dessen Genehmigung er selber gegengezeichnet hat. Gesetzt den

Fall, Ihr Vorgesetzter hat eine kooperative Einstellung zu seinen Mitarbeitern und geht mit dem Konflikt gemäß Methode III um, dann könnte sich folgender Dialog zwischen Ihnen beiden entwickeln:

Vorgesetzter: Ach du meine Güte, Ihren Sonderurlaub habe ich völlig vergessen. Ihnen ist diese Hochzeit sehr wichtig!?

Mitarbeiterin: Ja, das stimmt! Dorothea ist seit Jahren meine beste Freundin. Außerdem bin ich Trauzeugin.

Vorgesetzter: Aber ich brauche unbedingt Ihre Hilfe bei der Vorbereitung der Präsentation. Sie wissen, es gibt sonst niemanden, der mich dabei so qualifiziert unterstützen könnte wie Sie. Und die Präsentation muß optimal laufen, sonst kriegen wir den Auftrag nicht!

Mitarbeiterin: Stimmt!

Vorgesetzter: Wir haben also einen Interessenkonflikt. Was halten Sie davon, wenn wir beide uns kurz zusammensetzen und überlegen, wie wir den lösen könnten?

Mitarbeiterin: Naja, das könnten wir schon machen, aber was soll dabei herauskommen?

Vorgesetzter: Klingt etwas skeptisch, was Sie da sagen. Verstehe ich richtig, daß Sie befürchten, ich könnte Sie über den Tisch ziehen wollen?

Mitarbeiterin: Das könnte stimmen!

Vorgesetzter: Was halten Sie davon, wenn wir erstmal gemeinsam versuchen, eine für beide annehmbare Lösung zu finden, und daß wir uns dann erst entscheiden, ob wir diese Lösung auch durchführen?

Mitarbeiterin: Naja, probieren könnten wir es schon.

Vorgesetzter: OK, fangen wir an!

Wenn wir diesen Dialog etwas genauer untersuchen, werden wir feststellen, daß das wiederkehrende „Motiv" in den Äußerungen des Vorgesetzten darin besteht, das Interesse der Konfliktpartnerin ernst zu nehmen, aber auch das eigene Interesse nicht hintanzustellen. Eine solche Struktur – Akzeptanz gegenüber der Person des anderen bei gleichzeitiger Behauptung der eigenen Position in einer strittigen Angelegenheit – können Sie in einer sachbezogenen Interaktion nur mit den von Rogers/Gordon entwickelten sprachlichen Vorgehensweisen, dem Kontrollierten Dialog und dem Aktivem Zuhören, aufbauen. In diesem Dialog signalisiert der Vorgesetzte der Mitarbeiterin mit Aktivem Zuhören, daß er ihr Interesse ernst nimmt. Damit erreicht er die sogenannte Ja-Haltung. Daraufhin artikuliert er sein eigenes Interesse in Ich-Sprache und gewinnt ebenfalls die Ja-Haltung der Konfliktpartnerin. Diese zweite Ja-Haltung hat ihren Grund im wesentlichen darin, daß Menschen erwidern, was man ihnen entgegenbringt, Vertrauen gegen Vertrauen, Akzeptanz gegen Akzeptanz. Nach dieser Zustimmung durch die Mitarbeiterin stellt der Vorgesetzte fest, daß sich ein Konflikt ergeben hat, und lädt zur gemeinsamen Lösung ein. Als er daraufhin eine skeptische Reaktion bekommt, nimmt er diese wiederum ernst und signalisiert diese Akzeptanz über Aktives Zuhören, was wiederum eine Ja-Haltung auslöst. Er bekräftigt seine Akzeptanz der skeptischen Haltung daraufhin mit einer Modifizierung der Einladung, die den skeptischen Einwand berücksichtigt, und erzielt wiederum die Ja-Haltung.

Wie Sie im Vorfeld einer kooperativen Konfliktlösung ein Gespräch auch immer aufbauen, wichtig ist dabei, daß Sie den Konflikt feststellen, daß Sie Ihre partnerschaftliche Einstellung zum anderen ausdrücken, äußern, daß Sie dessen Interessen ernst nehmen und zu einer kooperativen Lösung bereit sind. Vielleicht sollte darüber hinaus auch der folgende Zusammenhang noch kurz verdeutlicht werden. Frauen zeigen ihre Kooperationsbereitschaft allzu häufig darin, daß sie in Konfliktfällen ganz schnell mit spontanen Kompromißvorschlägen bei der Hand sind. Das oben angeführte Beispiel ist auch so einfach strukturiert, daß es zu spontanen Kompromißvorschlägen geradezu verleitet. Diese spontane Kompromißbereitschaft ist aber in Konfliktfällen des beruflichen oder auch privaten Alltags nur selten angezeigt. Spontanvorschläge hören sich häufig so an, als stellten sie die optimale Lösung dar, so daß man sich um weitere Überlegungen gar nicht mehr bemüht. Allerdings zeigt sich bei späterer Überprüfung häufig, daß sie so optimal gar nicht sind. Im Vorfeld einer Konfliktlösung ist Kompromißbereitschaft eine wichtige Voraussetzung für eine kooperative Lösung. Vorzeitiges Kompromißhandeln ist jedoch zumeist unproduktiv.

Der zweite Schritt der kooperativen Konfliktlösung: Erkenntnis der zugrundeliegenden Bedürfnisse

Der zweite Schritt der kooperativen Konfliktlösung ist gegenüber dem ersten gar nicht schwierig. Aber er stellt eine Wendung dar, deren Sinn nicht offen zutage liegt. Normalerweise geht man bei der Konfliktlösung ähnlich vor wie bei der Problemlösung: Nachdem der Konflikt oder das Problem erkannt bzw. näher bestimmt ist, sucht man nach alternativen Lösungen. Dies ist auch bei relativ einfachen Konflikten die übliche Vorgehensweise. Bei unserer sogenannten Methode III geht es aber darum, eine Lösung zu finden, die sicherstellt, daß weder der eine noch der andere Konfliktpartner als Verlierer zurückbleibt. Ob jemand verliert oder zurückstecken muß, ergibt sich daraus, ob und/oder inwieweit die hinter seinem jeweiligen Interesse oder seiner Absicht stehenden Bedürfnisse durch die später gefundene Lösung berücksichtigt werden. Der zweite Schritt der kooperativen Methode der Konfliktlösung besteht also darin, die hinter den konfliktträchtigen Alternativen stehenden Bedürfnisse zu erkennen und festzuhalten, um daran später die im dritten Schritt gefundenen Alternativen bewerten zu können.

Was hinter menschlichen Absichten, Verhaltensweisen oder Zielen an Bedürfnissen oder Motiven steckt, ist individuell unterschiedlich und kann nur herausgefunden werden, indem man fragt. Da ein solches Vorgehen ungewöhnlich ist, möchte ich an einigen Beispielen demonstrieren, was hinter solchen Absichten, Verhaltensweisen und Zielen stecken könnte, mit denen man in Konflikt zu anderen geraten kann. Nehmen Sie zum Beispiel an, Sie wollen Urlaub machen, welche Bedürfnisse könnten dieser Absicht zugrundeliegen? Vielleicht möchten Sie ausspannen? Oder Sie wollen die Kultur eines fremden Landes kennenlernen? Vielleicht ist es dabei für Sie am wichtigsten, sich in die Sonne zu legen, um so richtig braun zu werden. Vielleicht ist es auch ein besonderer Sport, den Sie nur im Urlaub und an bestimmten Urlaubsorten treiben

232

können? Oder Sie wollen Land und Leute kennenlernen, die Sprache besser beherrschen lernen, eine Urlaubsbekanntschaft machen, Museen besuchen, lukullischen Genüssen frönen und und und ... Es gibt unzählige Bedürfnisse, die Sie mit einem Urlaub befriedigen könnten. Stellen Sie sich vor, jemand möchte ein Gespräch mit Ihnen führen, was will er vielleicht Gutes für sich tun damit? Er könnte sich die Zeit vertreiben wollen. Vielleicht möchte er sich unterhalten oder eine Information bekommen. Mag sein, er hat ein Problem, und er möchte den Druck loswerden, indem er mit Ihnen darüber redet. Vielleicht sucht er eine Beziehung zu Ihnen aufzubauen, oder er schätzt Sie als kompetente Ratgeberin in komplizierten zwischenmenschlichen Beziehungen. Kann aber auch sein, er will Ihnen etwas verkaufen oder Sie aushorchen ... Es gibt viele Bedürfnisse, die ihre Verwirklichung in einem Gespräch mit Ihnen finden könnten.

Nehmen wir den Vorgesetzten aus unserem Beispiel: Welche Bedürfnisse könnten hinter seiner Absicht stehen, die Unterstützung der Mitarbeiterin bei der Vorbereitung der Präsentation zu gewinnen. Sein wichtigstes Bedürfnis könnte sein, erfolgreich zu sein, also den Auftrag für die Firma hereinzuholen. Es könnte aber auch im wesentlichen für ihn darum gehen, gute Arbeit zu leisten. Vielleicht hat er auch das Bedürfnis, selber bei der Präsentation zu glänzen. Oder es geht ihm schlicht darum, die Vorbereitung mit ihr zusammen zu machen, weil er die Zusammenarbeit mit ihr persönlich besonders schätzt. Oder es kann ihm um Sicherheit gehen, daß es bei der Vorbereitung nach gewohntem und bewährtem Muster läuft.

Die Mitarbeiterin in diesem Konfliktfall kann ganz andere oder ähnliche Bedürfnisse haben, die hinter ihrer Absicht, zur Hochzeit zu fahren, stehen. Für sie kann wichtig sein, im Freundeskreis präsent zu sein oder ein gegebenes Versprechen zu halten. Es kann ihr auch wesentlich darum gehen, wichtige Ereignisse im Leben eines ihr vertrauten Menschen mitzuerleben. Oder es kann das Bedürfnis vorrangig sein, mit persönlichen Bedürfnissen von ihrem Vorgesetzten ernst genommen zu werden.

Hier wird deutlich, daß dieser zweite Schritt, der die hinter den jeweiligen Absichten oder Verhaltensweisen liegenden Bedürfnisse und Motive aufdeckt, nicht nur dazu dient, die spätere Lösung zu beurteilen, sondern noch einen anderen wichtigen Sinn hat. Vorgesetzter und Mitarbeiterin waren auf der Ebene ihrer Interessen in

Konflikt geraten. Ihre jeweiligen Planungen für den Donnerstag stehen im Gegensatz zueinander. Auf der Ebene der hinter diesen Absichten liegenden Bedürfnisse löst sich dieser Gegensatz auf, weil der konkrete Mensch sichtbar wird. Während auf der Interessenebene Konfrontation herrscht, kann sich auf der Bedürfnisebene durchaus wechselseitiges Verständnis entwickeln. Dieser Schritt der kooperativen Konfliktlösung gibt dem Konflikt in der Wahrnehmung der Konfliktparteien eine andere Bedeutung und leitet eine „Versöhnung" ein. Der amerikanische Psychologe Watzlawick[2] hat mit überzeugenden Argumenten und vielen Beispielen deutlich gemacht, welche Wirksamkeit Problem- oder Konfliktlösungen entfalten, die man finden kann, wenn man die hinter der Konfliktlinie (auf der sogenannten Metaebene) meist verborgen liegenden Motive aufspürt. Alle Reframingmodelle des NLP beruhen auf den psychologischen Auswirkungen solcher Umdeutungsprozesse.

Der dritte Schritt der kooperativen Konfliktlösung: Die Suche nach alternativen Lösungen

Somit stellt sich schon bei der Bemühung um beider Motive für die jeweilige Absicht Gemeinsamkeit her. Durch die gemeinsame Suche nach Lösungsmöglichkeiten im dritten Schritt von Methode III wird diese Gemeinsamkeit weiter aufgebaut. Bei relativ einfachen Konflikten wird man dabei keiner weiteren Regel bedürfen. Bei komplizierteren Konfliktstrukturen ist es jedoch zuweilen angezeigt, nach Brainstormingregeln vorzugehen, um die Anzahl der Lösungsvorschläge oder deren Qualität zu erhöhen. Brainstorming wurde von dem Amerikaner Alex Osborne entwickelt. Diese Methode besteht in einem Satz von fünf Regeln, nach denen man verfährt, wenn es darum geht, viele Ideen zu sammeln. Brainstormings sind in vielen Situationen des beruflichen wie auch des privaten Alltags von hohem Nutzen, so daß eine kurze Erläuterung an dieser Stelle sinnvoll erscheint.

Regel 1 lautet: „Kritik ist grundsätzlich verboten!" Diese Regel schafft beim Brainstorming die Voraussetzung dafür, daß

234

auch ungewöhnliche Lösungsvorschläge gemacht werden, also auch solche, die aus Angst, sich lächerlich zu machen, sonst nie vorgebracht würden. Diese Trennung der Ideenfindung von der Ideenbewertung bewirkt, daß nicht nur viele, sondern auch besonders fruchtbare Ideen produziert werden.

Regel 2 lautet: „Jede Idee ist erlaubt. Je phantastischer, desto besser!" Diese Regel regt noch mehr als Regel 1 dazu an, alle Hemmungen, Befürchtungen und Ängste fallen zu lassen. Alle Einfälle sollen, wie sie kommen, frei und spontan geäußert werden. Die freie Assoziation, die damit erreicht werden soll, bewirkt, daß unbewußte Phantasien ohne Zensur vorgebracht werden.

Regel 3 lautet: „Jeder soll so viele Ideen wie möglich entwickeln!" Diese dritte Regel soll den Fluß der Ideen anregen. Indem sie die Konzentration auf die Menge der Ideen lenkt, bewirkt sie ebenfalls, daß jede Bewertung ausgeschaltet wird und „aus Versehen" Denkinhalte aus dem Unbewußten mitgerissen werden.

Regel 4 lautet: „Jeder darf die Ideen des anderen aufgreifen und weiterentwickeln!" Diese Regel führt dazu, daß die Teilnehmer am Brainstorming sich gegenseitig anregen, daß einer sich von der Idee des anderen inspirieren läßt. Dadurch werden Beziehungen hergestellt, die die Wahrnehmungs-, Vorstellungs- und Denkinhalte verschiedener Personen miteinander verbinden. Die Chance, etwas qualitativ Neuartiges hervorzubringen, wird damit beträchtlich erhöht.

Regel 5 lautet: „Jede Idee ist als Leistung des Teams, nicht eines einzelnen zu betrachten!" Diese letzte Regel des Brainstorming stellt die Gruppe als Problemlösungseinheit ins Zentrum der Wahrnehmung. Die einzelnen Teilnehmer sollen sich dessen bewußt sein, daß die hervorgebrachten Ideen sich einer kollektiven Anstrengung verdanken und keine summierten Einzelleistungen darstellen. Diese Regel macht die produktiven Auswirkungen der Arbeit als Gruppe bewußt.

Zuweilen kann es bereits bei einer einfachen Suche nach alternativen Lösungsmöglichkeiten sinnvoll sein, diese schriftlich festzuhalten. Wenn Sie jedoch ein Brainstorming machen, kommen Sie nicht umhin, die gefundenen Ideen für Lösungsmöglichkeiten aufzuschreiben. Unser Vorgesetzter und seine Mitarbeiterin könnten bei diesem Schritt der kooperativen Konfliktlösung folgende alternativen Lösungsmöglichkeiten notieren:

1. Der Vorgesetzte bereitet die Präsentation mit einem anderen Mitarbeiter vor, der von der Mitarbeiterin vorher instruiert wird.
2. Die Mitarbeiterin stellt einen Aktionsplan und eine Checkliste auf, nach denen der Vorgesetzte die Präsentation allein vorbereiten kann.
3. Vorgesetzter und Mitarbeiterin setzen sich am Mittwoch zusammen und bereiten die Präsentation vor.
4. Vorgesetzter und Mitarbeiterin machen Überstunden und bereiten am Dienstag abend oder am Mittwoch abend die Präsentation vor.
5. Vorgesetzter und Mitarbeiterin erarbeiten die wichtigsten Dinge in Überstunden am Dienstag oder Mittwoch abend. Weniger wichtige Aufgaben werden einer dritten Person übertragen.

Der vierte Schritt der kooperativen Konfliktlösung: Überprüfung der alternativen Lösungen auf Bedürfnisbefriedigung hin

Auch dieser Schritt der kooperativen Konfliktlösung bedarf noch einer besonderen Erläuterung, weil er von der üblichen Vorgehensweise bei Problem- und Konfliktlösungen abweicht. Normalerweise werden die gefundenen alternativen Lösungen im nächsten Schritt bewertet, indem man ihre Vorteile und Nachteile untersucht. Bei der kooperativen Konfliktlösung geht es bei der Suche nach alternativen Lösungen jedoch zunächst darum, die Lösungen auszusondern, die einem der genannten Bedürfnisse eines Konfliktpartners widersprechen. Erinnern Sie sich. Es geht bei dieser Methode der Konfliktlösung darum, sicherzustellen, daß es keinen Verlierer gibt. Die Auswahl einer Lösung, die im Widerspruch zu einem der aufgezeigten Bedürfnisse steht, würde einen der beteiligten Konfliktpartner zu einem Verlierer machen.

Im vierten Schritt würden aus der Liste der alternativen Lösungen der erste und wahrscheinlich auch der zweite Vorschlag herausfallen, da sie dem Bedürfnis des Vorgesetzten, die Präsentation mit dieser Mitarbeiterin zusammen vorzubereiten, widersprechen.

Die folgenden Schritte der kooperativen Konfliktlösung:

5. Bewertung der verbliebenen alternativen Lösungen

6. Entscheidung

7. Evtl. Planung der Durchführung

Die nach dem vierten Schritt übriggebliebenen alternativen Lösungen sind alle mit den Bedürfnissen der Betroffenen vereinbar. Im nächsten Schritt geht es jetzt darum, die Lösungen zu bewerten. Bei der Überprüfung auf Realisierbarkeit fällt die dritte Alternative heraus: Der Vorgesetzte ist am Mittwoch den ganzen Tag über auf einer wichtigen Sitzung, für die er sich nicht vertreten lassen kann. Es bleiben nur noch Möglichkeiten übrig, für die Zusammenarbeit Überstunden zu machen. Dabei ist der Dienstagabend von Vorteil, weil die Mitarbeiterin sich am Mittwoch abend auf ihre Reise vorbereiten und am nächsten Morgen ausgeschlafen sein möchte. Es stellt sich zwar als möglich heraus, die weniger wichtigen Vorbereitungsarbeiten einem anderen Mitarbeiter zu übertragen, aber eine solche Einbeziehung Dritter ist nicht mehr nötig. Sowohl die Mitarbeiterin (am Mittwoch) wie auch der Vorgesetzte (am Donnerstag) können diese Aufgaben erledigen. Als sinnvoll stellt sich heraus, daß der Vorgesetzte das selber tut, weil er mit der Ausarbeitung sich gleichzeitig vorbereiten kann.

Mit dieser Überprüfung ist auch die Entscheidung gefallen: Vorgesetzter und Mitarbeiterin setzen sich nach Feierabend zusammen, erarbeiten die wichtigsten Teile der Präsentation. Die weniger wichtigen Aufgaben nimmt der Vorgesetzte sich am Donnerstag vor.

Die hier dargestellte kooperative Konfliktlösung enthält also folgende sieben Schritte:

1. In ein partnerschaftliches Gespräch kommen

2. Erkenntnis der zugrundeliegenden Bedürfnisse

3. Suche nach alternativen Lösungen

4. Überprüfung der alternativen Lösungen

5. Bewertung der verbliebenen alternativen Lösungen

6. Entscheidung

7. Evtl. Planung der Durchführung

2. NLP-Lernmethoden

Auch kooperative Konfliktlösungen sind leicht zu lernen, wenn es den Betreffenden wichtig ist, in Konfliktsituationen sich selber und dem anderen gerecht zu werden. Und das ist bei Frauen zumeist der Fall. Schwieriger wird es, Konfliktsituationen zu bewältigen, wenn Frauen in ihrer persönlichen Lebensgeschichte gelernt haben, sich selber und die eigenen Interessen nicht so wichtig zu nehmen, wenn Harmonie zu ihren wichtigsten Werten gehört oder wenn sie die Gewohnheit, sich an anderen zu orientieren, nur schwer aufgeben können. In solchen Fällen ist es wichtig, persönliche Entwicklungsschritte zu machen, zu lernen, sich selber wichtig zu nehmen, Frustration zu ertragen und unabhängiger zu werden. Das Erreichen solcher Lernziele muß man jedoch auch wieder nicht dem natürlichen Lauf der Dinge überlassen. Man kann solche Ziele mit Willen und Bewußtsein anstreben unter Zuhilfenahme von NLP-Lernstrategien. Je nachdem, welche Struktur das Problem aufweist, kann man „Konfliktscheu" mit Ressourcen bearbeiten, bei stärkerer Konfliktangst die Phobietechnik anwenden, nach Sekundärgewinnen forschen, um mit einem „Sixstep" neue Wege zu suchen, oder aber auch, wie in dem folgenden Fall, eine Wertearbeit durchführen. Anna ist eine Studentin, die an einem NLP-Seminar teilnahm und Lust hatte, zum Thema „Umgang mit Konflikten" noch ein kleines Stück weiterzuarbeiten. Es wurde ein langes Gespräch, von dem ich im folgenden zwei Ausschnitte darstellen möchte, auch um zu zeigen, daß man im Zusammenhang eines Problems mehrere Zugänge zur Lösung probieren kann. Anna und ich führten unter anderem einen Sixstep und eine Wertearbeit durch.

a. Anna: „Also, ich habe generell ein großes Harmoniebedürfnis."

Konflikte waren etwas, was Anna immer wieder mal unangenehme Gefühle bescherte. Bevor wir überhaupt nähere Umstände erarbeiten konnten, präsentierte sie bereits, was für sie dahinterstand:

„Also, ich habe generell ein großes Harmoniebedürfnis. Und das geht ja wohl auch in diesen Bereich hinein." Dieses Harmoniebedürfnis erläuterte sie mit folgenden Worten: „Also, bei mir war es früher so: Wenn ich mich mit meinen Eltern gestritten habe, fand ich es ganz fürchterlich, wenn das abends geschah, so um acht Uhr oder so. Dann mußte ich das immer, bevor ich schlafen konnte, wieder geklärt haben. Dann mußte wieder gesagt werden: Wir haben uns doch alle lieb, und es ist alles wieder gut. Die Vorstellung, das erst am nächsten Morgen zu klären, hätte ich nicht ausgehalten."

Sich möglichst schnell wieder zu versöhnen war aber nicht die einzige Konsequenz dieses Harmoniebedürfnisses. Anna ging möglichen Konflikten auch aus dem Wege oder vertrat, wenn es Konflikte gab, ihre Interessen nicht konsequent, sondern ging entweder Kompromisse ein oder gab ihre Wünsche ganz einfach auf. Dafür hatte sie sich sogar eine passende Strategie zurechtgelegt: Ihre Interessen verloren im Verlaufe eines Konfliktgespräches an Bedeutung: „Ja, das kommt auch manchmal vor, daß ich hinterher sicher bin, daß das, was ich da vorher wollte, gar nicht so wichtig ist, daß ich das gar nicht mehr so will. Also, es gibt dann nichts mehr, was ich erreichen will. Ich denke mir dann, das war vielleicht nur ein Trugschluß oder so, und ich bin ja eigentlich ganz zufrieden."

Anna gab also in bestimmten Situationen völlig auf. Ihr Anliegen verlor einfach an Bedeutung. Sie hatte zwar etwas, was sie wollte, und ging damit auch hinein in Konflikte und versuchte es durchzusetzen. Aber während sie ihr Anliegen verteidigte, verlor dieses unter der Hand seine Bedeutung, schrumpfte bis zur Nichtigkeit. Anna ließ sich überzeugen, daß ihr Interesse nicht wichtig war, und war dann hinterher auch nicht unglücklich darüber. Als ich sie daraufhin fragte, ob sie überhaupt etwas gegen solche Konflikte hätte, sagte sie: „Ja doch, eigentlich schon. Das macht mich auch unselbständig."

Auf meine Frage nach einer konkreten Situation fiel ihr zunächst ein Beispiel aus dem familiären Zusammenhang ein. „Zum einen muß ich, wenn ich eine Idee habe, erstmal meinen Vater fragen. Da habe ich so den inneren Drang, und es fällt mir schwer, und es fiel mir schon immer schwer, dann was durchzusetzen, was er nicht gut findet." Manchmal ist sie dabei durchaus in der Lage, ihn zu überzeugen. „Aber oft ist es dann auch so, daß ich seine Meinung so hoch einschätze oder daß ich auch weiß, er kennt mich so gut, und er will ja nur das Beste, daß ich dann meine Ansprüche ein bißchen herunterschraube oder daß ich dann das, was ich vorher wollte, nicht mehr so dringend will."

Für Anna war das zwar im konkreten Fall immer in Ordnung. Aber sie merkte, daß das nach einem bestimmten Schema ablief. Und damit war sie nicht einverstanden.

Anna: „Ja genau, das Schema stört mich. Es stört mich am meisten, daß ich es nicht einmal schaffe, selbst wenn es der totale Blödsinn ist, das mal durchzusetzen und damit zu leben."

„Das möchtest Du schon mal können."

Anna: „Das möchte ich können, ja."

Auf meine Frage, ob es dafür noch andere Situationen gibt, fällt ihr ein weiteres Beispiel ein. Sie hat erlebt, daß es ihr schwerfällt, eine abweichende Meinung gegenüber einer ganzen Gruppe zu vertreten. Wenn es sich so ergibt, daß in ihrer Klasse oder Studiengruppe sich eine bestimmte Meinung allgemein herausbildet und sie anderer Meinung ist, hält sie damit lieber hinter dem Berg: „Vielleicht würde ich die sogar mal vertreten, aber es würde mir schwerfallen. Und das geht vielleicht auch so ein bißchen in die Richtung, daß ich dann versuche, es so hinzukriegen, daß mir so etwas nicht passiert. Zum Beispiel, indem ich es vorher mit allen möglichen Leuten durchspreche. Dann stehe ich ja nicht mehr allein da mit meiner Meinung."

Auch in diesem Fall ging es Anna im wesentlichen um Harmonie in dem Sinne, daß sie nicht allein dastand, daß sie nicht die einzige war, die durch die abweichende Meinung von den anderen ausgeschlossen wurde, sondern weiterhin dazugehörte. Sie stellte mit ihrem Verhalten etwas her, was bedeutet, es ist im Grunde alles wieder in Ordnung. Die soziale Beziehung ist gesichert.

Also stellte ich jetzt die Frage nach anderen Möglichkeiten, den Sekundärgewinn zu garantieren: „Gut, wenn der soziale Kontakt für Dich so wichtig ist – das kann in der Beziehung zu Deinen Eltern Liebe sein, bei den Freunden Freundschaft und in der Klasse, integriert zu sein –, wie könntest Du das sonst noch erreichen? Gibt es noch andere Möglichkeiten, um die sozialen Beziehungen in ihrer bestehenden Qualität aufrechtzuerhalten?"

Daraufhin fiel Anna erst mal ein, daß ihr Verhalten durchaus kontraproduktiv sein könnte: „Also, ich glaube eigentlich gar nicht, daß ich es so erreiche. Denn man mag ja nicht unbedingt die Leute lieber, die sich anpassen. Das ist irgendwie ein Trugschluß."

„Du meinst, es gäbe bessere Wege. Was für bessere Wege könnten das sein? Was kann man sonst noch tun, um die Qualität der sozialen Beziehung aufrechtzuerhalten. Was für Möglichkeiten gibt es da?"

Als erstes fiel Anna ein, daß man zwischen einer sozialen Beziehung als einer Basisstruktur und dem zeitweiligen Auftreten von Konflikten trennen könnte im Sinne einer Trennung von sozialen und sachlichen Dingen. Eine zweite Möglichkeit sah sie darin, durch Gesten und Taten die Beziehung zu stärken, nämlich dem anderen helfen, mit ihm reden, zuhören, wenn er etwas hat, gemeinsam etwas machen, was einem Freude macht, jemanden unterstützen, jemanden fördern, und und und. Sie könnte sich zum Beispiel der Freundin besonders zuwenden. Außerdem fiel ihr ein, daß man dem Gegenüber einfach klar machen könne, daß Konflikte nichts mit der Beziehung an sich zu tun haben. Man könnte dem anderen zeigen, daß man ihn akzeptiert, oder es ihm auch sagen.

Was Anna gefunden hatte, überprüften wir im nächsten Schritt: „Spricht irgend etwas dagegen, in Konfliktsituationen, wenn es darum geht, die Beziehung aufrechtzuerhalten, Bewußtsein dafür zu schaffen, daß Konflikte auf einer Sachebene da sind, die Beziehung aber etwas anderes darstellt?" Anna sah keine Einwände. Die zweite Möglichkeit wollte sie dagegen schon relativieren. In der Situation selbst fand sie es schwierig, Verständnis zu zeigen oder für den anderen etwas zu tun, weil sie in dem Moment eines Konflikts die andere Person nicht so sehr mögen würde: „Ich kann mir vorstellen, daß die Akzeptanz in der Situation nicht so groß ist. Weil Beziehungen gehen ja auch immer auf und ab. Und wenn man nun merkt, daß man auf einer ganz anderen Welle schwimmt oder auf einer ganz anderen Linie ist, dann versteht man sich nicht so gut."

Die erste Möglichkeit konnte Anna also direkt in einer Konfliktsituation einsetzen. Die unter zwei genannten Möglichkeiten waren eher Sachen, die man jenseits der Konfliktsituation machen konnte, beispielsweise hinterher.

Als ich das für sie zusammenfaßte, fiel ihr prompt noch eine andere Möglichkeit ein: „Was ich doch noch machen kann, ist, daß ich diese eine Situation nicht überbewerte, daß ich davon nicht den Wert der ganzen Beziehung abhängig mache." Dagegen sprach überhaupt nichts. Sie selber konnte sich klarwerden, dies ist eine Konfliktsituation, die findet in dieser Stunde statt, und morgen sieht alles schon wieder ganz anders aus. Diesen Gedanken spann sie noch weiter aus: „Genau, ich könnte mir sogar überlegen, daß es in dieser Beziehung schon viele Konfliktsituationen gab, und hinterher war es auch wieder Friede, Freude, Eierkuchen, und warum nicht diesmal auch?"

Die weiteren Möglichkeiten, Akzeptanz zeigen und das auch aussprechen, konnte sie immer einsetzen. Annas Reaktion auf diese Prüfung ihrer Möglichkeiten, soziale Beziehungen auch in Konfliktsituationen aufrechtzuerhalten, war dann auch ein Gefühl von Überraschung. Sie befand: „Ich denke, ich habe gar kein Problem mit Konflikten." Sie lachte dabei.

Ich war überzeugt, damit würde sie kein Problem mehr haben.

b. Anna: Selbständigkeit wichtiger als Harmonie

Im Laufe dieses Gesprächs waren Anna und ich auch auf die Idee gekommen, eine Wertearbeit zu machen. Sie hatte den Wunsch geäußert, in ihren Entscheidungen selbständiger zu werden. Es sollte also darum gehen, den Wert Selbständigkeit in ihrer Wertehierarchie zu verändern. Wir hatten zuvor herausgefunden, daß für sie Harmonie höher stand. Und das wollte sie ändern. Selbständigkeit sollte wichtiger werden als Harmonie.

Im Gespräch hatten wir bereits einige wichtige Werte herausgefunden. Wichtiger als Harmonie zum Beispiel war für Anna Selbstakzeptanz. In der Hierarchie darüber gab es noch Leben. Selbständigkeit wollte sie unter Selbstakzeptanz setzen.

Die ersten Schritte einer Wertearbeit hatten wir damit getan. Sie bestehen darin, die wichtigen Werte an der Spitze der Wertehierarchie herauszufinden, einen zu verändernden Wert ausfindig zu machen und zu bestimmen, an welcher Position in der Wertehierarchie er seinen Platz finden soll. Bevor wir uns an die Veränderungsarbeit machten, mußten wir überprüfen, ob es für Annas Lebenszusammenhang angemessen und richtig sein würde, Selbständigkeit wichtiger zu machen. Ich bat sie also, über folgendes nachzudenken: „Stelle Dir bitte vor, Selbständigkeit ist jetzt der Wichtigkeit nach unter der Position von Selbstakzeptanz. Selbständigkeit wird also wichtiger für Dich im Leben, und das hat natürlich Konsequenzen für Dein Handeln und was sich daraus ergibt. Was würde sich in Deinem Leben ändern, wenn Du selbständiger wirst, also wenn der Wert Selbständigkeit unter Selbstakzeptanz rangiert?"

Anna: „Ich würde mehr Sachen machen, die ich nur allein für richtig halte und die andere Leute nicht für wichtig erachten."

Ich fragte nach: „Können sich daraus Probleme ergeben?" Prompt fiel ihr ein: „Ja, ich habe mehr Konflikte durchzustehen." Und noch etwas: „Und andere Leute müssen halt auch erstmal damit fertig werden." Das letztere jedoch schien ihr Freude zu machen. Sie lachte, bevor sie weiter darüber nachdachte, was sich sonst noch an Problemen ergeben könnte: Ihr fiel ein, daß sie Fehler machen könnte, die sie sonst nicht machen würde, weil die Entscheidungen, die sie treffen würde, nicht mehr so abgesichert wären. Und sie könnte irgendwann mal allein dastehen, wenn das ganz extrem würde.

Da war also ein ganzer Rattenkönig an Einwänden gekommen. Für sie war es überhaupt nicht in Ordnung, daß es mehr Konflikte geben könnte. Das war ein erheblicher Nachteil. Allerdings war Konflikte in Kauf zu nehmen nach unseren bisherigen Bemühungen nicht mehr ganz so schwerwiegend. Sie konnte sich vorstellen, daß sie gut damit zurechtkommen könne, wenn es ihr gut ginge und sie ganz ausgeglichen wäre. Allerdings, wenn sie sowieso schon genug Probleme habe, dann könne sie zusätzliche Konflikte nicht unbedingt auch noch verkraften. Sie kam zu folgender Einschätzung: Sie wollte, daß Selbständigkeit wichtiger würde als Harmonie. Aber sie wollte Ausnahmen zulassen: „Wenn ich in einer Situation bin, wo ich das Gefühl habe, ich habe zu viele Konflikte und das drückt mich alles zusammen und ich schaffe das allein nicht mehr, dann pfeife ich auf die Selbständigkeit, dann ist mir das ganz egal, dann will ich erstmal von meinen Konflikten befreit werden."

Als ich ihr daraufhin anbot, ihr das Verfahren zu zeigen, wie man so eine Veränderungsarbeit rückgängig machen kann, schwenkte sie wieder auf die andere Seite: „Also, ich wäre jetzt froh, wenn ich dann, wenn ich in so einer Situation bin, wenn ich das dann nicht rückgängig mache. Ich weiß zwar, daß mir die Harmonie wieder wichtiger wird, wenn es mir schlechter geht. Aber das will ich ja jetzt nicht."

„Also jetzt willst Du trotzdem daran festhalten, Selbständigkeit wichtiger zu machen als Harmonie?"

Anna bestätigte das. Und in diesem Augenblick war auch an ihrer symmetrischen Körperhaltung ablesbar, daß sie im Einklang mit diesem Ziel war: „Also, ich wäre froh, wenn ich dann nicht wieder zurückfallen würde."

Zu prüfen waren aber noch zwei weitere Einwände: „OK, Du hast aber jetzt noch zwei weitere negative Möglichkeiten genannt, nämlich, daß Deine Entscheidungen nicht so gut sein würden und daß Du irgendwann einmal allein dastehen könntest. OK, wenn Du selbständig bist, sind Deine Entscheidungen nicht so gut. Wie könntest Du sonst noch dafür sorgen, daß Du die Absicherung bekommst und Deine Selbständigkeit trotzdem wahrst?"

Anna fiel dazu zunächst ein, sie könnte sich fragen, ob ihre Schlußfolgerung auch stimmig sei: „Warum sollten meine Entscheidungen nicht so gut sein, wenn ich die nur allein treffe?" An dieser Stelle entspann sich eine längere Diskussion über den Begriff Selbständigkeit. Anna wurde dabei deutlich, daß selbständige Entscheidungen nicht gleichbedeutend mit einsamen Entscheidungen sein müssen. Es tut der Selbständigkeit keinen Abbruch, schwierige Angelegenheiten mit anderen zu diskutieren und darüber zu fundierten Entscheidungen zu kommen. Anna könnte von anderen Hilfe in Anspruch nehmen, um Informationen und Argumente zu sammeln. Das würde noch lange nicht bedeuten, daß ihr die Entscheidung abgenommen würde. Das war für sie OK.

Blieb der Einwand, irgendwann einsam zu sein. Allerdings nahm sie den nicht mehr ganz ernst: „Also, da denk ich mal, da müßte ich schon sehr, sehr, sehr selbständig sein", sagte sie und lachte. Eine Gefahr, als selbständiger Mensch keine Freunde mehr zu haben, sah sie nicht mehr: „Also, wenn ich jetzt nur noch meine eigene Meinung durchboxen würde und mich überhaupt nicht mehr darum scheren würde, was andere Leute tun oder denken, dann könnte es theoretisch ja passieren. Aber das sehe ich eigentlich nicht als Gefahr an."

Auf eine weitere Nachfrage, ob es nicht doch noch ein Motiv geben könnte, Selbständigkeit in ihrer Wertehierarchie da zu lassen, wo sie bisher war, nämlich irgendwo unten, kam sie nochmals auf ihre Beziehung zu ihren Eltern zurück. Die Bindung an diese könnte schwächer werden. Aber damit war sie durchaus einverstanden: „Also das dürfte eigentlich kein Problem sein, wenn die Beziehung dann nicht mehr so intensiv wäre. ... Ich würde mal sagen, die ist zur Zeit so intensiv, wenn sie ein bißchen weniger intensiv wäre, das wäre OK."

Nach dieser Überprüfung der sogenannten „Ökologie" ihres Zieles konnten wir uns an die Umsetzungsarbeit machen. Ich bat Anna: „Wenn Du an Selbstakzeptanz denkst, dem liegen bei Dir ja Erfahrungen zugrunde: Was taucht bei diesem Gedanken in Deinem Kopf auf? Selbstakzeptanz bedeutet, daß Du zu Dir sagen kannst, Du bist OK, und das, was Du tust, ist OK. Du kannst Dich und Dein Tun akzeptieren. Ich brauche jetzt ein Bild, ein Bild, das Anna zeigt in einer Situation, in der Anna weiß, Anna ist OK. Was kommt Dir da in den Sinn?"

Anna: „Also, ich habe erstmal versucht, etwas zu suchen, wo ich besonders glücklich bin, besonders zufrieden bin. Aber das ist es vielleicht gar nicht. Das muß eigentlich kein Höhegefühl sein, nicht?"

Ich bestätigte ihr, daß Selbstakzeptanz ein Erleben der Annahme der eigenen Person und des eigenen Tuns darstelle. Das sei nicht unbedingt mit Euphorie verbunden, eher mit so etwas wie Zufriedenheit nach dem modernen Motto: „Ich bin OK."

Daraufhin hatte Anna eine visuelle Vorstellung. Und zwar sah sie sich durch einen Wald oder einen Park gehen mit dem Gefühl, sie ist mit sich und dem, was sie macht, zufrieden.

Die nächsten Fragen, die ich stellte, bezogen sich nicht auf den Inhalt, sondern das Aussehen der visuellen Phantasie. Annas Vorstellung war ein Film. Sie sah sich selber darin, sie war also dissoziiert. Von ihrer Zuschauerperspektive aus sah sie sich in etwa 20 Meter Entfernung. Das Filmerleben war panoramisch. Das Zentrum ihres Blicks lag in der Mitte mit einer leichten Neigung nach unten. Da sie bei diesen Angaben eher nach oben geschaut hatte, fragte ich noch einmal nach, und sie bestätigte, daß sie sich das wie im Kino anschaute. Aber es war von oben gefilmt. Eine weitere Nachfrage nach der Position von Selbstakzeptanz in ihrem internen Blickfeld ergab auch oben. Der Film, den sie mit Selbstakzeptanz verband, war darüber hinaus farbig, eher dunkel und scharf. Jenseits des Zentrums ihres Blickes wurde es jedoch zunehmend unscharf.

Nach der Untersuchung einer visuellen Vorstellung, die Anna mit Selbstakzeptanz verband, wandten wir uns jetzt der Analyse von Selbständigkeit zu. In ihrer Wertehierarchie war Selbständigkeit immer noch ein ganzes Stück unter Selbstakzeptanz angesiedelt. Auf meine Frage nach einer Visualisierung, wenn sie an Selbständigkeit denke, hatte sie sofort eine Vorstellung: „Also das ist auf jeden Fall in einer Gruppe von Menschen. Ich habe im Moment noch kein klares Bild vor mir, aber da bin ich nicht allein."

Damit hatte sie schon die ersten formalen Angaben gemacht. Sie war wieder dissoziiert. Sie sah sich selber in einer Gruppe. Außerdem war sie diesmal näher dran, nämlich auf 5 Meter. Dabei bemerkte sie gerade einen Umstand, der sie sehr belustigte: „Ich habe jetzt eine konkrete Situation vor Augen, und ich sehe mich jetzt von der Situation aus, wo ich auch damals saß, aber ich sehe mich nicht da sitzen, wo ich damals saß, sondern ganz woanders." Sie lachte. „Also hier ist der Tisch, und ich saß damals hier an dem Tisch. Und jetzt sitze ich auch noch hier, und ich sehe mich da, damit ich mich halt überhaupt sehen kann."

Sie sah sich direkt vor sich. Es war wieder ein Film, farbig, ein bißchen heller und scharf.

Die Unterschiede waren also folgende: Einzelbild versus Gruppenbild, Entfernung, Position und Helligkeit. Die Veränderungsarbeit bestand jetzt ganz einfach darin, ihre visuelle Vorstellung von Selbständigkeit ihrer visuellen Vorstellung von Selbstakzeptanz anzugleichen. Hinter dieser Arbeit steht die Hypothese, daß es im wesentlichen formale Merkmale sind – hier die sogenannten visuellen Submodalitäten –, an denen das menschliche Gehirn feststellt, welche Bedeutung die Inhalte der Vorstellungsbilder besitzen. Wenn Anna ihre Bilder von Selbständigkeit ihren Bildern von Selbstakzeptanz anglich, würde ihren subjektiven Erfahrungen mit Selbständigkeit eine höhere Bedeutung zukommen. Also bat ich sie,

das letzte Bild folgendermaßen zu verändern: „Du bist allein!"
Anna streikte: „Aber dann haut das ganze Bild ja nicht mehr hin!"

„Ja, wirf die anderen Personen raus!"

Anna: „Also, die Umgebung ist noch die gleiche, ich bin allein in diesem Raum."

„Und jetzt ändere die Entfernung, in der Du Dich siehst, auf 20 Meter. Und sieh Dich von oben. Das heißt, Du mußt da irgendwo raufgehen, um Dich von oben sehen zu können. Du bewegst Dich, irgend etwas tust Du da, denn es ist auch noch ein Film. Und der ist auch farbig, aber mache ihn jetzt ein bißchen dunkler."

Das war's. Als Anna mit der Umstellung ihrer visuellen Vorstellung fertig war, äußerte sie Skepsis. Sehr erstrebenswert erschien ihr das Bild nicht, in dem sie allein in einem Klassenzimmer saß. Ich machte daraufhin einen Test, um die Wirkung herauszufinden. Ich bat Anna, eine zukünftige Situation auszumachen, in der Selbständigkeit eine Rolle spielen würde, und ihre Aufmerksamkeit darauf zu richten, ob da jetzt etwas anders ablaufe, als sie normalerweise von sich gewohnt war. Mit der ersten Probe war sie nicht zufrieden, weil es eine Situation war, in der sie schon mal selbständig gehandelt hatte. Ich schlug ihr vor, etwas mit ihrem Vater zu nehmen. Das hatte sie auch gerade vor. Sie ging in die Situation hinein und ließ sie sich spontan entwickeln. Ich mußte nicht mehr nachfragen. Ich hatte an ihrer Physiologie sehen können, daß sich etwas Neues ergab.

c. Wertewandel

Im eigenen Wertsystem Veränderungen vorzunehmen kann sich lohnen. Wenn Sie erkennen, daß es nicht einzelne Verhaltensweisen sind, die Sie verändern möchten, sondern daß hinter verschiedenen ungewünschten Reaktionen ein allgemeiner Wert steht, der Sie dazu veranlaßt, können Sie Ihr Wertsystem überprüfen und zu dem Entschluß kommen, einen Wert in Ihrer Wertehierarchie wichtiger oder weniger wichtig werden zu lassen.

Ihre erste Aufgabe besteht dann darin, darüber nachzudenken, was Ihnen im Leben wichtig ist. Lassen Sie sich damit Zeit, denn Sie können davon ausgehen, daß Ihnen Ihre Werte nicht spontan bewußt werden. Schreiben Sie zunächst Ihre Werte auf, wie sie Ihnen bewußt werden.

Wenn Sie eine Reihe von Werten gefunden haben, versuchen Sie diese entsprechend ihrer Wichtigkeit zu ordnen. Welcher der aufgeführten Werte ist Ihnen der wichtigste? Welcher kommt danach, usw. Bilden Sie eine Rangfolge Ihrer Werte nach ihrer Wichtigkeit.

Wenn Sie eine solche Rangfolge haben, identifizieren Sie den Wert Y, den Sie ändern wollen. Machen Sie sich bewußt, daß Sie jede Änderung rückgängig machen können, wenn nachträglich Bedenken oder Einwände auftauchen.

Bestimmen Sie den Ort in Ihrer Wertrangfolge, an dem Sie diesen Wert Y haben wollen. Legen Sie dazu den Wert X fest, der in Ihrer neuen Wertrangfolge über diesem Wert Y liegen würde.

Machen Sie danach eine sorgfältige Überprüfung, ob die Veränderung, die Sie vorhaben, nur positive und keine negativen Folgen nach sich ziehen wird. Eine solche Überprüfung führt man folgendermaßen durch: Stellen Sie sich vor, Sie hätten das schon getan, nämlich Ihre Wertrangfolge entsprechend Ihren Wünschen verändert. Demgemäß würde sich auch Ihr Handeln verändern. Machen Sie sich klar, ob sich daraus Probleme oder Konsequenzen ergeben könnten, die für Sie oder Ihre soziale Umwelt von Nachteil sind. Wenn Sie solche Probleme oder Nachteile entdecken, plazieren Sie den Wert Y an einem anderen Ort und überprüfen dann erneut die Konsequenzen dieses Wandels. Suchen Sie solange nach einem neuen Ort für Wert Y, bis Sie einen gefunden haben, an dem sich keine Probleme oder negativen Konsequenzen mehr ergeben.

Erst wenn Sie sichergestellt haben, daß ein Veränderungsprozeß keine negativen Konsequenzen nach sich ziehen könnte, ermitteln Sie die sogenannten Submodalitäten von Wert X. Submodalitäten sind unterschiedliche Merkmale der Produkte unserer Sinnestätigkeit. Da die Standardvorgehensweisen des NLP zumeist mit dem visuellen System arbeiten, geht es um die Ermittlung der Submodalitäten von Bildern. Bilder können schwarz-weiß oder farbig sein, hell oder dunkel, scharf oder unscharf. Das sind visuelle Submodalitäten. Bei den unten aufgeführten einzelnen Schritten des Wertewandels finden Sie die Fragen nach Standard-Submodalitäten im visuellen System, die sie dadurch ermitteln können. Ermitteln Sie zunächst die Submodalitäten des Werts X, danach die des Werts Y.

Lassen Sie dabei einfach ein Bild zu Ihrem Gedanken an den entsprechenden Wert hochkommen. Halten Sie dieses Bild fest und betrachten Sie es aufmerksam. Stellen Sie sich danach die Fragen:

Sehen Sie sich selbst in dem Bild aus einer Zuschauerperspektive (dissoziiert), oder sehen Sie es als Beteiligte (assoziiert)?

Wie weit ist das Zentrum des Bildes von Ihnen entfernt?

Welche Position hat das Zentrum des Bildes in Ihrem inneren Gesichtsfeld?

Hat das Bild einen Rahmen?

Ist es farbig oder schwarz-weiß?

Ist es bewegt (Film) oder unbewegt (Stehbild)?

Ist es hell oder dunkel?

Hat es einen Fokus?

Ist es scharf oder unscharf?

Schreiben Sie die Submodalitäten der visuellen Vorstellung von Wert X und Wert Y sorgfältig auf.

Verändern Sie dann behutsam die Submodalitäten der visuellen Vorstellung von Wert Y der Reihe nach in die Submodalitäten von Wert X.

Machen Sie sich jetzt noch einmal eine Vorstellung Ihrer Wertrangfolge und überprüfen Sie, wo in Ihrer Wertrangfolge der Wert Y sich jetzt befindet.

Stellen Sie sich zum Abschluß eine zukünftige Situation vor, in der der Wert Y eine Bedeutung für Ihr Handeln hat. Machen Sie sich eine Vorstellung von Ihrem zukünftigen Handeln und vergleichen Sie diese mit Ihren bisherigen Erfahrungen.

d. Wertewandel, die Schritte im einzelnen

Wertebestimmung

Was ist Ihnen in Ihrem Leben wichtig? Schreiben Sie acht Dinge auf, die Ihnen in Ihrem Leben wichtig sind:

_____

_____

_____

_____

_____

_____

Wertrangfolge

Ordnen Sie Ihre Werte entsprechend ihrer Wichtigkeit. Welcher der aufgeführten Werte ist Ihnen der wichtigste? Welcher kommt danach, usw.

1. _____

2. _____

3. _____

4. _____

5. _____

6. _____

7. _____

8. _____

Identifizierung eines zu verändernden Wertes

Identifizieren Sie den Wert Y, den Sie ändern wollen. Machen Sie sich bewußt, daß Sie jede Änderung rückgängig machen können, wenn nachträglich Bedenken oder Einwände auftauchen.

Plazierung

Bestimmen Sie den Ort in Ihrer Wertrangfolge, an dem Sie diesen Wert Y haben wollen. Legen Sie dazu den Wert X fest, der in Ihrer neuen Wertrangfolge über diesem Wert Y liegen würde.

X _____

Y _____

Ökologiecheck

Machen Sie eine sorgfältige ökologische Überprüfung:

Stellen Sie sich vor, Sie haben Ihre Wertrangfolge entsprechend verändert und Ihr Handeln würde sich demgemäß verändern. Könnten sich daraus Probleme oder Konsequenzen ergeben, die für Sie oder Ihre soziale Umwelt von Nachteil sind? Wenn Sie solche Probleme oder Nachteile entdecken, plazieren Sie den Wert Y an einen anderen Ort und überprüfen Sie erneut die Konsequenzen dieses Wandels. Suchen Sie so lange nach einem neuen Ort für Wert Y, bis Sie einen gefunden haben, an dem sich keine Probleme oder negativen Konsequenzen mehr ergeben.

Analyse der Submodalitäten

Ermitteln Sie die Submodalitäten von Wert X:

Sehen Sie sich selbst in dem Bild aus einer Zuschauerperspektive (dissoziiert), oder sehen Sie es als Beteiligte (assoziiert)?
Wie weit ist das Zentrum des Bildes von Ihnen entfernt?
Welche Position hat das Zentrum des Bildes in Ihrem inneren Gesichtsfeld?
Hat das Bild einen Rahmen?
Ist es farbig oder schwarz-weiß?
Ist es bewegt (Film) oder unbewegt (Stehbild)?
Ist es hell oder dunkel?
Hat es einen Fokus?
Ist es scharf oder unscharf?

Schreiben Sie die Submodalitäten der visuellen Vorstellung von Wert X sorgfältig auf.

Ermitteln Sie die Submodalitäten von Wert Y:

Sehen Sie sich selbst in dem Bild aus einer Zuschauerperspektive (dissoziiert), oder sehen Sie es als Beteiligte (assoziiert)?
Wie weit ist das Zentrum des Bildes von Ihnen entfernt?
Welche Position hat das Zentrum des Bildes in Ihrem inneren Gesichtsfeld?
Hat das Bild einen Rahmen?

Ist es farbig oder schwarz-weiß?
Ist es bewegt (Film) oder unbewegt (Stehbild)?
Ist es hell oder dunkel?
Hat es einen Fokus?
Ist es scharf oder unscharf?

Schreiben Sie die Submodalitäten der visuellen Vorstellung von Wert Y sorgfältig auf.

Wechsel in den Submodalitäten

Verändern Sie die Submodalitäten der visuellen Vorstellung von Wert Y der Reihe nach in die Submodalitäten von Wert X.

Test

Überprüfen Sie, wo in Ihrer Wertrangfolge der Wert Y sich jetzt befindet.

Future pacing

Stellen Sie sich eine zukünftige Situation vor, in der der Wert Y eine Bedeutung für Ihr Handeln hat. Machen Sie sich eine Vorstellung von Ihrem zukünftigen Handeln und vergleichen Sie dieses mit Ihren bisherigen Erfahrungen.

VI.
Anerkennung aussprechen und annehmen

Zu Beginn des zweiten Teils eines Führungsseminars berichtete ein Teilnehmer von einer „negativen" Erfahrung, die er beim Umsetzen eines Lernzieles aus dem ersten Teil des Seminars gemacht hatte. Er hatte eine überdurchschnittliche Leistung einer Mitarbeiterin in einer nach den vermittelten Kriterien angemessenen Form gelobt und die Antwort erhalten: „Deshalb brauchst Du mich doch nicht gleich zu umarmen!"

In einem anderen Kommunikationsseminar bat eine Teilnehmerin, sich von der praktischen Übung: „Anerkennung aussprechen und annehmen" ausschließen zu dürfen. Auch im Rollenspiel könne sie damit nicht gelassen umgehen. Die Nachfrage der Trainerin, ob die Möglichkeit, beim Üben beliebige Inhalte zu wählen, diese Wirkung nicht vielleicht mildern könnte, führte zu Tränen.

Nicht nur mit kritischen Rückmeldungen, auch mit positiven und anerkennenden Äußerungen haben viele Menschen Schwierigkeiten. Sie fühlen sich unsicher und verlegen. Und diese Verlegenheit veranlaßt sie, zumeist ablehnend mit einem Lob oder einem Kompliment umzugehen. Damit relativieren sie das, was eine andere Person ihnen sagt, tun ab und werten gering, was der andere anerkennend äußert. Jemand macht einer Frau ein Kompliment über ein Kleid, das er noch nie an ihr sah, und sieht sich sogleich mit Unglauben und Abwehr konfrontiert: „Was? Den alten Fetzen finden Sie toll?" Manchmal schlägt ihm sogar Mißtrauen entgegen: „Was soll das heißen, ich sehe in diesem Kleid elegant aus? Das habe ich vor fünf Jahren im Secondhandshop gekauft!" Wenn jemand einen anderen für eine gute Arbeit lobt, nimmt dessen Bescheidenheit zuweilen ausgesprochen übertriebene Ausmaße an, und er lehnt die Anerkennung glattweg ab: „Nicht doch, ist doch nicht der Rede wert", oder: „Soo toll war das nun auch nicht!" oder sogar: „Mach doch keinen Hermann, kein solches Theater oder kein Tamtam daraus!"

Auch eine andere Vorgehensweise im Umgang mit Lob und Anerkennung wirkt wie eine Abwehrreaktion. Es geht dabei um die automatische Zurückgabe eines Kompliments. Wenn Ihnen als Reaktion auf ein Kompliment prompt ein Gegenkompliment über die Lippen kommt, setzen Sie die Bedeutung des ersteren herab. Zudem laufen Sie mit einer spontanen Retourkutsche: „Oh, aber Dein Kleid ist auch schön", oder: „Eben habe ich das gleiche von Dir gedacht", Gefahr, unaufrichtig zu wirken. Zumeist hinterlassen Sie zumindest unbehagliche Gefühle.

Völlig ohne Absicht kommt somit eine für die andere Seite unerfreuliche Wirkung zustande. Abwehrende Äußerungen auf Lob und Anerkennung führen dazu, daß die andere Person sich lächerlich vorkommt. Solche Zurückweisungen lassen im besten Fall die Geste des anderen als unpassend erscheinen. Eine solche Wirkung wird Lernprozesse auslösen. Wenn Menschen die Erfahrung machen, daß wohlgemeinte Aktionen Reaktionen auslösen, die wiederum peinliche Gefühle erzeugen, werden sie solche Aktivitäten einstellen. Das ist nicht nur im privaten und gesellschaftlichen Leben so. Das gilt auch im Berufsleben: Viele Vorgesetzte sind geizig mit Lob und Anerkennung. Sie gehen nach dem Grundsatz vor: „Wenn ich nichts sage, heißt das, daß ich zufrieden bin." Ihre Mitarbeiter klagen dann darüber, daß ihr Einsatz und ihre Anstrengungen nicht wahrgenommen werden. Ich gehe dabei davon aus, daß diese selbst nicht selten Anteil daran haben, daß im Betrieb zum Thema „Lob und Anerkennung" so häufig Funkstille herrscht.

Abwehrende Reaktionen auf Lob und Anerkennung sind nur eine Ursache für deren Seltenheit. Eine Zurückhaltung mit positiven Rückmeldungen kann aber auch dadurch begründet sein, daß Menschen nicht wissen, wie sie Lob und Anerkennung aussprechen sollen, ohne ungeschickt oder albern zu wirken. Was es im gesellschaftlichen Leben oder auch im Berufsleben an beispielhaften Dialogen zu hören gibt, ist auch häufig nicht zum Nacheifern geeignet. Zumeist werden Allgemeinplätze gegenseitigen Bewunderns ausgetauscht oder nicht recht nachvollziehbare Superlative, die eine leicht unbehagliche, zuweilen peinliche Atmosphäre entstehen lassen.

Daß wir Kritik nur schwer annehmen können, ist verständlich. Jemand bewertet uns oder unser Verhalten negativ. Das erzeugt unangenehme Gefühle. Daß wir Lob und Anerkennung aber auch nur schwer annehmen können, erscheint dagegen auf den ersten Blick paradox. Da sagt uns jemand etwas, was uns aufwertet, und erzeugt damit keine erhebenden Gefühle. Warum sind auch Lob und Anerkennung so heiße Eisen?

Eine Erklärung dafür können wir der Psychoanalyse entnehmen. Nach Sigmund Freud kommen wir alle auf die Welt mit einer Ausstattung an libidinöser Energie, die sich zu Beginn unseres Lebens ausschließlich auf das eigene Ich bezieht. Das heißt, wir lieben ausschließlich uns selbst, bevor wir überhaupt andere als von uns unterschiedene Personen erkennen und diesen einen Teil unserer Liebe zuwenden. Diese libidinöse Energie gehört also zu unserer psychischen Grundausstattung und hat als Form der Liebe, die sich auf das Selbst richtet, den Namen Narzißmus erhalten. Bei Kindern kann man diesen Narzißmus häufig ganz deutlich erkennen, wenn sie ohne Scheu und Scham sich selbst als die Größten und Tollsten darstellen. Wenn Kinder in dieser Hinsicht von Erwachsenen noch wenig beeinflußt werden, zeigen sie in ihrem Spielverhalten ganz deutlich ein „Imponiergehabe", das Wilhelm Busch so schön an der sportlichen Glanzleistung von Försters Fritze in der frommen Helene beschrieb: „Keiner kann wie er so schön gerade auf dem Kopfe stehn."

Leider gehört es zum Prozeß des Erwachsenwerdens, den primären Narzißmus zu überwinden, unserer libidinösen Energie andere Formen zu geben und sie an andere Objekte zu binden. Im Erziehungsprozeß treiben Eltern ihren Kindern nach und nach narzißtisches Fühlen und Verhalten aus nach den Maximen: „Man stellt sich nicht in den Mittelpunkt", „Man gibt halt nicht an." Protzen und Prahlen wird verpönt. Auch der Begriff „Narzißmus" erhält ebenso wie der Begriff „Egoismus" eine negative Wertung. Besonders Mädchen werden zur Zurückhaltung und Bescheidenheit angehalten. Eltern können im Erziehungsprozeß behutsam mit dem kindlichen Narzißmus umgehen. Es gibt aber auch Erziehungsmaßnahmen, die den kindlichen Narzißmus verletzen. Wunden, die der Selbstliebe geschlagen werden, heilen zwar, aber Narben bleiben zurück. Und solche Narben schmerzen, wann immer sie berührt werden. Zu solchen Berührungen alter Wunden im späteren Leben kommt es immer dann, wenn Menschen gelobt werden, Worte der persönlichen Anerkennung hören oder Komplimente bekommen.

Bereits in Kinderspielen kann man die Wirkung elterlichen Einflusses auf den primären Narzißmus beobachten. Besonders Mädchen üben Zurückhaltung in bezug auf narzißtische Selbstdarstellung. Etwas Besseres zu sein unterliegt strenger Kritik. Angeberei und Prahlerei ist verboten. Weibliche Bescheidenheit wird aber nicht nur in der Jugend trainiert, sondern auch später durch aktuellen Gruppendruck aufrechterhalten. Denn solche Verhaltensregeln sind im weiblichen Lebenszusammenhang sinnvoll. Frauen streben soziale Beziehungen an, stellen Gemeinsamkeiten und Zugehörigkeit her. Dabei erscheint das Verbergen von Erfolg und das Herunterspielen des eigenen Status angemessen.

Jungen und Männer verfolgen eine ganz andere Moral. Für sie ist Überlegenheit das wichtigste Ziel, das es im sozialen Kontext anzustreben gilt. Überlegenheit unter Beweis zu stellen lernen deshalb schon Jungen von klein auf.

Dieser unterschiedliche Umgang mit dem primären Narzißmus ist wiederum eine Ursache für wechselseitige Negativurteile zwischen Männern und Frauen. Denn beide Geschlechter bewerten sich selber und einander, indem sie das eigene Wertsystem zugrunde legen. Frauen werfen Männern vor, Eindruck zu schinden, zu prahlen und zu protzen. Männer halten demgegenüber die weibliche Bescheidenheit für dumme Selbstherabsetzung, Unterlegenheit und Unsicherheit. Da im Berufsleben unserer Gesellschaft aber nach wie vor die männlichen Kriterien gelten, ist Bescheidenheit dort ein Nachteil.

1. Sprachliche Methoden

Einen selbstbewußten Umgang mit Lob und Anerkennung kann man jedoch ebenso lernen wie einen selbstsicheren Umgang mit Kritik. Wie bei kritischen Rückmeldungen geht es auch bei positiven Rückmeldungen um zwei Seiten, die angemessen und selbstsicher bewältigt werden müssen: Anerkennung aussprechen und Anerkennung annehmen.

a. Anerkennung aussprechen

Vor allem im Berufsleben ist das Aussprechen von Lob und Anerkennung von großer Bedeutung, nicht nur auf der sogenannten Beziehungsebene, sondern auch auf der Sachebene, auf der es um Wissen und fachliche Fähigkeiten geht. Vorgesetzte, die mit Lob und Anerkennung geizig sind, riskieren, daß ihre Mitarbeiter nicht wissen, woran sie bei ihm sind, ob er überhaupt beachtet, was sie tun, und ob es sich lohnt, sich anzustrengen. Angemessene Anerkennung hat demgegenüber wichtige positive Folgen: Sie informiert die Mitarbeiter darüber, was gut an ihrem Verhalten war, sie motiviert sie, indem sie ihnen klarmacht, daß Anstrengung sich lohnt, sie hebt das Selbstwertgefühl der Betreffenden und stärkt damit eine positive zwischenmenschliche Beziehung zwischen Mitarbeitern und Vorgesetzten.

Um diese Ziele zu erreichen, ist es jedoch wichtig, einige zusätzliche Gesichtspunkte zu berücksichtigen. So ist es zum Beispiel von hoher Bedeutung, daß eine Vorgesetzte oder ein Vorgesetzter sich klarmachen, daß es darauf ankommt, im Berufsleben das Verhalten eines Menschen und nicht seine Person anzuerkennen. Daß es besser ist, Lob und Anerkennung nicht auf die betreffende Person, sondern auf das Verhalten oder die Leistung dieser Person zu beziehen, hat folgende Gründe. Es gibt niemanden, der in allen Tätigkeitsbereichen immer hervorragende Leistungen erbrächte, über den man deshalb als Person ein pauschales anerkennendes Urteil zu fällen berechtigt wäre. Dasselbe gilt für mangelhafte

Leistungen und abwertende Pauschalurteile. Eine Führungskraft würde deshalb für wankelmütig gehalten werden, wenn sie einem Mitarbeiter heute sagte: „Sie sind der beste Mann, den ich habe", und morgen: „So ein Versager wie Sie ist mir noch nicht untergekommen!" Dagegen ist es sehr wohl möglich, heute eine hervorragende Leistung eines Mitarbeiters anzuerkennen und morgen eine schlechte Leistung entsprechend zu kritisieren.

Ebenso wichtig ist folgender Gesichtspunkt: Führungskräfte sollten nicht nur besonderes Leistungsverhalten anerkennen. Außergewöhnliche Leistungen, sind selten, wenn nicht einmalig. Deshalb sollte eine Vorgesetzte oder ein Vorgesetzter jede auch nur überdurchschnittliche Leistung zum Anlaß für eine Anerkennung nehmen. Außerdem gibt es Stellen, auf denen lediglich Routinearbeiten ausgeführt werden. Bei solchen Arbeitsplätzen, auf denen es keine Gelegenheit zu überdurchschnittlichen Leistungen gibt, sollte zuverlässiges und sorgfältiges Leistungsverhalten herausgestellt und gewürdigt werden. Auch bei neuen Aufgaben gibt es kaum Spitzenleistungen, sondern erfahrungsgemäß Anfangsschwierigkeiten, über die Anerkennung hinweghelfen kann, indem Anstrengung, Bemühung und guter Wille Gegenstand von Anerkennung werden.

Darüber hinaus sollten Führungskräfte sich bewußt machen, wann der richtig Zeitpunkt für ein Lob gekommen ist. Späte Anerkennung, für die gegenwärtig kein Anlaß besteht, weckt bei Mitarbeitern den Verdacht, daß man geködert werden soll nach dem Motto: „Aha, der will was von mir!" Spontane Anerkennung dagegen läßt ein solches Mißtrauen erst gar nicht aufkommen. Der Betreffende weiß genau, worauf diese Anerkennung sich bezieht. Außerdem wirkt die spontane Anerkennung der Leistung motivierend, weil sie zudem deutlich macht, daß es sehr wohl darauf ankommt, was einer tut.

Gezielte Anerkennung, die ein besonderes Verhalten einer individuellen Person anspricht, bezieht sich auf die Individualität eines Menschen. Damit kann man einmal vermeiden, daß Loben zur allgemeinen Floskel verkommt. Die Besonderheit des dargestellten Verhaltens trägt aber auch dazu bei, die Individualität des betreffenden Mitarbeiters hervorzuheben und zu unterstützen. Damit gewinnt Loben eine soziale Funktion, die den Kampf um die Spitzenplätze in der hierarchischen Gesellschaft ersetzen könnte. Menschen haben das Bedürfnis, sich auszuzeichnen. Unsere Gesellschaft macht sich dieses Bedürfnis zunutze, um über die Veranstaltung von Wettkämpfen um die Positionen auf dem Siegertreppchen auch Spitzenleistungen herauszulocken. Dabei werden die sozialen Beziehungen der Kämpfenden belastet und der Inhalt der Sache, um die es geht, zumeist bedeutungslos. Das Bedürfnis, die eigene Individualität zur Geltung zu bringen, kann aber auch durch ausdrückliche Anerkennung spezifischer Leistungen einer Person befriedigt werden, und das, ohne Beziehungen zu belasten und ohne dabei die Sache, um die es geht, bedeutungslos zu machen.

Damit im Zusammenhang steht auch der partnerschaftliche Anspruch, daß die lobende Person es vermeiden sollte, als eine übergeordnete Instanz Lob zu erteilen. Vorgesetzte sollten nicht als oberste Richter objektive Urteile fällen. Es gibt keinen absoluten Maßstab, an dem Führungskräfte Leistungen messen könnten, sondern sie ordnen die Leistung der Mitarbeiter ganz subjektiv in das Bezugssystem ihrer eigenen Erfahrungen und Erwartungen ein. Dies kann durch Ich-Sprache zum Ausdruck kommen. Dadurch wird vermieden, daß sie sich „von oben herab" äußern, d.h. in herablassender Weise ihre Anerkennung zollen. Eine solche Wirkung können sie erzielen, wenn sie ehrlich zum Ausdruck bringen, welchen Gefühlseindruck das Verhalten des Mitarbeiters bei ihnen hervorgerufen hat.

Zum Schluß dieser Diskussion vielleicht noch eine offene Frage: Sollen Vorgesetzte die Leistung von Mitarbeitern öffentlich anerkennen oder nicht? Öffentliches Lob kann verstärkt anspornen und Vorbildwirkung auf andere ausüben. Es kann aber auch zu Neid, Intrigen, Hänseleien und Radfahrertum, also Spannungen in der Gruppe führen. Ob sie ein Lob öffentlich aussprechen will, wird eine Führungskraft also nur mit Einfühlungsvermögen und nach reiflicher Überlegung entscheiden.

Wenn Sie einen selbstsicheren Umgang mit Lob, Anerkennung oder auch Komplimenten lernen wollen, haben Sie die Möglichkeit, in geeigneten Zusammenhängen folgendes sprachliches Muster auszuprobieren: Wenn Sie Anerkennung aussprechen wollen, können Sie ein von Ihnen positiv bewertetes Verhalten möglichst genau beschreiben und im Anschluß daran eine Gefühlsbotschaft senden. Diese Gefühlsbotschaft wird zumeist mit den Worten: „Ich bin beeindruckt", oder: „Ich habe mich gefreut", oder: „Ich war ganz fasziniert", beginnen. Wenn Sie ein Kompliment aussprechen wollen, können Sie sich darüber hinaus auch auf angenehme Äußerlichkeiten wie Kleidung oder Aufmachung beziehen. Unten finden Sie ein Beispiel für eine mögliche Form, Anerkennung auszusprechen.

Anerkennung aussprechen

1. Ein positives Verhalten (genau) beschreiben.
   („Sie haben in der Verhandlung mit der Firma X eine schwierige Situation gemeistert!")

Und:

2. Eine Gefühlsbotschaft senden.
   („Ich bin beeindruckt, mit welchem Einfühlungsvermögen Sie vorgegangen sind!")

b. Anerkennung annehmen

Viele Menschen reagieren auf ein Lob oder ein Kompliment einfach mit der Formulierung von Dank. Wenn Sie diese Reaktion und ihre Wirkung einmal aufmerksam verfolgt haben, wird Ihnen aufgefallen sein, daß sich daraus so etwas wie ein „soziales Ungleichgewicht" ergibt. Der Sender hat sich nämlich ziemlich viel Mühe gemacht, ein richtiges Lob zu spenden. Der Empfänger nimmt das mit einem lapidaren „Danke!" an. Dieses „Danke!" bedeutet immerhin Annahme, aber es reicht zumeist nicht. Es fehlt irgend etwas. Der Sender hat kein angemessenes Entgelt für sein Bemühen bekommen. Dieses angemessene Entgelt können Sie ganz einfach aufbringen, indem Sie Ihrerseits ebenfalls eine Gefühlsbotschaft senden und den Inhalt der Anerkennung mit einer Selbstoffenbarung bestätigen. Die Gefühlsbotschaft wird dabei zumeist mit den Worten „Ich freue mich ..." oder ähnlichen Worten beginnen. In der Selbstoffenbarung können Sie ganz stimmig zum Ausdruck bringen, wie Sie die Sache erlebt haben oder einschätzen. Wenn Sie auf ein Lob in dieser Form reagieren, müssen Sie die Annahme nicht mehr formal aussprechen. Sie ist implizit in Ihren Formulierungen enthalten. Aber nichts hindert Sie daran, „danke" zu sagen, wenn Sie das möchten. Unten finden Sie eine mögliche Form, Anerkennung anzunehmen.

Anerkennung annehmen

3. (Annahme formulieren) („Danke.")

4. Eine Gefühlsbotschaft senden.
   („Ich freue mich, daß Sie so denken!")

Und:

5. Eine Selbstoffenbarung mitteilen.
   („Eine Zeitlang habe ich befürchtet, damit nicht fertigzuwerden", oder:
   „Ich bin selber stolz darauf".)

2. NLP-Lernmethoden

Mit Lob und Anerkennung oder Komplimenten sprachlich selbst-sicher umzugehen ist nicht schwer zu erlernen, vorausgesetzt, Sie verfügen über ein angemessenes positives Selbstbild und haben keine narzißtischen Narben zu bewältigen. Leider kommen solche Schwierigkeiten doch immer wieder vor. In einem Seminar mit zwölf Teilnehmerinnen muß ich davon ausgehen, daß eine Teilneh-merin ernstere Probleme mit der Annahme von Lob oder Kompli-menten hat. Diese sind aber zumeist rasch zu überwinden, nämlich mit der NLP-Methode, mit der man ganz allgemein starke negative Emotionen verändern kann: der Phobietechnik.

Frau G: „Wie eine Maus, die ihr Loch sucht!"

Frau G. hatte in einem Frauenseminar geäußert, Komplimente an-zunehmen sei etwas, was in ihr ungute Gefühle auslösen würde. Auf meine Frage, wie Sie sich denn da in solch einer Situation fühle, antwortete sie: „Wie eine Maus, die ihr Loch sucht." Frau G. würde in einer solchen Situation am liebsten verschwinden. Und das war auch schon immer so, von Kindheit an. Wenn sie gelobt wurde, dann fühlte sie sich nicht gut, sie war nicht stolz, sondern sie bekam einen roten Kopf und einen roten Hals. Und so erging es ihr heute noch. Auf ein Kompliment wurde ihr Kopf heiß, sie fühlte sich unbehaglich und wußte nicht, wie sie reagieren sollte.

Auf meine Frage nach zentralen Erlebnissen in diesem Zusam-menhang fiel ihr ein Kindheitserlebnis ein: „Ich vermute, daß ich da so um die fünf gewesen bin. Ich bin mit meinem Vater irgendwo hingefahren, um etwas abzuholen oder etwas wegzubringen. Und ich weiß es nicht mehr genau, aber auf jeden Fall haben wir Rast gemacht in einer Gastwirtschaft, und mein Vater hat auch etwas gegessen. Ich glaube, ich habe nur etwas getrunken. Ich mußte dann mal auf Toilette. Und als ich zurückkam, da saß am Nachbartisch ein Mann, der hat auch gegessen und getrunken. Diese Gaststätte war wohl eine Fernfahrergaststätte. So habe ich sie jedenfalls in

Erinnerung. Und dieser Mann meinte zu mir: ‚Komm doch mal zu mir, ich möchte Dich so gerne in den Arm nehmen, ich finde Dich so niedlich.' Da war ich so entsetzt, daß ich sofort zu meinem Vater geflüchtet bin. Der Mann meinte dann auch noch: ‚Komm, Du kriegst auch Geld von mir.' Damit bin ich überhaupt nicht klargekommen. Und mein Vater meinte noch: ‚Das kannst Du ruhig machen. Gehe doch ruhig hin und laß Dich in den Arm nehmen.' Da war irgendwas bei mir total geblockt."

Frau G. beschrieb noch eine zweite Situation, in der sie ähnlich blockiert war: „Und dann hatte ich nochmal so eine Situation. Ich glaube, da war ich 14 oder 15 Jahre alt. Wir haben Urlaub gemacht in Italien auf einem ADAC-Camping-Platz. Ich bin da auf die Toilette gegangen. Und als ich herauskam und mich gewaschen habe, sprach mich eine Frau an. Sie meinte, sie würde für eine bekannte Zeitung Fotos machen, und ob ich mich zur Verfügung stellen würde. Da war ich auch wieder so geblockt, daß ich da rausgelaufen bin, zu meinen Eltern hin, und denen gesagt habe: ‚Stellt euch mal vor, was die da von mir wollte.'"

Dies waren zwei Beispiele, die sich Frau G. besonders eingeprägt hatten. Darüber hinaus gab es unzählige Erlebnisse, in denen ihr einfache Komplimente bezogen auf Aussehen und Kleidung gemacht wurden, in denen sie zwar nicht so blockiert war, aber ein unangenehmes Gefühl hatte und nicht wußte, was sie sagen sollte.

Ich fragte sie, wie sie sich denn in solchen Situationen fühlen wollte, und bekam die Antwort: „Sicher. Ich möchte eine sichere Art haben zu reagieren. Und ich möchte mich auch darüber freuen, ja, sogar vielleicht Freude." Auf meine Nachfrage hin begründete sie das auch: „Ja, eigentlich schon, das ist das Angemessene, wenn jemand irgend etwas zu mir sagt oder irgend etwas von mir will, was mich eigentlich heraushebt aus der Masse, dann ist das eigentlich ein Grund zur Freude."

Sie wollte sich also freuen, und nach einer Überprüfung sprach auch nichts dagegen. Deshalb war mein nächster Schritt, nach einer Ressource für Freude zu suchen: „OK. Dann machen wir es so. Hatten Sie in letzter Zeit Grund zur Freude?" Frau G. hatte ein Erlebnis. Sie lachte und sagte: „Ja, wenn mein Mann mir Komplimente macht, dann geht's mir nicht so. Das ist merkwürdig, da geht es mir gut, da fühle ich mich wohl."

Diese Ressource bat ich sie, sich genau zu vergegenwärtigen: „Sie müssen es nicht erzählen. Sie müssen es sich nur ins Gedächtnis rufen. Machen Sie sich klar: wo sind Sie da, wie sieht es aus um Sie herum, was gibt es zu sehen und was gibt es zu hören, wenn Ihr Mann Ihnen Komplimente macht, wie fühlt sich das an. Vielleicht gibt es dabei auch einen typischen Geruch oder Geschmack, den Sie sich vergegenwärtigen können. Auf jeden Fall gibt es etwas Gutes zu fühlen, nämlich Freude."

Frau G. bestätigte. Danach baute ich zusammen mit ihr das Arrangement des Phobiedurchgangs. Frau G. ging nur selten ins Kino, aber wenn, dann setzte sie sich ganz oben hin. „So, Sie sind jetzt da oben auf dem Rang. Und Sie sehen vor sich die Leinwand. Und auf der Leinwand ist ein Bild zu sehen, das Sie zeigt, wie Sie mit Ihrem Vater die Gaststätte betreten. OK, und Sie wissen, der Film läuft gleich los. Aber Sie können sich jetzt vergegenwärtigen, daß sie sich freuen können über Komplimente. Sie können sich erinnern, daß Sie sich freuen, wenn Ihr Mann Ihnen Komplimente macht. Und dieses Gefühl halten Sie fest, und Sie schauen sich mit diesem Gefühl, daß Komplimente was Schönes sind und sich schön anfühlen, mit diesem Gefühl schauen Sie sich jetzt diesen Film an, von der Gaststätte, in der Sie mit fünf Jahren sind. Sie halten ihn dann an der Stelle an, wo diese Szene mit dem Mann vorbei ist. Haben Sie es geschafft?"

Frau G. verneinte. Sie hatte sich den Film zwar angeschaut, aber sie kriegte es nicht in Verbindung mit dem guten Gefühl. Ich versuchte einen weiteren Durchgang, bei dem ich sie verbal unterstützte: „Sie können sich, bevor der Film losgeht, an das gute Gefühl erinnern. Ja. So, und jetzt läuft der Film los, und Sie sehen, wie das kleine Mädchen in die Gaststätte geht, und Sie wissen, es gehört es der Vergangenheit an, und Sie haben inzwischen gelernt, im Zusammensein mit Ihrem Mann, daß Sie sich gut fühlen, wenn Sie Komplimente bekommen. Und während Sie das wissen, sehen Sie sich den Film weiter an, wie die Kleine auf die Toilette geht und dann wieder herauskommt, und Sie wissen immer noch, daß das der Vergangenheit angehört und daß Sie inzwischen gelernt haben, sich gut zu fühlen, wenn Ihr Mann Ihnen Komplimente macht. Und während Sie das wissen und sich vergegenwärtigen, schauen Sie, wie der Film weiterläuft und wie dieser Mann die Kleine in die

Arme nehmen möchte und ihr das sagt. Und Sie sehen, das kleine Mädchen mag das gar nicht, obwohl Sie wissen, daß Sie sich inzwischen gut fühlen können, wenn Sie Komplimente von Ihrem Ehemann bekommen. Sie sehen aber da, das kleine Mädchen mag das überhaupt nicht und flüchtet sich in die Arme des Vaters. Aber Sie schauen sich das an mit dem sicheren Wissen, daß Sie sich gut fühlen können inzwischen. Und jetzt halten Sie den Film an, beispielsweise an der Stelle, wo der Mann weg ist oder die Kleine mit Ihrem Vater das Lokal verlassen hat. Haben Sie es hingekriegt?"

Es war besser gegangen. Aber es war noch nicht gut. Frau G. fiel es immer noch schwer, das Gefühl von Freude behalten zu können. Aber eigentlich mußte das möglich sein, denn es war ja eine lustige Geschichte, sich anzuschauen, wie der Kleinen mulmig wird angesichts des Wunsches eines Fremden, sie in die Arme zu nehmen, und sich in die Arme des Vaters flüchtet, weil sie gar nicht weiß, was das überhaupt bedeuten soll. Bei dieser Schilderung lachte Frau G. belustigt, meinte aber immer noch, daß bei ihr Widerwille hochkäme. Ihr war zwar klar, daß sie diesen Widerwillen aus der Entfernung mit Heiterkeit betrachten könne, aber nicht mit Freude, denn gut fand sie die Szene immer noch nicht. Also probierten wir noch einen Durchgang mit Heiterkeit. Dabei kamen Frau G. zusätzliche Ideen: „Am liebsten hätte ich dem den Vogel gezeigt. Das fällt mir grad so ein." Dabei lachte sie, und mir wurde klar, daß man den Film ja auch ein bißchen verändern könnte nach dem Motto: „Du spinnst wohl, was bildest du dir ein ..." Ich bat Frau G., die Szene etwas anders ablaufen zu lassen: „Sie sehen da die Kleine aus der Toilette kommen, und jetzt sagt der fremde Mann zu ihr: ‚Komm doch mal zu mir in die Arme.' Und jetzt sehen Sie, die Kleine zeigt dem den Vogel und sagt: ‚Du spinnst doch!' und geht zu Pappi und sagt: ‚Was will der denn von mir, der hat bei mir überhaupt nichts zu suchen ...'"

Diesmal hatte es funktioniert, wie Frau G. lachend bestätigte. Blieb nur noch herauszufinden, ob auch die Re-Assoziation klappen würde. Ich bat Frau G., vom Rang, wo sie in ihrer Vorstellung gesessen hatte, herunterzukommen. Sie hatte den Film angehalten bei einem Bild, das sie zeigte, als sie mit ihrem Vater das Lokal bereits verlassen hatte. Jetzt bat ich sie: „Gehen Sie nach vorne, die Treppchen hinauf, und gehen Sie jetzt in das Bild hinein. Sie sind jetzt wieder im Erleben drin. Aber jetzt läuft alles umgekehrt in die entgegengesetzte Richtung. Lassen Sie alles ganz schnell zurücklaufen, und nehmen Sie auch Vogelzeigen mit."

Auch das funktionierte, und zwar mit Spaß.

Gleich nach dem Durchgang machte ich einen Test. Ich sagte ihr: „Ja, Sie müssen damals wirklich sehr niedlich ausgesehen haben, mit dem blonden Haar und den großen blauen Augen." – „Ja", erwiderte sie ohne die geringste Irritation, „damals habe ich auch noch ganz lange Haare gehabt." Als ich sie darauf aufmerksam machte, daß ein Test gelaufen ist, bestätigte sie die Wirkung. Es sei, als sie das hörte, „hier oben steckengeblieben". Sie zeigt dabei an ihre Stirn. „Sonst fällt das immer wie ein Stein in mich hinein und blockiert mich."

Die Schritte für diese Vorgehensweise finden Sie im 2. Kapitel auf Seite 128-130.

Identität in beruflichen Zusammenhängen

Schwierige Situationen im Berufsleben gibt es für Frauen nicht nur im Umgang mit anderen Menschen. Weibliche Sozialisation in dieser Gesellschaft führt auch dazu, daß Frauen in männlich strukturierten Lebenszusammenhängen noch weitere Bereiche vorfinden, in denen ein erfolgreiches Vorgehen für sie nicht ganz leicht zu lernen ist.

In diesem Abschnitt möchte ich vier Zusammenhänge darstellen, die zu bewältigen für Frauen wichtig sind, wenn sie sich entschieden haben, die Verwirklichung ihrer persönlichen Begabungen und Talente wesentlich auch im Berufsleben zu suchen. Es geht dabei um die Beziehung von Frauen zu ihren eigenen Fähigkeiten, es geht um ihr Bewußtsein vom Wert ihrer Leistungen, es geht um ihre Einstellung zu Konkurrenz und Kooperation, und es geht darum, was sie unter Karriere verstehen. Diese Themen sollen in den folgenden Kapiteln kurz dargestellt werden. Im Mittelpunkt dieser Erörterung stehen wiederum Lernmöglichkeiten. Da es sich hierbei aber nicht mehr um Kommunikationszusammenhänge handelt, werden in diesem Abschnitt lediglich beispielhafte Fälle bearbeitet, in denen Frauen mit irgendeiner Dimension des betreffenden Problemzusammenhangs Schwierigkeiten hatten. In diesen Fallbeispielen werden wieder NLP-Methoden in Aktion vorgeführt, entweder bereits bekannte oder neue, deren Vorgehensweisen Sie wieder am Ende des jeweiligen Kapitels in einzelnen Schritten aufgeführt finden.

VII.
Neue Fähigkeiten erwerben

Untersuchungen über das Verhalten von Eltern und Lehrern belegen, daß Mädchen weniger beachtet werden als Jungen. Jungen bekommen häufiger Rückmeldungen, sei es in der Form von Aufmerksamkeit, Zuwendung, Ermutigung oder auch Kritik. Jungen haben dadurch die Chance, ein Gefühl dafür und ein Bewußtsein darüber auszubilden, daß sie ihre Umgebung beeinflussen können, daß ihr Verhalten etwas bewirkt in der Umwelt, bei den Menschen darin und in deren Reaktion. Mädchen wird durch die geringere Beachtung, die sie erfahren, auch in erheblich geringerem Maße die Möglichkeit geboten, wahrzunehmen, sie könnten Einfluß auf ihre Umgebung ausüben. Mädchen erwerben im Gegenteil die Vorstellung, daß sie selber nicht viel machen können, um andere Menschen und deren Verhalten zu beeinflussen. Sie erwerben deshalb eher ein Bewußtsein davon, daß „Handeln nichts bringt". Solche durch frühe Erfahrung erworbenen Überzeugungen werden darüber hinaus unterstützt durch ein Wertsystem, das Mädchen in erster Linie Attraktivität, Freundlichkeit, Passivität, Toleranz und Opferbereitschaft vermittelt. Unabhängigkeit, Selbständigkeit, Leistungsorientierung, Initiative, Engagement und Durchsetzungsvermögen gehören dem männlichen Wertsystem an und stärken die Überzeugung der Jungen von ihrer Wirksamkeit und ihrem Einfluß.

Susan Schenkel begreift diese Denk- und Handlungsblockade, die Mädchen vermittelt wird, als erlernte Hilflosigkeit. Deren Struktur und Folgen verdeutlicht sie an einem drastischen und auch provokativen Beispiel: einem Experiment des amerikanischen Verhaltensforschers Seligman. Bei dessen Untersuchungen wurden mehreren Hunden mäßig schmerzhafte, aber unkontrollierbare elektrische Schocks verpaßt. Die Hunde konnten heulen und sich winden, aber sie konnten nicht fliehen und somit den Schocks nicht entgehen. Sie waren hilflos.

Im nächsten Experiment mußten sich diese Hunde wiederum Elektroschocks unterziehen. Aber diesmal konnten sie ihnen durch Springen über eine Barriere entgehen. Diese zweite Situation war also potentiell beherrschbar. Voraussetzung dafür war allerdings, daß die Hunde begriffen, was sie tun konnten, um den Elektroschocks zu entgehen.

Eine zweite Hundegruppe, die noch keine Erfahrung mit einer Situation der Hilflosigkeit gemacht hatte, lernte rasch, über die Barriere zu springen. Aber die „alten" Hunde, die im ersten Experiment den unkontrollierbaren Schocks ausgesetzt gewesen waren, benahmen sich ganz anders. Nach kurzem kopflosem Herumrennen legten sie sich einfach hin. Gelegentlich sprangen ein paar Hunde zufällig über die Barriere und entgingen so den Schocks. Da sie das Geheimnis des Erfolgs, wenn auch zufällig, entdeckt hatten, hätte man erwarten können, daß sie es wieder versuchen würden. Das taten sie aber nicht. Bei weiteren Experimenten versuchten sie es gar nicht erst. Sie nahmen die Schocks passiv hin. Die Hunde stellten die Verbindung zwischen dem Überspringen der Barriere und dem Vermeiden der Schocks nicht her. Sie benahmen sich weiterhin hilflos, während sie in Wirklichkeit die Situation hätten meistern können. Weil sie überzeugt waren, daß sie hilflos seien, entging ihnen, daß sie es richtig gemacht hatten, und sie lernten nicht, das zu wiederholen. Seligman nennt dieses Verhalten „erlernte Hilflosigkeit"[1].

Was haben Seligmans geschockte alte Hunde mit Frauen zu tun? – Ganz einfach: Viele Frauen verhalten sich wie traumatisierte Hunde. Sie fühlen und verhalten sich hilflos, obwohl sie es in Wirklichkeit gar nicht sind. Dieser psychologische Zusammenhang geht über die Logik der „self-fulfilling prophecy" noch weit hinaus. Die sogenannte sich selbst erfüllende Prophezeiung wirkt so, daß der Betreffende durch seine Überzeugung unbewußt alles so einrichtet oder in Bewegung setzt, was geeignet ist, die Überzeugung wahr zu machen. Zumeist wird überhaupt kein Versuch gestartet, der die Chance einer gegenteiligen Erfahrung eröffnen könnte. Das Fatale an der gelernten Hilflosigkeit geht darüber hinaus: Wenn sich die Überzeugung, etwas nicht zu können oder nicht gut zu können, erst einmal herausgebildet hat, scheint auch keine real existierende gegenteilige Erfahrung mehr in der Lage zu sein, diese Überzeugung zu relativieren. Damit ist nicht nur Erfahrungslernen blockiert, sondern durchaus existierende Erfahrungen, wie auch immer sie zustande kommen, werden nicht in Lernerfolge umgesetzt. Gelernte Hilflosigkeit hindert Frauen daran, Erfahrungen bewußt wahrzunehmen, die ihren Erwartungen widersprechen. Wenn der Glaubenssatz „Handeln bringt nichts" einmal im Denken verankert ist, überzeugen auch reale Erfolge die Betreffenden nicht vom Gegenteil. Einfache Glaubenssätze von Frauen über ihr Unvermögen lähmen die Motivation, blockieren die Initiative und untergraben das Durchhaltevermögen. Gelernte Hilflosigkeit blockiert Lernprozesse. Nur so kann ein paradoxes Phänomen erklärt werden, das gerade bei erfolgreichen Frauen nicht selten vorkommt. Selbst jahrelange Erfahrung in der Bewältigung anspruchsvoller Aufgaben kann viele erfolgreiche Frauen nicht von ihrer Leistungsfähigkeit überzeugen. Jeder neuen Herausforderung begegnen sie mit Ungewißheit und Angst. Manchen Frauen, so Susan Schenkel, ist eine solche Angst zum Ritual geworden, das sie jedesmal absolvieren, wenn sie keinen Anfang finden – vielleicht um strafende Götter gnädig zu stimmen.[2]

Selbst nach über zwanzig Jahren Frauenbewegung finden sich die Auswirkungen mangelnder Beachtung von Mädchen noch in der Beziehung von Frauen zu ihren Fähigkeiten und Leistungen wieder, in mehr oder minder deutlicher Ausprägung. Frauen setzen ihre Fähigkeiten und die Qualität ihrer Arbeit herab. Selbst wenn ihre Leistungen identisch mit denen von Männern sind, bewerten die Frauen ihre Arbeit weniger günstig.

Männer haben zumeist eine realistische Einschätzung, was ihre Erfolge und Mißerfolge angeht. Wenn sie davon abweichen, dann in der Weise, daß sie die Gründe ihres Erfolgs in den eigenen Leistungen, die Gründe für Mißerfolg bei anderen suchen. Frauen bilden sich ihr Urteil über ihre Leistungen anders. Sie setzen sich nahezu durchgängig selber herab. Die häufigsten Methoden, mit denen sie das bewirken, bestehen darin, daß sie das Negative betonen. Ihren Erfolg schreiben sie automatisch etwas anderem als ihrer Tüchtigkeit zu. Ein Versagen allerdings lasten sie automatisch ihrer Unfähigkeit an. Wenn einer Frau etwas leichtfällt, kommt sie nicht auf die Idee, sie sei intelligent oder tüchtig. Im Gegenteil, wenn sie etwas gut kann, ist sie der Meinung, die Aufgabe sei leicht.

Mit dieser Gewohnheit des Herunterspielens von persönlichen Leistungen, der Konzentration auf das Negative und einer eingebildeten Unfähigkeit bei Mißerfolgen erschweren Frauen sich nicht nur ein Bewußtsein ihrer aktuellen Fähigkeiten und untergraben ihre Selbstachtung, sie haben auch Schwierigkeiten, zukünftige Erfolgsmöglichkeiten abzuschätzen und vorauszusagen.

Es ist also für Frauen ganz allgemein schwieriger als für Männer, sich ein angemessenes Bewußtsein ihrer Fähigkeiten und ihrer Potentiale, d.h. der Entwicklungsmöglichkeiten ihrer Fähigkeiten, auszubilden. Wenn dann noch dazukommt, daß bestimmte Fähigkeiten im weiblichen Lebenszusammenhang und Weltbild eine andere Bedeutung besitzen, Frauen diese Fähigkeiten aber für ein erfolgreiches Handeln im männlich strukturierten beruflichen Zusammenhang erwerben müssen, ist der Lernprozeß besonders schwierig. Solche besonderen Schwierigkeiten ergeben sich, wenn Frauen in eine berufliche Position aufrücken, in der öffentlich frei reden zu können zu den selbstverständlichen Anforderungen gehört.

a. Frau K.: „Ich kann lernen, gelassen und frei zu reden."

Frauen reden nicht gerne in der Öffentlichkeit. Diese Bühne überlassen sie normalerweise den Männern zur Selbstdarstellung und Statusaushandlung. Frauen reden in Situationen, die sie als privat empfinden, zuhause, im vertrauten Kreis oder zu zweit. Miteinander zu reden, Erfahrungen auszutauschen, Gedanken und Gefühle mitzuteilen ist dabei eine Möglichkeit, Bindungen zu knüpfen und Gemeinsamkeiten herzustellen, Vertrauen zu schaffen und Beziehungen zu stiften. Frauen sind dabei auch immer auf gleichwertigen Austausch aus. Wenn sich in der Unterhaltung ein Ungleichgewicht herausstellt, fühlt eine Frau sich unwohl und unternimmt Versuche, das Gleichgewicht wiederherzustellen, indem sie andere um ihre Meinung bittet, Fragen stellt und die anderen dazu anhält, ihrerseits einen Beitrag zu leisten. Die Aufgabe, vor einer Gruppe frei zu reden, widerspricht dem weiblichen Gesprächsverhalten diametral. Sie steht allein auf der Bühne, nicht innerhalb eines Kreises, sondern vor der Öffentlichkeit einer Gruppe von Menschen. Sie allein hat das Wort und kann es nicht teilen oder abgeben.

Darüber hinaus geht es nicht um persönliche Dinge mit der Möglichkeit, eine persönliche Beziehung herzustellen, sondern um eine Präsentation von Informationen und Themen, die von allgemeinem Belang sind.

Frau K. war in der oben beschriebenen schwierigen Situation. Sie war kürzlich in eine Position aufgerückt, in der sie häufiger vor Gruppen reden mußte. Frau K. nahm an einem NLP-Seminar teil, das ein großes Westberliner Unternehmen für seine Führungskräfte veranstaltete. Im Seminar war Frau K. sehr zurückhaltend. Sie war erst vor kurzem aus Ostdeutschland in das Unternehmen gewechselt. Führungskräfteseminare, wie sie im Westen durchgeführt werden, waren neu für sie. Außerdem fühlte sie sich unter den Managern nicht so ganz wohl. Sie hatte einen Arbeitsplatz in der Personalabteilung übernommen und war im wesentlichen mit sozialen Aufgaben betraut. Für diese Zwecke wollte sie auch NLP kennenlernen.

Bei der Vermittlung von verschiedenen NLP-Lernmethoden in einem Blockseminar bitte ich die Teilnehmer/innen, bei der Aneignung und Einübung der Vorgehensweisen möglichst an einem Problem mittleren Ranges zu arbeiten und bei diesem Problem auch bei der Erarbeitung der folgenden Methoden zu bleiben. Dabei haben die Teilnehmer/innen, obwohl sie in der ersten Lernphase stecken und miteinander in der kleinen Gruppe arbeiten, nicht nur die Möglichkeit, die Methoden kennenzulernen und anzuwenden, sie haben auch eine gute Chance, das gewählte Problem zu lösen oder zumindest einer Lösung nahezukommen.

Frau K. wählte, in der Öffentlichkeit frei reden zu lernen. Sie bearbeitete dieses Problem zunächst mit der Methode „Probleme lösen mit Ressourcen auf der Situationsebene", dann mit einer „Glaubenssatzarbeit" und zum Schluß mit einer einfachen Form der „Aneignung neuer Fähigkeiten". Ich kann hier die erste Veränderungsarbeit nach ihren Äußerungen im Plenum kurz skizzieren. Die Glaubenssatzarbeit wurde auf Band aufgenommen. Die anschließende Phantasiereise zur Aneignung neuer Fähigkeiten war eine verdeckte Arbeit, über die es keine inhaltlichen Informationen gibt.

Das Problem von Frau K. war in der Tat sehr unangenehm. Mit ihrer neuen Tätigkeit war auch die Aufgabe verbunden, vor Gruppen zu sprechen, z.B. Begrüßungen durchzuführen, kleine Reden und kurze Vorträge zu halten und Diskussionen zu leiten. Diese Aufgabe war völlig neu für sie, und sie stellte gleich beim ersten Mal fest, daß sie ihr inhaltlich durchaus gewachsen war. Aber ihre Psyche machte ihr einen Strich durch die Rechnung. In der kleinen Gruppe wurde folgendes herausgearbeitet: Sie war vor Beginn der Veranstaltung außerordentlich aufgeregt, lief nervös auf und ab, hatte feuchte Hände und einen flachen Atem. Die Aufregung ging bei ihr sogar so weit, daß alles vor ihren Augen verschwamm, und sie war nicht in der Lage, sich selber zuzuhören, wenn sie zu sprechen begann. Das Ausmaß ihrer Aufregung war offensichtlich etwas, was nur sie wahrnahm. Nachfragen, wie andere ihre Auftritte wahrnahmen, lösten Überraschung aus und erstaunte Äußerungen: „Wieso bist Du denn aufgeregt, das kannst Du doch!"

Frau K. wollte erreichen, vor Beginn einer Veranstaltung, auf der sie reden mußte, ruhig zu bleiben und sich sicher zu fühlen. Sie wollte vor die Gruppe treten können, gelassen sprechen und sich dabei auch zuhören können. Damit war das Ziel der Veränderungsarbeit genau bestimmt. Der Beobachter aus der Gruppenarbeit meldete auch zurück, das Ziel sei ebenfalls gut eingegrenzt und auch ökologisch überprüft und für OK befunden worden.

Der nächste Schritt beim „Probleme lösen auf der Situationsebene" besteht darin, herauszufinden, was die Betreffende tun kann, um im Problemzusammenhang (öffentlich frei reden müssen) ihr Ziel (gelassen sprechen und mir zuhören zu können) zu erreichen. Frau K. fielen dabei in der Kleingruppenarbeit sieben Möglichkeiten ein. Sie konnte erstens sich selber Mut machen, indem sie sich sagte: „Du kannst das!" Als zweites fiel ihr ein, sich Druck zu machen, indem sie sich intern sagte: „Da mußt du durch!" Ihre dritte Möglichkeit bestand darin, sich vor Beginn der Veranstaltung einen Gesprächspartner zum Ablenken zu suchen. Die nächste Idee war, mit einigen Leuten im Auditorium Blickkontakt aufzunehmen. Eine weitere Möglichkeit wurde von ihrem Gesprächspartner in der kleinen Gruppe suggeriert: den Veranstaltungsbeginn mit Musik zu unterlegen. Sie wählte dafür den Bolero von Ravel aus. Als sechste Möglichkeit zog sie in Erwägung, sich an den Händen festzuhalten; siebtens stellte sie sich vor, sich gut zu erden, das heißt, ihr Körpergewicht auf beide Beine zu verteilen, könnte sie sicherer machen.

Beim Ressourcentest wurde Frau K. deutlich, daß die zweite Möglichkeit überhaupt keine Wirkung zeigte. Die erste und die dritte Möglichkeit waren schwach wirksam. Die vierte, sechste und siebte wirkten etwas stärker. Am stärksten war die Möglichkeit, mit der musikalischen Untermalung des Bolero vor die Gruppe zu treten. Über die Integration der Ressourcen und die Überbrückung in die Zukunft habe ich keine inhaltlichen Angaben. Die Rückmeldung lautete, es habe geklappt.

Auf Tonband aufgenommen wurde die sogenannte Glaubenssatzarbeit. In diesem Verfahren wird wie bei der Wertearbeit mit Submodalitäten gearbeitet. Bei dieser Arbeit geht man wieder davon aus, daß unser Gehirn unterscheiden kann zwischen Erfahrungen, von deren Inhalt wir überzeugt sind, und solchen Erfahrungen, in denen wir über etwas im Zweifel sind. Man geht dabei so vor, daß man zunächst herausfindet, woran jemand erkennt, daß er überzeugt ist, und welches die Merkmale sind, die ihn wissen lassen, daß er im Zweifel ist. Es sind wiederum Erfahrungen, die gezeigt haben, daß solche Qualitäten wie Überzeugung und Zweifel an den Submodalitäten unserer Sinnestätigkeit zu erkennen sind. Bei der einfachen Glaubenssatzarbeit überprüft man Überzeugung und Zweifel im visuellen System und bringt dann eine wünschenswerte Überzeugung, die man aber noch nicht hat, in die Form, in der das eigene Gehirn Überzeugungen abspeichert.

Ich fragte also zu Beginn der Glaubenssatzarbeit Frau K: „Gibt es irgend etwas, wovon Sie überzeugt sind, daß Sie es gut können?" Frau K. wählte „Ich kann gut stricken." Für diese Fähigkeit hatte sie echte Beweise, so daß es ihr nicht schwer fiel, auf meine Bitte, sich Erfahrungen zu vergegenwärtigen, die diesem Glaubenssatz entsprechen, Erinnerungsbilder hochzuholen. Sie sah eine Decke, die sie selber gestrickt hatte, und sie sah auch sich selber in einem Bild, in dem sie strickte. Ich bat sie, eines auszuwählen, das für sie den Beweis darstellte, daß sie gut stricken konnte. Sie wählte ihre Decke. Daraufhin bat ich sie, sich dieses Erinnerungsbild genau anzusehen und auf meine Fragen nach den Submodalitäten zu antworten.

Sie sah das Bild ihrer Decke, ohne dissoziiert oder auch assoziiert zu sein. Die Decke lag direkt vor ihr in vielleicht einem Meter Entfernung. Das Bild war panoramisch, von mittlerer Farbigkeit und mittlerer Helligkeit. Es gab keine Bewegung in diesem Bild, und alles war auch scharf zu sehen.

Frau K. war über ihre Ergebnisse sehr überrascht. Sie hatte, bevor sie die Glaubenssatzarbeit selber durchführte, einen Film gesehen, der die Vorgehensweise demonstrierte, und hatte gemeint, die betreffende Person sei eine Schauspielerin gewesen. Und jetzt hatte sie selber festgestellt, daß man innere Bilder genau beschreiben kann und daß es auch etwas dauert, wenn man sich aus der Konzentration auf innere Prozesse heraus wieder auf die Gegenwart orientiert.

Nachdem ich ihr nochmal bestätigt hatte, daß der Film ein echtes Beratungsgespräch darstellte, gingen wir dazu über, nach einem Zweifelssatz zu suchen. Ich bat Frau K., irgend etwas zu finden, worüber sie im Zweifel war, ob es zutrifft oder nicht, ob es eintrifft oder nicht, ob sie es tun oder lassen solle, ob es wahr sei oder falsch. Dazu fiel ihr ein: „Also, ich habe mich für eine Fortbildungsmaßnahme angemeldet, die jetzt im November/Dezember starten sollte. Und weil ich da nicht so richtig hineinpasse mit meinem Berufsbild, haben die mir gesagt, ich bin ein schwieriger Fall und würde im nächsten Jahr drankommen. Aber ich habe Zweifel, ob die mich wirklich nehmen."

Auf meine Nachfrage bekräftigte Frau K. nochmals, daß das ein richtiger Zweifel sei: „Die haben mich ja jetzt schon verschoben, obwohl ich mir echt Mühe gegeben habe, sie zu überzeugen, daß sie mich nehmen sollen. Ich möchte gerne, daß sie mich nehmen, und würde auch versuchen, nochmal anzurufen, um mich in Erinnerung zu bringen. Die betreffende Person, mit der ich gesprochen habe, hat zwar gesagt, daß im nächsten Jahr genügend Kurse laufen werden, und ich hoffe stark, daß sie mich nehmen, aber genau weiß ich es nicht."

Nach dieser Bekräftigung bat ich Frau K. sich das zu diesem zweifelnden Gedanken gehörige Bild zu vergegenwärtigen: „OK. Wenn Sie an diesen Zweifel denken, haben Sie dazu ein inneres Bild?"

Frau K. war unsicher: „Ja, das ist es ja gerade, was ich glaube, was mir schwerfällt. Ich könnte mir bloß vorstellen, wo ich da hingegangen bin, wie das Büro da aussieht. Ich weiß jetzt nicht, womit ich das verbinden soll oder wie ein Zweifelsbild aussehen soll."

Frau K. hatte schon das Richtige gemacht. Sie dachte an ihren Zweifel und hatte dabei spontan ein Bild, das sie zeigte, wie Sie da ins Büro gegangen ist. Ich bat sie, dieses Bild genau anzuschauen.

Sie war diesmal assoziiert. Das Zentrum ihres Blicks befand sich in drei bis vier Meter Entfernung. Das Bild war panoramisch in schwächeren Farben. Es gab wieder keine Bewegung. Die Helligkeit war ähnlich. Aber es war unscharf, und das Zentrum des Bildes lag nicht vor ihrer Nase, sondern seitlich links von ihr.

Daraufhin ließ ich Frau K. beide Bilder nebeneinander betrachten, um eventuell weitere Unterschiede zu entdecken. Solche weiteren Unterschiede fand sie jedoch nicht. Dagegen wurden ihr unterschiedliche emotionale Bezüge deutlich. Sie äußerte spontan, daß ihr das erste Bild besser gefalle.

Wir hatten also herausgefunden, daß das erste Bild schärfer und heller war. Außer diesen beiden gab es weitere Unterschiede in der Entfernung, in der Farbigkeit und in der Position. Für eine Veränderungsarbeit hatten wir damit genügend Unterschiede herausgefunden.

Ich teilte Frau K. mit, daß sie jetzt einen Wunsch frei habe: „Wie würden Sie es für sich selbst formulieren, was möchten Sie glauben in bezug auf ihre berufliche Aufgabe, vor Gruppen frei zu reden? Was meinen Sie, könnte für Sie in dieser Hinsicht zu glauben von Vorteil sein?"

Frau K.: „Ich kann lernen, vor eine Gruppe von Menschen hinzutreten und frei und gelassen zu reden."

„Ist das alles, was Sie sich wünschen?" fragte ich sie. „Könnte es nicht noch ein bißchen mehr sein?" Das verneinte sie zunächst mit der Begründung, sie würde sich schon mehr wünschen, aber sie sei klein in ihren Ansprüchen. Als ich sie nochmals daran erinnert hatte, daß man durch Glaubenssätze eine Entwicklung anstoßen könne, deren Ziel erreichbar sei, lenkte sie ein: „Dann wünsche ich mir noch, mir genau zuhören zu können."

Es ging Frau K. dabei darum, mit ihrer Aufregung auch deren Folge zu überwinden, daß sie nämlich die ersten Worte ihres Vortrages selber nicht mitbekam. Sie wollte lernen, sich selber zuhören zu können, wenn sie sprach. Normalerweise fehlte ihr da ein Stückchen. Die ersten Worte waren immer weg.

Wir einigten uns also auf folgenden neuen Glaubenssatz: „Ich kann lernen, vor eine Gruppe zu treten, gelassen zu sprechen und mir auch zuzuhören." Das zu können wäre ein Fortschritt für sie.

Bevor wir mit der Veränderungsarbeit begannen, machte ich trotzdem noch einen sogenannten Ökocheck, mit dem mögliche negative Folgen einer Veränderung aufgespürt werden. Auch eine intensive Prüfung ergab keine problematischen Konsequenzen. Also gingen wir zum nächsten Schritt über:

„Also das ist OK. Gut. Dann möchte ich Sie jetzt bitten, sich eine Vorstellung davon zu machen, wie Sie vor eine Gruppe treten und gelassen sprechen und sich auch zuhören. Machen Sie sich jetzt zunächst nur eine inhaltliche Vorstellung." Frau K. vergewisserte sich noch einmal, ob sie mich richtig verstanden hatte, und fand meine Anweisung dann schwierig. Weitere Fragen nach einem Ort, wo sie einen Vortrag halten müßte und wer da sitze, brachten sie jedoch sofort dazu, sich eine Vorstellung zu machen.

Als sie diese inhaltliche Vorstellung hatte, wie sie vor eine Gruppe trat, gelassen sprach und sich auch zuhörte, bat ich sie, diese Vorstellung in bestimmter Weise auszumalen: „Rücken Sie das Bild bitte richtig in die Mitte vor sich. Machen Sie es scharf. Dann relativ hell und von mittlerer Farbigkeit, also ein bißchen farbiger, als es in ihrem Zweifelsbild war. Und holen Sie das, was Sie im Zentrum Ihres Blickfelds haben, auf einen Meter heran. Ja, funktioniert das? OK, danke."

Nachdem sie sich auf die Gegenwart orientiert hatte, fragte ich danach, ob ihr das etwas bringen würde. Sie antwortete: „Ich werde es probieren. Ja, ich lasse mich darauf ein. Ich versuche zu glauben, daß ich es kann."

Nach dieser Äußerung von Frau K. war ich nicht ganz zufrieden. Wie sie über ihre Chance, mit Gelassenheit frei reden zu lernen, sprach, unterschied sich durchaus von der Art und Weise, wie sie vor ihren Veränderungsarbeiten darüber gesprochen hatte. Aber die Veränderung war nicht gerade drastisch. Allerdings hoffte ich, daß sie bei der letzten Methodenarbeit noch eine weitere Chance haben würde, die Ergebnisse zu festigen.

Vier Wochen später führte ich eine weiteres NLP-Seminar für das Unternehmen durch, in dem auch Frau K. arbeitete. Am Abend des zweiten Tages dieses Seminars tauchte Frau K. auf. Sie wollte mich sprechen, und es schien ihr wichtig zu sein. Sie eröffnete mir, daß sie die Methoden des NLP für Hokuspokus gehalten hätte. Sie hätte nicht daran geglaubt. Deshalb hätte sie auch gesagt, sie versuche, daran zu glauben. Jetzt hätte sie aber Erfahrungen gemacht, die sie veranlaßt haben, ihre Einschätzung zu ändern. Und das wollte sie mir mitteilen.

b. Selbstmanagement mit dem Glaubenssatz

Wenn es auch für Sie sinnvoll ist, zu lernen, Ihren vorhandenen Fähigkeiten zu vertrauen oder Vertrauen in Ihre Lernfähigkeit zu erwerben, dann können Sie eine solche Selbstmanagementarbeit mit dem Glaubenssatz machen. Aber auch ohne solche spezifischen Ziele ist die Selbstmanagementarbeit mit dem Glaubenssatz sinnvoll. Wenn Sie herausgefunden haben, mit welchen visuellen Submodalitäten Ihr Gehirn „Überzeugung" im Gegensatz zu „Zweifel" abspeichert, dann können Sie sich prinzipiell jede für Sie sinnvolle und ökologische Überzeugung aneignen als unbewußt wirkende Grundlage für einen effektiven Lernprozeß.

Sie beginnen die Glaubenssatzarbeit mit einer sorgfältigen Informationssammlung. Finden Sie heraus, was Sie gut können, etwas, wovon Sie überzeugt sind, daß Sie es gut können. Wenn Sie eine solche Fähigkeit ausfindig gemacht haben, dann versuchen Sie herauszufinden, welche Vorstellungen in Ihrem Kopf auftauchen, wenn Sie an diese Fähigkeit denken. Es ist dabei wichtig, Ihre visuelle Vorstellung zu dieser Überzeugung zu finden, denn die Standardform der Glaubenssatzarbeit läuft über den visuellen Bereich. Am einfachsten gehen Sie in Ihrer Erinnerung zurück zu Erfahrungen, die Sie mit dieser Fähigkeit gemacht haben. Dazu werden dann Erinnerungsbilder auftauchen, die Ihre Überzeugung davon, daß Sie das gut können, gebildet haben.

Wenn Sie ein solches Erinnerungsbild haben, geht es darum, dieses aufmerksam zu betrachten, um wichtige Submodalitäten festzustellen. Worauf Sie dabei achten, finden Sie in den unten formulierten Fragen, die sich für die meisten Fälle als ausreichend herausgestellt haben. Sie stellen dabei fest, ob das Bild so aussieht, wie Sie es in der Realität gesehen haben (assoziiert), oder ob Sie wie eine Zuschauerin sich selber als Person im Bild sehen (dissoziiert). Sie stellen ferner fest, wie weit das Bild entfernt ist und ob es die ganze Fläche ausfüllt oder ob es einen Rand hat. Danach halten Sie fest, ob es farbig oder schwarz-weiß ist, einen Film oder ein Foto darstellt, also bewegt oder unbewegt ist; ob es hell oder dunkel, scharf oder unscharf ist. Wenn Sie diese Informationen haben, löschen Sie dieses Bild und gehen zum nächsten Schritt über.

Dabei geht es darum, etwas zu finden, worüber Sie Zweifel hegen, etwas, von dem Sie nicht genau wissen, ob Sie es tun oder lassen sollen, haben wollen oder nicht, ob es eintrifft oder nicht, etwas, bei dem Sie unsicher sind, ob es stimmt oder nicht stimmt. Sie wissen es einfach nicht. Wenn Sie einen solchen Zweifel ausgemacht haben, geht es wieder darum, eine visuelle Vorstellung auszubilden, die diesem Zweifelssatz entspricht, oder sich eine Situation zu vergegenwärtigen, in der diese Zweifel bestehen. Im Anschluß betrachten Sie diese visuelle Vorstellung wieder ganz aufmerksam, um die Submodalitäten des Zweifelssatzes herauszufinden. Dabei können Sie sich wieder von den unten formulierten Fragen leiten lassen.

Ihre Notizen informieren Sie jetzt darüber, welche Unterschiede es gibt zwischen den beiden inneren Vorstellungen, die Glauben bzw. Zweifel darstellen. Dabei können Sie, wenn nötig, auch noch andere Submodalitäten durchprüfen, die Sie in der Liste der visuellen Submodalitäten im Anhang (Seite 368) aufgezählt finden.

Stellen Sie daraufhin fest, welche Unterschiede für einen Veränderungsprozeß bedeutsam sind. Zu diesem Zweck können Sie versuchen, beide visuellen Vorstellungen gleichzeitig abzurufen. Das hört sich geheimnisvoll an, aber die meisten Menschen können interne visuelle Vorstellungen vergleichen, um herauszufinden, welche Unterschiede am stärksten wirken, einen Glauben in Zweifel zu überführen und umgekehrt. Für den Veränderungsprozeß brauchen Sie mindestens zwei. Falls Sie nur einen Unterschied feststellen, müssen Sie weitere erarbeiten. Das können Sie erreichen, indem Sie sich fragen, woran Sie merken, daß die zweite Vorstellung eine Situation darstellt, in der Sie im Zweifel sind. Halten Sie dieses Merkmal fest.

Wenn Sie die nötigen Informationen gesammelt haben, geht es jetzt darum, einen neuen Glaubenssatz zu konstruieren. Wenn Sie innerlich Zweifel hegen über eine Ihrer Fähigkeiten, für deren Existenz Sie „rational" Beweise haben, können Sie für sich erarbeiten: „Ich kann lernen, dieser meiner Fähigkeit zu vertrauen." Wenn Sie etwas Neues lernen wollen, können Sie einen Glaubenssatz beispielsweise folgender Art konstruieren: „Ich kann lernen, Konflikte anzusprechen und mich dabei gelassen zu fühlen." Am einfachsten ist es, sich zu fragen, welcher Gedanke Ihnen Freude bereiten oder Vorteile einbringen würde, wenn er zu Ihren Überzeugungen gehörte. Wichtig ist nur, daß Sie bei der Formulierung darauf achten, daß dieser Glaubenssatz innerhalb Ihrer Kompetenz liegen muß. Er muß also mit „Ich" anfangen. Zum zweiten muß der Satz positiv und drittens als Prozeß formuliert sein. Am besten prägen Sie sich ein, daß funktionierende Glaubenssätze mit den Worten: Ich kann lernen, ... beginnen und keine Negationen oder Vergleiche enthalten.

Wichtig ist dann, den neuen Glauben sorgfältig auf mögliche negative Konsequenzen zu überprüfen. Vergessen Sie nie, nach möglichen Einwänden zu suchen und diese zu berücksichtigen. Eignen Sie sich keine unökologischen Glaubenssätze an. Entweder funktionieren unökologische Glaubenssätze nicht, oder Sie handeln sich Probleme ein. Überprüfen Sie deshalb vor dem Veränderungsprozeß, ob der neue Glaube in Ihre gesamte Lebenssituation hineinpaßt und keine Nachteile ergibt.

Erst danach beginnen Sie die Veränderungarbeit. Diese besteht lediglich aus zwei Schritten. Im ersten Schritt stellen Sie sich ein Bild oder eine Szene vor, die Ihrem gewünschten Glaubenssatz entspricht, oder Sie vergegenwärtigen sich eine Situation, in der Ihr gewünschter Glaubenssatz gilt. Danach überprüfen Sie die Submodalitäten Ihres gewünschten Glaubenssatzes und verändern diese so lange, bis Ihre innere Vorstellung Ihres gewünschten Glaubenssatzes in den Submodalitäten des Glaubenssatzes erscheint, den Sie eingangs analysiert haben. Sie schließen diese Veränderungsarbeit mit einem Test ab.

c. Selbstmanagement mit dem Glaubenssatz, die Schritte im einzelnen

A. Informationssammlung

1a. Positiven Glaubenssatz formulieren

Finden Sie eine Fähigkeit, von der Sie überzeugt sind, daß sie zu Ihren Stärken gehört.

1b. Positiven Glaubenssatz repräsentieren

Stellen Sie sich ein Bild oder eine Szene vor, die Ihrem Glaubenssatz entspricht. Oder vergegenwärtigen Sie sich eine Situation, in der Ihnen klar ist, daß Ihr Glaubenssatz gilt. Schauen Sie sich diese innere Vorstellung aufmerksam an.

1c. Submodalitäten feststellen

- Sind Sie assoziiert oder dissoziiert (im Bild oder Zuschauerperspektive)?
- Wie weit ist das Zentrum Ihres Blicks von Ihnen entfernt?
- In welcher Position Ihres inneren Blickfelds befindet sich das Zentrum Ihres Blicks?
- Füllt das Bild die ganze Fläche aus, oder hat es einen Rand?
- Ist es farbig oder schwarz-weiß?
- Ist es bewegt (Film) oder unbewegt (Foto)?
- Ist es hell oder dunkel?
- Ist es scharf oder unscharf?
- Schreiben Sie die festgestellten Submodalitäten auf!

2a. Zweifelssatz formulieren

Denken Sie nun an etwas, über das Sie Zweifel hegen. Etwas, von dem Sie nicht genau wissen, ob Sie es tun oder lassen sollen, ob Sie es haben wollen oder nicht, ob es eintrifft oder nicht, etwas, von dem Sie sich unsicher sind, ob es stimmt oder ob es nicht stimmt. Sie wissen es einfach nicht.

2b. Zweifelssatz repräsentieren

Stellen Sie sich jetzt ein Bild oder eine Szene vor, die diesem Zweifelssatz entspricht. Oder vergegenwärtigen Sie sich eine Situation, in der Ihnen klar ist, daß Sie diesen Zweifel hegen. Schauen Sie sich diese innere Vorstellung aufmerksam an.

2c. Submodalitäten feststellen

- Sind Sie assoziiert oder dissoziiert (im Bild oder Zuschauerperspektive)?
- Wie weit ist das Zentrum Ihres Blicks von Ihnen entfernt?
- In welcher Position Ihres inneren Blickfelds befindet sich das Zentrum Ihres Blicks?
- Füllt das Bild die ganze Fläche aus, oder hat es einen Rand?
- Ist es farbig oder schwarz-weiß?
- Ist es bewegt (Film) oder unbewegt (Foto)?
- Ist es hell oder dunkel?
- Ist es scharf oder unscharf?
- Schreiben Sie die festgestellten Submodalitäten auf!

3. Unterschiede in den Submodalitäten feststellen

Stellen Sie jetzt bitte die Unterschiede fest zwischen den beiden inneren Vorstellungen, die für Sie Glauben bzw. Zweifel darstellen. Dabei können Sie, wenn nötig, auch noch andere Submodalitäten durchprüfen. Verwenden Sie dafür die im Anhang aufgenommene Liste der visuellen Submodalitäten (Seite 368).

Halten Sie die Unterschiede schriftlich fest.

4. Testen

Schauen Sie sich bitte, wenn möglich, die beiden Repräsentationen nebeneinander an und stellen Sie fest, welche Unterschiede für Sie die wichtigsten sind. Für den Veränderungsprozeß brauchen Sie mindestens zwei. Falls Sie nur einen Unterschied feststellen konnten, überprüfen Sie jetzt, woran Sie merken, daß die zweite Vorstellung eine Situation darstellt, in der Sie Zweifel hegen.

Schreiben Sie das Ergebnis auf.

5a. Neuen Glauben oder neue Überzeugung formulieren

Was würden Sie gerne glauben? Welcher Gedanke würde Ihnen Freude bereiten oder Vorteile einbringen?
1. Der Satz muß mit ICH anfangen!
2. Der Satz muß positiv formuliert sein!
   (Statt „Ich will lernen, mich nicht zu ärgern": „Ich will lernen, gelassen zu sein".)
3. Der Satz muß als Prozeß formuliert sein, nicht als Endziel!
   (Statt „Ich bin charmant": „Ich kann lernen, charmant zu sein".)

5b. Ökocheck des neuen Glaubens

Stellen Sie sich vor, Sie denken diesen Gedanken, und er ist schon fest in Ihnen verankert:
* Was würde sich ändern?
* Wie würden Sie reagieren, wie würden Sie sich verhalten?
* Welche Probleme könnten sich ergeben? Für Sie oder für andere, mit denen Sie leben und arbeiten?

Wenn Probleme auftauchen:
* Wie könnten die Probleme umgangen werden?
* Wie könnte der Satz verändert werden, damit keine Probleme auftauchen?

B. Aufbau des neuen Glaubenssatzes

6. Inhaltlicher Aufbau des neuen Glaubenssatzes

Stellen Sie sich eine Szene vor, die Ihrem gewünschten Glaubenssatz entspricht, oder vergegenwärtigen Sie sich eine Situation, in der Ihr gewünschter Glaubenssatz gilt.

7. Formaler Aufbau des neuen Glaubenssatzes (Submodalitäten)

Überprüfen Sie jetzt die Submodalitäten Ihres gewünschten Glaubenssatzes und verändern Sie diese so lange, bis Ihre innere Vorstellung des gewünschten Glaubenssatzes in den Submodalitäten des Glaubenssatzes erscheint, den Sie eingangs analysiert haben.

8. Test

Machen Sie sich klar, wie Sie jetzt über diese neue Überzeugung denken.

VIII.
Mit Geld umgehen

Frau O. arbeitete einige Zeit in einem großen Unternehmen als Assistentin des Leiters für Weiterbildung. Als dieser das Unternehmen verließ, übertrug man ihr die Aufgaben des Leiters. Aber man beförderte sie nicht. Sie arbeitete weiter als Bildungsreferentin mit dem Gehalt, das sie auch vorher bekommen hatte.

Frau M. ist Dozentin und arbeitet freiberuflich für mehrere Bildungsträger. Nebenbei macht sie psychologische Beratung. Ihre Klienten sind im wesentlichen Teilnehmer/innen ihrer Seminare. Für diese Beratung nimmt sie kein Geld, es sei denn, ihre Klienten selbst bestehen darauf, die Beratungsleistung zu bezahlen.

Frauen verdienen weniger als Männer. Das ist – außer im Öffentlichen Dienst – eine überall zu beobachtende Tatsache. Ganz allgemein werden dafür folgende Erklärungen angeboten: Frauen arbeiten eher in niedrigbezahlten Bereichen, Frauen haben nicht das gleiche Ausbildungsniveau wie Männer, und Frauen fehlt Erfahrung, weil sie nicht wie Männer kontinuierlich berufstätig sind.

Wenn man die beiden Parteien, die die Bezahlung der Leistung von Frauen miteinander aushandeln, betrachtet, ergibt sich folgendes Bild: Es sind im wesentlichen Männer, die entscheiden, was Frauen verdienen. Männer in Machtpositionen entscheiden sich selten dafür, eine Frau in eine leitende Tätigkeit zu befördern, die auch mit einer höheren Bezahlung verbunden wäre. Aber selbst in vergleichbaren Positionen bleibt der Gehaltsunterschied zwischen den Geschlechtern bestehen. Kathryn Stechert[1] vermutet hinter diesem doppelten männlichen Maßstab keine Bösartigkeit, sondern eher einen blinden Fleck, der durch unbewußte Überzeugungen verursacht würde: Männer glaubten, daß Frauen im wesentlichen Zweitverdienerinnen seien und daß ihr Gehalt deshalb nicht so wichtig sei, weil sie nicht soviel Geld brauchten. Darüber hinaus vermutet sie, daß Geld für Männer vom Standpunkt der Macht her gesehen zu bedeutungsvoll sei, um es Frauen zu geben.

Frauen aber sind nicht nur die Opfer männlicher Verweigerung, was ihre Bezahlung angeht. Bei der Verhandlung über das Gehalt von Frauen stehen die Frauen auf der anderen Seite. Und ihr eigenes Verhalten ist ein Faktor für das Resultat dieser Verhandlung. Es ist eine Tatsache, daß Frauen mit angemessenen Gehaltsforderungen sehr zurückhaltend sind. Frauen geben auch leicht auf, wenn ihnen der Anspruch auf mehr Geld verweigert wird, sie kämpfen nicht darum. Ja, Stechert weist auch darauf hin, daß Frauen häufig nicht einmal in der Lage sind, die eigene Benachteiligung wahrzunehmen.

Männer messen Erfolg am Geld und werden auch aufgrund ihrer Verdienstmöglichkeiten eingeschätzt. Männer messen sogar ihr männliches Selbstgefühl am Geld. Der amerikanische Psychologe Robert Gould behauptet, daß Männer, die sich ihrer Anziehungsfähigkeit auf Frauen nicht sicher seien, im Geld ein Allheilmittel sähen. Für sie mache Geld allein den Unterschied zwischen Männern und Knaben aus. Die extremste Reaktion auf einen finanziellen Verlust ist der Selbstmord, der in früheren Zeiten im Falle eines Bankrottes bürgerlicher Unternehmer nicht selten vorkam.

Für das Selbstgefühl der Frau hat Geld zumindest eine geringere Bedeutung. Amerikanische Untersuchungen darüber, wie die Geschlechter sich und andere für Leistung belohnen, zeigen, daß Frauen in jeder Situation immer weniger für sich verlangen, als sie anderen geben. Dafür gibt es mehrere Erklärungen. Für Frauen sind auch im Berufsleben die sozialen Beziehungen wichtiger als die Bezahlung. Deshalb zeigen sie auch in dieser Hinsicht eher Verhaltensweisen, die auf Ausgleich gerichtet sind. Darüber hinaus sind Frauen persönlich mehr auf ihre Tätigkeit zentriert und sehen einen geringeren Zusammenhang zwischen ihrer Arbeit und der Belohnung in Form von Geld. Deshalb bedeutet Geld als Belohnung für geleistete Arbeit für Frauen auch einen geringeren Anreiz als für Männer. Sie sehen keinen engen Zusammenhang zwischen Arbeit, Bezahlung und Selbstachtung, weil sie normalerweise in unserer Gesellschaft für rollenspezifische Aufgaben nicht belohnt werden. In Zusammenhang damit steht aber wahrscheinlich auch, daß Frauen im allgemeinen einen schwächer ausgebildeten Sinn für ihren eigenen Wert besitzen.

In meinen Seminaren habe ich ähnliche Tests wie die oben erwähnten Untersuchungen durchgeführt, um herauszufinden, wie die Geschlechter sich und andere für Leistung belohnen. Dabei bekam ich andere Ergebnisse. Eine nicht unerhebliche Anzahl von

Frauen verteilte die Belohnung gemäß der vorher erbrachten Leistung gerecht, d.h. rechnerisch exakt. Die These, daß Frauen „in jeder Situation" immer weniger für sich verlangen, als sie anderen geben, dürfte heute nicht mehr richtig sein. Meine Seminarerfahrungen bestätigen aber, daß Männer sich in Gehaltsverhandlungen nahezu durchgängig anders verhalten als Frauen. Übungen in diesen Seminaren, in denen die männlichen Teilnehmer ihre Kolleginnen im offensiven und beharrlichen Vorgehen bei Gehaltsverhandlungen unterrichteten, waren deshalb ein voller Erfolg. Bestätigung fand ich in diesen Seminaren auch dafür, daß es immer noch viele Frauen gibt, die Mühe haben, den Wert ihrer Arbeit in eine angemessene Entlohnung zu übersetzen.

a. Frau S.: „Ich bin es nicht wert!"

Ein typisches Beispiel für die Schwierigkeit von Frauen, für ihre Leistung eine angemessene Entlohnung zu verlangen, ist Frau S.. Frau S. war Teilnehmerin eines Seminars, in dem eine Reihe von Frauen sich mit NLP-Strategien Voraussetzungen für beruflichen Erfolg erarbeiteten. Beim Thema Geld sagte sie spontan: „Ja, damit habe ich auch Probleme." Auf meine Frage, wie sie das Problem genauer benennen würde, sagte sie: „Ich bin es nicht wert!"

Frau S. ist selbständig und arbeitet als Steuerberaterin. Für Beratungsleistungen muß sie Rechnungen schreiben. Bei der Erarbeitung des Problems ergab sich, daß sie durchaus in der Lage war, ihrem Gebührenrahmen gemäß abzurechnen. „Da weiß ich, was üblich ist, und das nehme ich auf jeden Fall. Aber bei darüber hinausgehenden Leistungen mehr zu berechnen fällt mir schon schwer. Dann suche ich nach sachlichen Gründen, wie ich das vertreten könnte. Obwohl der Witz an der Sache ist, es hat mich noch nie jemand ernsthaft danach gefragt. Das Problem ist ganz einfach. Wenn jemand zu mir kommt, der ein Problem hat, weil er zum Beispiel seinen Betrieb umstellen will und Beratung verlangt, dann setze ich mich zwei Stunden mit ihm zusammen. Aber dann bin ich nicht in der Lage, ihm für diese zwei Stunden eine Rechnung zu schreiben. Das bringe ich nicht."

Auf meine Frage, was sie daran hindere, sagt sie: „Weil ich meine, mein Gott, ich habe doch im Grunde genommen nur nett mit ihm geplaudert. Ich bin immer der Meinung, mein Gott, diese Informationen, die ich da rüberbringe, die weiß doch jeder. Das könnte der genauso mit seinem Kegelbruder besprechen. Ich weiß, das ist jetzt natürlich überzeichnet. Aber dieses Grundgefühl steht dahinter. Ich realisiere überhaupt nicht, daß ich ein Spezialwissen habe, was Geld kosten muß. Es ist mir einfach peinlich, dafür Geld zu verlangen. Ich erwische mich dabei immer wieder. Diese Situationen kommen in der einen oder anderen Art immer wieder. Es ist so, wie ich eben spontan gesagt habe: Ich bin es nicht wert. Die Beratung kostet mich ja nichts, das ist ja in Ordnung. Dabei fühle ich mich gut. Ich gebe mein Wissen gern weiter. Ich finde das auch ganz toll. Aber dafür Geld zu verlangen, das ist nicht in Ordnung. Ich kann für mein Wissen kein Geld verlangen. Das ist es im Grunde."

Damit hatten wir den Glaubenssatz von Frau S. herausgefunden. Nach einigen Überprüfungen konnten wir ihn in der Formulierung notieren: „Ich kann für die Weitergabe meines Wissens kein Geld verlangen."

Dieser Glaubenssatz galt aber nur für sie selber, nicht für ihre Mitarbeiter. Wenn Mitarbeiter die Beratung durchführten, hatte sie eine Rechtfertigung für eine angemessene Rechnung: „Der Mitarbeiter hat da so und so viele Stunden daran gesessen, und ich weiß, den muß ich ja schließlich bezahlen. Das kann ich auch jedem sagen. Aber sobald das meine eigene Leistung ist... Ich weiß, wie doof das klingt, wenn ich das jetzt so ausspreche, das ist bescheuert, aber es ist so."

Nachdem wir den Glaubenssatz notiert hatten, bat ich Frau S., sich eine Situation vorzustellen, an der ihr deutlich wird, daß ihr Glaubenssatz ihr Verhalten beeinflußt, daß sie für die Weitergabe ihres Wissens kein Geld verlangen kann. Nach einer Weile hatte sie ein Bild.

Danach stellte ich Standardfragen nach den Submodalitäten dieses Bildes. Ich fragte, ob sie sich selber in dem Bild sieht, ich fragte nach den Farben, ob es ein Stehbild oder ein Film sei, wie hell und wie scharf es sei.

Frau S. saß in dieser Vorstellung ganz realistisch an ihrem Schreibtisch. Ihr Mandant saß ihr gegenüber. Sie war also assoziiert.

Die Farben waren ganz natürlich. Es war ein Film. Die Helligkeit war normal, und er war auch scharf.

Nach dieser Informationssammlung machten wir uns auf die Suche nach einem Zweifelssatz. Ich bat Frau S., an irgend etwas zu denken, woran sie zweifelte, ob es eintrifft oder nicht eintrifft, ob sie es tun oder lassen soll, ob es richtig ist oder falsch. Es könne durchaus etwas Banales sein, allerdings nicht so banal, daß es müßig sei, darüber nachzudenken.

Sie vergewisserte sich zunächst, ob es etwas sein solle, was mit der gegenwärtigen Problematik nichts zu tun habe. Dann zog sie in Erwägung, ob sie den Zweifel nehmen solle, ob sie zu ihrem Partner ziehen solle oder nicht. Da sei aber vor allem der Zeitpunkt wichtig. Sie wolle schon, das sei klar, aber wann der richtige Zeitpunkt sei, wisse sie nicht. Oder wann sie sich sicher sein könne, daß das richtig sei. Aber das war ihr dann zu kompliziert. Danach entschied sie sich für den Zweifel, ob sie sich per Katalog einen bestimmten Pullover bestellen solle oder nicht. Den fand sie todschick, und der Preis stimmte auch, aber der Anteil an Wolle war ihr zu gering. Sie hatte Angst, daß sie darin schwitzen würde, weil der einen so hohen Polyacrylanteil habe. Auf der anderen Seite sei er natürlich relativ pflegeleicht.

Wir probierten daraufhin, die Submodalitäten dieses Zweifelssatzes herauszufinden. Aber es gelang nicht. Wir fanden einen Unterschied, von dem sie jedoch meinte, der sei unwichtig. Im Grunde sehe sie keinen Unterschied zum Glaubenssatz. Die einzigen Unterschiede seien, daß sie sich im Glaubenssatzbild bedroht fühle und im Zweifelssatzbild nicht. Mit kinästhetischen Submodalitäten konnten wir jedoch bei dieser Vorgehensweise nicht weiterarbeiten. Als ich weiterfragte, woran sie beim Zweifelssatzbild erkennen könne, daß sie da im Zweifel sei, antwortete sie, das sei ja auch nichts Schlimmes, wenn sie da nicht wisse, ob sie da im Zweifel sei. Das sei keine Sache, bei der sie einen echten Zweifel hätte, der sie in Schwierigkeiten bringe. Damit hatte ich die Information, daß es bei ihr ein wichtiger Zweifel sein müsse, sonst würden wir keine Unterschiede finden. Und ich fragte noch einmal, was denn ein wichtiger Zweifel sei. Daraufhin kam sie zurück auf das erste Beispiel, das sie in Erwägung gezogen und dann aber verworfen hatte: Behalte ich die Praxis oder nicht? Das stand im Zusammenhang mit der Frage: Ziehe ich um, ziehe ich nicht um?

Auch bei diesem Beispiel gab es bei Frau S. Schwierigkeiten, die Submodalitäten herauszufinden. Auf meine Bitte, an diesen Zweifelssatz zu denken, tauchten bei ihr keine Bilder auf, sondern ein interner Dialog. Sie stellte sich Fragen darüber. „Auf der einen Seite habe ich die Praxis, das ist meine Existenzgrundlage. Und auf der anderen Seite habe ich einen Partner, bei dem ich möglichst viel sein möchte. Und dazwischen liegen siebzig Kilometer. Dann kommt als nächstes meine Faulheit. Ich will da nicht jeden Tag hin- und herflitzen."

Während Frau S. das sagte, deutete sie mit den Händen mal zur einen, dann zur anderen Seite und wandte auch ihre Augen mal dahin und dorthin. Daraus schloß ich, daß sie im internen Gesichtsfeld zwei Bilder vor sich hatte, eins, in dem sie ihre Praxis vor Augen hatte, und eins, in dem sie bei ihrem Partner war. Das bestritt sie zunächst. Sie habe mir damit nur klarmachen wollen, wie das ablaufe: „Das eine Gefühl zieht mich dahin, das andere dorthin. Dabei habe ich aber in dem Moment nicht das Bild vor Augen. Ich wollte Ihnen nur klarmachen, wie ich über solche Dinge nachdenke." Sie habe keine zwei Bilder, sondern zwei Gefühle.

Ich erklärte Frau S. daraufhin, daß man immer alle Komponenten einer Erinnerung oder einer Phantasie habe. Man hat visuelle Vorstellungen, man hat auditive Vorstellungen, und man hat die dazugehörigen Gefühle. Das Problem bei dieser Vorgehensweise sei, daß wir nur mit den Bildern arbeiten. Daraufhin wurde ihr bewußt, daß sie durchaus auch visuelle Vorstellungen habe, aber wenn sie über das Problem nachdenke, dann habe sie Gefühle, zwischen denen sie schwanke, und nicht Bilder.

Mir war klar, daß Frau S. ihr Zweifel im wesentlichen im auditiven und kinästhetischen Bereich bewußt wurde. Der visuelle Bereich war ihr bislang unbewußt. Nach meinen Erklärungen war sie jedoch in der Lage, die inneren Bilder wahrzunehmen und auch zu beschreiben: „Die Bilder sind verschieden. In der Praxis bin ich drin, weil das ja die Gegenwart ist. Da sitze ich an meinem Schreibtisch. Ich bin also innen. Während ich danach außen davorstehe. Das ist zwar etwas, was mich anzieht, aber das sehe ich noch mehr von außen."

Frau S. hatte also zwei Bilder in verschiedenen Positionen ihres inneren Blickfelds. In dem einen sah sie den Raum ihrer Praxis, in dem anderen sah sie das Haus ihres Partners. Die Farben waren normal. Beides waren Stehbilder, die normal hell und auch scharf waren.

Die Arbeit, die ich mit Frau S. durchführte, um relevante Unterschiede in den Submodalitäten des Glaubenssatzes und des Zweifelssatzes herauszufinden, war nicht ganz leicht. Mit manchen Menschen gestaltet sich die Glaubenssatzarbeit mit der hier herangezogenen visuellen Vorgehensweise schwierig, weil interne Bilder erst bewußt gemacht werden müssen. Frau S. bestätigte mir diesen Sachverhalt: „Wenn ich über Probleme nachdenke, dann stelle ich mir nicht vor, wie sieht das Haus aus, oder wie sieht die Praxis aus. Da habe ich kein Bild. Das haben Sie jetzt ‚herausgepult'. Normalerweise läuft so ein Prozeß bei mir in einer Mischung aus Sachentscheidungen und Gefühlen ab. Ich versuche immer, die Sachentscheidungen hinzukriegen, und die Gefühle entscheiden es dann letztlich. So habe ich das auch bei der Auswahl meiner Mitarbeiter gemacht. Ich habe sachliche Informationen gesammelt, diese dann einander gegenübergestellt und mich gefragt, was spricht für den einen, was spricht für den anderen. Und dann habe ich mich gefühlsmäßig entschieden."

Auf jeden Fall war es uns jetzt gelungen, verschiedene visuelle Submodalitäten zu finden. Der nächste Schritt besteht darin, einen neuen positiven Glaubenssatz erst einmal rational zu konstruieren.

Auf meine Frage, was sie denn statt des alten Glaubenssatzes gerne glauben möchte, welcher Glaube für sie von Vorteil sein könnte für ihren zukünftigen Umgang mit Geld, fiel Frau S. zunächst wieder in Betrachtungen über ihr Problem zurück: „Ja, richtig, das Irre ist ja, die warten ja schon auf eine Rechnung, und ich kann sie nicht schreiben, schlimm, ganz schlimm."

Wir probierten zunächst als neuen Glaubenssatz die Formulierung: „Ich kann lernen, für die Weitergabe meines Wissens angemessene Honorare zu verlangen."

Dagegen protestierte Frau S.: „Also angemessen drückt mich eher nach unten, weil ich immer denke, das ist ja viel zuviel. Am Wort ‚angemessen' stört mich, daß ich es dann für mich immer nach unten interpretiere. Zweihundert Mark mögen angemessen sein, aber bei mir sind es mit Sicherheit nur hundert. Ich habe die Befürchtung, daß das nicht viel bringt, wenn wir ‚angemessen' nehmen. Lassen Sie es doch einfach ohne angemessen."

Wir einigten uns auf den Satz: „Ich kann lernen, für die Weitergabe meines Wissens Geld zu verlangen und mich dabei gut zu fühlen." Dieser Satz gefiel Frau S. so gut, daß sie lachte und strahlte. Der Satz fühlte sich für sie gut an. Trotzdem machte ich einen sogenannten Ökocheck: „Stellen Sie sich jetzt vor, Sie glaubten das schon, daß Sie das können. Überlegen Sie aber, könnte das eventuell auch Nachteile haben, die Sie vielleicht nicht wollen." Prompt kam ein Ja: „Wenn ich das auf private Bereiche beziehe. Wenn ich im privaten Bereich irgend jemandem einen Rat gebe und dann glaube, ich müßte Geld dafür nehmen, wäre das nicht so gut."

Wir hielten also fest, daß sich dieser neue Glaubenssatz nur auf den beruflichen Bereich beziehen sollte.

Da der Ökocheck keine weiteren Einwände erkennen ließ, begannen wir jetzt die Veränderungsarbeit. Ich bat Frau S., sich ihre Vorstellung zum alten Glaubenssatz nochmal zu vergegenwärtigen und sich zusätzlich zu diesem einen zweiten Film zu konstruieren, der etwas anderes zeigt: „In der ersten Vorstellung sitzen Sie in Ihrer Praxis, und der Klient sitzt Ihnen gegenüber. Das ist die Entweder-Vorstellung. Dazu könnten Sie sich eine Vorstellung konstruieren, das ist die Oder-Vorstellung. Das könnte zum Beispiel Ihr Mitarbeiter sein, der die Beratung macht, und dafür können Sie ja Geld verlangen beispielsweise. Oder, wenn Ihnen das angenehmer ist, Sie könnten sich selbst in einer Situation vorstellen, in der Sie sich schon anders verhalten oder mit anderen Gefühlen dabei sind. Können Sie sich eine solche Oder-Vorstellung konstruieren, so daß Sie zwei Vorstellungen im Gesichtsfeld haben?"

Sie entschied sich für eine zweite Vorstellung, in der der Mitarbeiter die Beratung durchführt. Dann bat ich sie, aus beiden Vorstellungen Stehbilder zu machen. Auch das gelang ebenso, wie sie hell, gleich scharf und farbig zu machen. Danach ließ ich sie zwischen beiden Bildern hin- und herwechseln. Der nächste Schritt war wieder etwas schwieriger. Beide Bilder mußten inhaltlich verändert werden. Aber sie sollten genauso aussehen. Sie sollten beide Ansichten von etwas sein und Stehbilder. Diese Stehbilder sollten zum Ausdruck bringen: Ich kann für die Weitergabe meines Wissens Geld verlangen und mich gut dabei fühlen. Frau S. sollte sich jetzt wieder ein Entweder- und ein Oder-Bild machen, das aber inhaltlich etwas anderes zeigte. Wir begannen mit dem Entweder-Bild.

Nach einigen Bemühungen sagte sie, daß sie es nicht hinbekomme. Ich gab ihr daraufhin Hilfestellungen: „Stellen Sie sich vor, Sie seien ein Fotograf und sollten ein Foto machen von einer Situation, die inhaltlich ausdrückt, daß jemand für die Weitergabe seines Wissens Geld verlangen kann und sich dabei gut fühlt – wie würde dieses Foto aussehen?"

„Wenn ich andere da hineinstecke, geht das, aber wenn ich mich da sehe, funktioniert es nicht."

„Kennen Sie jemanden, von dem Sie annehmen, daß er für die Weitergabe seines Wissens Geld verlangen kann und sich dabei gut fühlt, kennen Sie jemanden, von dem Sie annehmen, daß der das gut kann. Jemanden, der für Sie sozusagen der Inbegriff dafür ist, daß man Geld für die Weitergabe seines Wissens verlangen und sich dabei gut fühlen kann?"

Sie lachte: „Ja, das ist vor allen Dingen jemand, der denselben Beruf hat, der nicht mehr Wissen hat als ich und der wirklich mehr Geld nimmt für dasselbe oder manchmal sogar für weniger."

„Schön, und jetzt machen Sie daraus ein Stehbild. Schauen Sie sich das an. Vielleicht können Sie jetzt inhaltlich hineinnehmen, daß Sie das können. Machen Sie irgendein Arrangement, das eine Beziehung zu Ihnen herstellt, woran Sie erkennen, daß das eine Qualität darstellt, die Ihre Qualität ist. Können Sie das irgendwie bewerkstelligen? Ja, geht?"

Sie nickte. Danach fuhr ich fort: „So, das ist jetzt das Entweder-Bild. Jetzt kommt ein Oder-Bild, ein zweites, das etwas anderes zeigt, auch als Stehbild, scharf, gleich hell, aber inhaltlich etwas anderes, vielleicht eine andere Person." Auch das gelang.

„Und jetzt wechseln Sie hin und her. Und wenn Sie jetzt das nächste Mal beim Entweder-Bild sind, halten Sie das fest und tun das andere aus Ihrem Blickfeld raus. Löschen Sie es. Sie halten jetzt nur noch das Entweder-Bild fest und machen einen Film daraus. Irgend etwas bewegt sich da. Und jetzt können Sie zurückkommen."

Sie kam zurück, sah dabei jedoch nicht glücklich aus. Auf meine Nachfrage sagte sie, sie verändere sich damit in eine Richtung, die sie nicht wolle: „Ich will was, was die können, aber nicht so sein, wie die sind. Das ist die Kollision dabei."

Ich begriff, daß beim Ökocheck nicht alle Einwände aufgetaucht und berücksichtigt worden waren und daß wir deshalb die Arbeit würden wiederholen müssen. Der neue Glaubenssatz hätte lauten müssen: „Ich kann lernen, für die Weitergabe meines Wissens Geld zu verlangen, mich dabei gut zu fühlen und ich selber zu bleiben." Das bestätigte sie. Aber bevor wir einen nochmaligen Durchgang machten, probierte ich eine Veränderungsarbeit an der letzten Vorstellung: „Vergegenwärtigen Sie sich bitte nochmal Ihre letzte Vorstellung und arbeiten sie um. Nehmen Sie irgend etwas mit hinein, woran Sie erkennen können, daß Sie dabei auch Sie selber bleiben können."

Diese Veränderungsarbeit fiel ihr schwer. Sie hatte zwar etwas umgestellt, aber das war für sie nicht überzeugend. Ich ging jetzt davon aus, daß die Veränderungsarbeit nichts Wesentliches bewirken würde, weil das Ziel mit ihrer Identität kollidierte. Wir würden die Arbeit wiederholen müssen, denn Erfahrungen haben gezeigt, daß Veränderungsarbeiten auf der Verhaltens- und auch der Überzeugungsebene nicht gelingen, wenn die angestrebten Ziele nicht mit der Identität der Person übereinstimmen.

Dann gab es jedoch für alle, die an diesem Seminar teilnahmen, und auch für mich eine unvorhersehbare Überraschung. Ich machte noch einen Test. In diesem Seminar ging es um beruflichen Erfolg. Da berufliche Ziele, wenn sie ökologisch sein sollen, mit dem Wertsystem eines Menschen übereinstimmen müssen, hatte ich die Teilnehmerinnen gebeten, ihre acht wichtigsten Werte im beruflichen Bereich zu notieren und sie in eine Reihenfolge zu bringen. Vor der Glaubenssatzarbeit hatte ich Frau S. gefragt, wo in ihrer Wertehierarchie sich denn Geld nehmen befinde, und sie wies auf einen Punkt zu ihren Füßen: „Hier ganz unten!" Nach der Glaubenssatzarbeit fragte ich sie, wo in ihrer Wertehierarchie denn jetzt Geld nehmen angesiedelt sei. Bei der Antwort auf diese Frage sprudelte sie mit Begeisterung los: „Ach, jetzt weiß ich, wo ich Geld hinstecke, genau in die Mitte zwischen den acht wichtigsten. Und das ist auch logisch. Erst kommen die Werte, wo es um das Wohlbefinden meiner Mandanten geht, dann kommt Geld verdienen und dann diejenigen, wo es um Dinge für mich selber, um mein Wohlbefinden geht." Bei dieser Äußerung hatte sie eine strahlende Physiologie, ganz zur Verblüffung der anderen Seminarteilnehmerinnen.

Die Glaubenssatzarbeit mit Frau S. war ein voller Erfolg. Fünf Monate später erklärte sie mir, sie könne jetzt Rechnungen schreiben und fühle sich pudelwohl dabei.

b. Glaubenssätze ändern, Vorgehensweise

Wenn Sie in bezug auf Geld ähnliche Glaubenssätze haben, die ungewünschte Auswirkungen auf Ihr Verhalten beispielsweise in Gehaltsverhandlungen haben, dann können Sie eine solche Glaubenssatzarbeit machen.

Sie gehen dabei zunächst so vor, wie im ersten Kapitel dieses Abschnitts dargestellt wurde: Sie erarbeiten die Unterschiede zwischen den Submodalitäten Ihres Glaubenssatzes und denen Ihres Zweifelssatzes. Bei der Vorgehensweise „Glaubenssatz ändern" haben Sie es dabei mit einem Glaubenssatz nachteiliger Bedeutung zu tun, der zumeist auch mit negativen Gefühlen verbunden ist. Lassen Sie sich davon nicht irritieren, selbst wenn Sie den Eindruck haben, daß bestimmte Submodalitäten, wie zum Beispiel dunkel oder unscharf, mit der negativen Bedeutung dieses Glaubenssatzes zu tun haben. Nach meinen Erfahrungen ist das nicht der Fall. Wichtig ist lediglich, daß Sie zwei Unterschiede in den Submodalitäten finden, um eine Veränderungsarbeit vornehmen zu können. Ihre Informationssammlung notieren Sie sorgfältig. Die wichtigsten Unterschiede markieren Sie am besten, damit Sie sie bei der Veränderungsarbeit mit einem Blick wiederfinden können.

Nach dieser Informationssammlung haben Sie die Aufgabe, einen neuen Glaubenssatz zu konstruieren. Dieser wird zumeist einen gegenteiligen Inhalt aufweisen als Ihr alter Glaubenssatz, weil Sie sich die Frage vorlegen: „Was möchte ich statt dessen glauben? Welche Überzeugung würde mir mehr Freude oder Vorteile einbringen?" Diesen neuen Glaubenssatz unterziehen Sie einer sorgfältigen ökologischen Überprüfung, bevor Sie an die Veränderungsarbeit gehen.

Die Veränderungsarbeit bei dieser Arbeit mit Glaubenssätzen ist umfangreicher als das Selbstmanagement mit dem Glaubenssatz.

Sie besteht in zwei Prozessen. Im ersten Prozeß ziehen Sie Ihren alten Glaubenssatz in Zweifel, im zweiten Prozeß verwandeln Sie eine noch mit Zweifeln behaftete Aussage über sich in eine Überzeugung. Damit arbeiten Sie auf eine zweifache Weise auf dasselbe Ziel hin.

Den Veränderungsprozeß beginnen Sie damit, daß Sie den alten Glauben in Zweifel ziehen. Das bewirken Sie, indem Sie sich jetzt wieder den alten Glaubenssatz vorstellen, aber nicht in seiner alten Form, sondern mit den Submodalitäten des Zweifelssatzes. Danach bauen Sie den neuen Glaubenssatz auf. Dazu müssen Sie sich zuerst eine inhaltliche Vorstellung von dem neuen Glaubenssatz machen. In einem zweiten Schritt gleichen Sie diese bildliche Vorstellung in den Submodalitäten Ihrem alten Glaubenssatz an. Damit verwandeln Sie den neuen Glaubenssatz, der bislang noch bezweifelt wird, in eine echte Überzeugung.

Sie testen Ihre Arbeit, indem Sie überprüfen, wie Sie jetzt über diese neue Überzeugung denken.

c. Glaubenssätze ändern, die Schritte im einzelnen

A. Informationssammlung

1a. Negativen Glaubenssatz formulieren

Schreiben Sie einen Glaubenssatz auf, den Sie verändern möchten.

1b. Negativen Glaubenssatz vorstellen

Stellen Sie sich ein Bild oder eine Szene vor, die Ihrem Glaubenssatz entspricht. Oder vergegenwärtigen Sie sich eine Situation, in der Ihnen klar ist, daß Ihr Glaubenssatz gilt. Schauen Sie sich diese innere Vorstellung aufmerksam an.

1c. Submodalitäten feststellen

• Sind Sie assoziiert oder dissoziiert (im Bild oder Zuschauerperspektive)?

- Wie weit ist das Zentrum des Blicks von Ihnen entfernt?
- In welcher Position Ihres inneren Blickfelds befindet sich das Zentrum Ihres Blicks?
- Ist es farbig oder schwarz-weiß?
- Ist es bewegt (Film) oder unbewegt (Foto)?
- Ist es hell oder dunkel?
- Ist es scharf oder unscharf?
- Schreiben Sie die festgestellten Submodalitäten auf!

2a. Zweifelssatz formulieren

Denken Sie nun an etwas, über das Sie Zweifel hegen. Etwas, von dem Sie nicht genau wissen, ob Sie es tun oder lassen sollen, ob Sie es haben wollen oder nicht, ob es eintrifft oder nicht, etwas, von dem Sie sich unsicher sind, ob es stimmt oder ob es nicht stimmt. Sie wissen es einfach nicht.

2b. Zweifelssatz vorstellen

Stellen Sie sich jetzt ein Bild oder eine Szene vor, die diesem Zweifelssatz entspricht. Oder vergegenwärtigen Sie sich eine Situation, in der Ihnen klar ist, daß Sie diesen Zweifel hegen. Schauen Sie sich diese innere Vorstellung aufmerksam an.

2c. Submodalitäten feststellen

- Sind Sie assoziiert oder dissoziiert (im Bild oder Zuschauerperspektive)?
- Wie weit ist das Zentrum des Blicks von Ihnen entfernt?
- In welcher Position Ihres inneren Blickfelds befindet sich das Zentrum Ihres Blicks?
- Ist es farbig oder schwarz-weiß?
- Ist es bewegt (Film) oder unbewegt (Foto)?
- Ist es hell oder dunkel?
- Ist es scharf oder unscharf?
- Schreiben Sie die festgestellten Submodalitäten auf!

3. Unterschiede in den Submodalitäten

Stellen Sie jetzt bitte die Unterschiede fest zwischen den beiden inneren Vorstellungen, die für Sie Glauben bzw. Zweifel darstellen. Dabei können Sie, wenn nötig, auch noch andere Submodalitäten durchprüfen. Verwenden Sie dafür die im Anhang aufgenommene Liste der visuellen Submodalitäten.

Halten Sie die Unterschiede schriftlich fest.

4. Testen

Schauen Sie sich bitte, wenn möglich, die beiden Vorstellungen nebeneinander an und stellen Sie fest, welche Unterschiede für Sie die wichtigsten sind. Für den Veränderungsprozeß brauchen Sie mindestens zwei. Falls Sie nur einen Unterschied feststellen konnten, überprüfen Sie jetzt mal, woran Sie merken, daß die zweite Vorstellung eine Situation darstellt, in der Sie Zweifel hegen.

Schreiben Sie das Ergebnis auf.

5a. Neuen Glauben oder neue Überzeugung formulieren

Was würden Sie gerne statt des alten Glaubenssatzes glauben? Welcher Gedanke würde Ihnen mehr Freude bereiten oder Vorteile einbringen?
1. Der Satz muß mit ICH anfangen!
2. Der Satz muß positiv formuliert sein!
   (Statt „Ich will lernen, mich nicht zu ärgern": „Ich will lernen, gelassen zu sein.")
3. Der Satz muß als Prozeß formuliert sein, nicht als Endziel!
   (Statt „Ich bin charmant": „Ich kann lernen, charmant zu sein.")

5b. Ökocheck des neuen Glaubens

Stellen Sie sich vor, Sie denken diesen Gedanken, und er ist schon fest in Ihnen verankert:
- Was würde sich ändern?
- Wie würden Sie reagieren, wie würden Sie sich verhalten?
- Welche Probleme könnten sich ergeben? Für Sie oder für andere, mit denen Sie leben und arbeiten?

Wenn Probleme auftauchen:
- Wie könnten die Probleme umgangen werden?
- Wie könnte der Satz verändert werden, damit keine Probleme auftauchen?

B. Glaubens-Veränderungs-Prozeß

6. Alten Glauben in Zweifel ziehen

Stellen Sie sich jetzt bitte wieder Ihren alten Glaubenssatz vor, aber nicht in seiner alten Form, sondern mit den Submodalitäten Ihres Zweifelssatzes!

7. Neuen Glaubenssatz inhaltlich aufbauen

Stellen Sie sich jetzt ein Bild oder eine Szene vor, die Ihrem neuen Glaubenssatz entspricht, oder vergegenwärtigen Sie sich eine Situation, in der Ihr neuer Glaubenssatz gilt.

8. Zweifel in Glauben überführen

Verändern Sie jetzt das Bild von Ihrem neuen Glaubenssatz, indem Sie es in den Submodalitäten des alten Glaubenssatzes darstellen!

9. Testen

Überprüfen Sie, wie Sie jetzt über diese neue Überzeugung denken.

d. Phantasiereise durch eine Gehaltsverhandlung

Glaubenssatzarbeit mit NLP stellt eine Veränderungsarbeit auf einer höheren Ebene als der des Verhaltens dar. Sie setzt damit, wenn sie gelingt, immer Lernprozesse in Gang, die sich auf verschiedene Verhaltensweisen und Gefühlsreaktionen auswirken werden. Wenn Sie Schwierigkeiten haben, beispielsweise ein angemessenes

Entgelt für Ihre Leistungen zu verlangen, ist es daher immer sinnvoll, auch eine Glaubenssatzarbeit zu machen. Sie können sich aber auch mit NLP-Lernstrategien ganz gezielt auf eine bevorstehende Gehaltsverhandlung vorbereiten. Sie können eine Phantasiereise machen.

Bevor Sie die nachfolgende Phantasiereise durch eine Gehaltsverhandlung unternehmen, ist es sinnvoll, sich erst einmal geistig darauf vorzubereiten. Zunächst ist es wichtig, objektive Anhaltspunkte dafür zu finden, was Ihre Leistung wert ist. Finden Sie heraus, wieviel in Ihrer Firma oder, wenn das schwierig ist, anderswo für vergleichbare Positionen bezahlt wird. Bilden Sie sich ein klares Bewußtsein darüber, welche Fähigkeiten und Stärken Sie in Ihre berufliche Tätigkeit mit einbringen. Zu diesen Fähigkeiten und Stärken gehören nicht nur Ihre Kenntnisse und Ihre fachliche Qualifikation, sondern auch solche Potentiale wie Leistungsbereitschaft, Initiative, Engagement, Ausdauer, Zuverlässigkeit und Teamgeist. Überlegen Sie dann, was Sie in letzter Zeit geleistet haben, um Gründe für die Angemessenheit Ihrer Forderung angeben zu können. Zu solchen Gründen könnte ein größerer Arbeitsanfall zählen, für den Sie Überstunden gemacht haben, vielleicht neue Aufgaben, die Sie bewältigt, zusätzliche Arbeitsgebiete, die Sie übernommen, Verbesserungsvorschläge, die Sie zum Nutzen des Unternehmens gemacht haben, oder andere Leistungen, für die Sie gelobt wurden.

Es ist wichtig, daß Sie sich ein klares Bewußtsein Ihrer Fähigkeiten und Leistungen und von ihrem Wert bilden, weil Sie darüber in einer Gehaltsverhandlung offen und selbstbewußt sprechen müssen. Lassen Sie Ihren Vorgesetzten nicht in Unkenntnis über Ihr Engagement, Ihre Problemlösungen, Ihren Umgang mit schwierigen Situationen, Lob von Kunden und andere für das Unternehmen wichtige Leistungen Ihrerseits. Weisen Sie darauf hin, daß Sie Weiterbildungsmöglichkeiten wahrnehmen und sich für anspruchsvollere Aufgaben interessieren.

Vielleicht ist es auch für Sie sinnvoll, sich schriftlich auf ein solches Gespräch vorzubereiten. Formulieren Sie dabei Ihre Argumente für eine höhere Bezahlung. Halten Sie insbesondere solche Leistungen fest, von denen Ihr Vorgesetzter besonderen Nutzen hatte, wie z.B. Entlastung oder Beiträge zum Erfolg. Wenn Sie solche

Argumente schon einmal in Worte gefaßt haben, müssen Sie die Formulierungen nicht im Gespräch selbst erstmals konstruieren. Das entlastet Sie. Stellen Sie sich vor allen Dingen auf Gegenargumente ein. Überlegen Sie, wie Ihr Vorgesetzter reagieren wird, und formulieren Sie entkräftende Gegenargumente. Barbara Schlüter-Kiske hat in ihrem Buch „Rhetorik für Frauen" häufig vorgebrachte Einwände und Beispiele für Reaktionsmöglichkeiten zusammengetragen.[2]

Überlegen Sie sich auch Rückzugsstrategien für den Fall, daß Sie nicht sogleich Ihr Ziel voll erreichen. Sie können dann auch Erhöhungen in kurzen Abständen anstreben oder für einen Zeitpunkt, an dem Sie haben beweisen können, daß Ihre Leistungen zur Forderung einer Gehaltserhöhung berechtigen. Häufig kann Ihr Vorgesetzter diese Angelegenheit nicht gleich entscheiden. In dem Fall vergessen Sie nicht, einen Termin für ein weiteres Gespräch zu vereinbaren.

e. Phantasiereise durch eine Gehaltsverhandlung, die Schritte im einzelnen

Wenn Sie diese Vorarbeiten geleistet haben, können Sie sich auf eine Phantasiereise machen, auf der sie den Verlauf einer Gehaltsverhandlung in Ihrer Vorstellung vorwegnehmen. Dabei gehen Sie in mehreren Schritten vor:

1. Zielbestimmung

Machen Sie sich zunächst klar, was Sie in der erwarteten Situation erreichen wollen. Was soll dieses Gespräch bringen, wieviel Geld wollen Sie fordern?

2. Ökologie-Check

Bevor Sie in den konkreten Ablauf Ihrer Gehaltsverhandlung einsteigen, überprüfen Sie, ob Ihre Zielvorstellung ohne Schwierigkeiten in Ihren sozialen Zusammenhang hineinpaßt oder ob es irgendwelche Einwände dagegen gibt. Am besten stellen Sie sich vor, Sie hätten Ihr Ziel erreicht, und prüfen dann, ob sich daraus Probleme ergeben könnten, die Sie nicht wollen. Das könnten Probleme in der Partnerschaft, im Kollegenkreis oder in anderen Lebensbereichen sein. Lassen Sie sich Zeit, Ihr Ziel eingehend zu überprüfen. Falls Sie solche Probleme entdecken, dann berücksichtigen Sie diese Probleme, indem Sie Ihre Zielvorstellung so lange verändern, bis sich dagegen keine Einwände mehr ergeben. Eine weitere Möglichkeit, mit auftauchenden Problemen umzugehen, besteht darin, sich vorzustellen, was Sie tun könnten, um ihnen vorzubeugen oder mit ihnen umzugehen.

3. Analyse der erwarteten Situation als Film

Wenn Sie sicher sind, daß Ihre Zielerreichung keine Probleme nach sich ziehen wird, beginnen Sie mit der Vorwegnahme Ihrer erwarteten Gehaltsverhandlung in Ihrer Phantasie. Sehen Sie sich den Verlauf dieser Verhandlung wie einen Film an: Sie sitzen im Zuschauerraum eines Kinos und sehen sich selber auf der Leinwand in das Büro Ihres Vorgesetzten eintreten, mit dem Sie gleich das Gespräch führen werden. Sie sehen und hören sich Ihren Vorgesetzten begrüßen, sie sehen sich Platz nehmen und hören sich die ersten Worte sprechen. Lassen Sie auf der Leinwand jetzt die Verhandlung beginnen, sich selber Ihre Forderung vortragen und Ihren Vorgesetzten antworten. Achten Sie aufmerksam auf den Verlauf des Gesprächs. Hören Sie sich Ihre Begründungen an und hören Sie die Reaktion Ihres Vorgesetzten. Überprüfen Sie, an welchen Stellen des Gesprächs Sie zu Ihrer Zufriedenheit vorgehen und reagieren. Achten Sie jedoch ganz aufmerksam darauf, an welchen Punkten es für Sie schwierig wird, wo Sie Zeichen von Unsicherheit bemerken, stockende Rede oder Signale unguter Gefühle. An solchen Punkten sollten Sie auch überprüfen, ob sie die Vorstellung, im Zuschauerraum zu sitzen, aufrechterhalten können. Sobald Sie merken, daß Sie die Situation wie eine Beteiligte erleben, sollten Sie stoppen, um erneut die Zuschauerperspektive aufzubauen.

4. Schwierige Punkte notieren

Merken Sie sich ganz besonders die schwierigen Punkte im Gespräch. Diese Punkte sollten Sie nach Ablauf des Films notieren. Denn an diesen Punkten müssen Sie noch arbeiten, bevor Sie einen Gesprächsverlauf entwickeln können, der Sie völlig zufriedenstellt.

5. Suche nach Wegen (Ressourcen) zum Ziel

Wenn Sie die problematischen Augenblicke des Gesprächs festgehalten haben, überlegen Sie sich, was Sie tun könnten, um diese Situationen zu bewältigen. Nehmen Sie sich die einzelnen Punkte nacheinander vor und überlegen Sie bei jedem einzelnen, was Sie tun könnten, welche Fähigkeit, Eigenschaft oder Erfahrung Sie nutzen könnten, um die schwierige Situation zu Ihrer Zufriedenheit zu bewältigen. Beginnen Sie beim ersten Punkt. Stellen Sie sich vor, welches Verhalten Ihrerseits Sie sich an diesem Punkt wünschen, und überlegen Sie, welche Fähigkeit, Eigenschaft oder Erfahrung Sie nutzen könnten, um dieses Verhalten zeigen zu können.

6. Mobilisierung der Ressourcen

Überprüfen Sie Ihre Lebenserfahrung und vergegenwärtigen Sie sich, wann und wo in Ihrem Leben Sie eine solche Fähigkeit oder Eigenschaft schon mal gezeigt oder wann und wo Sie eine solche Erfahrung schon mal gemacht haben. Vergegenwärtigen Sie sich diese Situation in Ihrem Leben ganz genau. Erinnern Sie sich: Was haben Sie damals gesehen, gehört und gefühlt. Vielleicht gab es auch einen ganz typischen Geruch oder Geschmack in dieser Situation.

7. Ressourcentest

Wenn Sie sich diese „Ressource" genannte Fähigkeit, Eigenschaft oder Erfahrung vollständig vergegenwärtigt haben, dann gehen Sie damit zurück an den entsprechenden Punkt Ihres Films, vergewissern sich, daß Sie in diesem Film über diese Ressource verfügen, und lassen die Situation noch einmal ablaufen und überprüfen dabei, ob Ihr Verhalten im Film sich spontan so entwickelt, wie Sie es sich wünschen. Stellen Sie sicher, daß Sie auf die Reaktionen Ihres Gesprächspartners achten und Ihr eigenes Wohlbefinden im Auge behalten. Arbeiten Sie mit Hilfe Ihrer mobilisierten Ressource die Szene so lange um, bis Sie völlig zufrieden sind. Wenn Sie mehrere problematische Situationen in Ihrem Film entdeckt haben, dann bearbeiten Sie diese auf die gleiche Weise. Stellen Sie sich vor, welches Verhalten Sie sich in den entsprechenden Situationen wünschen, finden Sie heraus, welche Ressource Ihnen helfen könnte, dieses Verhalten zu zeigen, mobilisieren Sie diese Ressource und überprüfen Sie, ob sie in dem Film zu dem von Ihnen gewünschten Verhalten führt. Verändern Sie auf diese Weise alle problematischen Szenen in Ihrem Film so lange, bis Sie mit dem Ergebnis völlig zufrieden sind.

8. Vorstellung der gesamten Situation im Erleben

Erst wenn Sie diese Zufriedenheit für den gesamten Ablauf des Films hergestellt haben, machen Sie sich eine Vorstellung von dem Gespräch, in der Sie diese Verhandlung als Person erleben, die Situation nicht mehr als Zuschauerin wahrnehmen, sondern in sie hineingehen, in ihr agieren, sie mit Ihren eigenen Augen sehen, mit Ihren eigenen Ohren hören und auch die jeweiligen Gefühle haben. Vergessen Sie aber nicht, mit Ihren erarbeiteten Ressourcen in die Situation hineinzugehen und bei allen schwierigen Punkten, die sie erwarten, das gewünschte Verhalten zu zeigen, das Sie zu Ihrem Ziel führt. Wenn Sie jetzt noch bemerken, daß etwas noch nicht so läuft, wie Sie sich das wünschen, dann haben Sie nochmals Gelegenheit, Veränderungen vorzunehmen. Wenn sich das in der Erlebensphantasie als schwierig herausstellen sollte, dann können Sie nochmals zu dem Film zurückgehen und diesen entsprechend verändern, bevor Sie die gesamte Situation mit vollständiger Zufriedenheit im Erleben durchgehen können. Häufig gelingt eine solche Vorbereitung auf ein zukünftiges Gespräch in einem Durchgang. Manchmal müssen Sie länger üben, bevor Sie sich in der Vorstellung eine erfolgreiche Erfahrung geschaffen haben, die Sie auch in der Wirklichkeit zum Erfolg führt.

Eine solche Phantasiereise eignet sich nicht nur für die Vorbereitung auf eine Gehaltsverhandlung. Sie können sie immer dann machen, wenn Sie ein wichtiges Gespräch, eine schwierige Diskussion, eine entscheidende Verhandlung oder irgendeine Auseinandersetzung mit Menschen vor sich haben, in der geschicktes Vorgehen und flexibles Reagieren angezeigt ist, kurz, eine Situation, in der Sie viele Ihrer Ressourcen verfügbar haben müssen, um erfolgreich zu sein. Diese Lernstrategie ist auch keine Erfindung von Psychologen, sie stellt lediglich eine nach NLP-Prinzipien systematisch aufgebaute Variante einer Vorgehensweise dar, mit der erfolgreiche Menschen sich spontan auf schwierige Situationen vorbereiten. Sie können sie immer nutzen zur Vorbereitung auf für Sie komplizierte Situationen.

Zum Abschluß vielleicht noch eine zusätzliche Anmerkung zur Vorbereitung auf eine Gehaltsverhandlung. Es ist wichtig, daß Sie einen strategisch günstigen Zeitpunkt wählen. Das kann ein Zeitpunkt sein nach einer Phase, in der Sie besondere Leistungen erbracht haben. Auf jeden Fall sollten Sie einen Zeitpunkt wählen, der vor dem Zeitpunkt liegt, zu dem der Personaletat festgelegt wird oder Tarifverhandlungen laufen. Sie sollten auch berücksichtigen, daß eine Periode voller Probleme und Hektik nicht so gut geeignet ist, ebenso wie eine Zeit, in der Ihr Vorgesetzter unter Druck steht und nicht gerade innerlich darauf eingestellt ist, noch ein Problem aufgehalst zu bekommen.

IX.
Konkurrenzgefühle überwinden

Beide Geschlechter sind zu kooperierendem und konkurrierendem Verhalten fähig, aber in unterschiedlichem Ausmaß. Ganz allgemein kann man sagen: Männer konkurrieren mehr, Frauen sind kooperativer.

Hätten Frauen die Wahl, würden sie lieber teilen als alles an sich reißen, lieber ausgleichen als auf Konfrontationskurs gehen. Sie begreifen sehr schnell, daß eine Möglichkeit, sich Vorteile zu verschaffen, darin besteht, daß man andere gewinnen läßt. Obwohl Frauen nicht konkurrenzunfähig sind, liegt ihre Stärke in der Mitarbeit und Zusammenarbeit. Diese von Kathryn Stechert zusammengefaßten Thesen[1] berücksichtigen meines Erachtens nicht alle Dimensionen des weiblichen Verhaltens im Zusammenhang von Konkurrenz und Kooperation. In Streßseminaren, in denen die Teilnehmer/innen ihre Reaktionen in angespannten Situationen des beruflichen Alltags untersuchen, konnte ich wiederholt interessante Ergebnisse feststellen. Bei diesen Untersuchungen wurden drei Dimensionen von Reaktionen erfragt, gefühlsmäßige, gedankliche und Verhaltensdimensionen. Dabei ergab sich nicht selten, daß Frauen in Konkurrenzzusammenhängen sehr wohl auf der Gefühls- und Gedankenebene reagieren, auf der Verhaltensebene aber nicht oder nicht in demselben Ausmaß.

Männer dagegen zeigen ein eindeutiges Konkurrenzverhalten. Sie konkurrieren ausgesprochen gern. Schon kleine Jungen konkurrieren ununterbrochen. Im Mittelpunkt ihrer Spiele steht der Wettstreit. Sie erleben Konkurrenz als Anreiz und Aufregung. Männer haben an einem guten Wettstreit nicht nur Spaß, sie brauchen Anreize, d.h. Situationen, in denen sie konkurrieren können, um etwas zu erreichen. Sind diese nicht vorhanden, verlieren Männer die Motivation. Das ist z.B. ein Grund, warum Jungen nicht mit Mädchen spielen wollen. Wenn Mädchen mitspielen, sinkt das Konkurrenzniveau, weil Gewinnen für Mädchen nicht so wichtig ist. Dagegen geht in Anwesenheit von anderen Männern in Männern etwas vor, was ihre Leistungen verbessert und ihr Bedürfnis, etwas zu erreichen, größer werden läßt.[2]

Im Berufsleben ergeben sich aus diesen Unterschieden erhebliche Mißverständnisse und Probleme: Bei den Männern herrscht im konkurrierenden Umgang mit Frauen Unsicherheit und Verwirrung. Männer wissen nicht so recht, wie sie in der Arbeitswelt mit Frauen konkurrieren sollen. Viele glauben sicher, mit Frauen nicht konkurrieren zu müssen, weil Frauen nicht in der gleichen Klasse spielen. Manche Männer haben auch Skrupel, mit Frauen zu konkurrieren. Sie glauben dabei, nicht so hart rangehen zu können, weil sie sonst brutal wirken könnten. Dieser „Gentleman-Faktor" dürfte aber in dem Maße zurückgehen, in dem Frauen als Konkurrenten für Männer gefährlicher werden. Für die meisten Männer jedoch bedeutet es einen schweren Schlag für das Selbstbewußtsein, von einer Frau übertroffen zu werden. Denn wie steht man da, wenn man von einer Frau überrundet wird, die als zweitrangig gilt.

Was die Probleme und Mißverständnisse auf Seiten der Frauen angeht, zählt Stechert folgende grundsätzliche Fehler auf: Frauen erkennen Männer nicht als ernsthafte Konkurrenten an, entweder weil sie die gesellschaftlich präformierte Überlegenheit der Männer akzeptieren oder weil sie in ihrem bisherigen Leben nur gegen andere Frauen ernsthaft konkurriert haben.[3] Ich gehe dabei davon aus, daß dieser Faktor an Bedeutung verlieren wird, je mehr Frauen das Berufsleben als den wesentlichen Bereich ihrer Selbstverwirklichung erkennen.

Schwerer scheinen jedoch die Faktoren zu wiegen, die Stechert als zweiten Fehler des weiblichen Kokurrenzverhaltens begreift, nämlich daß Frauen eigentlich nicht wissen, was Konkurrenz ist. Vor allem können Frauen nicht begreifen, daß es sich bei männlichem Konkurrenzverhalten um ein Spiel handelt, das Männer genießen, auch wenn sie sich dabei fast bösartig verhalten. Frauen nehmen die Dinge persönlich. Sie machen ihr Selbstwertgefühl von der Auseinandersetzung und vom Ausgang des Streits abhängig und erleben einen für sie negativen Ausgang als Niederlage und Bedrohung. Aus diesem Grunde entwickele sich, so Stechert, wenn Frauen konkurrierten, ein mörderischer Kampf. Sie leitet aus diesen Überlegungen eine Reihe von Maximen ab, die Fauen als Anleitung, in die Konkurrenz mit Männern einzusteigen, an die Hand gegeben wird.[4] Ich habe die Überlegungen von Stechert benutzt, um für Frauenseminare eine Liste von Aufforderungen aufzustellen, die allerdings mit einem Fragezeichen verbunden sind:

In die männliche Konkurrenz einsteigen?
10 Aufforderungen an die Frau zum Nachdenken

1. Sie sollten als Frau mit Männern konkurrieren, um ihnen zu vermitteln, daß Sie ein gewichtiger Gegner sind.
2. Sie sollten sich eine Form aneignen, in der Sie mit dem männlichen verbalen Imponiergehabe mithalten können. „Arbeiten Sie wie wild und preisen Sie sich an!"
3. Sie sollten sich auch im verbalen Schlagabtausch üben, um das Austeilen und Einstecken in den männlichen „Ich-bin-besser-als-du-Wortgefechten" zu lernen.
4. Sie sollten Witzeleien unter Konkurrenten auf keinen Fall als negative persönliche Botschaft auffassen.
5. Sie sollten sich vor allen Dingen davor hüten, Hiebe im verbalen Geplänkel als persönliche Beleidigung zu nehmen (selbst dann, wenn sie so gemeint waren).
6. Sich zurückziehen nach verbalen Angriffen ist das Schlimmste, was Sie machen können.
7. Lernen Sie ein paar gute Sprüche, mit denen Sie kontern können.
8. Auch wenn Sie keine humorvolle Antwort geben können, machen Sie sich keine Sorgen. Die meisten Männer schaffen das ebensowenig.
9. Wichtig ist, mitzuspielen, etwas einzuwerfen, damit der Ball weiterrollt.
10. Obwohl es für Frauen wichtig ist, in den Wettbewerb mit Männern einzusteigen, ist eine Außenseiterposition nicht immer von Nachteil.

Ich habe die Aufforderungen, in die männliche Konkurrenz einzusteigen, deshalb mit einem Fragezeichen versehen, weil meine Erfahrungen mit Konkurrenz und Kooperation mich zu ganz anderen Einschätzungen und Schlußfolgerungen geführt haben. Nach meinen

Erfahrungen konkurrieren Frauen nur in geringem Maße auf der Verhaltensebene. Und fast alle Frauen bewerten diese Tatsache gemäß dem weiblichen Wertsystem positiv. Kooperation ist nicht nur moralisch höherwertig, sondern bringt letztlich mehr, nicht nur für die Gemeinschaft, sondern auch für die betreffende Frau selbst. Eine zweite wesentliche Erfahrung besteht darin, daß Frauen weniger mit anderen, sondern mehr mit sich selber konkurrieren. Frauen verstehen Konkurrenz häufig als einen Wettstreit mit sich selbst um gute und bessere Leistung. Auch Stechert weist auf dieses Phänomen hin. Für sie ist das jedoch ein Fehler, denn in der Männergesellschaft heiße Konkurrenz: sich gegen einen anderen zu behaupten, einen anderen ausstechen, kämpfen und manchmal sogar feindlich kämpfen.[5] Ich halte dieses weibliche Charakteristikum nicht für einen Fehler, sondern eher für einen Vorzug: Gerade die Psychologie des Sports, also einer eher männlichen Domäne, hat herausgefunden, daß der Schlüssel zum Erfolg nicht in der Konkurrenz liegt. Nicht das Vorhaben, den anderen zu übertreffen, führt zu Spitzenleistungen, sondern das Bestreben, sich selbst ständig zu übertreffen: „Diejenigen, die konsequent sich selbst übertreffen, werden letzten Endes ihre Konkurrenten schlagen."[6]

Folgende Maximen für ein erfolgreiches Training stellt die Sportpsychologie auf:

1. Sich selbst motivieren!
Unabhängig sein von Konkurrenten und der psychischen Unterstützung des Trainers oder der sozialen Anerkennung in Form von Beifall oder materieller Belohnung.

2. Positiv motivieren!
Versagensängste, Furcht vor Mißerfolg, Rückschlägen, Kränkungen oder Verletzungen stellen negative Motivatoren dar und führen letztlich nicht zum Erfolg.

3. Angemessen motivieren!
Überhöhte Erwartungen und Zielsetzungen setzen uns unter hohen Leistungsdruck und programmieren eher den Mißerfolg als den Erfolg.

4. Stabil motivieren!

Eine Einstellung zum Erfolg, die ständigen Schwankungen unterworfen ist, führt letztlich nicht zum Ziel.

5. Lustvoll motivieren!

Es gibt keinen Leidensweg zum Erfolg. Wenn die einzelnen Schritte und Wegstrecken nicht auch Spaß machen, ist der Erfolg in Frage gestellt.

Diese Maximen der Sportpsychologie sind sinnvolle Helfer bei einem konsequenten Erfolgsmanagement im beruflichen Bereich. Und sie kommen den Einstellungen von Frauen weit entgegen. Wenn Frauen sich an ihre Aufgaben binden und, um sie immer besser zu erfüllen, sich selber ständig zu übertreffen suchen, sind sie auf einem günstigeren Erfolgskurs als Männer. Auch ihre Neigung zu angemessenem Verhalten, d. h. daß sie nicht gleich nach den Sternen greifen, ihr Durchhaltevermögen, das sie vor den Männern auszeichnet, und die Bindung ihrer Energie an die Sache sind gute Voraussetzungen für Spitzenleistungen. Auch wenn in unserer Gesellschaft immer noch die Tendenz vorherrscht, Frauen gegenüber ein patriarchalisches Gesicht aufzusetzen, wird sie sich letztlich als Leistungsgesellschaft durchsetzen, und dabei könnten manche Formen von Konkurrenz auf der Strecke bleiben. In die männliche Konkurrenz einzusteigen kann deshalb von Fall zu Fall günstig sein. Grundsätzlich führt sie nicht zu überlegenen Ergebnissen. Und: Sie macht den meisten Frauen keinen Spaß.

Was gibt es also für Frauen im Zusammenhang von Konkurrenz und Kooperation zu lernen, wenn Frauen sowieso Kooperation vorziehen und sich im Zusammenhang von „mehr, schneller, höher, weiter und besser" nicht so sehr an möglichen Konkurrenten, sondern lieber an in sich selbst sinnvollen Zielen oder an der Weiterentwicklung ihrer persönlichen Fähigkeiten orientieren? Es gibt in der Tat etwas Lohnenswertes zu lernen. Wenn Frauen im Bereich von Konkurrenzverhalten abstinent bleiben, dann bedeutet das nicht, daß Frauen sich selber, ihre Eigenschaften, Fähigkeiten und Leistungen nicht an anderen messen. Was den Vergleich mit anderen angeht, verhalten Frauen sich wie Männer. Wenn sie bemerken, daß andere sie übertreffen, löst das durchaus negative Gefühle und

Gedanken aus. Was sie unterscheidet, ist die Tatsache, daß sie aus dem Vergleich mit anderen, die sie in irgend etwas übertreffen, zumeist keine Motivation zu einem Wettstreit ziehen. Und wenn sie das nicht tun, sondern ihr Streben nach Selbstentwicklung, der Erweiterung ihrer Fähigkeiten, der Verbesserung ihrer Leistungen in anderen Antrieben gründen, dann stellen sie ganz häufig fest, daß das Sich-miteinander-Vergleichen, das unsere Leistungsgesellschaft ihren Mitgliedern aufzwingt, zu nichts Besserem führt als lediglich zu unangenehmen Gefühlen und feindseligen Gedanken. Aber Konkurrenzgefühle und Konkurrenzgedanken ärgern einfach viele Frauen, einmal, weil sie ihren sozialen Bedürfnissen entgegenstehen, und zum anderen, weil sie weder Vorteile einbringen noch Spaß machen.

a. Frau O.: „Es gibt ja immer jemanden, der über einem steht ..."

Wenn ich in NLP-Seminaren das Thema Konkurrenz anspreche und Teilnehmerinnen frage, ob es auf diesem Gebiet für sie etwas zu lernen gibt, bekomme ich typischerweise außer Schulterzucken und Kopfschütteln keine Reaktion. Wenn ich dann danach frage, wer unangenehme Gefühle und ärgerliche Gedanken kennt, die beim Vergleich mit anderen in einem auftauchen, aber keine irgendwie als positiv zu bezeichnenden Folgen nach sich ziehen, melden sich viele Teilnehmerinnen. Frau O. war eine von ihnen, mit der ich im Anschluß an ein Seminar ein Gespräch führte, um ihre internen Vergleiche mit anderen auf Nützlichkeit zu überprüfen und im Anschluß daran eventuelle Veränderungen zu erarbeiten.

Frau O. hatte gleich zu Beginn des Gesprächs zwei unterschiedliche Situationen im Kopf. Die eine bezog sich auf, wie sie sagte, „reine Äußerlichkeiten": „Wenn ich jemanden sehe, der offensichtlich besser gekleidet ist als ich, dann denke ich sofort, daß das, was ich anhabe, nicht so gut ist. Bei näherem Nachdenken würde es jedoch vielleicht darauf hinauslaufen, daß mir das, was der andere anhat, gar nicht stehen und auch vom Typ her gar nicht zu mir passen würde. Ich lasse mich da von äußeren Erscheinungen blenden, anstatt mir rational zu überlegen, ob das auch etwas für mich wäre. Und dann ist das auch gleich mit einem negativen Gefühl belastet. Ich möchte lernen, so etwas leichter zu nehmen. Oder wenn jemand prahlerisch von seinem Urlaub erzählt, geht mir sofort durch den Kopf, daß ich im Augenblick eben nicht groß in Urlaub fahre. Und ich sage mir, eigentlich wäre es schöner, ich könnte in Urlaub fahren, obwohl eine rationale Gesamtbewertung meiner Situation ergibt, daß das im Augenblick gar nicht sinnvoll für mich ist und daß ein großer Urlaub mir im Augenblick auch gar nicht viel bringt, weil ich mir statt dessen viele andere Dinge angeschafft habe, die der andere eben nicht hat. Mit anderen Worten, der andere hat zwar einen tollen Urlaub gemacht, aber er kann zum Beispiel nicht in einem schönen Haus leben oder eben auch nicht mit einem so tollen Auto fahren wie ich, und er hat nicht so einen tollen Beruf wie ich."

Ich versuchte mich zu vergewissern, ob ich richtig verstanden hatte: „Also in dem Moment, wo da jemand begeistert über seinen Urlaub erzählt, sind Ihnen diese Argumente nicht präsent."

Frau O.: „Genau, dann lasse ich mich gefühlsmäßig überfahren. Ich lasse mich zu sehr beeindrucken, und das gefällt mir einfach nicht. Das hängt jetzt meines Erachtens auch mit einem dritten Punkt zusammen: Beruflich habe ich schon relativ viel erreicht und auch relativ viel gemacht, was auch mit vielen Prüfungen verbunden war. Und komischerweise war es immer so, wenn ich gerade eine Stufe erreicht hatte und wieder einiges hinter mir hatte, daß ich dann zwar im ersten Augenblick ein großes Gefühl von Freude hatte. Aber dann war es sofort so: Es gibt ja immer jemanden, der über einem steht. Ich ärgere mich dann. Ich ärgere mich sofort über den Nächsthöheren, der mir über den Weg läuft oder der mir aufgrund seiner Position zu verstehen gibt, daß er eben noch mehr Macht hat. Obwohl das ganz unnötig ist, kann ich durch diese Tatsache den Erfolg, den ich gerade hatte, nicht richtig genießen. Das bedeutet jetzt nicht, daß ich das bisher Erreichte als mein Endziel ansehe, aber ich möchte auch gerne so eine gewisse Gelassenheit gewinnen, damit ich das genießen kann. Ich weiß nicht so recht, aber ich sehe zwischen allen drei Verhaltensweisen einen Zusammenhang, dieses Nicht-genießen-können dessen, was ich habe, ob das nun ein Kleidungsstück ist oder die Tatsache, daß ich dieses Jahr in ein Haus investiert habe, oder die Tatsache, daß ich im Augenblick eben beruflich diese Position habe und keine andere. Sofort dieses Greifen nach dem Nächsthöheren, damit werte ich das, was ich im Augenblick habe, zu sehr ab. Das ist der Punkt."

Frau O. hatte deutlich gemacht, was sie überwinden wollte. Für mich war jedoch zunächst wichtig, herauszufinden, ob es einen Nachteil für sie bedeuten würde, wenn sie diese Orientierung an dem Nächstbesseren, was es in dem jeweiligen Lebensbereich zu erringen galt, veränderte. Frau O. war sich darüber klar, daß die Veränderung nicht so weit gehen dürfte, daß der innere Antrieb, weiterzukommen, blockiert werden würde. Ihr Vergleich mit anderen hatte durchaus die Funktion einer Orientierung. Allerdings war sie der Meinung, daß diese Orientierung an dem, was andere sind, tun und erreicht haben, bei ihr keine Unzufriedenheit auslösen sollte. Diese Unzufriedenheit wollte sie loswerden. Ich fragte sie jedoch weiter, ob ihr mit der Unzufriedenheit nicht auch noch etwas anderes, Positives, verloren gehen würde.

Diese Frage wurde jedoch nicht bestätigt. Für Frau O. war es klar, daß sie sich weiterentwickeln wollte, sowohl persönlich als auch beruflich. Der Vergleich mit anderen löste nur Unzufriedenheit aus. Sie wertete das, was sie war, tat und erreichte, ab oder verweigerte dem, was sie gemacht hatte, die Anerkennung. Dieses interne Vergleichen wirkte sich für sie nur negativ aus. Vor allem löste es in ihr in vielerlei Hinsicht eine zu große Unruhe aus.

Um sicher zu sein, daß ihr mit dem Gefühl der Unruhe nicht vielleicht doch die Motivation zum Vorankommen verlorenging, überprüfte ich nochmals, welche zusätzlichen Wege sie hatte, um ihr Vorwärtskommen sicherzustellen. Frau O. erklärte mir daraufhin sehr entschieden, daß sie sich völlig unabhängig von aktuellen Vergleichen mit anderen eine Reihe von Zielen gesetzt hatte, die sie bisher angesteuert hatte und die sie auch weiterverfolgen würde. Sie wußte, daß die Zielerreichung zuweilen mit einer gewissen Wartezeit verbunden war, die sie besser ohne große Unruhe und persönlichen Druck verbringen würde. Sie wußte genau, was sie im Leben erreichen wollte, und sie wußte auch, auf welche Art und Weise sie sich persönlich und beruflich weiterentwickeln wollte, und auch, was sie äußerlich aus sich machen wollte. Ich blieb jedoch immer noch hartnäckig und wollte genau wissen, wie sie das ohne Vergleiche mit anderen anstellte.

Bei der Antwort auf diese Fragen wurde ihr deutlich, daß sich Ziele zu setzen und sie anzustreben ganz ohne Vergleiche nicht gehen würde. Aber sie wollte einen anderen Ablauf dieses Vergleichs. Auf das Wahrnehmen dessen, was andere waren, hatten und taten, wollte sie nicht sofort mit Ärger reagieren, sondern mit einer rationalen Überprüfung, ob das Wahrgenommene auch etwas Erstrebenswertes für sie sei. Das sei der wesentliche Punkt: eine andere Strategie. Wenn Sie etwas sah, was für sie gut aussah, wollte sie sich fragen, ob das etwas ist, was sie erreichen wollte, und wie sie dahin kommen würde.

Sie hatte also bereits für sich eine sinnvolle Strategie ersonnen. Für uns kam es jetzt zunächst darauf an, herauszufinden, welche Strategie sie nach einem Vergleich mit anderen zu negativen Gefühlen führte. Wir überprüften, wie sie das machte, nach einer bestandenen Prüfung zu einem Gefühl von Ärger statt Freude zu kommen. Nach ihrem Bericht geschah das praktisch sofort.

Frau O.: „Als ich nach meiner Rückkehr von diesem Studium merkte, daß ich mindestens noch ein halbes Jahr warten mußte, bis ich nun endlich die nächste Position, diese Stellvertreterposition, erreichen würde, dann ging das schon los. Dann habe ich bei allen Abteilungsleitern, die mir über den Weg liefen, gedacht: Meine Güte, die haben alle diese Prüfung nicht gemacht, und die sind das alle schon, und ich muß noch so lange warten. Oder jetzt auf der nächsten Stufe, wo man schon eine ziemlich lange Zeit Stellvertreter ist: daß ein Weiterkommen einfach davon abhängig ist, daß da nun endlich mal ein Abteilungsleiter geht, und nicht davon, daß man alle Voraussetzungen für die Position erfüllt, das ist einfach ärgerlich. Und wenn das dann so ist, daß einer, der das schon erreicht hat, sich in dieser Position so gegen alle Regeln der Menschenführung und des Verstandes, also gegen alle Normen, aufführt, dann sagt man sich: Ja du meine Güte, der kann sich das leisten und ich nicht."

Frau O. lachte beim Aufzählen dieser Beispiele. Es war aber wichtig, jetzt an einem Beispiel genau herauszufinden, wie das bei ihr ablief, welche Strategie sie durchlief, um bei dem schlechten Gefühl zu landen, das sie in Zukunft nicht mehr haben wollte. Wir nahmen uns für die Untersuchung das zweite Beispiel vor.

Die folgende Analyse verlief sehr kompliziert. Die Aufgabe besteht nämlich darin, herauszufinden, welche sinnesspezifischen

Schritte die Strategie enthält und welche formalen Merkmale (Submodalitäten) die einzelnen Schritte aufweisen. Ich stellte also immer Fragen nach den formalen Elementen der Strategie, bekam aber immer erst mal inhaltliche Angaben. Menschen sind nicht gewohnt, ihre internen Vorgänge formal zu betrachten. Ihnen kommt es immer auf die Inhalte an. Insofern ist der folgende Dialog sehr mühselig, aber für ein NLP-Beratungsgespräch dieser Form typisch. Ich fragte Frau O. zunächst: „Wie kommen Sie zu dem schlechten Gefühl?"

Frau O.: „Das schlechte Gefühl besteht da drin, daß ich erkenne, daß die Stelle in diesem Haus noch nicht zu haben ist, und daß ich unruhig werde und unzufrieden, weil eben noch eine gewisse Wartezeit besteht." Diese Antwort enthielt für mich keine Information über die Strategie. Also fragte ich weiter: „Wo ist dabei der Vergleich mit anderen?"

Frau O.: „Es ärgert mich einfach, wenn ich sehe, wie Abteilungsleiter ihre Funktion ausüben, daß die da im Trockenen sitzen und ich da hin will. Das löst in mir Unzufriedenheit aus, weil ich mir sage, du meine Güte, wie lange dauert es denn noch." Mit diesen Worten hatte Frau O. drei Elemente ihrer Strategie preisgegeben. Sie sah etwas, was einen Vergleich enthielt, und sagte sich dann etwas, was das negative Gefühl auslöste. Diese Information kommentierte ich mit den Worten: „Ach so, Sie sehen da Abteilungsleiter, wie die ihre Funktion ausfüllen ..."

Frau O.: „Ja, so nach dem Motto, mehr schlecht als recht, und was die sich für Fehler erlauben können! Und ich selber bin immer noch von einem glücklichen Umstand abhängig, bis ich es endlich habe. Das löst eben in mir diese Unzufriedenheit aus."

Ich stellte weitere Fragen, um mich zu vergewissern, ob ich die Strategie erkannt hatte: „OK, was geschieht da bei Ihnen intern? Wenn Sie die Aussage machen: ‚Wenn ich den Abteilungsleiter so sehe, wie der so seine Funktion ausfüllt, mehr schlecht als recht', da haben Sie ein Bild vor Augen?"

Frau O. bestätigte und lachte. Ich fragte weiter nach dem Aussehen des Bildes und erhielt die Information, daß sie den Abteilungsleiter sah, wie der dort relativ locker und ruhig stand und sich bewegte. Sich selber sah sie daneben stehen, sich abrackern und anstrengen, um immer wieder zu beweisen, daß sie die Fähigkeiten zu dieser Position hatte. Auf meine weitere Nachfrage wurde ihr jedoch klar, daß der Kontrast in dem Vergleich zwischen dem Abteilungsleiter und ihr nicht bildlich, sondern anders zum Ausdruck kam. Sie selber sah sich auch locker und ruhig dastehen. Aber sie sagte sich beim Anblick der beiden Personen intern, daß sie sich immer wieder anstrengen mußte und abends ziemlich erledigt war, während der andere relativ ruhig und gelassen und locker nach Hause gehen konnte.

Diese Strategie gab es in unzähligen Varianten, sie sah sich und irgendwelche Abteilungsleiter in den unterschiedlichsten Situationen und versah diese Bilder oder Filme mit Kommentaren, in denen die Nachteile zum Ausdruck kamen, die mit ihrer untergeordneten Position verbunden waren. Diese Kommentare ließen die Freude über das, was sie erreicht hatte, gar nicht aufkommen, sondern lösten Neid oder andere unangenehme Gefühle aus.

Nachdem wir herausgefunden hatten, wie Frau O. in Situationen des Vergleichs mit anderen zu negativen Gefühlen kam, versuchten wir herauszufinden, ob sie über die für solche Situationen gewünschte Strategie bereits in irgendwelchen Lebensbereichen verfügte. Ich fragte sie also, ob es für sie Menschen gäbe, deren Verhalten sie wahrnehme, ohne mit Neid zu reagieren. Sie fragte dabei zunächst mal, ob ich Höher- oder Niedrigerrangige meine. Wenn jemand eine Position unter der ihrigen einnehme, habe sie das Problem nämlich nicht. Das entstünde eher dann, wenn jemand über ihr stünde, aber dicht dran sei. Auf meine Frage nach ihrer Reaktion auf Personen in den höheren Rängen antwortete sie, da störe sie das auch nicht. Damit hatten wir ein mögliches Beispiel für eine günstige Strategie. Ich fragte sie also nach ihren internen Prozessen, die sie durchläuft, wenn sie jemanden wahrnimmt, der ganz weit oben steht und auch Fehler macht.

Sie hatte in der Tat Beispiele für eine solche Erfahrung. Und es stellte sich heraus, daß sie sich von diesem Menschen auch einen Film machte, in dem sie auch zu sehen war. Sie sah auch die Fehler, die dieser Mensch machte. Der Unterschied kam erst im nächsten Schritt der Strategie zum Vorschein: Sie kommentierte das, was sie sah, mit ganz anderen Worten: „Dann sage ich mir, na klar, der macht auch Fehler. Ich muß nur aufpassen, daß er die Fehler nicht in bezug auf die Sachen macht, die mich betreffen. Ich muß aufpassen, daß er meine Sachen in meinem Sinne entscheidet, daß er nach Möglichkeit das so entscheidet, daß ich mit der Linie dann auch einverstanden bin."

Weitere Vergleiche der beiden Strategien ergaben, daß sich die jeweils ersten Schritte, nämlich die Bilder, die sie sich machte, auch formal nicht unterschieden. Es waren Filme, in denen sie jeweils den anderen und sich selber sah. Auch sonst gab es keine Unterschiede in den Submodalitäten, weder in der Größe noch in der Helligkeit, der Farbe oder der Schärfe.

Frau O.: „Der Unterschied besteht nur darin, daß der andere jeweils jemand anderes ist: Ich bin gleich, nur mein Gegenüber ist immer ein anderer. Das ist der einzige Unterschied."

Der Unterschied der Strategien war offensichtlich wesentlich darin begründet, was Frau O. sich in den jeweiligen Zusammenhängen sagte, der Kommentar, den sie abgab. Ich stellte also erneut Fragen, um mögliche weitere Unterschiede zu finden, die über den inhaltlichen Aspekt hinausgingen: „Also, Sie machen da unterschiedliche Kommentare. Wie hört sich denn der erste Kommentar an? Zum Beispiel: ‚Meine Güte, der hat es heute aber wieder gut gehabt, und ich mußte mich abrackern!'?"

Dieser Kommentar hörte sich nach Frau O's Auskunft ziemlich biestig an, besaß aber auch einen resignierenden Unterton. Sie sagte sich das relativ schnell und mit einer ziemlich hohen Stimme.

Als ich sie bat, das mit dem anderen Kommentar zu vergleichen, in dem sie sagte: Na klar, der macht auch Fehler, ich muß bloß aufpassen, daß mich das nicht betrifft, klang das ganz gelassen, ruhig und hörte sich eher sachlich und mehr erklärend an. Sie sprach dabei etwas langsamer und auch etwas tiefer.

Nach diesen Informationen starteten wir einen Versuch, die zweite Strategie auf die erste Situation zu übertragen. Frau O. fand diese Prozedur belustigend. Sie lachte. Ich gab ihr dann folgende Anweisungen: „Gehen Sie jetzt bitte in die allererste Situation hinein. Sie kamen da gerade von einer Prüfung zurück, die Sie bestanden hatten, eigentlich mit einem guten Gefühl. Und jetzt sehen Sie da, wie der Abteilungsleiter, also dieser besondere Abteilungsleiter, den Sie sich da ausgesucht haben, wieder seine Funktionen mehr schlecht als recht ausfüllt, und Sie sehen sich daneben stehen. Und jetzt verändert sich etwas: jetzt sagen Sie nämlich etwas anderes, sowohl inhaltlich als auch mit einer anderen Stimme. Nämlich Sie sagen: ‚Na klar, der macht ja auch Fehler, und ich muß bloß aufpassen, daß mich das nicht betrifft.' Und Sie sagen das mit einer ganz normalen gelassenen und ruhigen Stimme, die neutral sachlich und mehr erklärend klingt. Sie sagen das ein bißchen langsamer und etwas tiefer. Kommen Sie damit zu einem anderen Gefühl?"

Frau O. bestätigte: „Ja, ich bleibe ruhiger in der Situation. Ich denke auch mehr an das Menschliche und auch an das sachlich zu Erreichende. Ich denke eher in den Fakten, und welches das nächste überzeugende Argument ist. Das negative Gefühl ist weg, ich denke deshalb freier, weil ich mich einfach nicht ärgern muß."

Die Strategie war also übertragbar, und ich probierte aus, ob sie sich auch in der Vorstellung einer zukünftigen Situation bewähren würde. Ich bat Frau O., sich vorzustellen, daß es wieder einen Tag geben würde, an dem ihr Abteilungsleiter sich wieder so schön sicher, gelassen und locker bewegen würde, und sie würde die ganze Arbeit tun, sich mit den Mitarbeitern herumärgern und anderes, und sie würde merken, daß das ganz schön anstrengend wäre. „So, jetzt lassen Sie das Geschehen in dieser Situation sich einfach mal spontan entwickeln ..."

Auch diese Überbrückung in die Zukunft funktionierte. Ich war trotzdem noch nicht zufrieden. Sie hatte jetzt die Möglichkeit, eine andere Strategie, über die sie in anderen Zusammenhängen bereits verfügte, in eine solche Situation zu übertragen, so daß sie zu einem anderen Gefühl kam. Ich bat sie trotzdem, noch einmal darüber nachzudenken, ob ihr noch etwas anderes einfiele, was sie machen könnte, um in einer solchen Situation zu ihrem gewünschten Gefühl zu kommen, nämlich innerlich gelassen zu bleiben, sachlich zu reagieren und auch menschlich damit umgehen zu können.

Ihr fiel daraufhin ein, daß sie merken könnte, wann die alte Strategie einsetzte. Und daß sie sich dann sagen könnte, daß sie das nicht wollte: „Also, wenn ich das nächste Mal merke, daß dieses Gefühl in mir hochkocht, daß ich unzufrieden werde, daß ich bei diesem Gefühl merke, ich bin auf dem Holzwege und mache nicht das, was ich mir wünsche. Also, wenn ich dieses ungute Gefühl wahrnehme und an meiner Stimme erkenne, daß ich höher spreche und etwas schneller, wenn dann also dieses Gefühl in mir hochkocht oder anfängt, langsam hochzukriechen, daß ich dann erkennen könnte, das will ich eigentlich nicht. Und dann könnte ich das mit Bewußtsein anders machen."

Ich bat sie, in ihrer Vorstellung auszuprobieren, ob das funktionieren würde: „OK, gehen Sie hinein in die Situation: Ihrem Vorgesetzten geht es wieder gut, und Sie müssen sich abrackern, und jetzt stellt sich das negative Gefühl ein. Und während Sie das merken, sagen Sie sich, halt, das will ich eigentlich nicht, ich will das ganz anders kommentieren, und jetzt sagen Sie sich, was sie sich sagen können, um zu einem anderen Gefühl zukommen. Stellt sich das andere Gefühl ein?"

Frau O.: „Ja, ich bleibe ruhiger."

Diese Vorgehensweise funktionierte offensichtlich auch. Frau O. hatte jetzt zwei Vorgehensweisen, in den besagten Situationen zu ihrem gewünschten Gefühl zu kommen. Weitere Versuche, noch eine dritte Möglichkeit zu finden, schlugen fehl. Blieb noch zu überprüfen, ob diese Strategie sich auch in den anderen Konkurrenzsituationen bewähren würde. Ich bat Frau O., jetzt eine Situation auszuwählen, in der sie wahrnahm, daß eine andere Person, wahrscheinlich eine Frau, besonders gut gekleidet war. Zunächst wandte sie ein, das könne ruhig auch ein Mann sein, der in einem tollen Anzug rumlaufe. Dann forderte ich sie auf, sich diesen Mann vorzustellen, der so gut angezogen war, und sich daneben zu sehen, das aber nicht mit dem üblichen Kommentar zu versehen, der sie selber mit dem anderen verglich, sondern einen anderen Kommentar zu erfinden, der mehr rational und erklärend ausfiel und sie auf etwas hinwies, was für sie wichtig sei, also so etwas wie: Ich muß darauf achten, daß ich auch so gut aussehe, wie ich es mir wünsche. „Kommen Sie damit zu einem anderen Gefühl?"

Sie bestätigte, lachte und meinte, das könne sie gut ab. Danach probierten wir dasselbe auch noch mit dem Urlaub aus. Ich bat sie, sich wieder jemanden vorzustellen, der ihr von einem tollen Urlaub erzählt, und dann die innere Strategie, die danach in ihr ablief, zu überprüfen. Spontan fiel ihr ein, daß sie auch bereits viele schöne Urlaube erlebt hatte, nur zu einem anderen Zeitpunkt. Sie nahm wahr, daß sich daraufhin ihr gewünschtes Gefühl einstellte. Damit war ich zufrieden.

b. Arbeiten mit Strategien, Vorgehensweise

Wenn Sie wie Frau O. zu den Frauen gehören, die beim Vergleich der eigenen Person, Ihrer Fähigkeiten, Ihrer Leistungen oder Ihres Aussehens mit anderen zu Gefühlen oder Gedanken kommen, die Sie lieber nicht hätten, dann können Sie versuchen, solche Reaktionen zu verändern. Beim Arbeiten mit Strategien besteht der erste Schritt darin, daß Sie sehr genau herausfinden, was passiert, wenn Sie sich mit anderen vergleichen.

Bevor Sie überhaupt die Veränderung einer Strategie ins Auge fassen, sollten Sie sorgfältig überprüfen, ob diese Strategie eine positive Funktion für Sie hat. Wenn das der Fall ist, finden Sie heraus, welche Funktion das ist, und stellen Sie sicher, ob Sie über Verhaltensweisen und Vorgehensweisen verfügen, die diese positive Funktion auf anderen Wegen sicherstellen. Stellen Sie sich zu diesem Zweck vor, Sie verfügten nicht mehr über die Strategie, und finden Sie heraus, ob sich daraus Nachteile für Sie ergeben könnten. Verändern Sie niemals eine Strategie, wenn Sie für deren positive Funktion nicht andere Wege zur Verfügung haben.

Machen Sie sich danach an die Analyse Ihrer Problemstrategie. Finden Sie heraus, aus welchen einzelnen Schritten Ihre Problemstrategie besteht. Welche sinnesspezifische Abfolge durchlaufen Sie? Was tun Sie, kurz bevor sich das negative Gefühl einstellt? Was tun Sie davor?

Finden Sie auch die Submodalitäten der einzelnen Schritte heraus. Wenn Sie bildliche Vorstellungen durchlaufen, betrachten Sie diese Bilder aufmerksam. Wenn zu Ihrer Strategie auch auditive Komponenten gehören machen Sie sich bewußt, was Sie hören und wie sich das anhört. Wenn nötig, nehmen Sie dazu die Liste der Submodalitäten im Anhang zu Hilfe (Seite 368f).

Wenn Sie Ihre Problemstrategie „ausgepackt" haben, machen Sie sich auf die Suche nach einer günstigeren Strategie. Erinnern Sie sich zu diesem Zweck an eine Situation, in der Sie sich auch mit einer anderen Person verglichen haben, aber im Unterschied zur Problemsituation zu einem günstigeren Gefühl gekommen sind. Finden Sie heraus, wie Sie das gemacht haben.

Wenn Sie eine günstigere Strategie gefunden haben, analysieren Sie sie mit denselben Fragen, mit denen Sie bereits die Problemstrategie untersucht haben. Finden Sie heraus, aus welchen einzelnen Schritten Ihre günstigere Strategie besteht, welche sinnesspezifische Abfolge Sie darin durchlaufen. Was tun Sie, kurz bevor sich das günstigere Gefühl einstellt? Was tun Sie davor? Finden Sie auch die Submodalitäten der einzelnen Schritte heraus. Wenn nötig, nehmen Sie dabei wieder die Liste der Submodalitäten im Anhang zu Hilfe.

Nach dieser Untersuchung werden Sie die wesentlichen Unterschiede zwischen der Problemstrategie und der günstigeren Strategie herausgefunden haben. Stellen Sie fest, ob es die Abfolge der Schritte oder Submodalitäten in den einzelnen Schritten sind, die bewirken, daß Sie zu unterschiedlichen Gefühlen gelangen.

Wenn Sie sich bisher noch keine Rechenschaft über mögliche Konsequenzen einer Veränderungsarbeit an Ihrer Strategie abgelegt haben, dann tun Sie das jetzt. Stellen Sie sicher, daß Sie keine Nachteile haben werden, wenn Sie in der Problemsituation in Zukunft eine andere Strategie durchlaufen. Wenden Sie jetzt Ihre günstigere Strategie auf Ihre Problemsituation an und stellen Sie fest, ob Sie spontan zu dem günstigeren Gefühl kommen.

Wenn es Ihnen gelungen ist, mit der günstigeren Strategie zu einem positiven Gefühl zu kommen, stellen Sie diesen Erfolg auch für die Zukunft sicher. Antizipieren Sie eine zukünftige Situation ähnlich der Problemsituation. Gehen Sie in Ihrer Vorstellung in diese Situation hinein und stellen Sie fest, wie sich Ihr Verhalten entwickelt.

c. Arbeiten mit Strategien, die Schritte im einzelnen

1. Problemverhalten genau bestimmen

Finden Sie heraus, was passiert, wenn Sie sich mit anderen vergleichen.

2. Ökocheck

Überprüfen Sie, ob sich mit der Veränderung des Problemverhaltens Nachteile ergeben. Stellen Sie sicher, daß Sie eine positive Funktion Ihres Problemverhaltens auf anderen Wegen garantieren können.

3a. Problemstrategie auspacken

Finden Sie heraus, aus welchen einzelnen Schritten Ihre Problemstrategie besteht. Welche sinnesspezifische Abfolge durchlaufen
Sie? Was tun Sie, kurz bevor sich das negative Gefühl einstellt? Was
tun Sie davor?

3b. Submodalitäten der Schritte

Finden Sie auch die Submodalitäten der einzelnen Schritte heraus.
Wenn nötig, nehmen Sie dazu die Liste der Submodalitäten im
Anhang zu Hilfe (Seite 368f).

4. Günstigere Strategie finden

Erinnern Sie sich an eine Situation, in der Sie sich mit jemand
anderem verglichen haben, aber zu einem günstigeren Gefühl gekommen sind. Wie haben Sie das gemacht?

5a. Günstigere Strategie auspacken

Finden Sie heraus, aus welchen einzelnen Schritten Ihre günstigere
Strategie besteht. Welche sinnesspezifische Abfolge durchlaufen Sie
darin? Was tun Sie, bevor sich das günstigere Gefühl einstellt? Was
tun Sie davor?

5b. Submodalitäten der Schritte

Finden Sie auch die Submodalitäten der einzelnen Schritte heraus.
Wenn nötig, nehmen Sie dabei die Liste der Submodalitäten im
Anhang zu Hilfe.

6. Unterschiede in den Strategien und den Submodalitäten der Schritte überprüfen

Finden Sie die wesentlichen Unterschiede zwischen der Problemstrategie und der günstigeren Strategie heraus. Stellen Sie fest, ob
es die Abfolge der Schritte oder Submodalitäten in den einzelnen

Schritten sind, die bewirken, daß Sie zu unterschiedlichen Gefühlen gelangen.

7. Günstigere Strategie auf Problemsituation anwenden

Wenden Sie jetzt Ihre günstigere Strategie auf Ihre Problemsituation an und stellen Sie fest, ob Sie spontan zu dem günstigeren Gefühl kommen.

8. Überbrücken in die Zukunft (Future Pacing)

Wählen Sie eine zukünftige Situation ähnlich der Problemsituation. Gehen Sie in Ihrer Vorstellung in diese Situation hinein und stellen fest, wie sich ihr Verhalten entwickelt.

Ein ähnliches Beratungsgespräch wie mit Frau O. führte ich auch mit Anke L. durch. Sie war Studentin, die in einem NLP-Seminar, das ich an einer Universität durchführte, bemerkt hatte, daß sie beim Vergleich mit anderen Menschen eine ungünstige Strategie durchlief. Im folgenden finden Sie ein Typoskript, das mit der Analyse der ungünstigen Vergleichsstrategie beginnt.

d. Anke L.: „Ich fühle mich ihm gegenüber immer sehr klein!"

Als ich Anke nach einem Beispiel für diese ungünstige Strategie fragte, berichtete sie folgendes: „Bei uns im Büro, da gab es so einen Typ, der hatte meiner Meinung nach alle positiven Eigenschaften, also zumindest auf den Job bezogen. Er war sehr klug, sah gut aus, konnte gut reden, alle fanden ihn toll. Und er hat sich auch ziemlich zur Schau gestellt. Ich fühle mich ihm gegenüber immer sehr klein. Und dann hatte ich immer das Gefühl, wenn er nun gerade mal wieder gezeigt hatte, wie klug er ist und so, daß ich dann irgendwie daran klopfen mußte, daß ich ihm zeigen mußte: Ach, so toll bist Du doch gar nicht."

Ich fragte nach, ob sie denn in dem Augenblick, wenn sie da an ihm klopfte, selber auch davon überzeugt war, daß der nicht so toll war, oder ob das einfach eine spontane Reaktion gewesen sei.

Anke war in diesem Augenblick in der Tat nicht überzeugt von seiner Überlegenheit. Wenn sie davon überzeugt gewesen wäre, dann, so sagte sie, hätte es ihr ja nichts ausgemacht, dann hätte sie da nicht klopfen müssen.

Ich versuchte auch in diesem Gespräch wieder, die Schritte der Strategie und deren Submodalitäten herauszufinden, und stellte entsprechende Fragen: „OK, wenn dieser Mensch sich darstellt mit seinen Fähigkeiten und zeigt, wie klug er ist, was passiert dann bei Dir intern? Was machst Du mit der Information, die von ihm kommt? Du machst Dir davon doch eine Vorstellung. Das geht ja nicht nur ins Ohr hinein, sondern im Gehirn werden dazu ja auch Bilder erzeugt."

Anke machte sich in der Tat schöne Bilder, wie sie sagte. Um Genaueres herauszufinden bat ich sie, nochmal an so eine Situation zu denken, in der der betreffende „Typ" sich wieder so toll dargestellt hatte, und herauszufinden, was sie intern machte auf die Information hin, die von ihm herüberkam, vor allem, was für Bilder sie sich da gemacht hatte.

Anke erzählte: „Ja, er hat über sein Leben berichtet, und ich habe mir das vorgestellt. Ich habe also ein Bild gesehen, in dem er in diesem Leben zu sehen ist."

Ich bat um weitere Informationen: „Kannst Du Dir dieses Vorstellungsbild mal genau angucken? Ist das ganz normal, so, wie Du Dir sonst auch Vorstellungen machst, wenn Dir jemand etwas erzählt, oder zeichnet gerade diese Vorstellungsbilder irgend etwas aus?"

Anke fand ihre Vorstellungsbilder zum Leben dieses Kollegen zunächst ganz normal. Erst meine Nachfrage, was dann die Bewunderung auslöse, brachte sie darauf, daß sie sich von ihm Bilder wie in einem schönen Film machte. Das war ein Film, mit dem man sich nach ihren Worten gern identifizierte. Sie dachte dann: „Au ja, wenn ich mir das so vorstelle, wie er in dieser Situation ist, so möchte ich auch gerne sein."

Weitere Nachfragen, was denn an diesem Film so schön war, ob es vielleicht an seinen Farben oder seiner Helligkeit liegen könnte, wurden verneint. Eher zeichnete sich der Film dadurch aus, daß

Anke ihre Vorstellungen von seiner Selbstdarstellung in eine besonders schöne Umgebung projizierte: „Wenn er sich darstellt mit einer Sache, die er macht, dann denke ich gleich, daß muß eine schöne Umgebung sein, obwohl das totaler Quatsch ist."

Das schien in der Tat das Element zu sein, was Bewunderung auslöste. Anke machte sich aus der Selbstdarstellung ihres Kollegen ein richtiges Kinoerlebnis, in dem sie ihn in Übergröße auf der Leinwand anschaute: „Wenn er z.B. beschreibt, wie er arbeitet, dann sehe ich ihn in einem schönen Raum arbeiten. Ich sehe, daß da nette Menschen sind und solche Sachen." Daraufhin sagte sie sich, daß sie das auch möchte.

Aber offensichtlich war ihre Strategie damit nicht zu Ende. Es folgten weitere Schritte, in denen sie nach eigenen Worten „daran klopfen mußte". Ich fragte sie also, was das sei: „Hast Du ein Hämmerchen in der Hand und demontierst sein Bild?"

Sie bejahte diese Frage: „Er stellt sich ja so schön dar, mit so einer schönen Fassade, und ich versuche dann, diese Fassade ein bißchen einzuhämmern, da so ein bißchen dran zu bröckeln an seinem schönen Bild."

Ich wollte jetzt genau wissen, wie sie das Hämmern und Bröckeln repräsentierte. Das herauszufinden war in der Tat schwierig. Wichtig war wohl, daß es sich bei ihrer Demontage seiner Selbstdarstellung um ein zweites Bild handelte, aber sie konnte nicht erkennen, ob sie da wirklich ein Bild hatte, in dem sie mit einem Hämmerchen etwas zum Bröckeln brachte, oder wie sie sonst seine schöne Fassade ankratzte. Sie hatte zwar so etwas wie eine Idee, daß sich das in Bildern abspielte. Sie sprach auch weiterhin von diesem Schritt in einer bildhaften Sprache, in anderen Zusammenhängen beispielsweise, wie sie ihn vom Thron herunterzerrte. Aber sie konnte diese Bilder nicht genau beschreiben. Allerdings wurde deutlich, daß sie mehrere Möglichkeiten hatte, so eine Selbstdarstellung eines anderen zu relativieren.

Nach dieser Untersuchung fragte ich sie, ob sie noch andere Erfahrungen hatte in der Reaktion auf Leute, die sich selber hervorragend präsentierten. Sie lachte, weil sie sich spontan an ein Beispiel erinnerte, das offensichtlich noch gar nicht lange her war: „Das war erst vor ein paar Tagen, als ich jemanden traf, der sich auch sehr positiv dargestellt hat, sich selbst sozusagen in den höchsten Tönen gelobt hat." Sie lachte: „Und da habe ich nur gedacht: Weshalb macht der das? Was will der damit?" Sie lachte wieder.

Ich wollte es aber wieder genauer wissen: „Aha, während der das sagt, was passiert dann intern, wie repräsentierst Du das intern? Du machst Dir doch sicher auch eine bildliche Vorstellung von dem, was der sagt, aber offensichtlich machst Du Dir keinen riesigen Film, den Du Dir dann anguckst."

Einen schönen Film machte Anke sich in der Tat nicht: „Nein, ich bin draußen und betrachte das von draußen und frage mich, was macht der denn da?"

Da ich bei Ankes Suche nach Antworten auf meine Fragen ihre Augen beobachtete, bemerkte ich, daß sie dabei nach unten schaute. Das Bild, das sie sich von dem zweiten „Selbstdarsteller" machte, war offensichtlich in ihrem internen Gesichtsfeld unten, und zwar rechts unten positioniert. Und es war auch viel kleiner, wie sie auf meine Nachfrage bestätigte, und die Farben waren eher dunkel. Weitere Nachforschungen ergaben auch, daß diese visuellen Repräsentationen vage waren, eher dunkel und ganz schwach: „Also, ich könnte überhaupt nicht den Raum beschreiben, wo das war. Bei dem andern könnte ich den Raum beschreiben. Ich habe nur eine ganz vage Vorstellung davon."

Nach diesen vagen Bildern, die Anke sich von den sich selbst lobenden Worten ihres Gesprächspartners machte, kam auch ein interner Kommentar. Sie sagte sich allerdings nicht, das möchte ich auch, sondern sie stellte eine kritische Frage: „Warum macht der das? Warum stellt der sich so toll dar?"

Sie wunderte sich jetzt darüber, daß sie beim zweiten Gesprächspartner so ganz anders reagierte. An dem, was der erzählt hatte, konnte das nicht gelegen haben. Das fand sie eigentlich genauso bewundernswert wie das, was die andere Person erzählt hatte. Aber offensichtlich hatte sie das ganz anders verarbeitet. Aber sie fand auch eine Erklärung dafür: Den zweiten „Typen" fand sie halt nicht so toll, der hätte sonstwas machen können, den hätte sie nicht bewundert.

Ankes Strategien unterschieden sich also erheblich. Offensichtlich gab es Menschen, die sie beneidete, und dieses Neidgefühl produzierte sie dadurch, indem sie das, was solche Menschen ihr sagten, sehr schön ausstattete und sich davon schöne Filme machte, wobei die Figuren direkt vor ihr waren, in Überlebensgröße und oben. Daraufhin bekam sie das Gefühl von Bewunderung und sagte sich, das möchte ich auch. Danach machte sie sich dann ein zweites Bild, in dem sie an der schönen Fassade desjenigen klopfte oder ihn vom Thron herunterholte. Mit bestimmten anderen Menschen machte sie das nicht. Bei denen machte sie sich zwar auch eine visuelle Vorstellung von dem, was sie sagten, aber diese Bilder blieben vage und waren viel schwächer ausgeprägt, darüber hinaus kleiner und unten rechts positioniert.

Nachdem wir diese Unterschiede in den Strategien herausgefunden hatten, fragte ich Anke, ob es jemanden gäbe, den sie nicht mehr bewundern oder beneiden wollte. Daraufhin kam sie auf die erste Person zurück. Sie käme zwar jetzt während ihres Studiums nicht mehr häufig mit ihm zusammen, aber es wäre ihr lieb, wenn sich das Verhältnis zu ihm änderte und sie somit nicht mehr genötigt sei, an ihm herumzukratzen. Sie war der Meinung, er sei es eigentlich nicht wert, daß sie ihn beneidete. Er bluffe im Grunde. Wenn sie rational darüber nachdenke, dann finde sie gar nicht bewundernswert, was er so mache.

Daraufhin bat ich sie, einfach einmal die zweite Strategie mit ihm auszuprobieren: „Vergegenwärtige Dir die Geschichte, die er Dir erzählt hat, aber jetzt repräsentiere sie nur ganz vage und ganz schwach und tu das Bild nach rechts unten, hier auf diese Seite, und mache es vor allen Dingen klein und eher dunkel. Und jetzt etabliere eine innere Stimme, die fragt, warum stellt der sich so toll dar?"

Anke war über die Erfolg dieser Vorstellung so begeistert, daß sie lauthals lachte. Daraufhin probierten wir aus, ob das auch in Zukunft so ablaufen würde. Ich bat sie, sich vorzustellen, daß sie ihn irgendwann in Zukunft wieder treffen würde und er durchaus wieder von Erfolgen zu berichten wüßte: „Und jetzt sei ganz aufmerksam und stelle fest, was Du daraufhin tust, was bei Dir intern passiert. Laß das jetzt ganz spontan ablaufen, wie es eben läuft."

Anke wurde klar, daß sie sich jetzt auch fragen würde, warum der das machte. Sie begann sich inzwischen zu wundern, daß sie das vorher noch nicht gemacht hatte. Die Erklärung dafür war aber ganz einfach. Sie verfügte über beide Strategien. Aber offensichtlich hatte sie diese nach unbewußten Kriterien bestimmten Menschen zugeordnet. Mit der Untersuchung, die wir zusammen durchgeführt hatten, erreichte sie einen höheren Grad von Freiheit. Sie konnte wählen zwischen den Strategien, ihre Bewunderung zu reservieren für Menschen, die diese nach rationaler Prüfung auch wert waren, und Skepsis zu bewahren gegenüber Menschen, bei denen dieses Gefühl auch angebracht war.

Als wir an diesem Punkt angelangt waren, stellten wir das Tonband ab und plauderten miteinander. Unser Gespräch kam aber an einer bestimmten Stelle wieder zum Thema zurück, und ein weiteres Ziel wurde für Anke sichtbar. Sie stellte nämlich die Überlegung an, daß sie die beiden Strategien nicht unbedingt verschiedenen Personen zuordnen wollte, die erste denen, von denen sie lernen wollte, und die zweite denen, von denen sie sich nicht bluffen lassen wollte. Sie stellte sich vor, daß es durchaus Menschen geben könnte, die verschiedene Eigenschaften und Fähigkeiten besaßen, von denen sie sich bestimmte Dinge abgucken, andere aber ignorieren wollte. Ich fragte sie daraufhin: „Woran könntest Du feststellen, ob Du Dich begeistern lassen möchtest oder ob Du Dich nicht bluffen lassen willst? Hast Du Möglichkeiten, zu erkennen, ob Du die Fähigkeiten, von denen die Rede ist, auch für Dich erreichen möchtest oder nicht?" Anke fiel daraufhin ein, daß sie sich das fragen könnte.

Ich ließ sie daraufhin diesen sogenannten Entscheidungspunkt ausprobieren. Sie vergegenwärtigte sich eine Erfahrung mit einem Menschen, der begeistert von einem Vortrag sprach, den er gehalten hatte. Sie fragte sich, ob sie das auch können wolle, kam zu einem positiven Entschluß und ließ Strategie 1 ablaufen. Das funktionierte. Danach ging sie in eine Erinnerung, in der jemand über Fähigkeiten sprach, die sie sich nicht aneignen wollte. Auch bei diesem Beispiel klappte es, nach der entscheidenden Frage die entsprechende Strategie ablaufen zu lassen.

X.
Karriere machen

Unterschiede zwischen Männern und Frauen machen sich ganz besonders darin geltend, was sie jeweils unter Karriere verstehen, welche Einstellung sie zu ihrem beruflichen Fortkommen entwickeln und wie sie diese Einstellung in Handeln umsetzen.

Männer wachsen mit dem Wissen heran, bis ans Ende ihres Lebens arbeiten zu müssen. Sie rechnen von Anfang an damit, daß sie arbeiten werden, um eine Familie, mindestens jedoch sich selbst zu ernähren. Männer entwickeln deshalb in ihrem beruflichen Vorankommen eine aktive Haltung. Karriere wird damit für Männer zu einer selbstverständlichen Norm. Ob Frauen berufstätig sein werden, ist immer noch eine Frage mit einer ungewissen Antwort. Vor zwanzig Jahren lautete diese Antwort noch eindeutig „Nein". Für Frauen kam es darauf an, einen „Ernährer" zu finden, nicht sich selber durch eigene Arbeit zu unterhalten. Inzwischen ist eine berufliche Ausbildung auch für die meisten Frauen selbstverständlich geworden. Immer noch offen jedoch ist die Frage, wie lange Frauen berufstätig sein werden. Ein paar Jahre? Bis zur Eheschließung? Bis zum ersten Kind? Und dann wieder nach der Familienpause? Eine berufliche Laufbahn im Sinne von Vorankommen und schrittweisem Erreichen immer höhrerer Positionen planen Frauen immer noch sehr selten. Wenn Frauen Karriere in diesem Sinne machen, dann kommt der Entschluß dazu zumeist relativ spät.

Aber nicht nur in den bewußten Vorstellungen von ihrem Leben, auch in den unbewußten Potentialen für berufliche Aktivität unterscheiden Frauen und Männer sich erheblich. Männer gewinnen durch größere Beachtung bereits in der Kindheit ein größeres Selbstvertrauen bei der Inangriffnahme und Bewältigung von Aufgaben. Männer sind der festen Meinung, sie könnten Strukturen und Prozesse, an denen sie beteiligt sind, bestimmen und beherrschen. Erfolgserfahrungen der Vergangenheit nutzen sie dabei als Indikator zukünftigen Erfolgs. Frauen fehlt ein solches Selbstvertrauen häufig. Sie reagieren übertrieben selbstkritisch und entwickeln eher Befürchtungen, neuen Aufgaben nicht gewachsen zu sein. Sie besitzen keinen festen Glauben an eigene Fähigkeiten, die den Erfolg ihrer Handlungen garantieren könnten. Auch die Erfahrung erfolgreichen Handelns führt Frauen nicht zu dem Glauben, in Zukunft ebenso gut oder besser zu sein.

Gestützt werden diese Selbstbilder durch unterschiedliche psychologische Mechanismen, die überwiegend bei Männern beziehungsweise bei Frauen zu finden sind. Während Mädchen und Frauen Erfahrungen wie zum Beispiel Versagungen, Benachteiligungen oder Abwertungen hinnehmen und den Schmerz darüber **verdrängen**, neigen Jungen und Männer dazu, Verluste zu **verleugnen** und Versagen zu **projizieren**. Damit verfügen Männer über Mechanismen, sich vor der Kenntnisnahme kritischer Rückmeldungen zu schützen. Wenn daher männliche Selbsteinschätzung unrealistisch ist, ist sie eher überhöht. Wenn weibliche Selbsteinschätzung unrealistisch ist, ist sie dagegen übertrieben kritisch.

Der wesentliche Punkt, in dem Frauen und Männer sich in bezug auf Karriere unterscheiden, besteht darin, was Karriere für sie jeweils darstellt. Männer sind aufstiegsorientiert. Sie stellen sich Karriere vor als eine Reihe aufeinander folgender beruflicher Positionen auf einem Weg, der nach oben führt, wobei oben die Spitze einer sozialen Hierarchie meint. Berufliche Arbeit wird damit für Männer häufig ein Mittel für diesen Zweck, nämlich die soziale Stufenleiter hochzuklettern. Frauen sind dagegen eher aufgabenorientiert. Wenn sie sich Karriere vorstellen, dann als eine Reihe immer anspruchsvollerer Aufgaben auf einem Weg individueller Weiterentwicklung. Karriere wird als persönliches Wachstum, Selbstverwirklichung oder ein Beitrag für andere verstanden. Berufliche Tätigkeit ist daher für Frauen zumeist Selbstzweck.

Diese unterschiedliche Orientierung führt auch zu einem unterschiedlichen Verhalten im beruflichen Zusammenhang. So wie sie die konkrete Arbeit, die mit einer beruflichen Position verbunden ist, zum Mittel für das berufliche Fortkommen machen, benutzen Männer auch die sozialen Beziehungen karrierebewußt. Männer orientieren sich in ihrem Verhalten an den Erwartungen ihrer sozialen Umgebung. Sie achten auf Hinweise und Signale ihrer Umwelt, um wichtige Informationen über die Voraussetzungen für Aufstieg und Erfolg zu bekommen und zu verwerten. Hennig und Jardim[1] beschreiben dieses Verhalten folgendermaßen: Wenn ein

Mann seine erste Arbeitsstelle antritt, ist es für ihn selbstverständlich, daß er weiterkommen wird, daß er keinesfalls den Rest seines Lebens hier verbringen wird. Während er in der Ausbildungszeit die verschiedenen Abteilungen des Unternehmens durchläuft, lernt er viele Leute kennen. Sein Verhalten ist durch folgende Maximen bestimmt: Lerne und komme voran. Handle so, daß die Leute eines sehen: Du hast das Zeug, voranzukommen. Versuche die Leute zu beeinflussen, die dir beim Vorankommen helfen können, gehe ihnen zur Hand, mache dich bei ihnen unentbehrlich. Versuche herauszufinden, was sie wollen. Auf wen solltest du deine Bemühungen konzentrieren? Finde es heraus und paß auf, daß du dir keinen Verlierer aussuchst. Haben berufliche Veränderungen vielleicht im Moment einen Vorteil? Solltest du zu einer anderen Firma gehen? Finde es heraus! Und welchen Weg du auch einschlägst, versuche dir einen Gewinner zu angeln, der dein Förderer und dein Schutzpatron werden kann, der dir hilft, der dir etwas beibringt und der sich für dich einsetzt. Wenn du richtig gewählt hast, wirst du mit ihm vorankommen. Wenn du dich geirrt hast, löse dich von ihm und suche dir einen anderen.

Frauen verhalten sich in der Mehrzahl ganz anders. Ihnen sind sowohl ihre Arbeit wie auch die sozialen Beziehungen, die sie dabei eingehen, Selbstzweck. Frauen orientieren sich in ihrem Verhalten an einem eigenen Wertsystem und einem persönlichen Selbstbild. Ihnen entgehen deshalb häufig die Signale, die auf die richtigen Formen und die richtigen Wege zum Erfolg hinweisen. Man kann dieses Verhalten folgendermaßen beschreiben: Wenn eine Frau beruflich tätig wird und am Arbeitsplatz allmählich festen Boden unter den Füßen gewinnt, beginnt sie zu erkennen, daß sie Fähigkeiten zum beruflichen Erfolg besitzt. Mit ihrer Tüchtigkeit wächst auch ihre Selbstsicherheit. Mit der Anerkennung ihrer Leistung beginnt sie auch ein Gefühl der Legitimation zu entwickeln, die Überzeugung, daß sie ein Recht hat, diese Arbeit zu tun. Bei dieser Entwicklung hat sie sich in den meisten Fällen keine langfristigen Karriereziele gesetzt. Sie konzentriert sich auf die gegenwärtige Arbeit, für die sie ihre Sachkenntnis erweitert und vertieft, und auf die gegenwärtigen sozialen Beziehungen.

Diese sozialen Beziehungen sind aber sehr häufig ein Grund dafür, daß sie Karriere überhaupt nicht in Erwägung zieht. Sie müßte dann ja den Kreis der Kolleginnen und Kollegen verlassen und wäre damit ausgeschlossen aus der Intimität der kleinen Gruppe. Und sie fürchtet die Probleme und Konflikte, die sich aus einer überlegenen Position ergeben könnten. Wenn ihr jedoch aufgrund ihrer Tüchtigkeit eine Vorgesetztenposition angeboten wird und sie sie akzeptiert, wird sie noch tüchtiger werden. Sie wird für alle Aufgaben, deren Erfüllung ihren Kriterien nicht entspricht, selber einspringen. Sie ist verantwortlich für alle ihre alten Aufgaben, für die Sorgen und Nöte ihrer Mitarbeiter/innen und für eine wichtige zusätzliche Arbeit: Sie muß ständig darauf achten, daß nichts Unvollkommenes ihre kleine Abteilung verläßt. Um das zu gewährleisten, zieht sie es häufig vor, die betreffende Sache selbst zu erledigen.

Sie ist eine hervorragende Gruppenleiterin geworden. Die Arbeit in ihrer kleinen Abteilung macht Spaß. Die Leistung liegt auf einem hohen Niveau. Wenn sie bestrebt ist, weiterzukommen, geht sie davon aus, daß ihre Tüchtigkeit ihren Vorgesetzten auffallen muß. Sie arbeitet hart und wartet darauf, gefördert zu werden. Aber es geschieht nichts. Ihr Chef ist sich vielleicht darüber im klaren, daß er sie wahrscheinlich durch zwei Leute ersetzen müßte, falls sie ginge, aber er hat kein Interesse daran, daß sie geht. Wenn sie merkt, daß sie nicht weiter gefördert wird, ist sie enttäuscht. Aber sie entwickelt keine Strategien, um aus der Sackgasse herauszukommen. Sie sucht sich keine neue Bezugsperson, die ihr Förderer werden könnte, und über den Kreis der unmittelbar Betroffenen hinaus ihre hervorragenden Leistungen zu zeigen ist ihr schon immer schwergefallen. Somit hindern ihre Werte, ihre Überzeugungen und ihr aktuelles Verhalten sie am Vorankommen in diesem System. Ihrem beruflichen Leben fehlt die langfristige Zielorientierung, die strategische Dimension, die Distanz zu ihren Aufgaben und ihren sozialen Bindungen und damit die Flexibilität. Ihre Konzentration auf die konkreten Aufgaben, ihre Freude an ihrer fachlichen Vervollkommnung, ihre Ausrichtung auf hervorragende Arbeitsleistung und ihre Bindung an die Menschen in ihrem Bereich hindern sie daran, ihre Aufmerksamkeit und ihr Interesse auf die Voraussetzungen sozialen Aufstiegs in Positionen zu verlagern, in denen informelle Beziehungen wichtig und konkrete Aufgaben beliebig werden, in denen Machtstrukturen durchschaut, langfristige Pläne entwickelt, die eigene Person zur Geltung gebracht und

Konkurrenzspiele gespielt werden müssen. Für Frauen ist der berufliche Aufstieg extrem schwer.

Um die Hürden, vor allem die inneren Hürden zu überwinden, die sich Frauen in den Weg stellen, der zu beruflichem Erfolg führt, wären unzählige mühevolle und zuweilen auch schmerzhafte Einzelschritte nötig, wollten sie dabei nach traditionellen Lernmethoden vorgehen. NLP hat dagegen eine ganz einfache Lernmethode parat, die weder viel Aufwand an Kraft und Zeit noch den Umgang mit schmerzhaften Gefühlen erfordert. Diese Lernmethode beruht auf der Erfahrung, daß erfolgreiche Menschen etwas ganz Spezifisches besitzen, was ihren Erfolg garantiert: eine gestaltfeste Vision.

Eine solche Vision kann man sich ganz leicht erarbeiten. Ausgangspunkt sind persönliche oder berufliche Ziele, die man bis zu einem bestimmten Zeitpunkt erreicht haben möchte. Diese Ziele werden überprüft, bevor sie in einem Bild oder Film vorgestellt, das heißt visualisiert werden. Danach wird diese Vorstellung mit den Merkmalen ausgestattet, die Glaubenssätze oder Überzeugungen der betreffenden Person kennzeichnen. Den Abschluß des Vorgehens bildet eine weitere visuelle Überprüfung, wann dieses Ziel erreicht sein wird.

a. Frau N.: „Ich bin bei einer internationalen Konferenz und referiere über ein Projekt, das wir hier bei uns verwirklicht haben."

Bevor Frau N. zu mir kam, hatte sie über ihre beruflichen Wünsche schon sehr eingehend nachgedacht. Dabei war ihr aufgefallen, daß sie nicht in der Lage war, konkret zu benennen, was sie inhaltlich machen wollte: „Ich kann nicht sagen, ich möchte dieses bestimmte Fach machen. Das hängt sicher mit der Ausbildung zusammen. Wenn man Juristin ist, kann man eine ganze Menge Sachen so mittelmäßig gut, nicht so besonders gut und die meisten Sachen auch nicht ganz schlecht. Man ist somit für vieles verfügbar. Das führt dazu, daß wir Juristen unterschiedliche Sachen machen, aber es hindert uns auch bis zu einem gewissen Grad daran, eine Spezialität zu entwickeln, weil die besonderen Qualitäten von Juristen, von denen ich glaube, daß ich sie auch habe, ein relativ breites Spektrum abdecken. Und da liegt im Grunde für mich im Augenblick auch das Problem, daß ich nämlich nicht genau weiß, wo es eigentlich hingeht, was ich machen will. Ich kann das unter qualitativen Gesichtspunkten schon beschreiben. Also ich könnte sagen, ich möchte, im Gegensatz zu dem, was ich im Moment mache, in Zukunft, und nicht erst in fünf Jahren, etwas haben, wo ich sage, das ist mein Gebiet. Das ist eine Aufgabe, die sich zwar in einem größeren Zusammenhang bewegt, aber für die ich stehe, mit anderen Leuten zusammen, aber nicht für andere."

„Das heißt, Sie wollen einen bestimmten Bereich, in dem Sie selbständig mit anderen, aber nicht für einen anderen arbeiten."

Frau N.: „Auf jeden Fall. Also, Sie wissen ja, daß ich die letzten Jahre die persönliche Referententätigkeit gemacht habe. Und da hat man ein hohes Maß an Selbständigkeit, Verantwortung und alles mögliche. Aber es ist immer auf eine bestimmte Person zugeschnitten. Und davon habe ich jetzt wirklich genug. Das möchte ich ändern. Also ich möchte für eine Sache ..."

„... als eigene Person für die Sache stehen."

Frau N.: „Ja, durchaus mit meinem Stab und mit meiner Abteilung. Ich habe da zwar keine klaren Vorstellungen, wie groß das eigentlich sein muß. Es muß aber jedenfalls klar sein, daß es, wenn ich mich denn da in einer Hierarchie bewegen muß, daß die einigermaßen ... es muß dann schon relativ weit oben sein. Also, es darf da nicht jeden Hinz und Kunz geben, der mir dann sagen kann, wie es jetzt richtig wäre."

„Also, Sie haben dann auch nicht mehr viele Leute über sich in der Hierarchie."

Frau N.: „Also das würde ich mir nicht so wünschen."

Ich versuchte, die bisherigen Angaben zusammenzufassen: „Also, Sie wollen im Grunde eine Position in der Hierarchie, wo man zwar noch in einem Kollegium zusammenwirkt, aber über Ihnen ist niemand, der Ihnen sagt, was Sie zu tun haben. Sie haben einen Aufgabenbereich, den Sie selbständig bearbeiten."

Frau N. korrigierte: „Also, niemand nicht. Das halte ich auch für unrealistisch. Aber ich bin da nicht irgendwo tief im Apparat eine kleine Schraube, sondern schon da, wo die Luft ein bißchen dünner wird und wo sich das klärt. Also, wenn man so eine kommunale

Hierarchie nimmt, dann könnte das eine Abteilung oder ein Amt sein, also auf dieser Ebene. Aber mit der Stelle XYZ in einem Amt wäre ich dann nicht mehr so ganz zufrieden. Auf diese Weise kann ich das beschreiben. Was ich aber überhaupt nicht sagen kann, ist, welches Gebiet das sein soll, was ich dann genau machen will. Also ich habe da ein Oberziel, irgendwo fürs Gemeinwohl tätig zu sein."

Ich erklärte Frau N., daß die von ihr vorgenommenen Bestimmungen für eine Visionsarbeit durchaus ausreichend seien. Wichtiger sei demgegenüber vielleicht, zu benennen, welche Werte sie bei ihrer beruflichen Arbeit verfolgen wollte. Ich bat sie also, zu überlegen, was ihr bei ihrer zukünftigen beruflichen Tätigkeit besonders wichtig sei: „Drei Kriterien haben Sie schon genannt: Unabhängigkeit war das erste. Und dann war Ihnen auch wichtig, mit Leuten zusammen etwas zu machen. Dann ist es etwas, was für das Gemeinwohl wesentlich ist. Das ist schon ein dritter Wert oder ein drittes Kriterium, an dem Sie das, das was Sie erreichen wollen, das, was Sie haben wollen, messen. Was wäre für Sie noch wichtig bei diesem Projekt: unabhängig zu werden, relativ weit oben in der Hierarchie zu stehen?"

„Die wichtigsten Sachen sind da schon drin", antwortete Frau N., „es gibt aber noch Überlegungen, ... ja, daß es Spaß machen soll."

Das war ein weiteres wichtiges Kriterium für sie. „Und ich denke, es gibt auch einen Aspekt wie Anerkennung, der mir wichtig ist, wobei sich das nicht darin äußern müßte, daß einen jeder kennt oder daß man einen tollen Titel auf der Visitenkarte hat oder so etwas. Das kann anders sein." Es ging ihr bei Anerkennung um ein Gefühl, ein bestimmtes Ansehen oder Respekt zu genießen in dem Umkreis der Menschen, die sie kennen. Zumindest sollte das die eigene Arbeit betreffen oder eine Mischung aus Person und Arbeit. Das war auch wichtig für sie.

Ich fragte weiter: „Was fällt Ihnen noch ein, wenn es um die Kriterien geht, an denen Sie die Qualität Ihrer zukünftigen Tätigkeit messen, die Bedeutung erkennen, die diese für Sie oder Ihr Leben hat. Was ist da noch wichtig?"

Nach dieser Frage kam sie auf Umwegen auf einen weiteren wichtigen Wert. Zunächst ging es darum: „Ja, daß es mir eigentlich auch immer gut gelingt." Dann dachte sie nach: „... wenn es nicht so gut funktioniert, daß es dann Möglichkeiten gibt, die über einen lokalen Bereich hinausreichen." Als ich nachfragte, wie man das bezeichnen könnte, kam sie auf „internationale Beziehungen oder so etwas, Weltläufigkeit oder über-den-Tellerrand-gucken". Ich schrieb das erst einmal so auf, während sie den Gedanken weiter-spann: „Ja, auch, daß eben auch mehr dazugehört, daß man woan-ders Leute kennt, die etwas Ähnliches machen, und mit denen man sich auch austauscht. Woanders ist dann eben nicht von Frankfurt aus gesehen Hanau, sondern eher London oder Madrid. Das wäre also zum Beispiel ein Aspekt, der auf der Ebene des normalen kommunalen Lebens leider zu kurz kommt. Aus vielen Gründen."

Als ich sie daran erinnerte, daß wir bis jetzt schon sechs Kriterien gefunden hatten, kam bei ihr ein ganz anderer Gedanke hoch. Ihr war klar, daß das eine Abschweifung war, aber sie war ihr wichtig: Sie hatte sich in der Vorbereitung auf dieses Gespräch überlegt, was sie besonders gut konnte. Dabei war ihr klargeworden, daß sie das gut konnte, was im Augenblick zu ihren beruflichen Aufgaben gehörte: „Entscheidungen vorbereiten, ein Warnsystem entwickeln, wo irgend etwas schief läuft, wo man nachhaken muß ..." In diesem Denkprozeß stellte sie auch Überlegungen über das an, was sie nicht so gut zu können glaubte. Und das war: „Aus dem Stand selber zu entscheiden." Sie war unsicher, wie sie das begreifen sollte, ob sie das, was sie im Augenblick beruflich machte, deswegen tat, weil sie das andere nicht konnte. Oder ob sie das andere nicht so gut konnte, weil sie es nicht gewohnt war.

Um diese Unsicherheit zu bewältigen, bat ich sie, in der Vorstel-lung mal auszuprobieren, ob aus dem Stand Entscheidungen zu treffen für sie schwierig sein würde: „Stellen Sie sich bitte vor, Sie sind bereits in einer solchen Position, wie Sie sie sich wünschen. Und Sie müssen jetzt eine Entscheidung treffen. Gehen Sie einmal rein in diese Situation und überprüfen Sie sie. Tun Sie es?"

Sie tat es prompt, wurde sich klar, daß sie es konnte, und hatte damit auch wieder Zugang zu eigenen Erfahrungen aus der Ver-gangenheit: „Also, wo ich dann wirklich auch wichtige Sachen entscheiden mußte, die habe ich entschieden." Nach diesem kurzen Schlenker kam ich wieder zum Thema Kriterien suchen: „Sind vielleicht noch einige andere Kriterien wichtig für Sie, zum Beispiel Geld verdienen?" Geld verdienen war offensichtlich gar nicht wich-tig. Frau N.: „Das ist, solange ich im Öffentlichen Dienst bleibe, geregelt. Und ich habe bisher noch nicht darüber nachgedacht, den zu verlassen. Und das, was ich da irgendwo in diesem Mittelfeld verdiene, halte ich für weit ausreichend. Das wäre für mich zum Beispiel auch kein Grund, die Stelle zu wechseln, bloß weil die eine Besoldungsgruppe besser ist."

Ich fragte weiter, zum Beispiel nach Herausforderung. Auch die spielte eine Rolle, war aber in ihrem Denken unter Gemeinwohl eingeordnet, in dem Sinne, daß man etwas tun muß, um zu verhindern, daß in einer ständig sich verändernden Welt die Zustände immer schlechter werden. Auch die Qualität ihrer Arbeitsergebnisse, nach der ich zusätzlich fragte, war für sie durchaus etwas von Bedeutung in dem Sinne, daß sie damit zufrieden war, gehörte aber offensichtlich nicht in die Spitzengruppe ihrer beruflichen Werte. Ich zählte daraufhin ihre wichtigsten Kriterien nochmals auf: „Unabhängigkeit ist Ihr wichtigster Wert. Mit Leuten zusammen etwas machen kommt danach. Dann haben Sie Gemeinwohl genannt, daß es Spaß machen muß, daß Sie Anerkennung finden und daß es etwas ist, was es Ihnen ermöglicht, über den Tellerrand rauszugucken, wobei Tellerrand jetzt nicht Hanau ist, sondern London, also daß im europäischen Rahmen oder vielleicht sogar im internationalen Rahmen ein Austausch stattfindet. Dann möchte ich Sie jetzt bitten, sich von Ihrem beruflichen Ziel ein Bild zu machen, ein Bild, dem Sie ansehen können, Sie haben dieses Ziel erreicht. Sie haben eine solche Position. Und in dieser Position sind Ihre Kriterien verwirklicht, Sie sind unabhängig, tun Ihre Arbeit mit Leuten zusammen, Sie arbeiten gemeinwohlorientiert, haben Spaß, gewinnen Anerkennung und bewegen sich auch in einem Rahmen europäischer oder internationaler Beziehungen. Und zwar sollte alles, was für Sie an diesem Ziel wichtig ist, an Dingen erkennbar sein, die sichtbar sind."

Als sie nachfragte, wie das gemeint sei, gab ich ihr ein Beispiel: „Wenn beispielsweise Erfolg für Sie ein Kriterium wäre, dann müssen Sie das irgendwie in ein Bild übersetzen. Also, es kann sein, daß Ihnen jemand auf die Schulter klopft oder Sie bewundernd anschaut. Aber es sollte zum Beispiel nicht etwas sein, was man hört. Es muß ein Bild sein. Es muß sichtbar sein. Also, alle diese Dinge, die für Sie wichtig sind, sollten in diesem Bild enthalten sein."

Sie war verblüfft und fragte: „In einem Bild ...?"

Ich bestätigte die Frage und versuchte das an einem weiteren Beispiel deutlich zu machen. Eine Seminarteilnehmerin, die ein Institut gründen wollte, in dem Therapie, Forschung und Lehre betrieben werden sollten, hatte sich folgendes Arrangement ausgedacht. Sie saß in einem großen Raum mit einer handverlesenen wissenschaftlichen Bibliothek. An der weiteren Ausstattung dieses Raumes, z. B. Sitzgruppe und Lehrmedien, war für sie erkennbar, da findet Beratung statt, und da werden auch Seminare vorbereitet.

Daraufhin fiel ihr sofort ein eigenes Beispiel ein: „Also, eine Variante könnte sein, ich bin bei einer internationalen Konferenz und referiere über ein Projekt, das wir hier in Frankfurt verwirklicht haben." In dieses Bild konnte sie in der Tat alles hineintun, was für sie wichtig war: „Da kann ich die Sachen wiederfinden, wie ich sie gerne hätte. Also ich stehe für das Projekt, aber nicht allein, sondern mit den Leuten, mit denen wir das gemeinsam erarbeitet haben. Ich würde darlegen, wie es verzahnt ist, das ist mir auch wichtig, das gehört zur Unabhängigkeit dazu, wie wir es irgendwie implementiert haben, was wir machen wollten und was wir damit erreicht haben oder welche Maßstäbe es erfüllt und ... halt in einer anderen Sprache."

Bei dieser Vorstellung hatte sie ein strahlende Physiologie und lachte vor Freude.

Im nächsten Schritt überprüften wir, ob das Ziel, was sie sich jetzt gesetzt hatte, auch stimmig in ihr Leben integriert werden kann, ohne in irgendeinem Lebensbereich negative Konsequenzen zu haben. Ich bat sie, sich vorzustellen, daß sie dieses Ziel erreicht hätte, und zu überlegen, ob sich daraus negative Konsequenzen für irgendeinen anderen Lebensbereich ergeben könnten, zum Beispiel in der Partnerschaft, im Freundeskreis, im Familienzusammenhang oder in irgendeinem anderen Lebensbereich, der für sie wichtig ist: „Könnten sich irgendwelche negativen Konsequenzen ergeben, die Sie nicht wollen?"

Frau N.: „Also, ich gehe davon aus, daß ich weiterhin viel arbeiten werde. Aber das gehört bei uns sozusagen zum gegenseitigen Basiswissen. Bis zu einem gewissen Punkt ist das nicht konfliktträchtig. Aber da ist noch etwas, das gibt es jetzt schon, und das wird sicher auch so weitergehen. Das Bild, das ich habe, entbehrt ja leider etwas des Kerns. Es kommt dabei darauf an, worum es dabei geht. Sicher wird es so sein, daß ich mich Diskussionen stellen müßte, und es könnte sein, daß ich dazu möglicherweise keine allzu große Lust habe bei bestimmten Themen. Ich habe in der letzten Zeit sehr viel für ein ganz bestimmtes Projekt gemacht, das in der Öffentlichkeit intensiv diskutiert wurde. Das war sehr interessant. Aber dann kam irgendwann der Punkt, wo ich keine Lust mehr hatte, auch im Privatleben da immer wieder drüber diskutieren zu müssen. Immer wieder auf dem Prüfstand sein? Ist das nun gut? Soll man das machen? Soll man das nicht machen? Ich vermute, daß das mit anderen Themen auch mal kommen kann. Aber das ist dann eben so. Ich merke das öfter mal, wenn ich abends in einem gesellschafts-politischen Arbeitskreis bin, in dem auch über solche Dinge geredet wird, daß ich mich dann zurückziehe, weil ich häufig keine Lust mehr habe, die Diskussionen, die ich den ganzen Tag geführt habe, abends nochmal zu führen. Es sei denn, es gibt mir die Möglichkeit, meinen persönlichen Standpunkt einzubringen, der am Tag keinen Platz hatte. Aber ich denke, ähnlich würden ich mit so was auch in Zukunft umgehen."

Frau N. sah Probleme, die sich in ihrer zukünftigen beruflichen Position ergeben würden. Aber sie war mit ihren Reflexionen schon so weit, daß sie auch die Möglichkeiten sah, mit diesen Problemen zurechtzukommen: „Also, ich glaube schon, wenn ich mich vor allen Dingen beruflich auf so gemeinwohlorientierte Sachen stürze, dann fällt damit ein bestimmter Bereich von Freizeitengagement ziemlich aus, weil das sehr weit deckungsgleich ist. Jemand, der am Tag Autos baut, der hat abends andere Interessen als ich. Also, ich könnte dann abends besser mal ein Auto zusammenschrauben oder so etwas." Sie lachte: „Aber das liegt in der Natur der Sache. Und daran möchte ich mich im Laufe der Zeit auch gewöhnen. Damit kann ich auch umgehen. Also, ich denke, es würde zu persönlichen Problemen bei uns zuhause führen, wenn das so unbegrenzt wei-terginge. Und wenn man so 24 Stunden immer das gleiche macht. Das wäre schon hart. Aber ich denke nicht, daß ich deshalb mit diesem Bild brechen müßte."

Ich konnte ihre letzte Aussage durch äußere Wahrnehmung un-terstützen. Sie zeigte bei diesem sogenannten Ökologiecheck nicht nur eine zufriedene Mimik, sondern auch eine symmetrische Körper-haltung. Trotzdem stellte ich zusätzliche Fragen: „Gibt es noch etwas, was eine negative Konsequenz sein könnte, die Ihnen Probleme macht?"

Frau N.: „Ich denke, was mir schon Schwierigkeiten macht, nicht mehr so schlimm wie am Anfang, das ist das Gerede, diese neidvollen Blicke und die sich daraus entwickelnden Gespräche, für die man selber häufig gar nichts kann. Man macht nur etwas, was anders ist als das, was andere machen, und die anderen wissen es nicht, und daraus entzündet sich das dann. Also manches finde ich widerlich, diese Gerüchte! Ich habe dann immer das Gefühl, ich will damit nichts zu tun haben. Das ist wirklich schon fast körperlich. Inzwischen kann ich das ein bißchen lockerer nehmen. Allerdings bin ich mir darüber im klaren, daß das eher zunimmt, je mehr man in so einem System erreicht. Und ich glaube auch nicht, daß mich das jemals völlig unbeeindruckt läßt."

Da sie auch bei diesem Einwand gegen ihr Ziel körpersprachlich Einigkeit zum Ausdruck brachte, ging ich zunächst wieder davon aus, daß sie auch hier Möglichkeiten sah, damit fertig zu werden. Mit Recht, denn sie äußerte im Anschluß: „Also, bei solchen Sachen, da denke ich, ich kann die Welt nicht ändern." Allerdings hatte sie kürzlich wieder eine eindrucksvolle Erfahrung mit der Gerüchteküche gemacht. Es ging um die Ausschreibung einer Stelle in einer hohen kommunalen Position, für die andere sie als eine mögliche Kandidatin betrachtet und das auch veröffentlicht hatten. „Im ersten Moment fand ich es komisch, weil es abseits jeglicher Realität ist. Ich habe gedacht, na ja gut, also es stand in der Rundschau, alle wissen Bescheid, erledigt. Aber ich bin dann so oft darauf angesprochen worden, daß es angefangen hat, mich ziemlich zu nerven, und ich einfach nur noch sagen konnte, da ist weder Ambition noch Qualifikation, es stand zwar in der Zeitung, aber ich habe damit nichts zu tun. Nichtsdestotrotz bleibt so ein bißchen was hängen. Und das trifft mich schon, daß ich in so ein Karussell mit hineingeworfen werde, in dem alle, die mal was werden wollen, ihre Haut zu Markte tragen. Und ich denke, das wird natürlich so weitergehen, also jedenfalls immer, wenn man sich in dieser öffentlich-rechtlichen Maschinerie bewegt. Und ich denke, dafür bin ich nun wiederum qualifiziert. Also das muß nicht Frankfurt sein, das muß keine Stadt sein, das könnte auch eine Landesbehörde in Südhessen oder sonstwo sein. Aber dieses Phänomen werde ich überall antreffen. Daran muß ich mich wahrscheinlich auch gewöhnen. Aber im Moment fällt mir das schon noch schwer. Das mag ich auch nicht besonders."

Da diese Überlegungen nicht ganz unproblematisch klangen, fragte ich nach: „Können Sie sich vorstellen, damit gelassen umzugehen?" – „Ja, lockerer", war ihre Antwort. „Wenn mir das gleiche vor einem Jahr passiert wäre, wäre ich wahrscheinlich ziemlich unglücklich gewesen. Diesmal fand ich es erst lustig, und dann habe ich mich geärgert. Und das war's dann auch. Wenn dann in zwei Jahren mal wirklich etwas stimmt, was in der Gerüchteküche kocht, dann ist das sicher nicht mehr so schlimm. Aber es ist das Muster, was mich stört." Ich fragte nochmals: „Das würde Sie jetzt auch nicht von Ihrem Ziel abbringen?" Das bestätigte sie mir. An ihrem Zielbild wollte sie festhalten.

Wir gingen zum nächsten Schritt über. Das Bild muß ausgestattet werden mit den Merkmalen, die NLPler die visuellen Submodalitäten des Glaubenssatzes nennen. Nach einer kurzen Diskussion entschieden wir uns für das einfache Verfahren, die visuellen Submodalitäten einer Überzeugung herauszufinden. Ich fragte Frau N.: „Was können Sie denn besonders gut, wovon sind Sie überzeugt, das können Sie? Sie sagten eben, Entscheidungen vorbereiten können Sie gut?"

Frau N. bestätigte: „Ja, sowas kann ich gut. Ich denke, ich kann gut komplexe Probleme sortieren, Entscheidungsbedarf herausarbeiten, Dinge soweit vereinfachen, daß sie wieder handhabbar werden, ohne daß sie deshalb simplifiziert werden, daß man sie da drin nicht mehr wiederfindet. Ich denke, ich kann auch ganz gut delegieren, zum Beispiel, also ich habe ein gutes Gefühl dafür, wer welche Sachen machen muß und auch machen will und kann."

Wir wählten aus den vielen Fähigkeiten, die sie zu besitzen überzeugt war, den Glaubenssatz aus: „Ich erkenne in komplexen Bezügen, wer was machen müßte." Ich bat sie, eine dazu passende Situation aus ihren Erfahrungen auszuwählen und sich die visuelle Vorstellung dazu genau anzuschauen. Sie wählte ein Gespräch an einem großen runden Tisch. Ich sagte ihr dazu, ich würde gleich keine inhaltlichen, sondern ganz formale Dinge abfragen.

Die Informationssammlung ergab, daß sie in dieser visuellen Vorstellung assoziiert war. Das Zentrum des Geschehens, das, worauf ihr Blick ruhte, war zweieinhalb Meter von ihr entfernt. Aber sie wechselte das Zentrum, sie sah mal nach links und mal nach rechts immer verschiedene Personen an. Es war damit ein Film und füllte die ganze Fläche aus. Er war farbig, hell und scharf.

Nach dieser Informationssammlung teilte ich ihr mit, daß wir jetzt einen Zweifelssatz brauchten, um die wichtigsten Unterschiede herauszufinden. Es gab ihrer Mitteilung nach eine wunderbare Zweifelssituation in ihrem Berufsleben, die häufiger vorkam. Dieser Zweifel lautete folgendermaßen: „Soll ich mit meinem Chef darüber sprechen, wie er seine Dienstreise abrechnen muß, oder soll ich es lieber lassen?" Wir lachten darüber. Aber sie erklärte, daß das wirklich so sei: „Das ist Kram und geht letztlich darum, ob ich mir den Ärger an den Hals holen will, wenn ich so ein Gespräch anzettele, oder ob ich das nicht tue. Auf der anderen Seite ist es aber so, daß ich wirklich Bedenken habe, ob er dann nicht irgendwann, und wir alle im seinem Gefolge, irgendwann solchen Ärger kriegen wegen Peanuts, daß sich das nicht lohnt und daß ich mir deshalb lieber den Ärger anziehe, den ich jetzt kriege. Das ist ein ungelöstes Problem. Er hat das mit vielen Kleinigkeiten. Also die Dienstreise war jetzt grad mal ein Beispiel. Ich kann das für viele Sachen vielfach wiederholen."

Ich fragte daraufhin nach der visuellen Vorstellung, die sie beim Denken an diesen Zweifel hatte. Sie war wieder assoziiert. Die Vorstellung war wieder panoramisch. Das Zentrum ihrer Aufmerksamkeit war drei bis vier Meter von ihr entfernt. Allerdings gab es nur ein Zentrum. Es war auch ein Film, bunt, aber dunkel und auch scharf. Die Unterschiede, die sich aus dem Vergleich ergaben, erschienen mir nicht sehr deutlich. Ich bat sie also: „Gucken Sie sich die beiden Vostellungen noch mal nebeneinander an. Das ist zwar eine komische Aufforderung, aber die meisten Menschen können das. Gibt es da noch irgend etwas anderes. Woran erkennen Sie beim zweiten Film, daß Sie da über irgend etwas im Zweifel sind?" Ihre Antwort lautete, daß sie sich bei jedem Satz überlege, ob sie das wirklich noch sagen solle oder lieber nicht. Auf meine weitere Frage, wie sie das visuell erkenne, kam die Antwort: „Ich denke mal, gar nicht."

Nach den vorliegenden Informationen schien Frau N. den Unterschied zwischen Zweifel und Überzeugung nicht im visuellen

System zu repräsentieren: Die Unterschiede in der Entfernung des Zentrums und die Tatsache, daß es beim Glaubenssatz zwei Zentren gab, schienen ebenso dem inhaltlichen Moment zuzugehören wie auch die Tatsache, daß es einmal hell, weil Tag, und einmal Lampenlicht, weil Nacht, war. Ein weiterer Grund hätte sein können, daß sie für den Zweifel eine Situation genommen hatte, in der sie schon nicht mehr im Zweifel war, sondern sich für die eine Möglichkeit entschieden hatte. Ein weiterer Versuch mit einer Zweifelssituation brachte aber auch keine besseren Resultate. Auf meine Frage, wie sie wußte, daß sie in dieser Situation im Zweifel war, nannte sie ihr Gefühl im Bauch. Aber das war auch wieder etwas, was man nicht sehen konnte. Das einzige visuelle Element hätte man lediglich an der Länge der Zeitspanne ablesen können. Frau N. meinte, man könne es schon sehen, wenn man den Film von einem ganzen Nachmittag ablaufen ließe, da fange sie irgend etwas an, und dann denke sie darüber nach, und dann lasse sie das wieder und mache etwas anderes zu Ende.

Mit viel Zeit hätten wir jetzt eine ganz sorgfältige Analyse im visuellen und auditiven System gemacht. Das ist aber nicht immer nötig, weil es eine visuelle Standardform gibt, die man für Zukunftsbilder benutzen kann. Ein Zukunftsbild sollte dissoziiert sein, das ist dabei die wesentliche Submodalität. Ich fragte Frau N., ob sie dissoziierte Erinnerungen hatte, also Erinnerungsbilder, in denen sie sich selber aus einer Zuschauerperspektive sah. Sie antwortete, daß die bei ihr ganz selten vorkommen. Sie höre sich zwar manchmal aus einer Distanz heraus, aber daß sie sich wirklich irgendwo agieren sehe, daß mache sie ganz selten.

Ich bat sie, zu überprüfen, wie sie ihr Zukunftsbild repräsentiert hatte: „Sind Sie da auch assoziiert drin?" Sie bejahte: „Also, für einen ersten Moment schon." Darauf bat ich sie: „Machen Sie das einmal dissoziiert. Sehen Sie sich da vorne selber, wie Sie diese Rede halten und das Projekt erläutern. Sie sehen auch ihre Mitarbeiter, die da eine Rolle spielen. Und an irgend etwas erkennen Sie auch, daß das in einer fremden Sprache abläuft, und zwar visuell." Sie lachte und meinte, daß das sehr künstlich sei. Das komme nicht so spontan. Aber sie konnte sich dann doch etwas Visuelles vorstellen. Das war es im Grunde. Ich bat sie noch, einen farbigen Film daraus zu machen, der normal hell und scharf sei. Sie schaute sich das

Geschehen aus einer relativ großen Entfernung an, „zehnte Reihe oder so". Danach bat ich sie noch, den Film mit irgend etwas auszustatten, „was ihn für Sie ganz besonders anziehend machen würde. Vielleicht leuchtendere Farben oder eine bestimmte Helligkeit oder vielleicht so etwas wie ein stärkeres Leuchten, das aus Ihren Augen kommt."

Sie lachte und sagte: „Totale Ruhe!" Hierbei wurde mir klar, daß sie sich offensichtlich nicht auf die visuelle Ebene beschränken lassen wollte, und bot ihr an: „Dann machen Sie es einfach anders. Hören Sie sich!" Das schien ein entscheidendes Element zu sein. Sie bekam eine strahlende Physiologie und sagte: „Ja, dann ist es gut! Also dann ist es ganz lebendig, und das gefällt mir auch gut."

Es war offensichtlich tatsächlich gut, die auditive Ebene mit einzubeziehen. Mir war zwar klar, daß die Vorstellung im nächsten Schritt visuell gespeichert werden würde und daß damit der Ton verschwinden würde. Aber wenn sie es sich wieder vergegenwärtigen würde, gäbe es keinen Grund dafür, dann auch wieder den Ton mitzuerleben.

Also gingen wir über zum nächsten Schritt. Der bestand darin, ihre Zielvorstellung in den gesamten Bestand ihrer bisherigen Lebenserfahrung, der sowohl Vergangenheit, Gegenwart wie auch antizipierte Zukunft umfaßt, richtig einzuordnen. Zu diesem Zweck gingen wir daran, ihre sogenannte Timeline zu analysieren. Diese Timeline, die jeder Mensch besitzt, läßt ihn wissen, wie seine Lebenserfahrungen zeitlich geordnet sind. Die persönliche Timeline herauszufinden, ist sehr einfach. Ich bat Frau N.: „Denken Sie an irgend etwas, was Sie jeden Tag machen, wie aufstehen, Zähneputzen, frühstücken, duschen. Was würden Sie sich da auswählen?"

Frau N.: „Losgehen!"

Ich meinte, losgehen ginge nicht so gut, weil das etwas war, was sie nicht an jedem Tag ihres Lebens gemacht hatte. Außerdem war nicht sicher, ob sie das in Zukunft immer machen würde. Ich sagte ihr also: „Es muß irgend etwas sein, was Sie jeden Tag gemacht haben. Sie sind ja vielleicht nicht immer in Ihrem Leben frühmorgens losgegangen. Und es muß etwas sein, was Sie immer machen werden, was Sie jeden Morgen machen, etwas, was Sie vor zehn Jahren und vor fünf Jahren gemacht haben und was Sie morgen und in Zukunft immer wieder machen werden. Aufstehen würden Sie zum

Beispiel immer." Frau N. bestätigte. Aber Sie wollte sich nicht so gerne auf etwas Banales wie aufstehen und Zähneputzen einlassen: „Aber es gibt ein paar Sachen wie zum Beispiel Kontaktlinsen reintun, die sind ist eigentlich prägender."

Ich fragte sie, ob sie die Kontaktlinsen schon seit fünf Jahren habe. Als sie das bejahte, fragte ich nach dem Zeitraum von 10 Jahren. Auch das wurde bejaht. Dann prüfte ich, ob sie diese wohl auch noch in 10 Jahren haben würde. Als sie auch das bestätigte, glaubte ich, eine genügend große Zeitspanne abprüfen und davon ausgehen zu können, daß sie von diesen Punkten auch die weitere Ausdehnung ihrer Zeitlinie würde erfassen können. Also stellte ich jetzt die konkreten Fragen: „Stellen Sie sich vor, vor fünf Tagen haben Sie die Kontaktlinsen eingesetzt. Denken Sie einmal daran. Jetzt denken Sie mal daran, vor fünf Jahren haben Sie das auch gemacht. Ja. Und jetzt vor zehn Jahren. Stellen Sie sich jetzt vor, Sie machen das in fünf Tagen, dann in fünf Jahren und dann in zehn Jahren." Ich hatte, während ich diese Anweisungen gab, ihre Augen beobachtet und teilte ihr mit, ich hätte ihre Zeitlinie gesehen. Frau N. stoppte mich jedoch bei der letzten Aufforderung: „Moment, da bin ich noch nicht." Ich widersprach: „Doch, Sie haben es schon gehabt. Ich sehe es an Ihren Augen." Das sei ein Irrtum, wandte sie daraufhin ein: „Das war noch nicht vor zehn Jahren. Ich muß mich erst sortieren, wo ich eigentlich war. Ja, ich habe es."

Sie hatte eine interne Zeitlinie von der Form des Buchstabens V. Ich bat sie, die einzelnen Daten, die ich eben abgefragt hatte und für die sie sich die Erinnerungen hochgeholt hatte, in ihrem internen Gesichtsfeld durch eine Linie zu verbinden. Das könne sie, weil sie die einzelnen Erinnerungen an verschiedenen Stellen ihres inneren Gesichtsfeldes repräsentierte. Ihre Vergangenheit lag linker Hand und ein Stück weiter unten. Ihre Zukunft hatte sie rechts repräsentiert. Als ich sie fragte, ob sie die gesamte Linie überblicken könne, antwortete sie: „Das ist irgendwie wie ein Weg oder so." – „Wie ein Weg. Und der ist vor Ihnen, nicht?" fragte ich weiter. Sie sah irgendwie auf ihn drauf. Daraus schloß ich, daß sie zu den Menschen gehörte, die keine Schwierigkeiten mit den Zeiten haben, wenn Sie in Gespräche oder in irgendwelche Tätigkeiten involviert sind. Solche Menschen behalten auch während intensiver Aktivitäten ein klares Gefühl für die Zeitdauer. Sie bestätigte das, meinte allerdings, daß das eine Trainingsfrage sei: „Ich habe nur noch ganz selten eine Uhr um. Man gewöhnt sich daran."

Ich bat sie daraufhin, den letzten Schritt dieser Visionsarbeit zu tun: „Nehmen Sie jetzt bitte das letzte Bild, das Sie sich von Ihrer Zielvorstellung gemacht haben. Das war zwar insgesamt ein Film, und Sie haben sich auch reden gehört. Nehmen Sie daraus jetzt ein ganz typisches Bild. Das ist dissoziiert. Sie sehen sich von der zehnten Reihe aus da vorne. Und jetzt tun Sie es in Ihre Zeitlinie hinein. Lassen Sie sich dabei von Ihrem Gefühl leiten. Sie wissen ungefähr, wo die Position in fünf Jahren ist. Stecken Sie jetzt Ihr Zielbild dort in Ihre Zeitlinie hinein, wo es Ihrer Meinung nach und Ihrem Gefühl nach hingehört."

Sie fragte nach: „Also, das Bild, wo das hinmüßte?" und hatte nach einem zusätzlichen Hinweis von mir die Position: „Also, es ist noch ein bißchen hin, also nicht morgen oder übermorgen. Aber es ist auch nicht ganz weit weg. Also, ich bin älter als jetzt, aber so wie ich mir das noch gut vorstellen kann. Also eher in drei oder sechs Jahren als in zehn, so in dem Bereich."

Ich bat sie daraufhin, gefühlsmäßig einen genaueren Zeitpunkt zu wählen: „Können Sie sich Ihre Zeitlinie vorstellen und es gefühlsmäßig jetzt an dem Punkt reintun, wo es hingehört?" Sie wählte einen Zeitpunkt, der vier Jahre in der Zukunft lag und meinte: „Da würde es passen."

b. Visionen aufbauen

Wenn Sie sich ohne viel Mühe auf beruflichen Erfolg programmieren möchten, haben Sie die Möglichkeit, sich mit NLP eine Vision zu erarbeiten. Bei erfolgreichen Menschen hat man festgestellt, daß diese sich ohne Hilfestellung, sozusagen freihändig, ein erfolgversprechendes Bild ihrer beruflichen Zukunft ausgemalt haben. Alle Menschen haben innere Bilder, die ihr Handeln anleiten. Aber sie überlassen es dem Zufall, ob diese Bilder mit dem übereinstimmen, was sie nach bewußter Prüfung und Entscheidung für ein erstrebenswertes Ziel in ihrem Leben halten würden. NLP-erfahrene Menschen müssen ihre inneren Bilder aber nicht dem Zufall überlassen. Mit NLP können Sie Ihr „Schicksal" selbst bestimmen.

Der erste Schritt, um zu einer gestaltfesten Vision zu kommen, besteht darin, daß Sie für einen bestimmten zukünftigen Zeitpunkt ein berufliches Ziel formulieren. Sie wählen dafür einen Zeitpunkt, der ihnen für eine bestimmte Stufe in Ihrer beruflichen Entwicklung angemessen erscheint. Häufig haben sich dabei fünf Jahre als sinnvoll erwiesen. Überlegen Sie sich dabei, wer Sie dann sein werden, in welchen Bereichen Sie etwas leisten wollen und welches Ihre wichtigsten Werte sind, die sie dabei verwirklichen wollen.

Im zweiten Schritt überprüfen Sie, ob Sie Ihr Ziel erreichen können und ob Sie es aus eigenen Kräften erreichen können. Setzen Sie sich keine unrealistischen Ziele, aber nehmen Sie sich auch nicht zu wenig vor. Beziehen Sie in Ihre Zielsetzung mit ein, daß Sie sich weiterentwickeln, daß Sie neue Fähigkeiten erwerben und Ihre Kräfte steigern können. Lassen Sie auch nicht außer acht, daß Sie andere Menschen mit einbeziehen können.

Überprüfen Sie danach die Vereinbarkeit Ihres Zieles mit Ihrer sozialen Lebensweise. Stellen Sie sich die Frage, welche Folgen sich aus der Zielerreichung ergeben. Müssen Sie dabei auf etwas verzichten, worauf Sie nicht verzichten wollen? Welche Auswirkungen hat das Erreichen dieses Zieles auf Ihre Familie, auf Freunde und Partner? Gibt es negative Folgen, die dagegen sprechen, daß Sie dieses Ziel erreichen? Wenn sich Einwände ergeben, verändern Sie dieses Ziel dahingehend, daß es in Ihre soziale Lebensweise paßt, daß Sie nicht auf wichtige Dinge verzichten müssen und auch alle weiteren möglichen negativen Konsequenzen ausgeschlossen werden können.

Wenn Sie die Vereinbarkeit Ihres beruflichen Ziels mit Ihrer sozialen Lebensweise sichergestellt haben, machen Sie sich ein inneres Bild von Ihrem Ziel. Bedenken Sie dabei, daß alle wichtigen Elemente Ihres Zieles bildlich dargestellt sein sollen.

Im nächsten Schritt stellen Sie Ihr Zielbild in den Submodalitäten Ihres Glaubenssatzes dar. Wenn Sie diese bisher noch nicht erarbeitet haben, müssen Sie an dieser Stelle die im siebten Kapitel dargestellte Übung „Selbstmanagement mit dem Glaubenssatz" durchführen und danach Ihrem Zielbild den Charakter einer festen Überzeugung geben. Bei dieser submodalen Veränderung gibt es manchmal Schwierigkeiten. Elemente der Zielvorstellung sind zuweilen mit den Submodalitäten des Glaubenssatzes nicht zu vereinbaren.

Zum Beispiel kann ein Element der Zielvorstellung „Freiheit" sein, die im Zielbild durch Bewegung in einem Tanz ausgedrückt wurde, was nicht vereinbar damit ist, daß das Glaubenssatzbild unbewegt ist. Solche Schwierigkeiten können Sie aber in der Regel durch Einsatz Ihrer Kreativität beheben, indem Sie beispielsweise mit Symbolen arbeiten. Im angeführten Beispiel konnte das Problem dadurch gelöst werden, daß die betreffende Seminarteilnehmerin Freiheit auch durch einen Drachen darstellen konnte.

Wenn Sie bislang die Submodalitäten Ihres Glaubenssatzes noch nicht erarbeitet haben, sollten Sie sich die Mühe machen, das nachzuholen. Es ist immer sinnvoller, mit Elementen Ihrer geistigen Tätigkeit zu arbeiten, die Sie im Laufe Ihres Lebens selber herausgebildet haben, als eine Standardform zu wählen. Wenn Ihnen die Erarbeitung Ihrer eigenen Submodalitäten des Glaubenssatzes jedoch schwerfällt, haben Sie auch die Möglichkeit, mit einer Standardform zu arbeiten. Diese besteht darin, das Zielbild in eine dissoziierte Form zu bringen: Sie sehen sich selber aus einer Zuschauerperspektive heraus.

Um das Bild Ihrer beruflichen Zukunft auch dort unterzubringen, wo sich in Ihrer Vorstellung die Zukunft befindet, müssen Sie im nächsten Schritt herausfinden, wie Sie intern Zeiten, also Vergangenheit, Gegenwart und Zukunft, unterscheiden. Alle Menschen haben Zeitlinien, die sie wissen lassen, ob eine Erinnerung der nahen oder der fernen Vergangenheit angehört. Oder ob das, was sie sich gerade vorstellen, in ihrer Zukunft liegt. Zeitlinien zu analysieren ist relativ leicht. Zu diesem Zweck denken Sie an irgendein einfaches alltägliches Verhalten, das Sie wiederholt in der Vergangenheit durchgeführt haben und wahrscheinlich in der Zukunft weitermachen werden. Das kann so etwas sein wie frühstücken, zur Arbeit gehen, Zähneputzen, abwaschen oder duschen.

Denken Sie an dieses alltägliche Verhalten, wie Sie es vor langer Zeit, vielleicht vor fünf Jahren, gemacht haben. Danach denken Sie an dieses Verhalten, wie Sie es kürzlich, vor fünf Tagen, gemacht haben. Im Anschluß daran beziehen Sie dieses Verhalten auf die Zukunft. Denken Sie daran, wie Sie es in einer Woche, dann in fünf Jahren tun werden. Wenn Sie die entsprechenden Bilder haben, machen Sie den Versuch, alle eben einzeln vergegenwärtigten Vorstellungen zugleich abzurufen, um einen Vergleich anstellen zu können. Machen Sie sich klar, woran Sie erkennen, daß ein Ereignis in der fernen Vergangenheit, das andere in naher Vergangenheit, das dritte in naher Zukunft und das vierte in fernerer Zukunft angesiedelt ist. Achten Sie dabei nicht auf inhaltliche Unterschiede, z. B. wo Sie sich befinden oder wie Ihr Gesicht im Spiegel aussieht oder wie sich die Muskeln anfühlen. Finden Sie die Antwort auf die Frage, was Sie wissen läßt, daß die vier Bilder zu unterschiedlichen, aufeinander folgenden Zeiten gehören. Wenn Sie dabei Schwierigkeiten haben, alle Bilder auf einmal zu sehen, tun Sie einfach so, als ob Sie es könnten. Verbinden Sie die vier Bilder Ihrer fernen Vergangenheit, Ihrer nahen Vergangenheit, Ihrer nahen Zukunft und Ihrer fernen Zukunft mit einer Linie. Damit haben Sie Ihre Zeitlinie.

Sobald Sie Ihre Zeitlinie herausgefunden haben, nehmen Sie in Ihrer Vorstellung Ihr Zielbild und setzen es an die Stelle Ihrer Zeitlinie, an die es Ihrem Gefühl nach hingehört. Sie können Ihre Visionsarbeit testen, indem Sie sich klarwerden, wie Sie jetzt über Ihre Zukunft nachdenken.

c. Visionen entwickeln, die Schritte im einzelnen

1. Ziel formulieren

Formulieren Sie ein Ziel, das Sie in beispielsweise fünf Jahren erreicht haben möchten. Überlegen Sie sich dabei, wer Sie dann sein wollen, in welchen Bereichen Sie etwas leisten möchten und welches Ihre wichtigsten Werte sind, die Sie in Ihrem Berufsleben verwirklichen wollen.

2. Ziel überprüfen

Überlegen Sie sich dann, ob Sie Ihr Ziel erreichen können und ob Sie es aus eigenen Kräften erreichen können. Überprüfen Sie Ihr Ziel dahingehend, daß Sie sich nicht zuviel vornehmen, aber auch nicht zu wenig. Machen Sie sich klar, daß Sie sich weiterentwickeln und Ihre Fähigkeiten und Kräfte steigern werden und auch andere Menschen einbeziehen können.

3. Ökologie-Check

Überlegen Sie jetzt genau, ob Ihr Ziel in Ihre soziale Lebensweise hineinpaßt. Welche Folgen ergeben sich aus dem Erreichen dieses Ziels? Müssen Sie dabei auf etwas verzichten? Und wollen Sie das? Was bedeutet das Erreichen dieses Ziels für Ihre Familie, Partner und Freunde? Welche weiteren Einwände sprechen dagegen, daß Sie dieses Ziel erreichen? Wenn sich Einwände ergeben, verändern Sie Ihr Ziel dahingehend, daß es in Ihre soziale Lebensweise paßt, daß Sie auf wichtige Dinge nicht verzichten müssen und auch alle weiteren möglichen negativen Konsequenzen ausgeschlossen werden können.

4. Ziel visualisieren

Machen Sie sich jetzt ein inneres Bild von Ihrem Ziel. Bedenken Sie, daß alle wichtigen Elemente Ihres Zieles bildlich dargestellt sein sollen. Auch wenn Sie in Ihrer inneren Vorstellung etwas hören, sollte das auf irgendeine Weise bildlich zum Ausdruck kommen.

5. Ziel als Glaubenssatz visualisieren

Stellen Sie jetzt Ihr Zielbild in den Submodalitäten Ihres Glaubenssatzes dar. Wenn diese nicht verfügbar sind, müssen Sie an dieser Stelle die Übung „Selbstmanagement mit dem Glaubenssatz" durchführen. Wenn Schwierigkeiten auftreten, während Sie dabei sind, Elemente des Zielbildes mit den Submodalitäten des Glaubenssatzes auszustatten, suchen Sie nach kreativen Lösungen. Wenn Ihnen die Erarbeitung Ihrer eigenen Submodalitäten des Glaubenssatzes jedoch schwerfällt, haben Sie auch die Möglichkeit, mit einer Standardform zu arbeiten. Diese besteht darin, das Zielbild in eine dissoziierte Form zu bringen: Sie sehen sich selber aus einer Zuschauerperspektive heraus.

6. Zeitlinie erarbeiten

Denken Sie bitte an irgendein einfaches alltägliches Verhalten, das Sie wiederholt in der Vergangenheit durchgeführt haben und wahrscheinlich in der Zukunft beibehalten werden. Wählen Sie etwas wie frühstücken, zur Arbeit gehen, Zähneputzen, abwaschen oder duschen. Denken Sie bitte an dieses alltägliche Verhalten, wie Sie es vor langer Zeit, vielleicht vor fünf Jahren, ausgeführt haben. Dann denken Sie daran, wie Sie das kürzlich, vor fünf Tagen, gemacht haben. Als nächstes denken Sie daran, wie Sie es in einer Woche machen werden, und dann denken Sie daran, wie Sie es in fernerer Zukunft, etwa in fünf Jahren, machen werden. Versuchen Sie die Vorstellung zu entwickeln, daß Sie all diese Erfahrungen gleichzeitig zur Verfügung haben, so daß Sie bemerken können, welche Unterschiede es in der Art gibt, wie Sie dieses gleiche Ereignis zu den verschiedenen Zeiten sehen. Woran erkennen Sie, daß eines in der fernen Vergangenheit, das andere in naher Vergangenheit, das dritte in naher Zukunft und das vierte in fernerer Zukunft stattfindet? Achten Sie dabei nicht auf inhaltliche Unterschiede. Was läßt Sie wissen, daß die vier Bilder zu unterschiedlichen, aufeinander folgenden Zeiten gehören? Wenn Sie Schwierigkeiten haben, alle Bilder auf einmal zu sehen, dann tun Sie einfach so, als ob Sie es könnten. Verbinden Sie die vier Bilder mit einer Linie. Damit haben Sie Ihre Zeitlinie herausgefunden.

7. Vision auf der Zeitlinie plazieren

Gehen Sie bitte in Ihrer Vorstellung nach innen, nehmen Sie Ihr Zielbild und setzen Sie es an die Stelle Ihrer Zeitlinie, an die es Ihrem Gefühl nach hingehört.

8. Testen

Machen Sie sich bewußt, wie Sie über Ihre Zukunft in fünf Jahren denken.

Anmerkungen

Einleitung

1. Vgl. Deborah Tannen: Du kannst mich einfach nicht verstehen. Warum Männer und Frauen aneinander vorbeireden. Hamburg 1991
2. Zu den im folgenden aufgeführten Unterschieden im männlichen und weiblichen Sprachverhalten vgl. ebd.
3. Neue Forschungsergebnisse stellen Anne Moir und David Jessel in ihrem Buch „Brainsex" zusammen. Vgl. dies.: Brainsex. Der wahre Unterschied zwischen Mann und Frau. Düsseldorf, Wien, New York 1989
4. ebd. S. 215
5. Vgl. Margaret Mead: Geschlecht und Temperament in drei primitiven Gesellschaften. München 1976
6. Zum Beispiel werden in Herrad Schenks Buch „Geschlechtsrollenwandel und Sexismus" unter dem Thema „Der Erwerb geschlechtsspezifischer Verhaltensweisen" psychoanalytische Ansätze von Sigmund Freud und Erik H. Erikson dargestellt. Christiane Olivier bleibt unerwähnt. Vgl. Herrad Schenk: Geschlechtsrollenwandel und Sexismus. Zur Sozialpsychologie geschlechtsspezifischen Verhaltens. Weinheim und Basel 1979
7. Christiane Olivier: Jokastes Kinder. Die Psyche der Frau im Schatten der Mutter. dtv. 6. Aufl. München 1991
8. ebd. S. 12
9. ebd. S. 51
10. ebd. S. 60
11. ebd. S. 51
12. ebd. S. 103
13. ebd. S. 80
14. ebd.
15. ebd. S. 57
16. ebd. S. 137
17. ebd. S. 143
18. ebd. S. 59
19. ebd. S. 48
20. ebd. S. 61
21. ebd. S. 63
22. ebd. S. 67
23. Ein weiterer wichtiger Beitrag der Psychoanalyse zum Geschlechterunterschied stammt von Erik H. Erikson. Seine Theorie der Weiblichkeit

stellt die Erfahrung des inneren Raumes und seine Bedeutung heraus, trägt aber zur Erkenntnis der Herausbildung von Weiblichkeit und Männlichkeit keine zusätzlichen Hypothesen bei. Vgl. Erik H. Erikson: Die Weiblichkeit und der innere Raum, in: ders.: Jugend und Krise. Die Psychodynamik im sozialen Wandel. Stuttgart, 2. Aufl. 1974, S. 274ff.

24. Sigmund Freud: Einige psychische Folgen des anatomischen Geschlechtsunterschieds, in: Gesammelte Werke, Bd. XIV, S. 19ff.

25. ders.: Der Untergang des Ödipuskomplexes, in: Gesammelte Werke, Bd. XIII, S. 395ff.

26. ders.: Einige psychische Folgen ..., a.a.O. S. 24

27. ebd. S. 27f.

28. ebd. S. 29f.

29. ders.: Neue Folge der Vorlesungen zur Einführung in die Psychoanalyse. XXXIII. Vorlesung. Die Weiblichkeit, in: Gesammelte Werke Bd. XV, S. 141

30. ebd. S. 25

31. ebd. S. 142

32. ebd. S. 144

33. Vgl. Herrad Schenk: Geschlechtsrollenwandel und Sexismus. Der Geschlechtsrollenerwerb als sozialer Lernprozeß ..., a.a.O. S. 73ff.

34. Karl Marx: Thesen über Feuerbach, in: Marx/Engels: Werke, Bd. 3, S. 5f.

35. Vgl. u. a. Kathryn Stechert: Frauen setzen sich durch. Leitfaden für den Berufsalltag mit Männern. Frankfurt/New York 1988; Susan Schenkel: Mut zum Erfolg. Warum Frauen blockiert sind und was sie dagegen tun können. 4. Aufl. Frankfurt/New York 1987; Barbara Schlüter-Kiske: Rhetorik für Frauen. Wir sprechen für uns. München 1987

36. Vgl. u. a. Lynn Z. Bloom/Karen Coburn/Joan Pearlman: Die selbstsichere Frau. Anleitung zur Selbstbehauptung. Reinbek 1987; Manuel J. Smith: Sage Nein ohne Skrupel. Die neue Methode zur Steigerung von Selbstsicherheit und Selbstbehauptung. Landsberg am Lech 1988; Linda Adams/Elinor Lenz: Frauenkonferenz. Wege zur weiblichen Selbstverwirklichung. Hamburg 1981

I. Kapitel

1. Michael Balint: Primäre Liebe, in ders.: Therapeutische Aspekte der Regression. Die Theorie der Grundstörung. Reinbek 1973, S. 79ff.

2. Anna Freud: Das Ich und die Abwehrmechanismen. 5. Aufl. München o.J.

3. Vgl. Manuel Smith: Sage Nein ohne Skrupel ..., a.a.O. S. 72

4. Vgl. ebd. S. 77

5. ebd. S. 78

6. Carl R. Rogers: Therapeut und Klient. Grundlagen der Gesprächs-psychotherapie. Frankfurt am Main 1990, S. 22ff.
7. Thomas Gordon: Managerkonferenz. Effektives Führungstraining; ders.: Lehrer-Schüler-Konferenz. Wie man Konflikte in der Schule löst; ders.: Familienkonferenz. Das Lösen von Konflikten zwischen Eltern und Kind. Linda Adams/Elinor Lenz: Frauenkonferenz ..., a.a.O.
8. Bloom/Coburn/Pearlman: Die selbstsichere Frau, a.a.O. S. 154ff.
9. Zur Einführung in NLP vgl. Richard Bandler und John Grinder: Neue Wege der Kurzzeit-Therapie. Neurolinguistische Programme. Paderborn 1985

II. Kapitel

1. Deborah Tannen: Du kannst mich einfach nicht verstehen ..., a.a.O. S. 40ff.; S. 45; S. 162
2. Kathryn Stechert: Frauen setzen sich durch, a.a.O. S. 157ff.
3. Vgl. Sibylle Plogstedt/Kathleen Bode: Übergriffe. Sexuelle Belästigung in Büros und Betrieben. Reinbek 1984
4. Vgl. Manuel Smith: Sage Nein ohne Skrupel ..., a.a.O. S. 94ff
5. ebd. S. 94
6. ebd. S. 106
7. ebd. S. 104
8. Vgl. Plogstedt/Bode: Übergriffe ..., a.a.O.

III. Kapitel

1. Vgl. Thomas Gordon: Lehrer-Schüler-Konferenz, a.a.O. S. 112
2. Vgl. Fußnote „7." zum I. Kapitel
3. Eine Ausnahme davon bilden Wertekollisionen. Wenn hinter unannehmbaren Verhaltensweisen oder auch Konflikten Wertekollisionen stehen, haben die Beteiligten wechselseitig kein Verständnis für ihre Reaktionen.
4. Vgl. Alexa Mohl: Der Zauberlehrling. Paderborn 1993, S. 120

IV. Kapitel

1. Vgl. Manuel Smith: Sage Nein ohne Skrupel ..., a.a.O. S. 106f.

V. Kapitel

1. Vgl. Thomas Gordon: Lehrer-Schüler-Konferenz ..., a.a.O. S. 150ff.
2. Paul Watzlawick/John H. Weakland/Richard Fisch: Lösungen. Zur Theorie und Praxis menschlichen Wandels. 3. Aufl. Bern 1984

II. Kapitel

1. Vgl. Susan Schenkel: Mut zum Erfolg ..., a.a.O. S. 35ff.
2. Vgl. ebd. S. 50

VIII. Kapitel

1. Kathryn Stechert: Frauen setzen sich durch ..., a.a.O. S. 200ff.
2. Barbara Schlüter-Kiske: Rhetorik für Frauen ..., a.a.O. S. 159ff.

IX. Kapitel

1. Vgl. Kathryn Stechert: Frauen setzen sich durch ..., a.a.O. S. 157ff.
2. ebd.
3. ebd. S. 162
4. ebd. S. 165ff.
5. Vgl. ebd.
6. Marie-Louise Neubeiser: Management-Coaching. Der neue Weg zum Manager von morgen. Zürich und Wiesbaden 1990, S. 225ff.

X. Kapitel

1. Vgl. Margaret Hennig/Anne Jardim: Frau und Karriere. Erwartungen, Vorstellungen, Verhaltensweisen. Reinbek 1987

Antworten, Auflösungen

Zu Seite 111f

Auflösung des Neun-Punkte-Problems

Lösungen zum ersten Teil der Aufgabe:

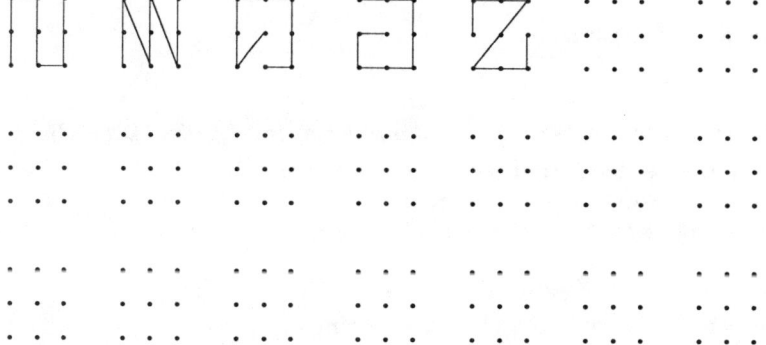

Lösung des zweiten Teils der Aufgabe:

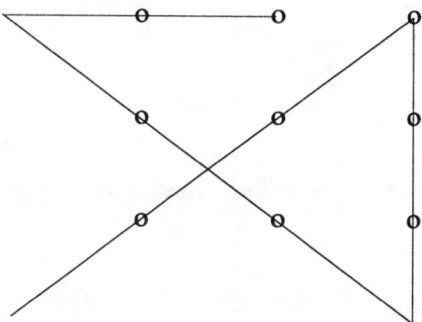

Zu Seite 118

Die folgenden Reframings wurden von Teilnehmerinnen von Frauenseminaren gefunden:

Küßchen, Küßchen!

Darf es sonst noch was sein?
Glauben Sie, aus Ihnen würde dann ein Prinz?
Darf ich mir das noch überlegen?

Zur Sache, Schätzchen!

Muß es gleich sein?

Mädchen, die reden, Hennen, die krähen, soll man beizeiten den Hals umdrehen!

Und was machen Sie mit gackernden Hähnen?
Hähnchen kommen auf den Bratspieß!
Gockel mit Kropf kommen in den Topf!

An Ihnen nagt der Zahn der Zeit ganz schön!

Sie sehen auch ganz schön kariesverdächtig aus!
So alt, wie Sie aussehen, werden Sie auch nicht!
Besser angenagt als abgefressen!
Selber Grufti!

Tragen Sie einen Büstenhalter?

Wieso, verkaufen Sie welche?
Wieso, sind Sie Vertreter für Miederwäsche?
Nein, den kann ich mir sparen, ich stecke alles in den Schlüpfer!
Wieso, brauchen Sie einen?
Weiß Ihre Mutter von dieser Umfrage?

Spinnerter Emanzenkram!

Wissen Sie überhaupt, wie das geschrieben wird?
Da hätte ich doch gerne mal eine Begriffsbestimmung von Ihnen!

Sind Sie noch Jungfrau?

Nein, ich bin schon Waage.
Wie haben Sie das erraten?

Wer will denn schon eine abgerackerte Karrierefrau?

Ich nicht, wenden Sie sich bitte ans Müttergenesungswerk, wenn Sie jemanden abzugeben haben.

Zerbrechen Sie sich mal nicht Ihren hübschen Kopf.
Auch in einem hübschen Kopf kann etwas drin sein!
Lieber hübsch als hohl!

Diese emanzipierten Frauen sind doch alle so häßlich, daß sie keinen Mann abkriegen!
Besser häßlich als mit Ihnen verheiratet!
Wundert mich nur, daß so viele Männer verheiratet sind!

Meine Herren, Sie können ablegen, Frau Müller auch.
Die Ablage erledigt meine Sekretärin.
Wo ist bitte der Ständer?

Guck Dir mal diesen Arsch an!
Und der Rest interessiert Sie nicht?
Meinen Sie den hinter mir?
Die einen haben einen, andere sind welche!

Na, Frollein, was macht denn Ihr Geschlechtsleben?
Gestern ist es noch gegangen!

Mein Gott, hat die Haare an den Beinen, was muß die für eine Muschi haben!
Meine Muschi ist ein Kater!
Die hätten Sie wohl gern auf dem Kopf!
Lieber einen Pelz als keinen!

Da kommt Puvogel, die ist noch nicht geschlechtsreif.
Lieber noch nicht als nicht mehr!

Die würde ich auch nicht von der Bettkante schubsen!
Kommt ja selten genug eine vorbei!

Wenns nicht verboten wäre, würde ich auch Frauen vergewaltigen.
Machen Sie es sonst nur mit Männern?

Zu Seite 284, 287, 303f, 327ff.:

Submodalitäten

visuell: *analytische Fragen:*

farbig/schwarz-weiß   Ist es farbig oder schwarz-weiß?
                            Ist das ganze Farbspektrum vorhanden?
                            Sind die Farben intensiv oder verwaschen?
Helligkeit   Ist es heller oder dunkler als normal?
Kontrast   Hat es viel Kontrast oder wenig?
Schärfe   Ist das Bild scharf oder unscharf?
Oberfläche   Ist die Oberfläche glatt oder rauh?
                            (glänzend oder matt?)
Fokus?   Ist es ein Gesamtüberblick, oder sind Einzel-
                            heiten hervorgehoben?
Größe   Wie groß ist das Bild?
Entfernung   Wie weit ist das Bild weg (in Metern)?
Form   Ist das Bild rund, quadratisch oder rechteckig?
Begrenzung/Rahmen   Hat das Bild einen Rahmen?
                            Sind die Ränder undeutlich?
Position   Wo in Ihrem Gesichtsfeld sehen Sie das Bild?
Bewegung   Ist es ein Film oder ein Stehbild?
Ausrichtung   Ist das Bild geneigt oder gekippt?
dissoziiert/   Sehen Sie sich selbst im Bild, oder sehen Sie
    assoziiert   die Ereignisse so, als ob Sie dort wären?
    wenn dissoziiert   Sehen Sie sich von rechts oder von links, von
                            hinten, vorne, oben?
Proportionen   Stehen die Einzelheiten im Bild im richtigen
                            Verhältnis zueinander, oder sind einige Dinge
                            größer oder kleiner als normal?
Dimensionen   Ist das Bild flach oder dreidimensional?
Singular/Plural   Gibt es ein Bild oder mehr als eines?
                            Sehen Sie eines nach dem anderen oder alle
                            gleichzeitig?

auditiv:

Position   Woher kommen die Laute, Geräusche oder
                            Stimmen, von innen oder außen?
Tonlage   Ist die Tonlage höher oder niedriger als
                            normalerweise?
Tonalität   Wie ist die Tonalität: nasal, volltönend, klang-
                            voll, dünn, heiser?

Melodie	Ist es monoton, oder gibt es eine Melodie?
Modulation	Welche Teile sind betont?
Lautstärke	Wie laut ist es?
Geschwindigkeit	Ist es schnell oder langsam?
Rhythmus	Gibt es einen bestimmten Rhythmus?
Dauer	Ist es stetig oder intermittierend?
Mono/Stereo	Hören Sie es einseitig, oder ist der Klang überall?

kinästhetisch:

Qualität	Wie würden Sie die Körperempfindung beschreiben: prickelnd, warm, kalt, entspannt, gespannt, verkrampft, diffus, taub?
Intensität	Wie stark ist die Empfindung?
Position	Wo spüren Sie sie in Ihrem Körper?
Bewegung	Gibt es eine Bewegung der Empfindung? Ist diese Bewegung kontinuierlich und, wenn ja, in welcher Form (z. B. Wellen)?
Richtung	Wo beginnt die Empfindung, und wohin bewegt sie sich?
Geschwindigkeit	Ist der Verlauf langsam, schnell oder sprunghaft?
Dauer	Ist sie stetig oder intermittierend?

Glossar

Aktiv Zuhören: den gefühlsmäßigen Inhalt einer Botschaft spiegeln.

Anker: ein mit einem bestimmten Erleben verknüpfter sinnesspezifischer Reiz, über den dieses Erleben hervorgerufen werden kann.

Ankern: ein bestimmtes Erleben mit einem sinnesspezifischen Reiz verbinden.

Assoziiert: eine Vorstellung vom Standpunkt der eigenen Person aus erleben, im Gegensatz zu dissoziiert: eine Vorstellung vom Standpunkt eines Zuschauers erleben.

Auditiv: das Hören betreffend.

Auspacken: Strategien untersuchen.

Bedeutungsreframing: Vorgehensweise, bei der ein negativ bewerteter Sachverhalt eine positive Bedeutung erfährt.

Change history: Veränderung der persönlichen Geschichte. NLP-Vorgehensweise, bei der eine in der Vergangenheit liegende Problemsituation mit Hilfe von Ressourcen bearbeitet wird.

Dissoziiert: allgemein: getrennt. Speziell: die eigene Person in der Vorstellung von einem außen liegenden Standpunkt erleben; eine Erfahrung der eigenen Person wie ein Zuschauer oder Zuhörer wahrnehmen.

Empathie: Einfühlungsvermögen.

Explorieren: genaues Erarbeiten von Problemen oder Zielen.

Feedback: Rückmeldung.

Fokus: Brennpunkt.

Future Pacing: ein Beratungsergebnis für die Zukunft sicherstellen.

Gustatorisch: das Schmecken betreffend.

Induzieren: hineinführen, hervorrufen.

Integration: z.B. eine Ressource in eine Problemsituation einbeziehen.

Intermittierend: zeitweilig aussetzend.

Kinästhetisch: das Fühlen betreffend.

Kompetenzbereich: Handlungsbereich, in dem der Betreffende unabhängig von anderen Entscheidungen treffen kann.

Kongruent: deckungsgleich, stimmig.

Kongruente Reaktion: Beziehung zwischen zwei aufeinander folgenden Aktivitäten in einer Verhaltensstrategie. Eine kongruente Reaktion setzt eine vorhergehende Repräsentation in einer anderen Sinnesmodalität fort.

Kontextreframing: Vorgehensweise, bei der ein negativ bewerteter Sachverhalt durch seine Einordnung in einen neuen Zusammmenhang eine positive Bedeutung erfährt.

Kontrollierter Dialog: den sachlichen Inhalt einer Botschaft spiegeln.

Kurzreframings: Fragen zur Eingrenzung von Situationen, für die ein neues Verhalten erreicht werden soll. Dadurch erfährt das alte Verhalten häufig eine neue Bewertung, nämlich in bestimmten Situationen sinnvoll und angemessen zu sein.

Metaebene: übergeordnete Ebene. Probleme lösen auf der Metaebene bedeutet, das Problem nicht direkt, sondern auf einer übergeordneten Ebene zu lösen, indem man die positive Funktion des Problems ermittelt und neue Wege sucht, um diese positive Funktion sicherzustellen.

Metaphern: allgemein: Bilder. Speziell sind Metaphern in der psychologischen Beratung bildhafte Vorstellungen, Sinnsprüche oder auch Geschichten, die dem Bewußtsein und dem Unbewußten Möglichkeiten der Problemlösung anbieten.

Metaphorisch: bildhaft.

Mischphysiologie: körperlicher Zustand, in dem ein Mensch sich befindet, wenn er in seiner Vorstellung die Lösung eines Problems durchspielt.

Nonverbal: nichtsprachlich oder körpersprachlich.

Ökologisch: in einer gleichgewichtigen Beziehung zum Umfeld stehend.

Ökologie-Check: allgemeine Kontrollmethode im NLP, mit der überprüft wird, ob eine Veränderungsarbeit mit der gesamten Lebenssituation eines Menschen vereinbar ist.

Olfaktorisch: das Riechen betreffend.

Operationspunkt: Aktivität in einer Verhaltensstrategie, in deren Folge es mehrere alternative Fortsetzungsmöglichkeiten gibt.

Pacing (pacen): siehe spiegeln.

Phobietechnik: NLP-Vorgehensweise zur Bearbeitung starker Angstzustände.

Physiologie: körperlicher Zustand, der einem inneren, psychischen Zustand entspricht und mit ihm einhergeht. Physiologien kann man wahrnehmen z.B. an der Atmung, der Gesichtsfarbe, der Muskelspannung, der Haltung, bei den Augen an der Blickrichtung, bei der Stimme an der Tonlage, der Lautstärke und anderen Merkmalen.

Problemphysiologie: Problemzustand, in dem ein Mensch sich befindet, wenn er intern mit einem Problem beschäftigt ist. Eine Problemphysiologie ist von außen wahrnehmbar z.B. durch blasse Hautfarbe, flache Atmung, eine verspannte und unsymmetrische Haltung, unbewegte Mimik und einen Blick nach rechts unten.

Projektion: einem anderen unterstellen, was dem eigenen Seelenleben angehört.

Reframing: allgemein: umdeuten. Speziell: NLP-Veränderungsstrategien, deren wesentliches Element das Umdeuten von negativ bewertetem Erleben darstellt.

Ressourcen: allgemein Hilfsmittel. Speziell alle mitgebrachten oder erworbenen Potentiale wie Fähigkeiten, Fertigkeiten, Kenntnisse, Geschicke, Erfahrungen, die Menschen einsetzen können, um ihre Ziele zu erreichen.

Ressourcenphysiologie: körperlicher Zustand, in dem ein Mensch sich befindet, wenn er in der Lage ist, sich Mittel und Wege vorzustellen, mit deren Hilfe er sein Ziel erreichen kann.

Separator-State: Zustand einer Person, der einen anderen Zustand abschließt und es erlaubt, in einen beliebigen anderen Zustand zu gehen. Der Hier-und-Jetzt-Zustand und der Trance-Zustand sind Separator-States.

Sinnesspezifische Wahrnehmung: genaue Wahrnehmung mit Hilfe der Sinnesorgane, wobei die Genauigkeit der Wahrnehmung sich bei der Beschreibung des Wahrgenommenen in einer sinnlich konkreten Sprache ausdrückt. Genaues Sehen zeichnet sich z.B. dadurch aus, daß ein zeichnerisch begabter Mensch nach solchen Angaben eine Skizze anfertigen könnte.

Sinneskanal oder Sinnessystem: siehe Repräsentationssystem.

Sixstep-Reframing: Problemlösungsprozeß auf der Metaebene in sechs Schritten.

Spiegeln (Pacing): den sprachlichen oder körpersprachlichen Selbstausdruck einer anderen Person (teilweise) übernehmen.

Strategie: allgemein: planvolles Vorgehen. Speziell: nach Regeln geordnete Abfolgen von sinnesspezifischen Aktivitäten. Beim NLP wird jedes Verhalten als Strategie begriffen.

Submodalitäten: Feinunterscheidungen der Sinneswahrnehmung.

Timbre: Klangfarbe.

Transfer: Übertragung.

Versöhnungsphysiologie: körperlicher Zustand, in dem ein Mensch sich befindet, wenn ihm deutlich wird, daß eine zuvor negativ bewertete Sache auch positive Seiten hat.

Verb: Tätigkeitswort.

verbal: sprachlich.

Visuell: das Sehen betreffend.

Zielphysiologie: körperlicher Zustand, der eintritt, wenn ein Mensch sich vorstellt, ein Ziel zu erreichen.

Verzeichnis der verwendeten Literatur

Linda Adams/Elinor Lenz: Frauenkonferenz. Wege zur weiblichen Selbstverwirklichung. Hamburg 1981

Michael Balint: Primäre Liebe, in: ders.: Therapeutische Aspekte der Regression. Die Theorie der Grundstörung. Reinbek 1973

Richard Bandler und John Grinder: Neue Wege der Kurzzeit-Therapie. Neurolinguistische Programme. 11. Aufl. Paderborn 1994

Lynn Z. Bloom/Karen Coburn/Joan Pearlman: Die selbstsichere Frau. Anleitung zur Selbstbehauptung. Reinbek 1987

Anna Freud: Das Ich und die Abwehrmechanismen. 5. Aufl. München o.J.

Sigmund Freud: Einige psychische Folgen des anatomischen Geschlechtsunterschieds, in: Gesammelte Werke, Bd. XIV

—: Der Untergang des Ödipuskomplexes, in: Gesammelte Werke, Bd. XIII

—: Neue Folge der Vorlesungen zur Einführung in die Psychoanalyse. XXXIII. Vorlesung. Die Weiblichkeit, in: Gesammelte Werke Bd. XV

Thomas Gordon: Managerkonferenz. Effektives Führungstraining. Hamburg 1974 u.ö.

—: Lehrer-Schüler-Konferenz. Wie man Konflikte in der Schule löst. Hamburg 1974 u.ö.

—: Familienkonferenz. Das Lösen von Konflikten zwischen Eltern und Kind. Hamburg 1974 u.ö.

Margaret Hennig/Anne Jardim: Frau und Karriere. Erwartungen, Vorstellungen, Verhaltensweisen. Reinbek 1987

Margaret Mead: Geschlecht und Temperament in drei primitiven Gesellschaften. München 1976

Alexa Mohl: Der Zauberlehrling. 3. Aufl. Paderborn 1994

Anne Moir und David Jessel: Brainsex. Der wahre Unterschied zwischen Mann und Frau. Düsseldorf 1989

Marie-Louise Neubeiser: Management-Coaching. Der neue Weg zum Manager von morgen. Zürich und Wiesbaden 1990

Christiane Olivier: Jokastes Kinder. Die Psyche der Frau im Schatten der Mutter. dtv. 6. Aufl. München 1991

Sibylle Plogstedt/Kathleen Bode: Übergriffe. Sexuelle Belästigung in Büros und Betrieben. Reinbek 1984

Carl R. Rogers: Therapeut und Klient. Grundlagen der Gesprächspsychotherapie. Frankfurt am Main 1990

Herrad Schenk: Geschlechtsrollenwandel und Sexismus. Zur Sozialpsychologie geschlechtsspezifischen Verhaltens. Weinheim und Basel 1979

Susan Schenkel: Mut zum Erfolg. Warum Frauen blockiert sind und was sie dagegen tun können. 4. Aufl. Frankfurt/New York 1987

Barbara Schlüter-Kiske: Rhetorik für Frauen. Wir sprechen für uns. München 1987

Manuel J. Smith: Sage Nein ohne Skrupel. Die neue Methode zur Steigerung von Selbstsicherheit und Selbstbehauptung. Landsberg 1988

Kathryn Stechert: Frauen setzen sich durch. Leitfaden für den Berufsalltag mit Männern. Frankfurt/New York 1988

Deborah Tannen: Du kannst mich einfach nicht verstehen. Warum Männer und
Frauen aneinander vorbeireden. Hamburg 1991
Paul Watzlawick/John H. Weakland/Richard Fisch: Lösungen. Zur Theorie und
Praxis menschlichen Wandels. 3. Aufl. Bern 1984

Frauen setzen sich durch

Ein Seminarangebot zur Unterstützung der beruflichen Entwicklung von Frauen

Frauen schließen qualifizierte Ausbildungen häufig mit besseren Noten ab als Männer. Verfolgt man ihr berufliches Fortkommen danach weiter, sind Männer bald in Spitzenpositionen zu finden, während Frauen die untergeordneten Plätze besetzen. Der Grund dafür ist jedoch nicht nur darin zu suchen, daß Frauen der Zugang zu den höheren Rängen verwehrt wird. Vielmehr behindern vor allem begabte und intelligente Frauen sich sehr häufig selber in ihrer beruflichen Entwicklung. Sie unterschätzen nicht nur ganz allgemein ihre Kräfte und Fähigkeiten, sie schöpfen auch, wenn sie beruflich aktiv werden, weder ihre natürlichen Begabungen noch ihre erworbenen geistigen und praktischen Leistungsmöglichkeiten voll aus. Deshalb erreichen selbst qualifiziert ausgebildete Frauen häufig nicht, was sie erreichen können.

In dieser Seminarreihe lernen Frauen, mögliche Blockaden zu erkennen und zu überwinden, die sie bisher an einer erfolgreichen beruflichen Entwicklung gehindert haben. Und sie arbeiten daran, ihre Anlagen und Fähigkeiten voll zu entfalten und persönliche Strategien für den eigenen beruflichen Erfolg zu entwickeln.

Diese Seminarreihe besteht aus bislang zehn Einzelveranstaltungen, die an Wochenenden durchgeführt werden:

- Frauen setzen sich durch
- Frauen lernen führen I, II
- Mut zu eigenen Ideen
- Mit Männern arbeiten und leben
- Weibliche Wege zum beruflichen Erfolg
- Streßmanagement
- Arbeiten und Lernen mit NLP I, II, III

Sollten Sie an einem dieser Seminare interessiert sein, melden Sie sich bitte bei:

CT-Personaltraining
Dr. Alexa Mohl & Partner
Heimstraße 25
30539 Hannover
Tel. & Fax: 05 11/52 79 42

164 Seiten, zahlr. Farbabb., geb., DM 44,–

Mit BrainLand ist es der Autorin gelungen, die Lücke jener anwendungsfreundlichen Lern-Literatur über Mind Mapping, das mit anderen Neuro-Modellen wie dem NLP oder Mentalem Training verbunden wird, zu füllen. BrainLand ist ein übergreifendes Konzept für das Lernen und Denken in geordnet-chaotischen Gegebenheiten und Möglichkeiten.

Fast nebenbei lernt der Leser die konsequente Einübung des Mind Mapping, den sichtbar werdenden Teil einer Gedankenentfaltung eruptiver Art. Nicht sortierend, verengend, weglassend, sondern verändernd, hinzufügend, aufschäumend ist die mentale Bewegung: keine Re-, auch keine E-, sondern eine Explo-volution erwartet uns. „Mind Mapping", diese einfach geniale Denkphilosophie für jeden erlebt in diesem Buch von Maria Beyer eine neue Grundierung. So schön kann Mind Mapping sein.

Die Autorin:

Maria Beyer ist seit 1986 als selbständige Trainerin für kybernetische Mind & Brain Strategien, wie dem Mind Mapping, dem NLP oder dem Superlearning tätig. Sie ist Certified Trainer of the Society of Neuro-Linguistic Programming und von Tony Buzan ausgebildete und autorisierte Trainerin für Mind Mapping. Sie ist Autorin des Buches „Power Line – Fit for Power oder: Die feine ART der Selbst-Creation".

JUNFERMANN VERLAG • Postfach 1840
33048 Paderborn • Telefon 0 52 51/3 40 34